プリント形式のリアル過去問で本番の臨場感！

福島県公立高等学校

2025年春受験用 解答集

本書は，実物をなるべくそのままに，プリント形式で年度ごとに収録しています。
問題用紙を教科別に分けて使うことができるので，本番さながらの演習ができます。

■ 収録内容

・解答集（この冊子です）

　書籍ＩＤ番号，この問題集の使い方，最新年度実物データ，教科別入試データ解析，
　解答例と解説，ご使用にあたってのお願い・ご注意，お問い合わせ

・2024（令和６）年度 ～ 2020（令和２）年度　学力検査問題

・リスニング問題音声《オンラインで聴く》　詳しくは次のページをご覧ください。

JN132161

○は収録あり	年度	'24	'23	'22	'21	'20
■ 問題（前期選抜）		○	○	○	○	○
■ 解答用紙		○	○	○	○	○
■ 配点		○	○	○	○	
■ 英語リスニング音声・原稿		○	○	○	○	○

全教科に解説
があります

注）国語問題文非掲載:2024年度の二と四，2021年度の二と四

問題文の非掲載につきまして

　著作権上の都合により，本書に収録している過去入試問題の本文の一部を掲載しておりません。ご不便をおかけし，誠に申し訳ございません。

　本文の一部を掲載できなかったことによる国語の演習不足を補うため，論説文および小説文の演習問題のダウンロード付録があります。弊社ウェブサイトから書籍ＩＤ番号を入力してご利用ください。

　なお，問題の量，形式，難易度などの傾向が，実際の入試問題と一致しない場合があります。

教英出版

■ 書籍ID番号

　リスニング問題の音声は，教英出版ウェブサイトの「ご購入者様のページ」画面で，書籍ID番号を入力してご利用ください。

　入試に役立つダウンロード付録や学校情報なども随時更新して掲載しています。

 書籍ID番号　**166507**

（有効期限：2025年9月30日まで）

【入試に役立つダウンロード付録】
「ラストチェックテスト（標準／ハイレベル）」
「高校合格への道」

【リスニング問題音声】
オンラインで問題の音声を聴くことができます。
有効期限までは無料で何度でも聴くことができます。

■ この問題集の使い方

　年度ごとにプリント形式で収録しています。針を外して教科ごとに分けて使用します。①片側，②中央のどちらかでとじてありますので，下図を参考に，問題用紙と解答用紙に分けて準備をしましょう（解答用紙がない場合もあります）。

　針を外すときは，けがをしないように十分注意してください。また，針を外すと紛失しやすくなりますので気をつけましょう。

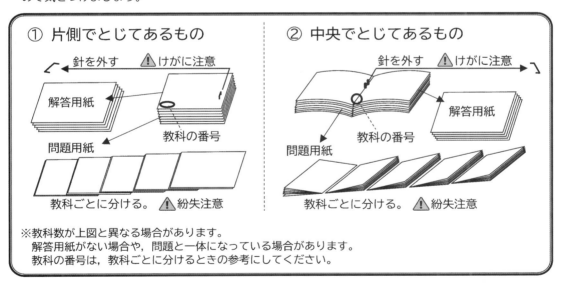

① 片側でとじてあるもの
針を外す　⚠けがに注意
解答用紙
問題用紙
教科の番号
教科ごとに分ける。　⚠紛失注意

② 中央でとじてあるもの
針を外す　⚠けがに注意
解答用紙
教科の番号
問題用紙
教科ごとに分ける。　⚠紛失注意

※教科数が上図と異なる場合があります。
　解答用紙がない場合や，問題と一体になっている場合があります。
　教科の番号は，教科ごとに分けるときの参考にしてください。

■ 最新年度 実物データ

　実物をなるべくそのままに編集していますが，収録の都合上，実際の試験問題とは異なる場合があります。実物のサイズ，様式は右表で確認してください。

問題用紙	Ａ３片面プリント
解答用紙	Ａ３プリント（問題表紙裏）

福島県 公立高校入試データ解析 国語

	分野別データ	2024	2023	2022	2021	2020
大問の種類	長文 論説文・説明文・評論	○	○	○	○	○
	長文 小説・物語	○	○	○	○	○
	長文 随筆・紀行文					
	古文・漢文	○	○	○	○	○
	詩・短歌・俳句	○	○	○	○	○
	その他の文章					
	条件・課題作文	○	○	○	○	○
	聞き取り					
漢字・語句	漢字の読み書き	○	○	○	○	○
	熟語・熟語の構成			○		
	部首・筆順・画数・書体	○				○
	四字熟語・慣用句・ことわざ				○	
	類義語・対義語					
文法	品詞・用法・活用	○	○	○	○	○
	文節相互の関係・文の組み立て					
	敬語・言葉づかい			○		
文章の読解 長文	語句の意味・補充					
	接続語の用法・補充					
	表現技法・表現の特徴	○	○	○	○	○
	段落・文の相互関係	○	○	○	○	○
	文章内容の理解	○	○	○	○	○
	人物の心情の理解	○	○	○	○	○
古文・漢文	歴史的仮名遣い	○	○	○	○	○
	文法・語句の意味・知識					
	動作主					
	文章内容の理解		○	○	○	○
	詩・短歌・俳句	○	○	○	○	○
	その他の文章					

形式データ	2024	2023	2022	2021	2020
漢字の読み書き	8	8	8	8	8
記号選択	10	12	12	11	11
抜き出し	5	4	4	5	4
記述	6	5	5	5	6
作文・短文	1	1	1	1	1
その他					

2024 年度出題の構成

　大問六題構成。一は漢字の読み書きと知識問題(総画数)。二は韻文(短歌)。三は古典(漢文書き下し文)。四は文学的文章。五は説明的文章。六は作文。

ベスト学院 進学塾 監修による公立高校入試攻略指南！

2024年度出題詳細分析と2025年度に向けた対策

【大問一】 漢字の読み書きと知識問題

小問1では、漢字の読み書きが出題された。例年どおり、「読み」は主に中学校で学習する漢字が出題され、「書き」は主に小学校高学年で学習する漢字が出題された。一つ一つの漢字を覚えるだけでなく、熟語として使えるようにすることと、同音異義語・同訓異字の漢字を使い分けられるようにすることが大切である。小問2は、行書で書かれた漢字を楷書で書いたときの総画数に関する問題だった。例年、文法、四字熟語や慣用句、敬語、書体に関する問題など、幅広い種類の知識問題が出題されている。しかし難しいことはあまり問われないので、学習した内容を確実に定着させることが大切である。

【大問二】 韻文

2024年度は短歌が出題された。2023年度は詩、2022年度は俳句が出題されている。設問としては、短歌の内容理解と鑑賞力を問うものが出題された。問題文や鑑賞文に書かれている言葉と短歌の中にある言葉が一致するところを見つける力を養うことで、確実に得点できるようにしたい。

【大問三】 古典

例年どおり、歴史的仮名遣いを現代仮名遣いに直す問題から始まり、本文を題材に授業で話し合っているという設定の内容理解問題が出題された。本文には注釈や現代語訳がついている文もあり、話し合いの会話文も本文を理解する手助けとなっている。過去問を繰り返し解いて、このような形式に慣れておくことが大切である。また、問題集などでさまざまな古文や漢文に触れ、古典の表現に慣れると良い。

【大問四】 文学的文章

登場人物の心情に関する問題が多く出題される。登場人物の言動や表情、情景描写などから心情を正しく読み取ることが大切である。傍線部の前後を中心に、そのような気持ちになった理由を考えながら丁寧に読み進めると良い。心情が変化した場面は特に重要である。2024年度の文学的文章は、視点となる語り手が変わるという構成になっていた。記述問題は30字以内と60字以内だった。答えの根拠となる文をもとに、話し言葉から書き言葉に書き換える練習をすると良い。

【大問五】 説明的文章

本文の内容理解や筆者の考え、段落の働きを問う問題が出ている。2024年度は「で」の識別問題も出題された。主に中学1・2年生で学習する文法事項をおさえる必要がある。記述問題は30字以内と60字以内だった。指定語句がある場合は、その語句を本文中から探し出し、そこから答えの根拠となる文を見つけて要旨をまとめると良い。そのような練習をすることで、入試本番でも落ち着いて書けるようになりたい。

【大問六】 作文

例年150字以上200字以内、二段落構成で書かせる問題である。2024年度は、前段で会話とメモをもとに自分の考えや意見を書き、後段でそのように考える理由を書くという条件で出題された。条件を丁寧に読み込み、減点されないように気をつけたい。過去問を使って出題パターンをおさえ、時間を計って練習することが大切である。

対策

漢字や語句、文法などの基本的な知識は、日頃の学習のなかで出てきたものをしっかり定着させることが大切である。作文は、原稿用紙の正しい使い方を確認しておく必要がある。長文問題の演習の際、答え合わせをした後に本文のどこに答えの根拠があったのかを確認したり、知らない言葉が出てきたら意味を調べて覚えたりすることが、読解力の向上につながる。また、時間配分も重要であるため、演習の際は時間を計りながら解いたほうが良い。

分類		2024	2023	2022	2021	2020	問題構成	2024	2023	2022	2021	2020
式と計算	数と計算	○	○	○	○	○	小問	①計算問題 ②(1)文字式 ③(2)文字式の説明	①(1)計算問題 ②(1)文字式 (2)等式の変形 ③(2)文字式の説明	①(1)計算問題 ②(1)不等式 (3)2次方程式 ③(2)文字式の説明	①(1)計算問題 ②(1)平方根 (2)数と計算	①(1)計算問題 ②(1)方程式の変形 (2)文字式
	文字式	○	○	○	○	○						
	平方根	○	○	○								
	因数分解											
	1次方程式	○	○	○	○	○	大問	④連立(1次)方程式の文章問題	④連立(1次)方程式の文章問題	④連立(1次)方程式の文章問題	④連立(1次)方程式の文章問題	④連立(1次)方程式の文章問題
	連立方程式	○	○	○	○	○						
	2次方程式				○							
統計	データの活用	○	○	○	○	○	小問	②(4)第3四分位数	②(5)箱ひげ図等	②(4)中央値	③(2)最小値, 中央値	③(2)平均値, 標本調査
							大問					
	確率	○	○	○	○	○	小問	③(1)2つのさいころ	③(1)3個の玉	③(1)8枚のカード	③(1)8個の玉	③(1)12枚のカード
							大問					
関数	比例・反比例		○			○	小問	②(2)1次関数の増加量	②(4)変化の割合	②(2)1次関数のグラフ	②(3)1次関数のグラフ (4)変化の割合	①(2)比例 ②(3)1次関数のグラフ
	1次関数	○		○	○	○						
	2乗に比例する関数	○	○	○								
	いろいろな関数											
	グラフの作成				○		大問	⑥座標平面 放物線, 直線, 線分の長さ	⑥座標平面 直線, 双曲線, 四角形	⑥座標平面 放物線, 直線, 三角形	⑥座標平面 直線, 三角形	⑥座標平面 放物線, 直線, 長方形
	座標平面上の図形	○	○	○	○	○						
	動点, 重なる図形											
図形	平面図形の性質	○	○	○	○		小問	②(3)円と角度 (5)作図	①(2)相似な立体の体積 ②(3)作図	①(2)おうぎ形の面積 ②(5)平行線と角度	①(2)六角形の内角の和 ②(5)立方体	②(4)円すいの側面積 (5)作図
	空間図形の性質	○	○		○							
	回転体											
	立体の切断											
	円周角	○					大問	⑤平面図形 四角形, 三角形 ⑦空間図形 三角柱, 四角すい,	⑤平面図形 円, 三角形 ⑦空間図形 正四角柱, 円すい, 正四角すい	⑤平面図形 三角形 ⑦空間図形 三角柱, 三角すい	⑤平面図形 三角形 ⑦空間図形 正四角すい	⑤平面図形 平行四辺形, 三角形 ⑦空間図形 直方体, 四角すい
	相似と比	○	○		○							
	三平方の定理	○	○	○	○							
	作図	○	○			○						
	証明	○	○	○	○							

2024 年度出題の構成

　例年，データの活用で記述問題が出されていた箇所が，2022 年度以降では文字式の説明の記述問題となった。各大問の最後の問題は難易度の高い問題が多いので，解ける問題を確実に解いていきたい。方程式の記述問題も毎年出されるので，参考書などで類似問題を何度も解いておこう。

ベスト学院 進学塾 監修による公立高校入試攻略指南！

2024 年度出題詳細分析と 2025 年度に向けた対策

【大問１】 計算問題を主とする小問集合

(1)では基礎的な計算問題が、(2)では３項式の展開が出題された。過去の(2)では平面図形、比例・反比例、式の値など幅広い単元からの基礎問題が出題されている。

【大問２】 文字と式、関数、データの活用、図形の小問集合

(1)数量の関係を等式で表す問題　(2)１次関数の増加量に関する問題

(3)円周角を求める問題　(4)与えられた９個のデータの第３四分位数を求める問題

(5)円における接線の作図　が出題された。

【大問３】 確率と規則性

(1)大小２つのさいころを用いて正六角形上の２点を動かす問題

①では２点が同じ位置となる確率が、②では１つの頂点と２つの動点によって二等辺三角形ができる確率が出題された。丁寧に場合分けをすることがポイントであった。

(1)タイルを規則的に並べていく問題

①では指定された番号の図形のタイルの枚数を求める問題。②ではｎ番目と（ｎ－１）番目のタイルの枚数の差が奇数であることを説明する問題であった。

【大問４】 連立（１次）方程式の文章題

３つの容器を使って水を移す問題。移す前に入っていた水の量を文字でおき、移す前と移した後でそれぞれ関係式を立式する必要があった。

【大問５】 図形の証明

コンピューターの画面に出力された図において線分の長さが等しいことを証明する問題。補助線を引いてから三角形の合同を示す必要があった。

【大問６】 ２乗に比例する関数と１次関数

例年、座標平面に関する問題が出題されている。

(1)は放物線上の点のy座標を求める問題。(2)では直線の式を求める問題。

(3)では線分の長さを t を用いて表し、２次方程式を利用して求める必要があった。

【大問７】 空間図形

三角柱に関する問題。(1)三平方の定理を用いて直角三角形の辺を求める問題。

(2)①切断面の四角形の面積を求める問題。②三角柱内に四角錐を作り体積を求める問題。

①で求めた面積を底面積とし、相似な三角形の相似比を用いて高さを算出する必要があった。

対策

　全体を通して難易度の差が激しい。したがって比較的得点しやすい大問１、２、３の基本的な問題や、大問６関数の(1)、大問７空間図形の(1)は得点源にしておきたい。

また中堅校～上位校を狙うのであれば自分の得意分野に合わせて、大問４の連立方程式の文章題や大問５の図形の証明、大問６(2)(3)、大問７(2)なども解けるようにしておく必要がある。限られた時間の中で正確に問題を解くために、日頃から解答時間を意識した学習が重要である。

分野別データ		2024	2023	2022	2021	2020	形式データ			2024	2023	2022	2021	2020
音声	発音・読み方						リスニング		記号選択	7	7	7	7	7
									英語記述	5	5	5	5	5
	リスニング	○	○	○	○	○			日本語記述					
文法	適語補充・選択	○	○	○	○	○	文法・英作文・読解	読解	会話文	1	1	1	2	2
	語形変化								長文	1	1	1	1	1
	その他	○	○	○	○	○			絵・図・表	1	1	1	1	1
英作文	語句の並べかえ	○	○	○	○	○			記号選択	16	16	16	15	15
	補充作文	○	○	○	○	○			語句記述	3	3	3	3	3
	自由作文								日本語記述	0	0	0	0	0
	条件作文	○	○	○	○	○			英文記述	5	5	5	6	6
読解	語句や文の補充	○	○	○	○	○								
	代名詞などの指示内容	○	○	○	○	○								
	英文の並べかえ													
	日本語での記述													
	英問英答	○	○	○	○	○								
	絵・表・図を選択		○		○	○								
	内容真偽	○	○	○	○	○								
	内容の要約	○	○	○	○	○								
	その他	○	○	○	○	○								

2024年度出題の構成

例年通りの内容で5つの大問で構成されていた。文脈を理解しながら空欄補充をする問題が多く，英文和訳に加えて考えを表現する力がないと高得点はのぞめない問題であった。

ベスト学院 進学塾 監修による公立高校入試攻略指南！

2024 年度出題詳細分析と 2025 年度に向けた対策

【大問 1 】リスニング

放送問題 1 は，対話を聞いて 4 つの絵の中から適切なものを選ぶ問題である。 3 つの放送問題の中で最も長く，メモが必須である。No.4 は時計の問題で，複数回時刻に関する表現が出てきた。メモは可能な限り言葉で残しておきたい。放送問題 2 は 2 人の対話を聞いて，続きの文を選択肢から選ぶ問題である。対話は長くないため，すばやく状況をつかみ，最後の問いかけの意味を理解する必要がある。放送問題 3 は英文を聞いて 1 語穴埋めをする問題である。日ごろから英単語を正確に書く練習をしておく必要がある。また名詞の複数形や動詞の三単現の s などのつけ忘れにも注意しよう。

【大問 2 】適語適文選択と語順整序

適語適文選択が 3 問，単語の並べ替えが 1 問，対話文における文整序が 1 問の合計 5 問で構成されている。文法力だけではなく，語彙力や会話の繋がりを捉える力も必要となる。文法事項だけでなく，教科書本文の表現の意味を理解し，使い方を身につけることが大切である。

【大問 3 】適語補充と英作文

和訳が一切無い中で，ホストファミリーとの対話の流れをつかみつつ，空欄補充するという形式の問題であった。(1)では仮定法が出題された。仮定法の形さえ覚えていれば難易度は決して高くない問題であった。

【大問 4 】表と対話文の組み合わせ

長い対話の中に表が組み込まれた形の問題であった。短い時間の中で正確に情報を処理する力を身につけておく必要がある。発言した話者が誰なのか，代名詞の指す内容は何か，確認しながら読み進めることが大切である。(6)の自由英作文では，インターネット上で本を買うことに関して賛成か反対の立場を決め，それに対する理由を 8 語以上で答える問題が出題された。このような問題は日ごろから間違いのない内容で書く練習をしておく必要がある。

【大問 5 】長文読解

スピーチ原稿をもとに作られた読解問題である。単語数が多く限られた時間の中で正確に情報を処理する力が求められるため，先に問題に目を通し，本文を読み進めながら問題を解いていく方がよい。(6)は文全体の要約文章のうち，空欄になっている部分に入る語句を考えて書く問題であった。本文から該当する部分を見つけ，空欄に合う形に変形する必要がある難問だった。

対策

まずは学力の土台となる英単語，連語，さらに日常会話でよく使われる基本文を覚えることが必須である。英語が苦手な生徒は，まず英単語の意味を優先的に覚えるとよい。また，時間をはかりながら過去問など多くの演習問題を解き，問題に慣れておく必要がある。難易度の高い英作文問題で得点するには，日ごろから自分の考えを英語にする練習を重ねていく必要がある。

分野別データ		2024	2023	2022	2021	2020	形式データ	2024	2023	2022	2021	2020
物理	光・音・力による現象	○	○	○	○	○	記号選択	20	20	20	21	21
	電流の性質とその利用	○		○	○		語句記述	6	10	6	9	8
	運動とエネルギー		○		○	○	文章記述	4	4	8	4	6
化学	物質のすがた	○		○	○		作図	0	0	1	1	1
	化学変化と原子・分子			○	○		数値	10	6	6	5	5
	化学変化とイオン	○	○		○	○	化学式・化学反応式	1	1	1	2	1
生物	植物の生活と種類	○	○	○	○	○						
	動物の生活と種類	○	○	○	○	○						
	生命の連続性と食物連鎖	○	○	○		○						
地学	大地の変化	○	○	○	○							
	気象のしくみとその変化		○	○		○						
	地球と宇宙	○			○	○						

2024 年度出題の構成

大問 1・2 が生物分野，大問 3・4 が地学分野，大問 5・6 が化学分野，大問 7・8 が物理分野からの出題であった。全体の問題数は 40 問程度である。

ベスト学院 進学塾 監修による公立高校入試攻略指南！

2024 年度出題詳細分析と 2025 年度に向けた対策

【大問 1】動物のからだのつくりとはたらき

⑴では顕微鏡の使い方を答える問題，⑵では血液の成分とはたらきを答える問題，⑶では魚類の心臓に関する問題，⑷では血液の循環・尿素の排出についての問題が出題された。実験器具の名称だけでなく使い方まで把握することや生物のからだの仕組みについて理解しておく必要がある。

【大問 2】植物のふえかた

⑴では植物のからだの名称を答える問題，⑵では双子葉類の葉脈と根のようすを答える問題，⑶では自家受粉について説明する問題が出題された。また，⑷と⑸ではメンデルの実験について遺伝子の組み合わせや個数を計算する問題，丸形の種子を育てて自家受粉させたときに生じる丸形としわ形の種子の個数の比を考える問題が出題された。

【大問３】 大地の変化

(1)では地震発生に関連する名称を答える問題，(2)ではマグニチュードについての正誤を判断する問題，(3)では地震発生によるＰ波の速度と震源距離を求める計算問題が出題された。Ｐ波の速度や震源距離を求める問題は必要な数字を読み取り，計算する練習が必要となる。

【大問４】 太陽と地球

(1)では太陽の日周運動を答える問題，(2)では透明半球上での位置と方角についての問題，(3)では夏至の日の太陽の南中高度を表すものを選択する問題，(4)では日本が夏至の日のときの南半球での太陽の１日の動きについて選択する問題が出題された。

【大問５】 身のまわりの物質

(1)では状態変化を答える問題，(2)ではエタノールの粒子数と粒子どうしの間隔についての問題，(3)では水とエタノールの混合物の蒸留における記述問題，(4)では密度に関する問題と質量を求める問題が出題された。

【大問６】 塩化銅水溶液と電離

(1)では１種類の元素からできている物質の名称を答える問題，(2)では塩素の性質として正しいものを選択する問題，(3)では実験で起こった現象について正しいものを選択する問題と塩化銅が銅と塩素に分解する化学変化を化学反応式で答える問題，(4)では実験結果のグラフを用いて銅の質量を求める問題が出題された。

【大問７】 力のはたらき

(1)では物体にはたらく重力の大きさ，物体の長さ，物体にはたらく浮力の大きさを答える問題，(2)では脱脂綿が物体から受ける圧力の大きさを求める問題，(3)では実験の結果から考えられることについて選択する問題が出題された。

【大問８】 電流・電圧・熱量

(1)では電流計の使い方について選択する問題，(2)では２つの電熱線の電気抵抗を比較する選択する問題，(3)では電力量を計算して求める問題，(4)では実験の考察としてあてはまる正しい組み合わせを選択する問題と電圧を加え続けた際の水温を求める問題が出題された。

対策

理科の入試問題は物理・化学・生物・地学の４分野から幅広く出題されるため，得意単元に偏った学習をするよりも各単元を均等に学習するほうが効果的である。各法則や語句，実験について覚えることも大事であるが，ただ暗記するだけではなく，なぜそうなるのかを理解したうえで学習することで，記述問題，計算問題に対しての力を伸ばすことが可能である。

福島県 公立高校入試データ解析 社会

分野別データ		2024	2023	2022	2021	2020	形式データ	2024	2023	2022	2021	2020
地理	世界のすがた	○	○	○	○	○	記号選択	7	8	8	9	9
	世界の諸地域（アジア・ヨーロッパ・アフリカ）	○		○	○	○	語句記述	4	5	3	6	4
	世界の諸地域（南北アメリカ・オセアニア）		○		○		文章記述	2	2	2	1	2
	日本のすがた	○	○	○	○	○	作図			1		1
	日本の諸地域（九州・中国・四国・近畿）		○		○		計算			1		
	日本の諸地域（中部・関東・東北・北海道）	○		○		○						
	身近な地域の調査	○	○	○	○	○						
歴史	原始・古代の日本	○	○	○	○	○	記号選択	7	7	6	5	7
	中世の日本	○	○	○	○	○	語句記述	3	2	7	6	7
	近世の日本	○	○	○	○	○	文章記述	2	3	1	2	1
	近代の日本	○	○	○	○	○	並べ替え	2	2	2	2	2
	現代の日本	○	○	○	○							
	世界史	○	○		○							
公民	わたしたちと現代社会	○	○	○	○	○	記号選択	5	7	5	6	5
	基本的人権	○	○	○	○	○	語句記述	4	5	7	5	5
	日本国憲法	○	○	○	○	○	文章記述	2	2	2	2	2
	民主政治	○	○	○	○	○						
	経済	○	○	○	○	○						
	国際社会・国際問題	○	○			○						

2024 年度出題の構成

　例年通り地理２題，歴史２題，公民２題の合計６題で出題された。構成としては大問ごとの問題数に若干の変化はあったものの，大きな変化は見られなかった。指定語句を使った記述問題，地図上で表された国や都道府県に関するデータを読み取る問題は必出である。

ベスト学院進学塾 監修による公立高校入試攻略指南！

2024年度出題詳細分析と2025年度に向けた対策

【大問1】【大問2】地理分野

大問1は，ヨーロッパ州とアジア州からの出題。(1)は緯度を選ぶ問題，(2)は都市と雨温図の組み合わせを選ぶ問題，(3)は米と小麦の生産量のグラフにおけるイギリス，パキスタン，韓国の組み合わせを選ぶ問題，(4)は総人口に占める信者数の割合から「イスラム教」を答える問題，(5)①は日本への輸出品目と総輸出額から中国を選ぶ問題，②は中国の人口ピラミッドから人口構成の変化を答える記述問題。

大問2は，北海道地方と東北地方からの出題。(1)は「津軽海峡」を答える問題，(2)は釧路の自然環境についての正文を選ぶ問題，(3)は東北地方の都市・名称・特色の組み合わせを選ぶ問題，(4)①は三内丸山遺跡について「縄文」を答える問題，②は1988年と2022年の地形図を見比べて正文を選ぶ問題，(5)①は「客土」を答える問題，②は主題図から北海道の栽培面積の特徴を答える記述問題。

【大問3】【大問4】歴史分野

大問3は，「飛鳥時代〜江戸時代」からの出題。(1)は聖徳太子についての文の空欄に合う語句の組み合わせを選ぶ問題，(2)は「戸籍」を答える問題，(3)は「藤原道長」を答える問題，(4)は御成敗式目の内容を選ぶ問題，(5)は豊臣秀吉についての正文を選ぶ問題，(6)はアヘン戦争の結果と新たに出された命令の内容を答える記述問題。

大問4は，「明治時代〜昭和時代（戦後）」から，日本の祝日に関するレポートと年表についての出題。(1)は「王政復古の大号令」を選ぶ問題，(2)は『学問のすゝめ』についての文の正誤の組み合わせを選ぶ問題，(3)は日本の学校教育についての文を年代順に並べる問題，(4)①はフランス革命の風刺画の内容を選ぶ問題，②は三・一独立運動の時期を年表から選ぶ問題，(5)は資料から「満州」国を答える問題，(6)は第二次世界大戦後に主権のあり方の変化と祝日を定めた機関を答える記述問題。

【大問5】【大問6】公民分野

大問5は，グローバル化に関する総合問題。(1)は売買契約の成立場面を選ぶ問題，(2)は「インフレーション」を答える問題，(3)は日本のエネルギー供給の割合を年代順に並べる問題，(4)は不景気時の財政政策と金融政策の内容の組み合わせを選ぶ問題，(5)は消費税の特徴を答える記述問題，(6)は「ＴＰＰ11」を選ぶ問題。

大問6は，現代日本の諸課題に関する総合問題。(1)は日本国憲法条文の空欄の「個人」を答える問題，(2)は日本の違憲審査制における最高決定権を持つ機関として「最高裁判所」を答える問題，(3)は日本の選挙についての文の正誤の組み合わせを選ぶ問題，(4)は国と地方公共団体の役割分担表の空欄の「市町村」を答える問題，(5)は貧困を解決するための取り組みとして「フェアトレード」を選ぶ問題，(6)は日本の部門別二酸化炭素排出量の推移を示したグラフを読み取ってまとめる記述問題。

対策

地理・歴史・公民の３分野とも教科書に出てくる重要語句を正しく記憶し，一問一答に対応できる力をつけることが先決である。その際，重要語句をきちんと書けることが大切である。その上で，教科書に載っている人物写真やグラフ・資料にも目を通し，用語との関連性を理解することが得点力アップのポイントになる。入試に向けて，表やグラフの特徴，割合などを読み取る問題や，記述する問題，文をまとめる記述問題の対策が大切となる。基礎力を完成させた上で過去問を徹底して解き，出題形式に慣れ，その上で記述対策を実施しよう。

—《2024　国語　解答例》—

一　1．(1)はげ　(2)いこ　(3)しゅうかく　(4)おんけい　(5)秘　(6)貸　(7)優勝　(8)模造　　2．エ

二　1．C　　2．B　　3．(1)手のひら　(2)よろこび

三　1．こう　　2．(1)工皆以て調へりと為す。　(2)音が正確にわかる人に鐘の音程が合っていないことを見抜かれる
　　(3)ウ

四　1．オ　　2．エ　　3．好きなものがほしいという理由で努力しようと決心し、まじめに陸上に取り組むことで、
六花に胸を張れる自分に近づけたから。　　4．(1)自分の痛み　(2)陸上部のみんなに追いつけず、走ることもそれ
ほど好きではない　　5．イ

五　1．オ　　2．現象の中から見抜いた法則に基づいて事象の変化を見通す方法。　　3．人類の歴史は常によい方
向に進歩するわけではなく、また予想外の革命的な出来事によって希望が生まれることもあるという見方。
　　4．ア　　5．(1)ウ　(2)未来世代に対する倫理的な配慮

六　（1字あける）私は、BさんとCさんの意見の両方で案内するとよいと考える。校内放送で案内した後に、文書を配
ると効果的だと思う。（改行）なぜなら、急ぎの内容をまずは放送で知ってもらい、後で必要な情報をまとめた文書
を配ることで、広く正しく伝わると思うからだ。音声には、参加してほしいという気持ちを込めることができる。
文字は記録に適しているので、確認したい時に役に立つ。また、放送を聞けなかった人にも情報を届けられる。

—《2024　数学　解答例》—

1　(1)①4　②$-\dfrac{3}{4}$　③$9x-2y$　④$9\sqrt{2}$　(2)$x^2+2xy+y^2-1$

2　(1)$5a+2b=1020$　(2)15　(3)42　(4)120　(5)右図

3　(1)①$\dfrac{1}{6}$　②$\dfrac{2}{9}$　(2)①529　②$(n-1)$番目の図形のタイルは
全部で$(n-1)^2$枚，n番目の図形のタイルは全部でn^2枚と表す
ことができる。n番目の図形をつくるとき，新たに必要なタイル
の枚数は，$n^2-(n-1)^2=n^2-(n^2-2n+1)=2n-1$
nは2以上の整数であるから，$2n-1$は奇数である。
よって，新たに必要なタイルの枚数は奇数である。

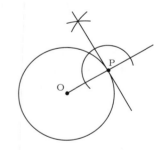

※4　水を移す前のAの水の量…400　水を移す前のBの水の量…420

5　線分CIをひく。△CIEと△CIBにおいて
　CIは共通…①　仮定から ∠CEI＝∠CBI＝90°…②　仮定から CE＝CB…③
　①，②，③より 直角三角形で，斜辺と他の1辺がそれぞれ等しいから △CIE≡△CIB
　合同な図形の対応する辺は等しいから EI＝BI
　〔別解〕
　対角線AC，CFをひく。△IEAと△IBFにおいて
　対頂角は等しいから ∠AIE＝∠FIB…①　仮定から ∠AEI＝∠FBI＝90°…②
　三角形の内角の和は180°であるから

$\angle I A E = 180° - \angle A I E - \angle A E I \cdots$③

$\angle I F B = 180° - \angle F I B - \angle F B I \cdots$④

①, ②, ③, ④から $\angle I A E = \angle I F B \cdots$⑤

合同な長方形の対応する辺は等しいから $C B = C E \cdots$⑥

また，合同な長方形の対角線は等しいから $C A = C F \cdots$⑦

$E A = C A - C E \cdots$⑧　$B F = C F - C B \cdots$⑨

⑥, ⑦, ⑧, ⑨から $E A = B F \cdots$⑩

②, ⑤, ⑩より　1組の辺とその両端の角がそれぞれ等しいから $\triangle I E A \equiv \triangle I B F$

合同な図形の対応する辺は等しいから $E I = B I$

6　(1) 1　　(2) $y = x + 3$　　(3) $1 + \sqrt{7}$

7　(1) 6　　(2)① $16\sqrt{2}$　② $\dfrac{64\sqrt{2}}{15}$

※の求める過程は解説を参照してください。

── 《2024　英語　解答例》 ────────────

1　放送問題1　No. 1. ア　No. 2. エ　No. 3. イ　No. 4. ウ　No. 5. ア

　　放送問題2　No. 1. イ　No. 2. エ

　　放送問題3　①went　②full　③sit　④person　⑤trouble

2　(1)①ア　②エ　③イ　　(2)can be used in various　　(3)1. イ　2. ウ　3. エ　4. ア

3　(1)could stay　　(2)enjoyed swimming in the sea and playing basketball with you

4　(1)イ　　(2)①ウ　②エ　　(3)ア　　(4)ウ　　(5)use both paper and digital textbooks effectively

　　(6)(I agree の例文) I can choose from a lot of books and I can receive the books at home

　　(I disagree の例文) I like to find new books at bookstores, buy them, and go home with them

5　(1)ウ　　(2)イ　　(3)ア　　(4)エ　　(5)①practicing English conversation　②cannot express her ideas in Japanese

　　(6)her place in Japan because her friends accept her

── 《2024　理科　解答例》 ────────────

1　(1)ウ　　(2)①赤血球　②毛細血管からしみ出て組織液となる　　(3)ア　　(4)オ

2　(1)子房　　(2)ア　　(3)同じ個体のめしべについて受粉すること。　　(4)①カ　②エ　　(5)ウ

3　(1)震央　　(2)イ　　(3)①エ　②48　③6

4　(1)日周運動　　(2)①ア　②一定の速さで動いている　　(3)エ　　(4)イ

5　(1)状態変化　　(2)オ　　(3)沸点が低いため。　　(4)①イ　②3.36

6　(1)単体　　(2)ア　　(3)①エ　② $CuCl_2 \rightarrow Cu + Cl_2$　　(4)2.0

7　(1)①1.1　②5.0　③0.4　　(2)200　　(3)ア

8　(1)イ　　(2)ウ　　(3)216　　(4)①エ　②30.0

1　(1)エ　　(2)オ　　(3)エ　　(4)イスラム　　(5)①ウ　②一人っ子政策によって少子高齢化が進んだ。

2　(1)津軽　　(2)ア　　(3)オ　　(4)①縄文　②イ　　(5)①客土　②東北各県と比べて，米以外の作物の栽培面積

3　(1)ア　　(2)戸籍　　(3)藤原道長　　(4)イ　　(5)エ　　(6)清がイギリスに敗れ続けたことを知ると，外国船にまきや水などを与える

4　(1)ウ　　(2)イ　　(3)ウ→イ→ア→エ　　(4)①ウ　②Ｃ　　(5)満州　　(6)天皇主権から国民主権に改められたことを踏まえ，国会が法律

5　(1)オ　　(2)インフレーション　　(3)イ→ウ→ア　　(4)ウ　　(5)所得に占める税金の割合が高くなる　　(6)イ

6　(1)個人　　(2)最高裁判所　　(3)ア　　(4)市町村　　(5)エ　　(6)産業部門と運輸部門の二酸化炭素排出量は減少しているが，家庭部門は変化が小さい

═《2024　国語　解説》═

一　2　「閣」は14画。アの「棒」は12画。イの「脈」は10画。ウの「輪」は16画。エの「磁」は14画。オの「版」は8画。

二　2　Bは、絵日傘(絵柄のある日傘)を(小川の)向こう岸の草の上に投げて、小川を渡り、その水のあたたかさを感じたという歌である。「春の水ぬるき」は、春になって寒さがゆるみ、水がなまあたたかくなったということ。

3(1)　鑑賞文の「しなやかに流れ続ける川の動きに合わせてきらめく日ざし」がAの短歌の「四万十(川)に光の粒をまきながら」に、鑑賞文の「目に見えない空気の流れが川に軽く触れながら過ぎてゆくさま」がAの短歌の「川面をなでる風の手のひら」にあたる。　　(2)　鑑賞文の「祝福(幸福をよろこび祝うこと)を〜うたいあげている」「軽やかなリズムが生み出されるように用いる」「ひらがなで表す」から、Fの短歌「水のよろこび〜風のよろこび」の説明だとわかる。

三　1　言葉の先頭にない「はひふへほ」は、「わいうえお」に直す。

2(1)　音程が合っていないので鐘を鋳なおすように言った師曠に対し、平公は「工皆以て調へりと為す。」(楽工たちは皆、音程は合っていると答えた。)と言った。　　(2)・(3)　【漢文書き下し文の内容】を参照。

【漢文書き下し文の内容】

> 晋の国を治めていた平公は、大きな釣鐘を鋳造し、楽工(音楽を演奏する人)たちに鐘の音を聴かせた。楽工たちは皆、音程は合っていると答えた。師曠が言った、「音程が合っていません。どうかもう一度鐘を鋳なおしてください。」と。平公は言った、「楽工たちは皆、音程は合っていると答えた。」と。師曠が言った、「(2)後の世に音がよくわかる人が現れたら、きっとこの鐘の音程が合っていないことを見抜くでしょう。私は内心で君主様(あなた様・平公)にとっての恥になってしまうだろうと思っています。」と。師涓が現れて、案の定、鐘の音程が合っていないことがわかった。(3)師曠がしきりに鐘の音程を合わせるように望んだのは、後の世に音がよくわかる人が現れることを思ったからである。

四　著作権上の都合により文章を掲載しておりませんので、解説も掲載しておりません。ご不便をおかけし、誠に申し訳ございません。

五　1　「未来倫理で」の「で」は、「〜において」という意味の格助詞。オの「つながりで」(つながりにおいて)が同じ。アとウは、断定の助動詞「だ」の連用形。イは、形容動詞「さわやかだ」の連用形。エは、接続助詞の「て」が、動詞の連用形の音便形に付いて「で」になったもの。

2　「これは一般にシミュレーションと呼ばれる方法である」と述べているから、「これ」が指す内容を読みとる。直前の⑤段落で述べた「天気を予測するということ」がその具体例である。天気予報は「現実の気象の運動の中に一定の法則を見抜き、その法則の中で気象がどのように変化するのかを予測する行為」である。これを抽象化すると、現象の中から見抜いた法則に基づいて事象の変化を見通す方法、ということになる。

3　⑪段落が「もちろん〜しかし」という構文であることに着目する。自身とは異なる考えを「もちろん」と一部認めたうえで、「しかし」以降で、自身の主張を展開していく形である。ここでは、社会の変化に「法則性がある」とする立場を一部認めた上で、法則性を見いだすことはできないという自身の考えを述べようとしている。よって、「しかし」以降の内容、つまり、筆者が人類の歴史について「そうした歴史観(歴史はよい方向に進歩するという考え)を素朴に信じることはできない〜愚行を繰り返したり、道徳的に退行したりする〜誰にも予想できなかった

革命的な出来事が起き〜希望を抱かせることも起きる」という見方をしていることをまとめる。

4　前問3（⑪段落）で読みとったとおり、筆者は社会の変化に法則性を見いだすことはできない、予測不可能であると考えている。この筆者の意見を、⑫段落の「社会の変化が法則性に基づいていないように見える理由〜人間の複数性〜人間をある法則性のもとに還元することができない」という内容が、ア「補強している」と言える。

5(1)　——線アは①段落、——線イは②段落、——線エは⑤段落、——線オは⑭段落の内容に合致する。——線ウのようなことは本文中では述べていない。　　(2)　筆者は②段落で「未来の予見は未来倫理の実践にとって必要不可欠なのである」と述べている。「未来倫理の実践」にあたる14字の表現をさがすと、③段落に「未来世代に対する倫理的な配慮をするために〜未来を予見する」とある。

— 《2024　数学　解説》 —

1　(1)②　与式$=\dfrac{2}{5}\times\left(-\dfrac{15}{8}\right)=\mathbf{-\dfrac{3}{4}}$

　　④　与式$=3\sqrt{18}=3\times3\sqrt{2}=\mathbf{9\sqrt{2}}$

　(2)　与式$=(x+y)^2-1^2=\mathbf{x^2+2xy+y^2-1}$

2　(1)　黒ペン5本の代金は5a円、赤ペン2本の代金は2b円だから、**5a＋2b＝1020** となる。

　(2)　関数$y=5x+2$の式に、$x=1$を代入すると、$y=5\times1+2=7$、$x=4$を代入すると、$y=5\times4+2=22$となる。よって、xが1から4まで増加するときのyの増加量は$22-7=\mathbf{15}$

　(3)　OB、OCはそれぞれ円の半径だから、△OBCはOB＝OCの二等辺三角形である。よって、$\angle BOC=180°-48°\times2=84°$

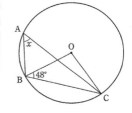

同じ弧に対する円周角は、中心角の半分だから、$\angle x=\dfrac{1}{2}\angle BOC=\dfrac{1}{2}\times84°=\mathbf{42°}$

　(4)　データの個数は9個だから、第3四分位数は、$9\div2=4.5$、$4\div2=2$より、大きい方から2番目と3番目の値の平均なので、$(122+118)\div2=\mathbf{120}$（個）である。

　(5)　接線は、接点を通る円の半径と垂直に交わることを利用し、Pを通り、直線OPに垂直な直線を引けばよい。

3　(1)①　A、Bの出る目をそれぞれa、bとする。PとQが同じ位置になるのは、a＋bの値が6の倍数になるときだから、$(a,\ b)=(1,\ 5)(2,\ 4)(3,\ 3)(4,\ 2)(5,\ 1)(6,\ 6)$の6通りある。2つのさいころの目の出方は全部で$6\times6=36$（通り）あるので、求める確率は、$\dfrac{6}{36}=\mathbf{\dfrac{1}{6}}$である。

　　②　【解き方】正六角形の頂点をAから反時計回りにA、B、C、D、E、Fとしたとき、Aを含む3つの頂点を結んでできる二等辺三角形は、図1または図2の三角形と合同である。

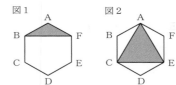

図1の△ABFと合同でAを頂点に持つ三角形は、△BCA、△FAEであり、合計3個ある。これらの三角形のそれぞれにおいて、A以外の2点のどちらにPとQがとまるかで2通りあるから、2つのさいころの目の出方は$2\times3=6$（通り）ある。

図2の△ACEと合同でAを頂点に持つ三角形は他にできないので、PとQがそれぞれCとEのどちらにとまるかで2通りある。

以上より、求める確率は、$\dfrac{6+2}{36}=\mathbf{\dfrac{2}{9}}$

　(2)①　【解き方】m番目の図形は、1辺にm枚のタイルをしいた正方形だから、m番目の図形のタイルの枚数は全部でm^2枚と表すことができる。

23番目の図形は、1辺に23枚のタイルが並ぶ正方形だから、タイルの枚数は全部で$23^2=\mathbf{529}$（枚）ある。

② 解答例のように，ｎ番目の図形と（ｎ－１）番目の図形のタイルの枚数の差が奇数になることを説明する。

4 **【解き方】** 水を移す前のＡの水の量をxmL，水を移す前のＢの水の量をymLとおき，連立方程式を立てる。

水を移す前のＡとＢの水の量の合計について，$x+y=820\cdots$①

ＡからＣに移した水の量は$\frac{1}{4}x$mL，ＢからＣに移した水の量は$\frac{1}{3}y$mLだから，水を移した後のＣには$\left(\frac{1}{4}x+\frac{1}{3}y\right)$mLの水が入っていることになる。よって，水を移した後のＣとＡの水の量について，

$\frac{1}{4}x+\frac{1}{3}y=x\times\left(1-\frac{1}{4}\right)-60$より，$\frac{1}{4}x+\frac{1}{3}y=\frac{3}{4}x-60$　　$-\frac{1}{2}x+\frac{1}{3}y=-60\cdots$②

②の両辺を6倍して，$-3x+2y=-360\cdots$③

①×2－③でyを消去すると，$2x+3x=1640+360$　　$5x=2000$　　$x=400$

①に$x=400$を代入して，$400+y=820$　　$y=820-400=420$　　これらは問題に適している。

したがって，水を移す前のＡの水の量は**400**mL，Ｂの水の量は**420**mLである。

5 画面3において，ＥＩ，ＢＩをそれぞれ1辺に持つ三角形が存在しないので，補助線を引き，これらを1辺に持つ2つの三角形を作図し，その2つの三角形が合同であることを示せばよい。

6 (1) Ａは放物線$y=\frac{1}{4}x^2$上の点だから，Ａのx座標の$x=-2$を放物線の式に代入すると，Ａのy座標は$y=\frac{1}{4}\times(-2)^2=1$となり，Ａ$(-2, 1)$である。

(2) Ｂは放物線$y=\frac{1}{4}x^2$上の点だから，Ｂのx座標の$x=6$を放物線の式に代入すると，Ｂのy座標は$y=\frac{1}{4}\times6^2=9$となり，Ｂ$(6, 9)$である。直線ＡＢの式を$y=ax+b$とおき，Ａ，Ｂの座標をそれぞれ直線の式に代入すると，$1=-2a+b$，$9=6a+b$となり，これらを連立させて解くと，$a=1$，$b=3$となる。

よって，直線ＡＢの式は$y=x+3$である。

(3) **【解き方】** Ｐ，Ｑ，Ｒのy座標をそれぞれtを用いて表し，ＱＰ＝ＰＲとなるようにtについての方程式を立てる。

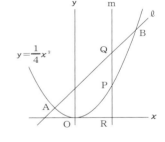

Ｐ，Ｑ，Ｒのx座標は等しくtであり，Ｐは放物線$y=\frac{1}{4}x^2$上の点だから，Ｐのy座標は$\frac{1}{4}t^2$，Ｑは直線ℓ上の点だから，Ｑのy座標は$t+3$，Ｒはx軸上の点だから，Ｒのy座標は0である。

よって，ＱＰ＝（Ｑのy座標）－（Ｐのy座標）＝$t+3-\frac{1}{4}t^2$，

ＰＲ＝（Ｐのy座標）－（Ｒのy座標）＝$\frac{1}{4}t^2-0=\frac{1}{4}t^2$なので，

$t+3-\frac{1}{4}t^2=\frac{1}{4}t^2$　　これを解くと，$t=1\pm\sqrt{7}$となり，$0<t<6$より$t=1+\sqrt{7}$である。

7 (1) △ＤＥＦにおいて，三平方の定理より，ＥＦ$=\sqrt{10^2-8^2}=6$（cm）

(2)① **【解き方】** まず，四角形ＰＲＳＱがどのような四角形かを考える。

ＤＦ／／ＱＳより，△ＤＥＦ∽△ＱＥＳで，相似比はＤＥ：ＱＥ＝（1＋2）：2＝3：2である。よって，ＱＳ$=\frac{2}{3}$ＤＦ$=\frac{2}{3}\times8=\frac{16}{3}$（cm）　同様に，ＰＲ$=\frac{2}{3}$ＡＣ$=\frac{16}{3}$（cm）だから，ＱＳ＝ＰＲ，ＱＳ／／ＰＲ，ＰＱ⊥ＰＲより，四角形ＰＲＳＱは長方形である。ＰＱ＝ＡＤ$=3\sqrt{2}$cmだから，四角形ＰＲＳＱの面積は，$\frac{16}{3}\times3\sqrt{2}=16\sqrt{2}$（cm²）

② **【解き方】** 四角すいＴＰＲＳＱは図1の太線部のようになる。

ＡＣ／／ＱＳより，△ＡＣＴ∽△ＳＱＴであることを利用し，四角すいＴＰＲＳＱの高さを求める。

Ｔから面ＣＢＥＦに垂線を引き，交点をＵとする。真上から見たときＡＳとＣＳは重なって見えるから，図2のように，Ｕは長方形ＣＲＳＦの対角線ＣＳ上にある。よって，四角すいＴＰＲＳＱの高さは，図2

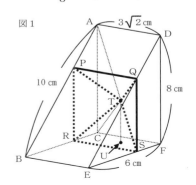

図1

(6)

のUWである。

△ACT∽△SQTで，相似比はAC：SQ＝8：$\frac{16}{3}$＝3：2

DF//QSより，FS：FE＝DQ：DE＝1：3なので，

FS＝$\frac{1}{3}$FE＝$\frac{1}{3}$×6＝2（cm）

△CUV∽△SUWで，UV：UW＝CU：SU＝AT：ST＝3：2

だから，UW＝$\frac{2}{3+2}$VW＝$\frac{2}{5}$FS＝$\frac{2}{5}$×2＝$\frac{4}{5}$（cm）

以上より，求める体積は，$\frac{1}{3}$×16$\sqrt{2}$×$\frac{4}{5}$＝$\frac{64\sqrt{2}}{15}$（cm³）

図2
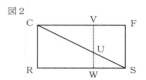

─《2024　英語　解説》────────────────────

1　**放送問題1**　【放送文の要約】参照。No. 1　質問「誰がメアリーを有名な場所に連れて行きますか？」

No. 2　質問「メアリーはどこでランチを食べる予定ですか？」　　No. 3　質問「直樹は何を見たいですか？」

No. 4　質問「公演は何時に始まりますか？」　　No. 5　質問「メアリーはどうやって学校に行きますか？」

【放送文の要約】

直樹　　　：やあ，メアリー。

メアリー：こんにちは，直樹。

直樹　　　：明日は何か予定がある？

メアリー：うん。No.1ァホストマザーが私を有名な場所に連れて行ってくれるそうよ。

直樹　　　：ああ，いいね。どこに行くの？

メアリー：まずは，この町にあるお寺に行くよ。No.2ェそれから，湖に行って近くのカフェでランチを食べるの。

直樹　　　：そのあたりはきれいなところだよ。No.3ィ写真を撮ってきてね。後で見たいな。

メアリー：もちろん！たくさん撮るよ。

直樹　　　：すごいね！君は何時に帰宅するの？

メアリー：たぶん午後2時までには。どうして？

直樹　　　：No.4ゥ僕の演劇部は学校の体育館で公演をするんだ。午後3時に始まるよ。来たい？

メアリー：ええ。ぜひ見たいな！

直樹　　　：うん，いいね！君はどうやって学校に来るの？

メアリー：No.5ァ歩いてたった10分だから，歩いて行くよ。

直樹　　　：いいね！また明日。

メアリー：また明日ね。

放送問題2　No. 1　女性「どうしたの？」→少年「傘をなくしてしまいました。探しています」→女性「何色？」
の流れより，イ「緑です」が適当。　　No. 2　少年「この映画をもう見た？」→少女「見たよ。本当によかった。
あなたは？」→少年「いや，まだ見てないけど，見たいな」の流れより，エ「見るべきだよ。あなたは気に入ると
思うよ」が適当。

放送問題3　【放送文の要約】参照。

【放送文の要約】

　先週，家族と①買い物に行きました（＝went shopping）。バスに乗っているとき，買い物袋をたくさん持っている年配の女性を
見かけました。バスは人②でいっぱい（＝full of）だったので，彼女は立っていました。バスが止まると，私は立ち上がって彼女に

「③ここに座ってください（＝Please sit here.）」と言いました。彼女は「ありがとう。優しいね」と言いました。家に帰ってから，父は私に「④困っている人（＝person in need）を助けることは大切だよ。おまえは良いことをしたね」と言いました。私はそれを聞いてうれしく思い，これからも周りで⑤困っている人（＝people who have trouble）を助ける努力をしようと思いました。

2 (1)①　〔家で〕A「私の（　　）はどこ？もう一度読みたいよ」→B「テーブルの下で見たよ」の流れより，ア「雑誌」が適当。　②　〔教室で〕A「あなたはいつもうれしそうだね。なぜなの？」→B「僕は毎日笑顔でいようとしているよ。笑顔は（　　）と思うんだ」の流れより，エ「自分をポジティブにする」が適当。　・keep＋もの＋状態「（もの）を（状態）のままにする」　③　〔駅で〕A「どこで電車の切符を買えばいいかわからないよ」→B「（　　）。向こうの女性に聞いてみよう」の流れより，イ「私もわからないよ」が適当。否定文ではtooのかわりにeitherを使う。

(2)　〔ホストファミリーの家で〕A「友達からプレゼントをもらったよ。でもこれは何？」→B「それは風呂敷よ。（　　）。使い方を見せようか？」より，「いろいろな使い方ができるよ」＝It can be used in various ways.とする。〈be動詞＋過去分詞〉で「～される」という意味の受け身の文にする。

(3)　〔誕生日パーティーの後〕A「おばあちゃん，料理をありがとう。1ィおばあちゃんが作った料理は本当においしかったよ」→B「それを聞いてうれしいわ。2ゥどれが一番よかった？」→A「おばあちゃんの野菜ピザがおいしかったよ。3エ私のためにもう1回作ってくれない？」→B「もちろんよ。次回は，4ァいろいろな野菜を入れて作るよ」→A「本当に？食べるのが楽しみだよ！」

3 (1)　①「明日はホームステイ最終日だね。寂しくなるよ」→②「僕もだよ。（　　）」→③「僕もそう思うよ。滞在中は楽しく過ごせた？」→④「うん。（　　）」→⑤「僕らはそれをしてとても楽んだね。また戻ってきて一緒に楽しもうね」の流れより，②は文頭にI wishがあるので仮定法過去〈I wish I could ～〉「～できたらなあ」の文と判断する。could stayが適切。

(2)　イラストから「海で泳ぐ」＝swim in the sea と「ジョンと一緒にバスケットボールをする」＝play basketball with you を楽しんだことがわかる。enjoyの直後に動詞を使うときは，動名詞にすること。

4 【本文の要約】参照。

(1) 対話の流れからイ「紙の」が適当。ア「デジタルの」，ウ「英語の」，エ「科学技術」は不適当。

(2)①　「2021年から2022年にかけて，生徒用のデジタル教科書の割合は約（　　）ポイント増えた」…表より，2021年から2022年にかけて生徒用のデジタル教科書の割合は87.9－36.1＝51.8（％）増えたことがわかる。

②　「（　　）は，生徒用のデジタル教科書の割合が先生用よりも大きい」…表より，2022年だけは，生徒用のデジタル教科書の割合が先生用よりも大きいことがわかる。

(3)　数年前までは先生用のデジタル教科書しかなかったが，今ではア「タブレット端末で自分たちのデジタル教科書」を使っているという流れ。

(4)　ア「卓也は英語の勉強を終えて，×タブレットを使ってゲームをしています」　イ「ロナルドは中学生の時，×デジタル教科書で勉強しました」　ウ○「卓也は指やデジタルペンを使って，デジタル教科書にメモを書くことができます」　エ×「ロナルドはデジタル教科書よりも紙の教科書の方が重要だと言っています」…本文にない内容。

(5)　「ロナルドは，もしあなたが（　　）方法を学べば，教科書はより役立つようになると考えています」…卓也は最後の発言でlearning how to use both paper and digital textbooks effectively is important「紙の教科書とデジタル教科書を効果的に併用する方法を学ぶことが大切」と言い，ロナルドはその考えに同意していることを読み取る。

(6)　無理に難しい内容ではなくてもよいので，8語以上という条件を守り，スペルや文法のミスがない文にする。質問「インターネットで本を買う人もいます。あなたはそれについてどう思いますか？」…（賛成の例文）「たくさ

んの本から選ぶことができ，家で本を受け取ることができるので，私はその考えに賛成です」　（反対の例文）「私は書店で新しい本を見つけて買い，それを持って家に帰るのが好きなので，この考えには反対です」

【本文の要約】

ロナルド：ねえ，卓也，タブレット端末で何をしているの？ゲームをしているの？

卓也　　：いや，違うよ。タブレット端末でデジタル教科書を使って勉強しているんだ。今英語を勉強しているよ。このデジタル教科書を使うと，教科書に載っている英語を簡単に聴くことができるよ。

ロナルド：君はデジタル教科書を使っているんだね。かっこいいね！僕はそんなデジタル教科書を使ったことがないよ。僕は中学生の時に紙の教科書で勉強したよ。中学校のすべての教科でデジタル教科書を使っているの？

卓也　　：いや，ちがうよ。多くの教科で A イ 紙の（＝paper）教科書も使っているよ。

ロナルド：なるほどね。技術の進歩には驚くばかりだよ。デジタル教科書は現在日本で広く普及しているの？

卓也　　：うーん，わからないな。勉強が終わったらインターネットで情報を探してみるよ。何か情報が見つかったら伝えるね。

ロナルド：ありがとう。楽しみにしているよ。

[1時間後]

卓也　　：ねぇ，ロナルド。僕はインターネットでいくつかの情報を見つけたよ。このデータを見て。

ロナルド：ああ，2019 年から 2021 年にかけて，先生用のデジタル教科書の割合が毎年 10 ポイント以上ずつ増えていることがわかるよ。驚くべきことに，生徒用のデジタル教科書の割合は 2020 年から 2022 年までに約 80 ポイントも増えたよ。これは，デジタル教科書が過去数年で日本中の学校に普及したことを示しているよ。

卓也　　：その通りだね。実は数年前，僕たちの学校にはデジタル教科書がなかったんだ。デジタル教科書を持っているのは先生だけで，教室にあるプロジェクターを使って僕たちに見せることが多かったよ。でも，今僕たちは B ア タブレット端末でデジタル教科書を使っているよ。

ロナルド：じゃあ，今では新しい勉強方法ができたんだね？君は普段，デジタル教科書をどのように使っているの？

卓也　　：うーん，まず僕はよく教科書の一部を大きくするよ。そうすれば，小さな写真や文字がよく見えるよ。(4)ウそれから，画面を指で触ったり，デジタルペンを使ったりしてデジタル教科書にメモを書くことが多いよ。もし君が間違っても，簡単に訂正することができるんだ。だから，デジタル教科書に自由にたくさんのことを書くことができるよ。また，リンクから動画を見ることもできるんだ。例えば，自宅でスピーキングやリスニングのサンプル動画を見ることができるよ。

ロナルド：それは勉強にとても役立つね。じゃあ，デジタル教科書ですべての科目を勉強したいの？

卓也　　：そんなことはないよ。すべての科目で使うと，目がとても疲れるよ！それに，タブレットが小さすぎて紙の教科書のようにページ全体を一目で見ることができないんだ。実際，紙の教科書のほうがより速く読めるし，再度勉強しなければならないことを簡単に見つけることができるよ。

ロナルド：なるほど。紙の教科書もデジタル教科書もいいところがあるね。目的ごとに別の方法を選べるんだね？

卓也　　：うん。例えば，写真を見たいときや，理解に役立つ動画を見たいときは，デジタル教科書を使うよ。でも，速く読む必要があるときは紙の教科書を使うんだ。(5)紙の教科書とデジタル教科書を効果的に併用する方法を学ぶことが大切だと思うな。

ロナルド：(5)同感だよ。その方法を学べば，教科書はもっと便利になるね！

5　【本文の要約】参照

(1)　文頭の But「しかし」に着目する。ジョアンは海外に行くことに興奮していた反面，緊張もしていたので，友達と別れることが悲しかったと考えられる。ア「わくわくする」，イ「興味がある」，エ「驚く」は不適当。

(2)　第３段落のBの前の部分では，食事を例に挙げて日本とフィリピンの生活が非常に異なっていたことが述べら

れているので，イが適当。ア「私は父の仕事でフィリピンに帰らなければなりませんでした」，ウ「箸で和食を食べるのは私にとって簡単でした」，エ「私は初めて日本に行くのをとても楽しみにしていました」は不適当。

(3) 代名詞などの指示語が指す内容は直前にあることが多い。ここでは，直前の1文を指しているので，ア「ジョアンは英語の授業で先生の質問に素早く答え，先生との英会話を楽しむことができました」が適当。

(4) ア「ジョアンは，彼女が×ひとりで日本に引っ越すと聞いて少し緊張しました」　イ×「ジョアンはフィリピンでは普段箸を使っていたので，日本でフォークとスプーンを使いたくはありませんでした」…本文にない内容。ウ×「ナツコは英語があまり上手に話せず，いつもジョアンに日本語で話しかけていました」…本文にない内容。エ○「ジョアンは漢字が苦手だったので，ナツコに漢字の読み方と書き方を教えてくれるよう頼みました」

(5)① 質問「ジョアンとナツコはどのようにして親友になりましたか？」…第5段落3〜4行目の表現を使って答える。前置詞の直後に動詞を使うときは，practicing のように動名詞にすること。　② 質問「ジョアンはいつ身振りを使いますか？」…第7段落4〜5行目の表現を使って答える。my を her にすること。

(6) 「ジョアンは友達と一緒に学校生活を楽しんでいます。ナツコのことを手伝ってから，彼女はより前向きになりました。彼女は今，（　　　）。彼女は経験から，少しの勇気が私たちをより多くの人々と結びつけ，私たちの人生にすべての変化をもたらすことを学びました」…第8段落2〜3行目の表現を引用して9語以上で答える。直前に has があるので，has her place in Japan because her friends accept her「友達が彼女を受け入れてくれるので，日本に居場所があります」のように，my や me を her にし，because などを使って答えよう。

【本文の要約】

　新しい環境で困難な状況に置かれた場合はどうしますか？あなたはこの質問に答えられないかもしれませんが，この状況では，一歩踏み出す勇気が必要だと思います。今日は，私がどのように問題に向き合い，新しい人々との関係を構築したかをお話ししたいと思います。

　私はフィリピンで生まれ，そこに14年間住んでいました。ある日，父が私に言いました。「ジョアン，来月，仕事のために日本に引っ越すよ」私はそれを聞いて興奮しましたが，少し緊張しました。私は初めての海外へ行くことを楽しみにしていました。しかし，私はフィリピンにいる友達に別れを伝えるのが Aウ悲しく（＝sad）もありました。

　日本に来て最初の数週間は，失ったもののことばかり考えていました。私はとても恥ずかしがり屋で，新しい学校では誰とも話せませんでした。多くの授業は日本語で行われ，難しすぎて理解できませんでした。また，食事の仕方も私にとっては初めてでした。例えば，私はフィリピンでは左手にフォーク，右手にスプーンを持って食事をします。日本ではふつう箸を使います。私は箸を使うのが苦手でした。Bイ日本の生活はフィリピンの生活とは非常に異なっていると感じました。

　ある日，クラスメートのひとりであるナツコが私のところに来て，「ジョアンは英語が本当に上手だね。私は英語が好きだけど話すのは難しいな」と言いました。彼女は英語で私とコミュニケーションを取ろうと頑張っていました。私は静かに「ああ，なるほど」と答えました。実際，授業中に先生方が日本語で何を言っているのか理解するのは簡単ではありませんでした。しかし，フィリピン人のほとんどが英語を話すので英語の授業は楽でした。私は子どもの頃からフィリピンでずっと英語を使っていました。(3)私は英語の授業だけは先生の質問にすぐに答えることができ，先生との英会話を楽しむことができました。ナツコはそのことを知っていました。

　彼女が私に話しかけてくれてうれしかったのですが，次に何を話したらいいかわかりませんでした。しばらくして，私は勇気をふりしぼって彼女に「英語を上達させたいなら，私が手伝うよ」と言いました。彼女は「いいの？本当にありがとう！」と言いました。(5)①そうして，私たちは一緒に英会話の練習を始め，すぐに親友になりました。

　数日後，私は「ナツコだけでなく，他の生徒たちも手伝うことができるんじゃないか？」と思いました。私はナツコに「もっと多くのクラスメートのために英会話の練習を始めようと思っているよ。どう思う？」と言いました。彼女は「それはいい考えね。ジョアンの英語の授業を一緒に始めよう」と言いました。

次の日，私は昼食後にナツコとナツコの友達と一緒に英語の練習を始めました。私たちは今でもほとんど毎日，一緒に英会話の練習をしています。ナツコは「ジョアン，私たちに英語を教えてくれてありがとう」と言いました。「どういたしまして」私は日本語で答えました。(5)②私はまだ日本語が下手ですが，自分の考えを日本語で表現するようにしています。 それがうまくいかないときは身振りを使います。(4)エ私はナツコに「実は私，漢字が苦手なの。読み方と書き方を教えてくれない？」と言いました。「もちろん！」それから，ナツコと彼女の友達が私に漢字を教えてくれました。友達と一緒に言語を学ぶのはとても楽しいです。

今は学校生活がずっと楽になり，友達と楽しい時間を過ごしています。ナツコを助けることで，私の日本での生活が変わり，私自身も変わりました。(6)友達が受け入れてくれているように感じていて，今は日本に居場所があります。この経験から，一歩踏み出す少しの勇気によって，私たちはより多くの人とつながり，人生を明るくすることができることを学びました。

═《2024 理科 解説》═

1 (1) X．接眼レンズをのぞいてピントを合わせるとき，対物レンズとプレパラートがぶつかって破損するのを防ぐために，対物レンズとプレパラートを遠ざけながらピントを合わせる。 Y．しぼりは視野の明るさを調節するもの，調節ねじはステージまたは鏡筒を上下に動かすものである。

(2)① 赤血球にふくまれたヘモグロビンの，酸素の多いところでは酸素と結びつき，酸素の少ないところでは酸素をはなす性質によって，赤血球は酸素を運搬できる。

(3) 魚類の心臓で血液が通過する順番は心房→心室であり，心房と心室にある弁の向きから血液は図の下から上に向かって流れるとわかる。よって，アが正答となる。なお，ヒトの心臓は2心房2心室であり，血液は(肺以外の)全身→右心房→右心室→肺→左心房→左心室→(肺以外の)全身と循環している。

(4) タンパク質が分解されるときにできる有害なアンモニアは肝臓で無害な尿素に変えられる。血液中の尿素は不要な物質や水分などとともにじん臓でこし出され，尿としてぼうこうにためられた後，体外に排出される。したがって，じん臓につながる血管のうち，じん臓に流れこむ前の血液が流れる動脈の方が，じん臓から出た後の血液が流れる静脈より，尿素を多くふくむ血液が流れる。

2 (2) 双子葉類がアであるのに対し，単子葉類はエである。

(4)① Y．丸形の純系（RR）からできる生殖細胞がもつ遺伝子はR，しわ形の純系（rr）からできる生殖細胞がもつ遺伝子はrである。したがって，これらを交配してできる受精卵の遺伝子はRrのみである。 Z．対立形質をもつ純系を交配したときに，子に現れる形質を顕性形質，現れない形質を潜性形質という。

② 遺伝子の組み合わせがRrのエンドウを自家受粉させてできる種子の遺伝子の組み合わせとその数の比は，右表より，RR：Rr：rr＝1：2：1となる。よって，Rrの種子は $400 \times \dfrac{2}{1+2+1} = 200$（個）である。

	R	r
R	RR （丸形）	Rr （丸形）
r	Rr （丸形）	rr （しわ形）

(5) dの種子のうち，丸形の種子がもつ遺伝子の組み合わせとその数の比はRR：Rr＝1：2である。これらのうち，Rrの種子を育て自家受粉させてできる種子の遺伝子の組み合わせはRR，Rr，rrであり，(4)②解説より，それぞれの数を①，②，①と表す。これより，Rrの種子を育ててできる種子の数は①＋②＋①＝④となり，RRの種子を育ててできる種子(すべてRR)の数は④×$\dfrac{1}{2}$＝②となる。よって，できる丸形の種子としわ形の種子の数の比は，（RR＋Rr）：rr＝{（②＋①）＋②}：①＝5：1になると考えられる。

3 (2) Ⅱ×…同じ震源の地震では，ふつう，マグニチュードの値が大きいほど，ゆれが伝わる範囲は広くなる。

(3)① X．P波とS波は震源で同時に発生するが，P波の方がS波よりも伝わる速さが速い。 Y．AとCの記録

より，P波は $60-30=30$（km）を $\underset{\text{初期微動が始まった時刻の差}}{12-7}=5$（秒）で伝わるとわかるから，速さは $\dfrac{30}{5}=6$（km/s）である。

② 初期微動が始まってから主要動が始まるまでの初期微動継続時間は，震源距離に比例する。Aの記録より，震源距離が30 kmのとき，初期微動継続時間は $12-7=5$（秒）だから，初期微動継続時間が $18-10=8$（秒）のBの震源距離は $30×\dfrac{8}{5}=48$（km）である。　　③ Aより震源距離が $54-30=24$（km）大きいから，初期微動が始まった時刻はAの $\dfrac{24}{6}=4$（秒後）の15時32分11秒である。また，②解説より，初期微動継続時間は $5×\dfrac{54}{30}=9$（秒）だから，主要動が始まった時刻は15時32分20秒である。よって，主要動が始まったのは，緊急地震速報が伝わった $20-14=6$（秒後）である。

4 (1) 地球が自転しているため，地球上からは太陽が日周運動するように見える。

(2)① X．太陽が最も高くなる方向（C）が南だから，Aが北，Bが東，Dが西である。　Y．観測者は点Oにいると考え，太陽は透明半球上を動くと考える。

(3) 夏至の日と冬至の日では，夏至の日の方が太陽は高い位置を通るから，Hが夏至の日，Iが冬至の日に太陽が南中したときの位置である。また，南中高度は，地平線から南中した太陽までの角度で表すから，夏至の日の太陽の南中高度は∠COH，冬至の日の太陽の南中高度は∠COIである。

(4) 南半球において，太陽は東の地平線からのぼり，北の空を通り，西の地平線にしずむ。したがって，シドニーの太陽の1日の動きはアかイのどちらかである。また，日本が夏至の日（夏）のとき，南半球は冬であり，太陽が地平線上に出ている時間は短く，太陽が最も高くなるときの高さも低い。よって，イが正答となる。

5 (2) 液体のエタノールがあたためられて気体になると，粒子の運動が激しくなり，粒子どうしの間隔が広がる。そのため，ポリエチレンぶくろが大きくふくらむが，粒子そのものの大きさや数は変わらないので質量は変化しない。

(3) エタノールの沸点は約78℃，水の沸点は100℃である。なお，沸点に達していなくても液面から蒸発が起こるため，Aにも水がふくまれる。

(4)① 表より，水とエタノールを1：1の質量の比で混合したときの密度は0.91 g/cm³とわかる。したがって，Dの密度は，A（密度0.84 g/cm³）とB（密度0.92 g/cm³）の間であり，AもBも火がついたから，Dも火がつくと考えられる。　　② Aの密度は0.84 g/cm³で，表より，水とエタノールの質量の比は2.0：8.0＝1：4とわかる。Aの質量は4.20 gだから，Aにふくまれるエタノールは $4.20×\dfrac{4}{1+4}=3.36$（g）である。

6 (1) 1種類の元素からできている物質を単体，塩化銅や水などのように2種類以上の元素からできている物質を化合物という。また，1種類の物質からできているものを純粋な物質，2種類以上の物質からできているものを混合物という。

(2) イ×…塩素は水に溶けやすく，その水溶液は酸性を示す。なお，水によく溶け，アルカリ性を示す気体としてはアンモニアがある。　ウ×…酸素の性質である。　エ×…二酸化炭素の性質である。

(3)① 塩化銅〔$CuCl_2$〕は水溶液中で，銅イオン〔Cu^{2+}〕と塩化物イオン〔Cl^-〕に電離している。－の電気を帯びている塩化物イオンは，陽極に引かれ，電子を放出し，塩素原子になり，塩素原子が2つ結びついて塩素分子になる。＋の電気を帯びている銅イオンは，陰極に引かれ，電子を受けとり銅原子になる。なお，銅などの金属や金属原子をふくむ化合物は分子をつくらない。　　② 化学反応式の矢印の前後で，原子の組み合わせは変化するが，原子の種類と数は変化しないことに注意しよう。

(4) グラフより，塩化銅が銅と塩素に分解されたとき，生じる銅と塩素の質量の比は1.0：1.1＝10：11である。質量パーセント濃度が3.0％の塩化銅水溶液140 gに塩化銅は $140×0.03=4.2$（g）ふくまれるから，すべての塩化銅が分解されると $4.2×\dfrac{10}{10+11}=2.0$（g）の銅が生じる。

7 (1)① Aを下げた距離が0 cmの（Aが水中に入っていない）ときのばねばかりの値は，Aにはたらく重力を表す。

② Aの一部または全部が水中に入っているとき，ばねばかりの値はAにはたらく重力（下向きの力）からAにはたらく浮力（上向きの力）を引いた値に等しくなる。また，水中で物体にはたらく浮力は，物体の水に入っている部分の体積に比例するから，Aの全部が水中に入るとばねばかりの値は一定になる。よって，グラフより，Aを下げた距離が，1.0 cmのときAの底面と水面が同じ高さになり，6.0 cmのときAの上面と水面が同じ高さになったとわかる。よって，Aの長さXは6.0−1.0＝5.0(cm)である。 ③ Aにはたらく重力は1.1N，Aの全部が水中にあるときのばねばかりの値は0.7Nだから，②解説より，Aにはたらく浮力は1.1−0.7＝0.4(N)である。

(2) 〔圧力(Pa)＝$\frac{\text{面に垂直に加わる力(N)}}{\text{力が加わる面積(m}^2\text{)}}$〕，110 g→1.1N，55 cm²→0.0055 m²より，$\frac{1.1}{0.0055}$＝200(Pa)である。

(3) R．実験3において，Bにはたらく重力（「下向きの力」）は変化しないから，図4のときより図5のときの方が「上向きの力」が小さいとわかる。つまり，B（またはC）の底板から水面までの距離が小さいほど，「上向きの力」が小さい。Cにはたらく重力はBよりも小さいから，Bのときより「上向きの力」が小さくても円筒からはなれないと考えられる。よって，Cが円筒からはなれるときの底板から水面までの距離は，Bが円筒からはなれた（底板から水面までの距離が2 cmの）ときより小さいと考えられる。

8 (1) 測定したい部分に対して，電流計は直列に，電圧計は並列につなぐ。また，流れる電流の大きさがわからないとき，針がふり切れないように，一端子は最も大きな電流をはかることができる5Aに接続する。

(2) 〔抵抗(Ω)＝$\frac{\text{電圧(V)}}{\text{電流(A)}}$〕より，電圧が等しいとき，抵抗は電流に反比例する。結果1より，電圧が等しいとき流れる電流の大きさはAよりBの方が大きいから，抵抗の大きさはAよりBの方が小さいとわかる。なお，R_A＝$\frac{1}{0.08}$＝12.5(Ω)，R_B＝$\frac{1}{0.12}$＝8.33…(Ω)である。

(3) 〔電力量(J)＝電力(W)×時間(s)〕，〔電力(W)＝電圧(V)×電流(A)〕で求める。Aに3Vの電圧を5分間→300秒間加えたとき，流れる電流は240 mA→0.24Aだから，消費される電力量は3×0.24×300＝216(J)である。

(4)① P．3×1.5＝4.5(W) Q．結果2より，40.0−22.0＝18.0(℃)である。 R．40.5÷4.5＝9(倍)

② ①より，電圧が3倍になると水の上昇温度は（3×3＝）9倍になるとわかるから，電圧が3Vの2倍の6Vになると，4分後の水の上昇温度は2.0℃の2×2＝4(倍)の8.0℃になる。よって，容器内の水温は22.0＋8.0＝30.0(℃)になる。

─《2024 社会 解説》─

1 (1) エ サハリン（樺太）の中央部を通っていることから，北緯50度と判断する。日露戦争のポーツマス条約で，北緯50度以南の南樺太が日本領となった。また，イギリスとフランスの間にあるドーバー海峡を通っていることからも判断できる。

(2) オ Eは，1年を通して気温と降水量の変化が小さい西岸海洋性気候である。Fは，冬に冷え込み，1年を通して降水がある亜寒帯（湿潤）気候である。Gは，降水量が少なく，雨季と乾季があるステップ気候である。

(3) エ A国はイギリス，B国はパキスタン，D国は韓国である。米は，パキスタンや韓国では栽培されるが，イギリスでは栽培されない。また，パキスタンと韓国を比較した場合，面積の広いパキスタンの方が米と小麦の生産量は多い。

(4) イスラム教 C国は中国である。イスラム教徒は，北アフリカや西アジア，南アジア・東南アジアの一部の国に多い。

(5)① ウ 日本への総輸出額が多いこと，輸出品に機械類と衣類があることからウと判断する。アはイギリス（A），

イは韓国（D），エはパキスタン（B）。　②　中国では人口を抑制するために，漢族の夫婦1組が産む子を1人に限定した一人っ子政策を行ってきたが，少子高齢化が進んだために，現在では三人まで産むことが許されている。

2　(2)　ア　　夏に海から吹く湿った南東季節風が寒流の千島海流（親潮）上をわたるときに冷やされて，太平洋側に位置する根釧台地で濃霧を発生させる。この濃霧のため，根釧台地は夏でも日照時間が少なく冷涼であり，かつては稲作や畑作に不向きな不毛の土地だったが，大規模な開拓が行われ，現在は酪農地帯となっている。

　　(3)　オ　　ア．誤り。都市の名称は正しいが，竿燈まつりは秋田県の祭りである。イ．誤り。都市の名称は正しいが，南部鉄器は岩手県の伝統的工芸品である。ウ．誤り。都市Eは気仙沼である。エ．誤り。都市Fは仙台である。

　　(4)①　縄文　　縄目の文様が見られることから縄文土器と名付けられた。　②　イ　　ア．誤り。三内丸山遺跡は，1988年には針葉樹林（∧）が広がる台地であった。ウ．誤り。1988年の地図を見ると，西部工業団地ができた場所の標高は50m程度であることが読み取れる。エ．誤り。1988年の地図に総合体育館はある。

　　(5)①　客土　　北海道は，明治時代に本州から屯田兵が入植し，客土と品種改良によって稲作が可能になり，現在では新潟県に次ぐ全国第2位の米の生産地となっている。　②　北海道は，米以外の生産も盛んであり，じゃがいも，たまねぎ，小麦，大豆などの生産量が全国1位である。

3　(1)　ア　　聖徳太子は，おばである推古天皇の摂政として，蘇我馬子らと協力して天皇中心の国家を作ろうとし，冠位十二階の制度や十七条の憲法を定めた。また，小野妹子に国書を持たせ，隋の皇帝煬帝に謁見させた。

　　(2)　戸籍　　6年ごとに作成される戸籍をもとに，6歳以上の男女に口分田を与え，死後に返させる班田収授が行われた。6年ごとに作成された戸籍と，毎年作成された計帳の違いを覚えておきたい。

　　(3)　藤原道長　　望月とは満月のこと。和歌には，自分の娘が立后したことを喜んだ道長の満ち足りた様子が詠まれている。

　　(4)　イ　　アは「朝倉孝景条々」と呼ばれる分国法，ウは「永仁の徳政令」，エは「楽市令」。

　　(5)　エ　　豊臣秀吉による朝鮮出兵を，文禄・慶長の役という。アは足利義満，イは徳川家康，ウは河村瑞賢。

　　(6)　異国船打払令を薪水給与令に改めたことが書かれていればよい。

4　(1)　ウ　　江戸幕府の15代将軍徳川慶喜が，政権返上後も新たな政権の中で主導権を維持することは可能と考えて大政奉還を行うと，岩倉具視たちは天皇中心の政治に戻す王政復古を宣言し，新たな政府をつくり，徳川慶喜の参加を認めなかった。

　　(2)　イ　　ⅰ．正しい。ⅱ．誤り。「民本主義」を唱えたのは吉野作造である。

　　(3)　ウ→イ→ア→エ　　ウ（1872年）→イ（1890年）→ア（1941年）→エ（1947年）

　　(4)①　ウ　　聖職者と貴族の生活を平民が支えていることから，租税と判断する。フランス革命後の風刺画では，聖職者と貴族と平民が並んで一つの岩（租税）を運んでいる。　②　Ｃ　　第一次世界大戦中にウィルソン大統領は，「14か条の平和原則」の中で民族自決を唱えた。1919年3月1日に，ソウルで独立万歳と叫ぶ抵抗運動が繰り広げられたことから，三・一独立運動と名付けられた。

　　(5)　満州　　満州国の国旗は，黄色で左端に上から赤・青・白・黒の線が入っている。1930年代後半，満州に移民する満蒙開拓団が募集された。

　　(6)　主権が天皇から国民に変わり，国民の代表である国会によってつくられた法律によって，祝日が決められた。

5　(1)　オ　　契約は，「これください」「ありがとうございます」のような会話でも成立する。

　　(2)　インフレーション　　物価が上がり続ける現象がインフレーション，下がり続ける現象がデフレーションである。

　　(3)　イ→ウ→ア　　まず，原子力の割合が高いウを2000年と判断する。2011年の東日本大震災による福島第一原

子力発電所での事故を受けて，全国の原子力発電所がいったん稼働を停止し，その後厳しい基準に合格した原子力発電所だけが稼働を許されているため，2020年の原子力の割合は低い。1970年と2020年の区別は，火力発電の中の石油の割合で判断するか，その他（再生可能エネルギー）の割合で判断するかである。天然ガスの割合が高く，その他の割合が高いアが2020年，低いイが1970年である。

(4)　ウ　不景気のとき，政府の財政政策では，公共投資を増やして減税する。日本銀行の金融政策では，一般の銀行から国債を買い取るなどして，一般の銀行の資金を増やし，企業や人々が資金を借りやすくする。

(6)　イ　アはアフリカ連合，ウは国連教育科学文化機関，エは2000年以降に急成長したブラジル・ロシア・インド・中国・南アフリカ共和国の略称。

6　(2)　最高裁判所　違憲審査の最終決定権があるため，最高裁判所は，憲法の番人と呼ばれる。

(4)　市町村　都道府県や市区町村をまとめて，地方公共団体（地方自治体）という。

(5)　エ　ア．生産する際に使用する資源の量や廃棄物の量を減らす取り組み。イ．リスクが発生したときに，安全や安心を提供し保護する仕組み。ウ．多様性。

― 《2023　国語　解答例》 ―

一 1.(1)か (2)なぐさ (3)ほんやく (4)さいそく (5)乗 (6)盛 (7)輸送 (8)展覧　2.オ

二 1.円い小さなきれいなもの　2.ア　3.イ　4.エ

三 1.いきどおり　2.(1)あるまじきわざ (2)他人が隠していることが表に出たとき自分が関係したと疑われる (3)ア

四 1.イ　2.(1)うしろめたさ (2)脚のことで適当なことを言った自分たちに慎吾が怒っている　3.怪我を理由にしてバスケ部から逃げるようなことはしないだろうと思ってくれるほど、バスケ部の仲間たちが自分のことを信頼してくれていた　4.ウ　5.オ

五 1.ウ　2.全体を把握する　3.ア　4.本は、全体を使うわけではなく、必要に応じて内容を取り出せるようにメタデータの目印をつけておけば十分に役立つということ。　5.イ　6.エ

六 (例文)

　　ユニバーサルデザインはすべての人のための考え方だから、多くの人が利用する交通機関や公共公益施設への導入が必要だと考える人の割合が高いのだと気づいた。

　　設備を整えることは大事だが、人々のこころにユニバーサルデザインの考え方が浸透することが最も大事だと考える。多様性を尊重し合い、困っている人がいたら手伝おうとする思いやりを皆が持つことによって、誰もが安心して暮らせる社会になると思う。

― 《2023　数学　解答例》 ―

1 (1)①-3　②$\dfrac{1}{12}$　③$24ab^3$　④$-\sqrt{2}$　(2)8

2 (1)$\dfrac{31}{100}a$　(2)$y=-\dfrac{3}{2}x+2$　(3)右図　(4)5　(5)エ

3 (1)①$\dfrac{1}{3}$　②ルール…ア　確率…$\dfrac{2}{3}$　(2)①-7　※②$-n$

※4 4人のグループの数…15　5人のグループの数…28

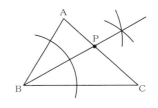

5 (1)△EDOと△EBDにおいて

共通な角は等しいから ∠DEO＝∠BED…①

AC∥DOより，平行線の錯角は等しいから ∠EDO＝∠ACD…②

$\overarc{\text{AD}}$に対する円周角は等しいから ∠ACD＝∠EBD…③

②，③から ∠EDO＝∠EBD…④

①，④より，2組の角がそれぞれ等しいから △EDO∽△EBD

〔別解〕

△EDOと△EBDにおいて

AC∥DOより，平行線の錯角は等しいから ∠EDO＝∠ACD…①

$\overarc{\text{AD}}$に対する円周角は等しいから ∠ACD＝∠EBD…②

①，②から ∠EDO＝∠EBD…③

△ODBで，三角形の外角は，それととなり合わない2つの内角の和に等しいから

∠EOD＝∠ODB＋∠EBD…④

また ∠EDB＝∠ODB＋∠EDO…⑤

③，④，⑤から ∠EOD＝∠EDB…⑥

③，⑥より，2組の角がそれぞれ等しいから △EDO∽△EBD

(2) 3：5

6 (1) $\dfrac{3}{2}$　　(2) 4　　(3) 7

7 (1) 4　　(2) $4\sqrt{2}$　　(3) $\dfrac{2\sqrt{30}}{3}$

※の理由，求める過程は解説を参照してください。

═《2023　英語　解答例》═════════════════

1 放送問題1　No. 1．イ　No. 2．エ　No. 3．ア　No. 4．イ　No. 5．ウ

　放送問題2　No. 1．ア　No. 2．エ

　放送問題3　①speech　②front　③done　④stronger　⑤supporting

2 (1)①エ　②イ　③ウ　　(2)can help you understand it　　(3)1．エ　2．ア　3．イ　4．ウ

3 (1)have time　　(2)I should go to bed by ten and get up early to have breakfast.

4 (1)ア　　(2)①イ　②エ　　(3)ウ　　(4)to go to school　　(5)エ　　(6)(Studying in Japan の例文)I can study each subject more easily in Japanese　　(Studying abroad の例文)I can communicate with a lot of people in another language

5 (1)イ　　(2)ウ　　(3)ア　　(4)エ　　(5)①They needed more children　②not accept Saori and her　　(6)happy to hear that she wanted to join his group

═《2023　理科　解答例》═════════════════

1 (1)セキツイ　　(2)エ　　(3)イ　　(4)①食物網　②ブリの食物となる生物が減るから。

2 (1)葉緑体　　(2)イ　　(3)葉のはたらきによって起きたこと
　(4)①エ　②呼吸で放出した二酸化炭素を光合成で吸収した

3 (1)①ア　②示相　　(2)エ　　(3)ア→ウ→イ　　(4)54

4 (1)露点　　(2)ウ　　(3)イ　　(4)①40　②225

5 (1)混合物　　(2)ア　　(3)ウ　　(4)生分解性　　(5)①水溶液にうかぶ　②200

6 (1)マグネシウム　　(2)ウ　　(3)$Zn \rightarrow Zn^{2+} + 2e^-$　　(4)イ　　(5)ア

7 (1)実像　　(2)イ　　(3)①10　②ア　　(4)カ

8 (1)力学的　　(2)ウ　　(3)エ　　(4)10　　(5)イ

═══ 《2023　社会　解答例》 ═══

1 (1)環太平洋　(2)イ　(3)働くために連れてこられたアフリカ　(4)ヒスパニック　(5)ウ　(6)①エ　②エ

2 (1)東シナ海　(2)イ　(3)①筑紫　②エ　③外国から安い肉が輸入されている　(4)ウ　(5)①カルデラ　②ア

3 (1)百済　(2)イ　(3)自分の娘を天皇と結婚させ，生まれた子どもを天皇にする。　(4)エ　(5)ア　(6)１年おきに江戸と領地とを往復する　(7)エ→ウ→ア→イ

4 (1)伊藤博文　(2)ア　(3)エ　(4)イ　(5)強制的に働かせることができる国家総動員法　(6)ア
(7)イ→エ→ア→ウ

5 (1)持続可能　(2)イ　(3)エ　(4)直接金融　(5)イ　(6)①ＯＤＡ　②貧しい人々に，事業を始めるための少額のお金を貸し出すこと。

6 (1)エ　(2)オ　(3)任期が短く解散もあるため，国民の意見とより強く結び付いているから。　(4)平和
(5)①世界人権宣言　②イ　(6)ア

═《2023　国語　解説》═

一　2　園長先生に対する敬語なので、謙譲語の「申しあげた」ではなく、尊敬語の「おっしゃった」を使う。よって、オが正解。

二　1　「僕」は、雨の降る日に三階の窓から沢山の「<u>円い小さなきれいなもの</u>」、すなわち少女達がさす蝙蝠傘(こうもりがさ)を見ている。

2　「ひっそりと動いてゆく」様子からは、静かに流れていく少女達の日常が想像される。よって、アが適する。

3　「僕」は、「少女よ／どんなに雨が降ろうとも／あなたの黒い睫毛(まつげ)が明るく乾いていますように」と、優しいまなざしを向けながら、傘の下の少女達の日常を想像している。よって、イが適する。

4　「あなたは別れてきたひとのことを思っている」「あなたはせんのない買物の勘定をくりかえしている」「あなたは来年のことを思っている」と、少女達一人一人を「あなた」と表現することで、少女達それぞれに人生があることを想起させている。「そこだけ雨の降らない小さな世界／そこにひとつの世界がある」という表現からも、そのことが伝わる。よって、エが適する。

三　1　古文で言葉の先頭にない「はひふへほ」は、「わいうえお」に直す。

2(1)　「人は 慮(おもんぱか)りなく、いふまじきことを口疾(と)くいひ出し、人の短きをそしり、したることを難じ、隠すことを 顕(あらは)し、恥ぢがましきことをただす。これらすべて、<u>あるまじきわざなり</u>」とある。　　(2)　口が軽いと、「それがしに、そのことな聞かせそ。かの者にな見せそ」と距離を置かれたり、「<u>人のつつむことの、おのづからもれ聞えたるにつけても、『かれ離れじ。』など疑はれ</u>」たりするのである。　　(3)　筆者は、「われはなにとなくいひ散らして、思ひもいれざるほどに、いはるる人、思ひつめて、いきどほり深くなりぬれば、はからざるに、恥をもあたへられ、身果つるほどの大事にも及ぶ」こともあるので「かたがた人の上をつつむべし。多言留(と)むべきなり」と述べている。よって、アが適する。

【古文の内容】

> 　ある人が言うには、人はよく考えずに、言ってはならないことを軽率に口にし、人の短所を悪く言い、人の行為を非難し、人が隠していることを暴露し、人が恥じていることを問いただす。これらはすべて、あってはならないことである。自分では何となく勝手なことを言い、気にもしていないことでも、言われた人は、思いつめて、怒りが深くなれば、思いがけず、恥すら与えられ、身が破滅するほどの重大事にも及んでしまう。「笑みの中の剣」は、そうでなくてさえも恐ろしいものである。よくわかっていないことを悪しざまに非難すれば、かえって自分の落ち度があらわになるのである。
>
> 　大抵、口の軽い者になってしまうと、「誰それに、そのことは聞かせるなよ。あの者には見せるなよ。」などと言われて、人から用心され、距離を置かれるのは、残念であるだろう。また、人の隠していることが、自然ともれ聞こえてきた場合でも、「あの人が関係しているだろう。」などと疑われるのは、不名誉なことだろう。
>
> 　それゆえ、あれこれ人の身の上についての話をするのは慎まなければいけない。おしゃべりはやめるべきだ。

四　1　慎吾(しんご)が「こっそり体育館の中をのぞいて」みると、「雅人(まさと)がおもしろいことをいったのか、一年生たちが笑いだした」とある。そのような「先輩らしく振る舞っている仲間の姿をながめているうちに、ぼくはたまらなく寂しく」なり、「もうこの放課後の体育館に、ぼくの居場所はない」と感じて立ち去ろうとしたのである。よって、イが適する。

2(1)　慎吾が仲間たちとのあいだに距離を感じたのは、「みんなに隠していること」があって「バスケ部を辞めたことがうしろめたかったから」である。「続けようとしていれば、続けられたかもしれないのに」「はっきり嫌だっていわなかった」自分は、もしかすると「心の底でバスケ部を辞めたがっててたのかもしれない」と思い、うしろめたかったのである。それを聞いたバリーの発言「うしろめたさなんて感じる必要ないじゃん」から書き抜く。

(2)　満やバリーの発言にあるように、慎吾が「おれらのことを避けてた」ように感じたのは、仲間たちが「成長痛だろうなんて適当なことをいって」「すぐに病院に行くようにすすめ」なかったことを慎吾が「怒ってんじゃないかと思って」いたからである。

3　慎吾は「ずっと自分の本心を疑い続けていた」が、「慎吾はそういう(怪我のせいにして部活から逃げるような)ことはしないだろう」「おまえみたいに真面目で練習熱心なやつが、まだ頑張れるのに怪我のせいにしてあきらめたりするわけないだろ」と言われて、バスケ部のみんなが「いまでもぼくのことを信頼してくれていた」ことに気づき、「胸の底から熱いものがこみあげてきた」とある。

4　慎吾の「自分のほんとうの気持ち」とは「……もっとみんなとバスケをしてたかったな」である。仲間たちの言葉や反応によって「あいつは怪我を理由にしてバスケ部から逃げた。そう思われているんじゃないか」と思っていたわだかまりが解消されている。よって、ウが適する。

5　会話文の後に慎吾の内心を説明した地の文が続いており、仲間たちの言葉や反応によって慎吾の気持ちが変化していく様子が丁寧に描かれている。よって、オが適する。

五　1　「とりあえず」は、自立語で、活用しない、主に連用修飾語になる言葉。よって、ウの「副詞」。

2　5・6段落に「ページを視覚的に一望し、そこから要点を拾ってチェック」し「見逃したアイテムはそのとき(再読するとき)拾えばよい」ので「本の全体を把握する必要はありません」とある。

3　8段落を参照。「読書において肝心なのは、すべてをまんべんなく理解しようと思わないこと」であり、「あいまいなグレーゾーン」があっても「とりあえず最後まで読み進めてみる。その後でグレーな箇所に戻ると、意外にすんなり理解できることも多い」とある。よって、アが適する。

4　13段落に「メタデータの目印さえあれば、執筆の際にも十分役立つことに経験則で気づいた」とある。それによって筆者は、「本とは冒頭からリニアに読み解くべきものではなく、そのつど必要に応じて内容を取り出せる、ノンリニアの道具箱」であればよいと言っている。

5　筆者は1段落で「結論から言えば、読者は『ノンリニアな道具箱』としての書物に接すればよい」と本に対する自分の見解をまず提示し、2段落にあるような「最初から最後までリニア(まっすぐ)に読み通す」「冒頭から順番に読む」という一般的な本の読み方と比較しながら本の捉え方や読み方を説明し、10段落以降で「必要最低限の～お土産をしっかりとつかんで、随時取り出せるように」する、「本を機能的な道具箱に改造」するといった、自分に役立てるための方法を提示している。よって、イが適する。

6　Bさんは「最初から最後までじっくり読んだから一冊しか読めなくて、研究も不十分になってしまったんだ。違う読み方をすればよかったかもしれない」、Cさんは「好きな作家の作品の場合は、最初から最後までよく味わうリニアな読み方で楽しみたい」と言った。それを受けてAさんは、「Bさんの意見も、Cさんの意見も、納得できる」と言っている。つまり、「自由研究のために」読むような場合には一冊の本をリニアに読むよりもさまざまな本をノンリニアに読む、小説の場合は一冊の本をリニアに読む、というように、目的に応じた読み方があるのかもしれないとまとめたのだと考えられる。よって、エが適する。

1 (1)② 与式 $=-\dfrac{9}{12}+\dfrac{10}{12}=\dfrac{1}{12}$

③ 与式 $=(-3a)\times(-8b^3)=24ab^3$

④ 与式 $=2\sqrt{2}-3\sqrt{2}=-\sqrt{2}$

(2) 【解き方】相似な立体の相似比が m：n であるとき，体積比は m^3：n^3 になる。

もとの立体と，半径を2倍にした立体の相似比は1：2だから，体積比は 1^3：$2^3=1$：8となる。

よって，体積は8倍になる。

2 (1) 桃の果汁の量は飲み物の体積の31%だから，飲み物の体積の$\dfrac{31}{100}$倍含まれる。よって，$\dfrac{31}{100}a$ mL である。

(2) 与式より，$2y=-3x+4$　　$y=-\dfrac{3}{2}x+2$

(3) PはAB，BCまでの距離が等しいから，∠ABCの二等分線上にある。よって，∠ABCの二等分線を作図し，ACとの交点をPとすればよい。

(4) $y=x^2$の式に$x=1$を代入すると，$y=1^2=1$，$x=4$を代入すると，$y=4^2=16$となる。

(変化の割合)$=\dfrac{(y\text{の増加量})}{(x\text{の増加量})}$だから，$\dfrac{16-1}{4-1}=5$

(5) 【解き方】箱ひげ図からは，右図のようなことが

わかる。半分にしたデータ(記録)のうち，小さい方の

データの中央値が第1四分位数で，大きい方のデータ

の中央値が第3四分位数となる(データ数が奇数の場合，中央値を除いて半分にする)。

最小値は2回以上4回未満，最大値は18回以上20回未満である。

$30\div2=15$より，中央値は大きさ順に15番目と16番目の値の平均である。利用回数が8回未満の生徒は

$3+4+5=12$(人)，10回未満の生徒は$12+4=16$(人)いるので，中央値は8回以上10回未満である。

第1四分位数はデータの小さい方から15番目までの中央値である。$15\div2=7.5$より，小さい方から8番目の値

なので，6回以上8回未満である。第3四分位数は大きい方から8番目の値なので，12回以上14回未満である。

これらすべてを満たすものは**エ**である。

3 (1)① 【解き方】樹形図をかいて考える。

ルール(ア)にしたがったとき，Aが景品をもらえるのは，樹形

図1で〇印がついた場合である。よって，確率は，$\dfrac{3}{9}=\dfrac{1}{3}$

② ルール(ア)にしたがったとき，Aが景品をもらえない確率

は①より，$1-\dfrac{1}{3}=\dfrac{2}{3}$である。ルール(イ)にしたがったとき，

Aが景品をもらえないのは樹形図2で〇印がついた場合だから，

景品をもらえない確率は，$\dfrac{3}{6}=\dfrac{1}{2}$である。$\dfrac{1}{2}<\dfrac{2}{3}$より，

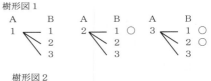

Aが景品をもらえない確率が大きいのは，ルール(**ア**)にしたがったときで，確率は，$\dfrac{2}{3}$である。

(2)① 【解き方】b，c，dを，aを使って表す。

$b=a+1$，$c=a+7$，$d=a+8$と表されるから，$ad-bc=a(a+8)-(a+1)(a+7)=$**−7**

② 【解き方】①の解説をふまえる。横に並ぶ数が n 個のとき，c は a より n だけ大きい数になる。

b，c，dは，aとnを使ってそれぞれ$b=a+1$，$c=a+n$，$d=a+n+1$と表される。

このとき，$ad-bc=a(a+n+1)-(a+1)(a+n)=a^2+an+a-(a^2+an+a+n)=$

$a^2+an+a-a^2-an-a-n=-n$　　したがって，$ad-bc$はつねに**−n**になる。

4 【解き方】生徒数についての式と，ごみ袋の枚数についての式を立て，連立して解く。

4人のグループの数をx，5人のグループの数をyとすると，生徒は200人であるから，$4x+5y=200$…①

1人1枚ずつ配ったごみ袋の枚数が200枚で，グループごとの予備として配ったごみ袋の枚数が$(2x+3y)$枚，

これらの合計が314枚だから，$200+2x+3y=314$　　これを整理して，$2x+3y=114$…②

①，②を連立方程式として解いて，$x=15$，$y=28$　　これらは問題に適している。

よって，4人グループの数は**15**，5人グループの数は**28**である。

5 (1)　まず，問題文の仮定を図にかきこんで，証明のために必要な条件を探そう。条件が足りない場合は，問題の

内容に応じて，図形の性質，平行線の同位角・錯角，円周角の定理などからわかることもかきこんでみよう。

(2)　【解き方】相似比が$m:n$である図形の面積比は$m^2:n^2$となる

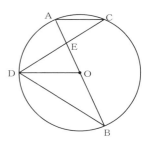

ことを利用したいので，△EDOと△EBDの面積比を求める。

AC∥DOより，△ECA∽△EDOであり，相似比は$7:9$だから，

$AE:OE=7:9$となる。

したがって，$AE=7a$，$OE=9a$とおくと，

$OB=OA=7a+9a=16a$となる。

△EDOと△EBDで，底辺をそれぞれOE，BEとしたときの高さが

等しいから，△EDO：△EBD$=OE:BE=9a:(9a+16a)=9:25$となる。

したがって，△EDOと△EBDの相似比は，$\sqrt{9}:\sqrt{25}=$**3：5**である。

6 (1)　【解き方】BCの長さはCとBのy座標の差で求められる。

$a=1$のとき，Cのy座標は2，Bのy座標は$\frac{1}{2}$である。したがって，$BC=2-\frac{1}{2}=\frac{3}{2}$

(2)　【解き方】AD∥BCはつねに成り立つから，四角形ADBCが平行四辺形になるのはAD＝BCのときである。

A，B，C，Dそれぞれの座標を求めると，$A\left(\frac{a}{6}, 6\right)$，$B\left(2, \frac{a}{2}\right)$，$C(2, 2a)$，$D\left(\frac{a}{6}, 0\right)$である。

$AD=$（AとDのy座標の差）$=6-0=6$，$BC=$（BとCのy座標の差）$=2a-\frac{a}{2}=\frac{3}{2}a$だから，

AD＝BCとなるとき，$6=\frac{3}{2}a$より，$a=4$　　これは$0<a<12$に合う。

(3)　【解き方】四角形ADBCは右図のような台形である。aを用いて面積を

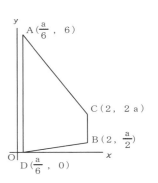

表し，$a=1$のときの値と等しくなるように方程式を立てる。

(2)より，$AD=6$，$BC=\frac{3}{2}a$で，台形ADBCの高さは，

（DとBのx座標の差）$=2-\frac{a}{6}$だから，

（四角形ADBCの面積）$=\frac{1}{2}(AD+BC)×（高さ）=\frac{1}{2}\left(6+\frac{3}{2}a\right)\left(2-\frac{a}{6}\right)=$

$\frac{1}{2}×\frac{3}{2}(4+a)×\left(-\frac{1}{6}\right)(a-12)=-\frac{1}{8}(a+4)(a-12)$と表せる。

この式に$a=1$を代入すると，$-\frac{1}{8}×(1+4)×(1-12)=\frac{55}{8}$となる。

よって，$-\frac{1}{8}(a+4)(a-12)=\frac{55}{8}$を解くと，$a=1$，7となるので，

$a=1$以外のaの値は，$a=$**7**である。これは$0<a<12$に合う。

7 (1)　【解き方】円すいの頂点をJとし，J，I，Oを通る平面で切断したときの切断

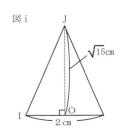

面は図ⅰのような二等辺三角形になる。

$IO=2×\frac{1}{2}=1$(cm)だから，△JIOにおいて，三平方の定理より，

$JI=\sqrt{1^2+(\sqrt{15})^2}=4$(cm)である。

⑵　【解き方】立体の表面に長さが最短になるようにかけられたひもは，展開図上で線分となる。図ⅱは円すいの側面の展開図であり，ひもの長さは太線の長さにあたる（Ｉ′は組み立てたときＩと重なる点である）。

側面のおうぎ形の弧の長さは，底面の円周の長さに等しいから，$2\pi \times 1 = 2\pi$（cm）である。半径4cmの円周の長さは$2\pi \times 4 = 8\pi$（cm）だから，$\angle IJI' = 360° \times \dfrac{2\pi}{8\pi} = 90°$である。よって，△ＪＩＩ′は直角二等辺三角形だから，求めるひもの長さは，$4 \times \dfrac{\sqrt{2}}{1} = 4\sqrt{2}$（cm）

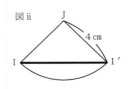

図ⅱ

⑶　【解き方】四角形ＡＢＣＤを底面とする四角すいの体積が最小となるのは，底面積を正方形ＡＢＣＤとしたときの高さが最小となるときだから，ひもの通る線の中点をＰとすればよい。

⑵の解説をふまえると，円すいの側面のおうぎ形は図ⅲのようになる。

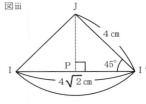

図ⅲ

△ＪＰＩ′は直角二等辺三角形だから，$JP = PI' = \dfrac{1}{2}II' = 2\sqrt{2}$（cm）

ここで，3点Ｊ，Ｏ，Ｐを通る平面で円すいを切断した切断面を考えると，図ⅳのようになり，四角形ＡＢＣＤを底面とする四角すいの高さはＪＫである。△ＪＫＰ∽△ＪＯＬより，$JK:JO = JP:JL$

$JK:\sqrt{15} = 2\sqrt{2}:4$　　これを解いて，$JK = \dfrac{\sqrt{30}}{2}$（cm）

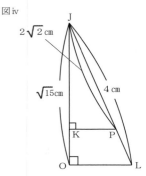

図ⅳ

よって，求める四角すいの体積は，$\dfrac{1}{3} \times 2 \times 2 \times \dfrac{\sqrt{30}}{2} = \dfrac{2\sqrt{30}}{3}$（cm³）

═══《2023　英語　解説》═══

1　放送問題1　【放送文の要約】参照。No. 1　質問「ベンはゴールデンウィークにどこへ行く予定ですか？」No. 2　質問「ベンの好きな動物は何ですか？」　No. 3　質問「香織はゴールデンウィークに何をする予定ですか？」　No. 4　質問「香織の音楽クラブのコンサートはいつですか？」　No. 5　質問「ベンはどうやって中央ホールに行きますか？」

【放送文の要約】

香織：こんにちは，ベン。

ベン：やあ，香織。

香織：もうすぐ「ゴールデンウィーク」だね。何か計画はあるの？

ベン：うん。No. 1ィホストファミリーと一緒に動物園に行くよ。

香織：いいね！動物が好きなの？

ベン：うん。No. 2ェ特にパンダが大好きだよ。すごく可愛いよ。君の予定はどう？

香織：No. 3ァ私は音楽クラブのコンサートのためにピアノの練習をするつもりだよ。

ベン：わぁ！君の音楽クラブはコンサートをするの？いつ？

香織：No. 4ィ5月13日土曜日，中央ホールでやるよ。あなたも来たい？

ベン：うん，でもどうやって行けばいいの？

香織：No. 5ゥ駅からホールまではバスで行けるよ。15分くらいかかるわ。

ベン：いいね！コンサート楽しみにしているよ。がんばって！

香織：ありがとう。またね！

放送問題2　No. 1　男性「メグ，何をしているの？」→少女「宿題をしているよ」→男性「もうすぐ夕食ができるよ」の流れより，ア「わかった。今いくよ」が適当。　　　No. 2　女性「もしもし」→少年「もしもし，ケンです。マリさんはいますか？」→女性「ごめんね。彼女は今ここにいないわ」の流れより，エ「わかりました。またかけなおします」が適当。

放送問題3　【放送文の要約】参照。

【放送文の要約】

昨年，私は英語①スピーチ(＝speech)コンテストに参加しました。最初は，大勢の人の②前で(＝in front of)話すのが苦手だったので，参加したくありませんでした。でも，英語の先生がたくさん手伝ってくれて，ついにそれを楽しむことができました。コンテストで私は心の中で「自分を信じよう。③できる限りのことをやったんだ(＝You have done everything you could)」と思いました。コンテストには勝てませんでしたが，この経験を通じて④私は以前よりも強くなりました(＝I got stronger than before)。先生に「⑤応援してくれてありがとうございました(＝Thank you for supporting me)」と言いたいです。

2　(1)①　〔家の中で〕A「お母さん，おなかがすいたよ。今日の昼ごはんは何？」→B「私はスパゲッティを（　　　）。あなたは昨日，それが食べたいって言ったでしょ」より，エが適当。〈be 動詞＋～ing〉「～している」の現在進行形の形。

②　〔教室で〕A「オーストラリアにいる友達のジェーンのところを訪ねたら，何がしたい？」→B「ジェーンはカレーライスがとても好きだから，彼女にカレーライスを作る（　　　）を見せたいよ」より，イ「～する方法」が適当。　・how to ～「～する方法」　　③　〔ショッピングモールで〕A「おい，スティーブ。（　　　）」→B「あ，マイク！僕もだよ！今日はここで何を買うつもりなの？」より，ウ「ここで君に会うなんてびっくりするよ」が適当。

(2)　〔図書館で〕A「すみません。私たちの街の歴史について知るには，どの本がいいですか？」→B「うーん。こちらの本はあなたがそれを理解するのに役立つと思います」　・help＋人＋動詞の原形「(人)が～するのを助ける／役立つ」

(3)　〔学校で〕A「あなたは一生懸命サッカーを練習してきたね。1エ次の大会はいつ？」→B「来週だよ。2ア最後の大会なんだ」→A「なるほど。3イ初戦はどの学校と試合をするの？」→B「ワカバ中学だよ。とてもいいチームなんだ」→A「4ウあなたのチームが勝つと思うよ。がんばって」

3　①「おはよう純也，元気？」→②「おなかがすいたよ。今朝は食べるA時間がなかった(＝didn't have time)んだ。それに眠気もあるんだ」→③「ああ，それは大変ね。どうして眠いの？」→④「僕はよく夜に何時間もテレビゲームをするよ。そして昨夜もゲームをしたんだ。B夜は 10 時までに寝て，朝食を食べるために早起きするべきだね(＝I should go to bed by ten and get up early to have breakfast.)」→⑤「そうするべきよ。それと，テレビゲームに関しては，家族と一緒にルールを作るべきよ」

4　【本文の要約】参照。

(1)　対話の流れからアが適当。イ「あなたが日本語の読み書きを習ったのはいつですか？」，ウ「トラブルの原因をよく知っている人は誰ですか？」，エ「ブラウン先生が私たちの新しい先生だということをどうやって知りましたか？」は不適当。

(2)①　「1995 年に，インドの人々のイ 52.0 ％は読み書きができました」…表より，インドの 1995 年の識字率は52.0％である。　　②　「広人は，インドの識字率がここエ 50 年ほどで大きく改善したことがわかりました」…広人の3回目の発言より，1970 年から 2018 年の約 50 年でインドの識字率が大きく改善されたことがわかる。

(3)　対話の流れから，ウが適当。ア「彼らは十分なお金を手に入れることができます」，イ「彼らは読み書きができません」，エ「彼らの生活は安全で楽になっています」は不適当。

(4)　「広人は現在でも国によっては□□□□多くのことを学ぶのが難しい人がいることが悲しい」…広人の最後から2回目の発言より，to go to school が適当。

(5) ア×「広人は母に宿題をしろと言われたので，宿題をしました」…本文にない内容。　イ×「サイは両親を助けるために自国の中学校に通いませんでした」…本文にない内容。　ウ「×サイは，物事を学ぶことはより良い生活につながり，人々の人生を救うことができると言っています」　エ○「広人とサイはもっと勉強してもっと学びたいと思っています」

(6) 無理に難しい内容でなくてもよいので，8語以上という条件を守り，スペルや文法のミスがない文にする。

質問「あなたにとって日本で勉強するのと留学するのではどちらがいいですか？」…（日本で勉強する例）「私は日本語の方が各教科をより簡単に学ぶことができるので，私にとっては日本で勉強する方がいいです」　（留学する例）「別の言語でたくさんの人とコミュニケーションがとれるので，私にとっては留学する方がいいです」

【本文の要約】

サイ　　：やあ，広人。何をしているの？

広人　　：僕はインターネットで識字率についての情報を探しているよ。

サイ　　：識字率？それぞれの国で読み書きができる人の割合のこと？

広人　　：うん。弟のカイトは昨日，宿題をしようとしなかったんだよ。すると母は弟に「あなたは一生懸命勉強すべきよ。世界中の多くの人々は，読み書きができないために多くの問題を抱えているの」と言いました。そこで，僕はこの問題に興味を持ったんだ。

サイ　　：ああ，なるほどね。

[20分後]

サイ　　：見て！僕の国，インドの識字率に関する記事を見つけたよ！

サイ　　：1970年には，読み書きができる人は約30％しかいなかった。

広人　　：⑵②でも，2018年には70％以上の人が読み書きができるようになったんだね！1970年から2018年の間に約40ポイント分も改善されている。大きく改善されたね！これらの期間に何が起こったの？

サイ　　：わからないな。 Aア明日，ALTのブラウン先生に聞いてみない？ 彼は以前，インドでボランティアとして働いていたと思うよ。そのことについて何か知っているかもしれないよ。

[次の日学校で]

広人　　：こんにちは，ブラウン先生。サイと僕は，インドの識字率についての記事を見つけました。1970年と2018年には大きな違いがあります。とても改善されました。なぜだかわかりますか？

ブラウン：その理由はいくつか知っているよ。私は10年ほど前にインドへボランティアに行ったよ。当時，インドには今より読み書きができない人が多かったよ。だから，政府や一部のグループが状況を改善するために懸命に努力したんだ。

サイ　　：彼らは何をしたのですか？

ブラウン：いろいろなことをしたよ。例えば，十分な校舎がなかったので，多くの校舎を建てたよ。また，学校給食制度を拡大したんだ。このような努力のおかげで，現在ではより多くの子どもたちが学校に通うことができているんだ。

広人　　：それはとてもいいことですね！

ブラウン：でも，一部の国では，学校に通いたくても通えない人もいるよ。

広人　　：そういう国は学校が足りないから学校に通えないんですよね？

ブラウン：そうだよ。でも，他にも理由があるよ。親の仕事を手伝うために学校へ行くのをやめなければならない子どももいるんだ。

サイ　　：学校に通えない人は読み書きができないから，ある種の仕事を得るのは難しいと思います。

ブラウン：そのとおり。そのため，生活費を十分に稼ぐことができない人もいるよ。また，薬についての重要な説明を読んだり，日常生活でさまざまなサービスを受けたりすることができないんだ。その結果，B 彼らの生活は危機的状況にあるよ。

広人　：これらは深刻な問題ですね。もし読み書きができなかったら，僕は本やウェブサイトから多くのことを学ぶことはできません。

ブラウン：物事を学ぶことは，より良い生活につながり，私たちの人生を救うことができると確信しているよ。

広人　：そうですね。僕は今，学校に行って多くのことを学ぶことができています。(4)国によってはそういうことが難しい人もいるのでとても悲しいです。

サイ　：僕も悲しいです。いろいろなことを楽しく学べることに感謝しています。(5)エもっと頑張って勉強して，もっとたくさんのことを学びたいです！

広人　：(5)エ僕もだよ！一緒に色々挑戦しよう！

5　【本文の要約】参照

(1)　関係代名詞（＝who）と語句（＝are learning how to play the hue from him）が後ろから名詞（＝members）を修飾する形にする。

(2)　代名詞などの指示語が指す内容は直前にあることが多い。ここでは，第3段落2行目の祖父の言葉より，ウ「お祭りのメンバーの数が減ってきている」が適当。

(3)　明は祖父たちの考えを考慮しながらも自分の意見を述べている。直後の But のあとが自分の意見で，B に入るのは祖父たちの意見だから，ア「自分たちの手で祭りを存続させること」が適当。

(4)　ア「笛と太鼓は村で×明の祖父だけが演奏しました」　イ×「明の祖父は村に住む人々のために何かをすることを恐れていました」…本文にない内容。　ウ×「明は公民館で×サオリや妹とメンバー全員について話をしました」　エ〇「明は他の地域から来た人を受け入れて祭りを存続させたいと思いました」

(5)①　質問「グループのメンバーはお祭りに向けて何が必要でしたか？」…第3段落3〜4行目の表現を使って答える。We を They にすること。

②　質問「明の祖父と数人のメンバーは練習の後に何を言いましたか？」…第5段落7行目の表現を使って答える。them を Saori and her (sister)にする。

(6)　「明はサオリにお祭りのことを話し，彼女は興味を持ちました。そして彼は 彼女が妹と一緒にグループに参加したいということを聞いてうれしく思いました（＝happy to hear that she wanted to join his group）。しかし，祖父や他のメンバーの考え方については確信が持てませんでした」…第4段落4〜5行目の表現を使って答える。

・feel happy to 〜「〜してうれしく思う」

【本文の要約】

1　みなさんは異なるアイデアを受け入れるのは簡単だと思いますか？ほとんどの人にとってこのことは簡単ではないかもしれません。しかし，それらを受け入れることができれば，私たちは重要なことをすることができます。

2　私たちの村には伝統的な祭りがあります。毎年夏になると，私たちの村の子どもたちは祭りのために笛，太鼓，踊りを練習し始めます。祖父は，子どもたちに笛と太鼓の演奏の仕方を教えています。私は祖父から笛を習っているグループのひとりです。祖父はかつて私たちに「この祭りは村の人々にとってとても重要だよ。私たちは自分の手でそれを存続させなければならない」と言いました。祖父はお祭りが大好きで，いつもそのことを考えています。

3　ある日，祖父はとても悲しそうな顔をしていました。それで，私は祖父に「大丈夫？」と尋ねました。祖父は「グループのメンバーが減っているよ。祭りがなくなるんじゃないかと心配だよ」と言いました。これは本当のことでした。

グループメンバーは 10 人しかいませんでした。(5)①お祭りにはもっと子どもが必要でした。私はこの問題を解決するために何かしなければなりませんでしたが、どうしたらいいかわかりませんでした。

4 次の日の放課後、私はクラスメイトのサオリと話す機会がありました。彼女は去年の春、東京から私たちの村に引っ越してきました。お祭りや私たちのグループについて話すと、彼女は「わあ！私はそのお祭りに興味があるよ。私と妹はフルートを演奏できるの。(6)あなたのグループに参加できる？」と言いました。私はそれを聞いてうれしかったのですが、「祖父や他のメンバーは何て言うだろう？」と思いました。

5 その夜、私は公民館にお祭りの練習に行きました。練習が終わると、私はメンバー全員と祖父にサオリと妹のことを話しました。多くのメンバーが受け入れるべきだと言っていました。あるメンバーは「彼女らを受け入れれば、お祭りで一緒に演奏する新しいメンバーが増えるよ」と言いました。しかし、祖父と数人のメンバーは、そうすべきではないと言いました。彼らのひとりは「他の地域から来た人を受け入れるのは良くないよ」と言いました。祖父は「私たちはこの祭りを長年自分たちの手で存続させてきた。(5)②私たちは彼女らを受け入れるべきではない」と言いました。私たちは長い間話し合いました。最後に私は「Bァ自分たちの手でお祭りを存続させることは重要だけど、今では子どもの数が減っているから、難しいよ。(4)ェ僕たちのお祭りをなくしたくないよ。僕たちは他の地域から来た人を受け入れ、新しい方法でそれを存続させていくべきだよ」と言いました。最初、祖父は何も言いませんでした。しかし、しばらくすると、祖父は「わかった。お前の考えを受け入れるよ、明。サオリさんと彼女の妹に、明日私たちのところに来て参加するように頼んでくれるか？私は彼女らに笛のふき方を教えるよ。みんな、それでいいかい？」と言いました。私たちはみんな、「はい！」と言いました。

6 私たちはサオリと妹と練習を始めたところです。彼女らは私たちと笛の練習を楽しみ、祖父も彼女らを教えることを楽しんでいます。私はこの経験から重要なことを学びました。時には、異なるアイデアを受け入れることは簡単ではないかもしれません。しかし、そうすることができれば、私たちは何かをより良く変えることができます。

── 《2023　理科　解説》 ══════════

1 (1) カタクチイワシはセキツイ動物の魚類に分類される。

   (2) 外とう膜をもつのは、軟体動物のアサリである。

   (3) ＸとＹはえらである。カタクチイワシとスルメイカはともにえらで呼吸している。

   (4)② ブリがふえると、ブリがえさとするサバ、マイワシ、スルメイカ、カタクチイワシの数が減るので、ブリの数が無限にふえ続けることはない。

2 (1) 葉緑体では光合成が行われる。

   (2) デンプンは水にとけやすい物質に変化して、師管を通ってからだ全体に運ばれる。なお、根から吸収した水や養分は道管を通ってからだ全体に運ばれる。

   (3) ＡはＢ～Ｅの結果がコリウスの葉によるものであることを確かめるために行う対照実験である。

   (4)① 呼吸によって二酸化炭素が発生して石灰水が白くにごるので、葉の白色の部分も緑色の部分も呼吸を行っていることがわかるのはＤとＥとその対照実験のＡの結果からである。また、光の有無に関係なく呼吸を行っていることがわかるのはＣとＥとその対照実験のＡの結果からである。　　②　Ｂでは、葉が呼吸を行っているにもかかわらず石灰水が白くにごらなかったので、呼吸で発生した二酸化炭素を光合成で吸収したと考えられる。

3 (1)① サンヨウチュウ、フズリナは古生代、ビカリアは新生代の示準化石である。　　②　サンゴの化石は、地層ができた当時の環境が浅くあたたかい海であったことを示す示相化石である。

   (2) 石灰岩にうすい塩酸をかけると二酸化炭素が発生する。また、石灰岩はやわらかく、鉄くぎでひっかくと表面に傷がつく。一方、チャートにうすい塩酸をかけても二酸化炭素は発生しない。また、チャートは硬く、鉄くぎでひっ

かいても表面に傷はつかない。

(3) 地層はふつう下にあるものほど古い。X～Zの凝灰岩の層は同じ時期にできたと考えられるので，凝灰岩の層の上には砂岩（ア），石灰岩（ウ），砂岩，れき岩（イ）の順に重なっている。

(4) Xの凝灰岩の層の上面の標高は 47－2＝45（m）である。X～Zのそれぞれの地層は一定の厚さで水平に堆積しているので，Yの凝灰岩の層の上面の標高も45mである。よって，Y地点の標高は 45＋9＝54（m）となる。

4 (2) 上空は気圧が低いため，空気が膨張する。お菓子の袋を富士山の山頂へ持っていくと，袋がパンパンにふくらむのはこのためである。熱を加えずに空気が膨張すると，空気の温度が下がる。

(3) 湯気（X）は，水蒸気をふくむ空気（Y）が冷えて小さな水滴になって，目に見えるようになったものである。

(4)① 表より，17℃での飽和水蒸気量は 14.5 g／㎥ とわかるので，〔湿度（％）＝$\frac{空気1㎥あたりの水蒸気量（g／㎥）}{飽和水蒸気量（g／㎥）}$×100〕より，$\frac{5.8}{14.5}$×100＝40（％）となる。　② 23℃，湿度 50％の空気1㎥にふくまれる水蒸気量は 20.6×0.5＝10.3（g／㎥）だから，空気1㎥にふくまれる水蒸気量が 10.3－5.8＝4.5（g／㎥）増加したことになる。よって，部屋の空気 50㎥にふくまれる水蒸気の質量は 4.5×50＝225（g）増加したことがわかる。

5 (2) 粒子の大きさのちがいを利用して，物質をとり出す実験操作はろ過である。再結晶は温度による溶解度のちがいなどを利用して物質をとり出す方法，蒸留は沸点のちがいを利用して物質をとり出す方法，水上置換法は水に溶けにくい気体を集める方法である。

(3) Ⅰ．電気を通すプラスチック（導電性プラスチックという）もある（例えばタッチパネルの表面に使われている）。
Ⅱ．すべてのプラスチックは有機物で，燃やすと二酸化炭素が発生する。

(5)① 水溶液の密度と比べて，固体の密度が大きいとき，固体は水溶液に沈み，固体の密度が小さいとき，固体は水溶液にうかぶので，水溶液の密度が 1.4 g／㎤ よりも大きく 2.6 g／㎤ よりも小さいとき，ＰＥＴ片はうかび，砂は沈む。
② 水溶液の濃度が 40％のとき，水と溶質の質量の比は（100－40）：40＝3：2となる。よって，水が 300 g のとき，溶質は 300×$\frac{2}{3}$＝200（g）である。

6 (1) 実験1の結果の表より，マグネシウム片を硫酸銅水溶液中に入れると，銅が金属表面に付着することがわかる。これは，マグネシウムの原子が電子を失ってマグネシウムイオン〔Mg^{2+}〕になり，かわりに銅イオン〔Cu^{2+}〕が電子を受け取って銅原子になって金属表面に付着したからである。よって，銅よりもマグネシウムの方が陽イオンになりやすいことがわかる。同様に考えて，マグネシウム片を硫酸亜鉛水溶液に入れると，亜鉛原子が金属表面に付着したので，マグネシウムは亜鉛よりもイオンになりやすいことがわかる。以上より，最も陽イオンになりやすいのはマグネシウムである。

(2)(3) 図2のような電池をダニエル電池という。この電池では，亜鉛板で亜鉛が電子を失って亜鉛イオンとなり〔Zn→Zn^{2+}＋$2e^-$〕，この電子が導線中を亜鉛板から銅板へ移動し，銅板の表面で銅イオンが電子を受け取って銅原子となる〔Cu^{2+}＋$2e^-$→Cu〕。

(4) (2)(3)解説より，硫酸亜鉛水溶液中の亜鉛イオンが増加してこくなり，硫酸銅水溶液中の銅イオンが減少してうすくなることがわかる。

(5) 亜鉛板付近で亜鉛原子が電子を失って亜鉛イオンになり，銅イオンが電子を受け取って銅原子になる。

7 (1) 実像は実物と上下左右が反対向きにスクリーンにうつる。

(2) 焦点を通る光は，凸レンズに入射したあと光軸に平行に進む。

(3)① 結果の表のフィルターの大きさに対する像の大きさが同じときに着目する。このとき，フィルターと凸レンズの距離（凸レンズとスクリーンの距離）は焦点距離の2倍になるので，この凸レンズの焦点距離は 10 ㎝である。

② X．①解説より20㎝である。　Y，Z．スクリーンにはっきりとした像がうつるとき，凸レンズとスクリーンの距離が焦点距離の2倍(20㎝)よりも長いならば，像の大きさはフィルターよりも大きく，焦点距離の2倍(20㎝)よりも短いならば，像の大きさはフィルターよりも小さい。よって，Yは大きい，Zは小さいが入る。

(4)　実験2のようにフィルターの上半分を黒い紙でおおうと，上半分の像はできない。よって，下半分の上下左右を反対向きにしたカが正答となる。なお，凸レンズの上半分を黒い紙でおおうと，実像の形は変わらないが，像が暗くなる。

8 (1)　力学的エネルギーは位置エネルギーと運動エネルギーの和であり，摩擦や空気抵抗を考えなければ常に一定になる。

(2)　力学的エネルギーが保存されるとすると，Aで小球がもつ位置エネルギーはBですべて運動エネルギーに移り変わり，Cで再びすべて位置エネルギーに移り変わる。よって，Aでの位置エネルギーと等しいのはBでの運動エネルギー(①)とCでの位置エネルギー(④)である。

(3)　Cでは，小球は静止する。そのときに糸を切ると，小球にはたらく重力の向き(エの向き)に動く。

(4)　グラフより，Xを15㎝の高さに置いてはなしたときの木片の移動距離は6㎝であり，Yで木片の移動距離が6㎝になるときの小球を置いた高さは10㎝である。

(5)　イ×…小球が木片とともに移動しているとき，小球は位置エネルギーをもたず，(木片に摩擦力がはたらくため)運動エネルギーは減少していくので，位置エネルギーと運動エネルギーの総量は保存されない。

― 《2023　社会　解説》 ―

1 (1)　環太平洋　　Eは太平洋，Fはロッキー山脈，Gはアンデス山脈である。太平洋を取り巻く新期造山帯を環太平洋造山帯という。環太平洋造山帯には，ロッキー山脈・アンデス山脈・日本列島・ニュージーランドなどが属する。北アメリカ大陸のアパラチア山脈やオーストラリア大陸のグレートディバイディング山脈は，環太平洋造山帯に含まれないことも覚えておきたい。

(2)　イ　　色でぬられた地域の多くが温帯の温暖湿潤気候である。

(3)　中南米には，スペイン人が侵入するまで，アステカ王国やインカ帝国などの先住民による文明国家が栄えていた。16世紀にスペインによってこれらの国家が滅ぼされ，征服された先住民たちは，鉱山やさとうきび農園などで強制労働を強いられた。先住民の人口が減って労働者が不足すると，アフリカ州から黒人を奴隷として連れてきて働かせるようになった。

(4)　ヒスパニック　　A国はアメリカ，B国はメキシコである。ヒスパニックは，メキシコとの国境に近い州に多く住んでいる。

(5)　ウ　　五大湖沿岸に位置するデトロイトは，古くからアメリカの自動車産業を支えてきた都市である。サンフランシスコ郊外のサンノゼあたりをシリコンバレーという。Hはニューヨーク，Kはニューオーリンズである。

(6)①　エ　　D国はアルゼンチンである。グレートプレーンズはアメリカ中央部に広がる高原状の大平原，サバナは熱帯の草原地帯，フィヨルドは氷河で削られてできた谷に，海水が深く入り込んだ入り江である。

②　エ　　上位にカナダ・フランスがあることからXは小麦である。南北アメリカ大陸の国々で上位を占めているYは大豆である。

2 (1)　東シナ海　　日本は，太平洋・オホーツク海・日本海・東シナ海に囲まれている。

(2)　イ　　九州は，東側を日本海流(黒潮)，西側を対馬海流が流れるため，九州のほぼ全域が太平洋側の気候になる。特に日本海流の影響を受ける鹿児島県や宮崎県は夏から秋にかけての降水量が多くなる。

(3)①　筑紫　　筑紫平野では，稲の裏作に麦を栽培する二毛作が営まれている。　②　エ　　宮崎平野では，日本

海流(黒潮)の影響を受けた温暖な気候と，ビニールハウスを利用してきゅうりやピーマンの成長を早め，他県の出荷量が少ない冬に出荷する促成栽培を行っている。さつまいもは鹿児島県，てんさいは北海道，ねぎは千葉県の生産量が多い。　③　貿易の自由化によって，海外から安い肉が輸入されるようになった。そこで日本の畜産農家は，より安全でおいしい食肉を生産し，ブランド化してアピールすることで，輸入肉との差別化をはかっている。

(4)　ウ　北九州工業地域に属する福岡県は，機械・金属・食料品の割合が全国に比べて高く，化学の割合が全国に比べて低い。

(5)①　カルデラ　Gは日本最大級のカルデラをもつ阿蘇山である。　②　ア　南側の山の斜面に針葉樹林(∧)と広葉樹林(Ｑ)が確認できる。　イ．誤り。阿蘇駅の文字の左に消防署(Ｙ)，上に警察署(Ⓧ)はあるが，その間に鉄道は走っていない。ウ．誤り。地点Kからみた地点Lの方位は東である。エ．誤り。(実際の距離)＝(地図上の長さ)×(縮尺の分母)より，ＫＬ＝5×25000＝125000(cm)＝1250(m)＝1.25(km)

3　(1)　百済　中大兄皇子は，滅びた百済の復興を支援するために朝鮮半島に出兵し，唐・新羅連合軍と戦い，大敗した。この戦いを白村江の戦いという。

(2)　イ　悪党は，鎌倉時代末期に現れた武士の集団。鎌倉幕府を倒した際に活躍した楠木正成も悪党と呼ばれた。平将門は，10世紀半ばに関東で反乱(平将門の乱)を起こした武士。

(3)　藤原道長と平清盛は，自分の娘を天皇に嫁がせたこと，生まれた子を天皇に立てたことが共通点である。平安時代，子どもは母親の実家で生活することが多かったため，子どもが天皇になったとき，天皇の母方の祖父の影響力が強くなる傾向があった。

(4)　エ　アは奈良時代，イは平安時代初頭，ウは江戸時代，オは安土桃山時代。

(5)　ア　慈照寺銀閣は，室町文化(東山文化)を代表する建築物である。銀閣と同じ敷地内にある東求堂同仁斎は書院造で知られている。イは正倉院(天平文化)，ウは姫路城(桃山文化)，エは東大寺南大門(鎌倉文化)。

(6)　江戸幕府の第三代将軍徳川家光が，武家諸法度に参勤交代をはじめて追加した。参勤交代には，将軍と大名の主従関係の確認の目的があったが，江戸への参勤と滞在に多くの費用がかかり，諸藩の財政を圧迫した。

(7)　エ→ウ→ア→イ　エ(寛政の改革　1787年〜1793年)→ウ(大塩平八郎の乱　1837年)→ア(天保の改革　1841年〜1843年)→イ(ええじゃないか　幕末)

4　(1)　伊藤博文　岩倉使節団には，岩倉具視・伊藤博文のほか，大久保利通や木戸孝允らも参加していた。

(2)　ア　日露戦争後，義務教育が6年間に延長された頃に就学率が100%に近付いたことを覚えておきたい。

(3)　エ　開国当時は，外国から大量生産された安い綿製品が輸入されたが，紡績工場が建設され，国内で綿花から綿糸を生産できるようになると，次第に綿糸の輸入量は減り，綿糸や綿織物を輸出するようになった。

(4)　イ　20世紀に入ると，ヨーロッパは二つの陣営に分かれて対立していた。イギリス・フランス・ロシアは，三国協商を成立させて，海外にもつ多くの植民地を守ろうとし，三国同盟を結んでいたドイツ・オーストリア・イタリアは，植民地の再分割などを求めて，勢力の拡大を図った。サラエボ事件を契機に第一次世界大戦がはじまると，日本は日英同盟を理由として，イギリスのいる連合国側で参戦し，中国のドイツ領に侵攻した。三国同盟を結んでいたイタリアは，当初はオーストリアとの間の領土問題から中立の立場でいたが，その後，三国同盟を離脱して連合国側で参戦した。

(5)　国家総動員法が成立したことで，国民は軍需品の工場に動員されて働かされたり，生活全般にわたって厳しい制約を受けたりした。

(6)　ア　ムッソリーニは，イタリアのファシスト党を率いる独裁者である。

(7) イ→エ→ア→ウ　　イ（1945年）→エ（1960年）→ア（1967年）→ウ（1985年）

5 (1) 持続可能　　Sustainable Development Goals がSDGsの略称である。

(2) イ　　人口の多い地方公共団体ほど地方税収が多くなり，人口の少ない地方公共団体ほど少ない地方税収を補うために地方交付税交付金の割合が高くなる。よって，大阪府で多いCは地方税，鳥取県で多いDは地方交付税交付金，Eは地方債である。

(3) エ　　リコール…解職請求　　メディアリテラシー…メディアの情報を主体的に読み解く能力。インフォームド・コンセント…医療行為を受ける前に，患者が医師や看護師から説明を受け，患者が納得したうえで治療を受けること。

(4) 直接金融　　証券会社を通じて，直接貸し手から資金を得ることは直接金融であり，銀行等から資金を得ることは間接金融になる。

(5) イ　　X．正しい。地球サミット（1992年　リオデジャネイロで開催された国連環境開発会議）で気候変動枠組条約や生物多様性条約などが採択された。Y．誤り。パリ協定では，すべての国に温室効果ガスの排出量の削減計画の提出を義務付けた。

(6)① ODA　　ODAは政府開発援助の略称である。　　② マイクロクレジットは，貧困層を負のループから抜け出させるための仕組みで，バングラデシュのグラミン銀行が初めて企画した。その後，グラミン銀行はノーベル平和賞を受賞している。

6 (1) エ　　ロックは『市民政府二論』，マルクスは『資本論』で知られる。リンカンはアメリカの南北戦争時の大統領。ゲティスバーグの演説や奴隷解放宣言で知られる。

(2) オ　　Xは精神活動の自由，Zは経済活動の自由である。Yの生存権は社会権に属する。

(3) 衆議院に解散があること，衆議院の方が参議院より任期が短いことの2点を挙げ，衆議院の方が国民の意見（民意）をより反映しやすいことと結びつける。

(4) 平和　　平和主義は，戦争の放棄・戦力不保持・交戦権の否認の内容を，日本国憲法第9条で定めている。

(5)② イ　　国連難民高等弁務官事務所の略称である。UNICEFは国際児童基金，WTOは世界貿易機関，WHOは世界保健機関の略称である。

(6) ア　　環境アセスメント…開発を行う前に，開発後の環境の影響を予測・評価し，環境保全の観点から事業計画を作り上げること。集団的自衛権…自国と密接な関係にある国が武力攻撃を受けたとき，自国が攻撃されていなくても，実力を持ってその攻撃を阻止する権利。小さな政府…経済活動に対する政府の介入をできるかぎり減らした政府。公的サービスの水準が低い低福祉低負担の国家になる。

《2022　国語　解答例》

一　1．(1)まぎ　(2)さと　(3)よか　(4)ゆうぜん　(5)勤　(6)増　(7)完備　(8)改革　　2．イ

二　1．F　　2．E　　3．(1)一語　(2)オ

三　1．ならわん　　2．(1)ならひまなばんと思ふ心ざし　(2)自分一人で学んだことを正しいと思い込む　(3)エ

四　1．イ　　2．部活動に対して常に真剣だった里美が、いいかげんな答えを言ったから。　　3．ア
　　4．(1)うらめしく　(2)里美が家族のために遠くはなれた高校に進学すると決めた事情を知らずに、自分勝手な考え方をしていた　　5．オ

五　1．ウ　　2．エ　　3．(1)オ　(2)個々のものがもっていた微妙な差異　　4．ア　　5．言葉には実際に経験したことの一部しか伝えられない限界があるが、相手と経験を共有することで豊かな意味あいを伝える働きもあるということ。

六　(例文)

　　　資料を見て気づいたことは、外国人と意思の疎通を図る際に、身振り手振りを交えて話したり、やさしい日本語で分かりやすく話したりする人が、比較的多いということだ。

　　　私は、外国人とコミュニケーションを取る際には、外国語を使わなければならないと思い込んでいた。しかし、言葉が通じない場合であっても諦めず、それを補う工夫をすることが大事なのだと気付いた。

《2022　数学　解答例》

1　(1)①-6　②-14　③$a-4b$　④$6\sqrt{15}$　(2)5π

2　(1)$16a+b\geqq250$　(2)ウ　(3)$x=2\pm\sqrt{6}$　(4)12　(5)86

3　(1)①2　②$\dfrac{11}{18}$　(2)①71　※②ア

※4　そうたさんが勝った回数…12　ゆうなさんが勝った回数…10

5　△ABDと△ACDにおいて，
　　ADは共通…①　仮定から，∠BAD＝∠CAD…②
　　また，平行線の錯角は等しいからAC∥BEより，∠CAD＝∠BED…③
　　②，③より，∠BAD＝∠BED…④
　　④より，△BAEは二等辺三角形だから，BA＝BE…⑤
　　仮定から，AC＝BE…⑥　⑤，⑥より，BA＝CA…⑦
　　①，②，⑦より，2組の辺とその間の角がそれぞれ等しいから，△ABD≡△ACD
　　〔別解〕
　　線分ECをひく。四角形ABECにおいて，仮定から，AC∥BE…①　仮定から，AC＝BE…②
　　①，②より，1組の対辺が平行でその長さが等しいから，四角形ABECは平行四辺形である。
　　△ABDと△ACDにおいて，
　　平行四辺形の対角線はそれぞれの中点で交わるから，BD＝CD…③　ADは共通…④
　　仮定から，∠BAD＝∠CAD…⑤　また，平行線の錯角は等しいからAC∥BEより，∠CAD＝∠BED…⑥
　　⑤，⑥より，∠BAD＝∠BED…⑦

⑦より，△ＢＡＥは二等辺三角形だから，ＢＡ＝ＢＥ…⑧

仮定から，ＡＣ＝ＢＥ…⑨

⑧，⑨より，ＢＡ＝ＣＡ…⑩

③，④，⑩より，3組の辺がそれぞれ等しいから，△ＡＢＤ≡△ＡＣＤ

6　(1)$(-2, -2)$　(2)$y=\dfrac{5}{3}x+\dfrac{4}{3}$　(3)$\dfrac{5+\sqrt{31}}{3}$

7　(1)$3\sqrt{2}$　(2)① $5\sqrt{2}$　② $\dfrac{12\sqrt{2}}{5}$

※の理由，求める過程は解説を参照してください。

《2022　英語　解答例》

1　放送問題1　No. 1．イ　No. 2．ア　No. 3．エ　No. 4．ウ　No. 5．イ

　　放送問題2　No. 1．イ　No. 2．ウ

　　放送問題3　①took　②sea　③staff　④kind　⑤university

2　(1)①ウ　②ア　③イ　(2)it will show you what　(3)1．ウ　2．ア　3．イ　4．エ

3　(1)been studying　(2)I want to tell foreign tourists many things about Japan

4　(1)ア　(2)all his family members　(3)①ウ　②ア　(4)イ　(5)エ　(6)(Time at school の例文)I can enjoy talking with my friends　(Time at home の例文)I can learn useful things from my parents

5　(1)エ　(2)ア　(3)ウ　(4)エ　(5)①share ideas about how to make his village better　②places with clean water
(6)Did you find any problems about our school?

《2022　理科　解答例》

1　(1)地下茎　(2)ア　(3)ア　(4)①単子葉類の維管束はばらばらに散らばっており，双子葉類の維管束は輪の形に並んでいる。　②水の通り道がない

2　(1)ウ　(2)ア　(3)①減数分裂　②オ　(4)エ　(5)子は親の染色体をそのまま受けつぎ，子の形質は親と同じものになる。

3　(1)①イ　②マグマがゆっくり冷え固まってできるから。　(2)流れる水のはたらきを受けるから。　(3)ウ
(4)カ

4　(1)1012　(2)移動性高気圧　(3)エ　(4)ク　(5)太平洋高気圧が弱まるから。

5　(1)ア　(2)溶解度　(3)20　(4)ウ　(5)14

6　(1)エ　(2)$4Ag+O_2$　(3)空気にふれて反応するから。
(4)0.64　(5)ク

7　(1)①抵抗器に加わる電圧の大きさに比例　②イ　(2)ウ
(3)カ　(4)10　(5)24

8　(1)①力の合成　②右図　(2)イ　(3)エ　(4)上向き

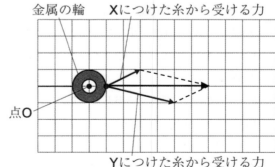

金属の輪　Xにつけた糸から受ける力

点O

Yにつけた糸から受ける力

─《2022　社会　解答例》─────────────────

1　(1)①アフリカ　②B　　(2)エ　　(3)ア　　(4)イ　　(5)①右図　②D国の鉄鋼生産量の
　　増加の割合よりも，世界の鉄鋼生産量の増加の割合のほうが大きい。

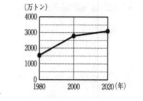

2　(1)南鳥島　　(2)①抑制栽培　②ウ　　(3)イ　　(4)東京駅に近いところは高く，遠い
　　ところは低くなる。　　(5)イ　　(6)①ア　②2月5日午後8時

3　(1)近世　　(2)イ　　(3)エ→ア→ウ→イ　　(4)カ　　(5)応仁の乱　　(6)①親藩　②幕府が，
　　大名の領地替えを行う力を持っていたから。（下線部は国替でもよい）　　(7)地券

4　(1)富岡製糸場　　(2)イ→エ→ウ→ア　　(3)ア　　(4)ウ　　(5)エ　　(6)ポツダム　　(7)アメリカ軍の施設
　　(8)PKO

5　(1)ウ　　(2)ベンチャー　　(3)イ　　(4)工場などの生産拠点を海外に移すことで，国内産業が衰退すること。
　　(5)ウ　　(6)①循環　②リデュース

6　(1)①多数決　②エ　　(2)2　　(3)ア　　(4)男女共同参画社会基本法　　(5)低い賃金のもとで長い時間働かされた
　　(6)勤労

《2022　国語　解説》

一　1(5)　「勤める」「務める」「努める」の違いに注意。「勤労」「任務」「努力」などの熟語から意味を考えるとよい。

　　2　ア．「確認する」(サ行変格活用)は「し・せ・さ／し／する／する／すれ／しろ(せよ)」と活用する。助動詞の「た」に接続しているので連用形。　イ．「言う」(ワア行五段活用)は「わ・お／い・っ／う／う／え／え」と活用する。助詞の「ば」に接続しているので仮定形。　ウ．「使う」(ワア行五段活用)は「わ・お／い・っ／う／う／え／え」と活用する。よって、連用形。　エ．「ぶつける」(カ行下一段活用)は「け／け／ける／ける／けれ／けろ(けよ)」と活用する。助詞の「て」に接続しているので連用形。　オ．「なる」(ラ行五段活用)は「ら・ろ／り・っ／る／る／れ／れ」と活用する。よって、連用形。

二　1　Fの「槍投げて」→「槍に歩み寄る」が「情景を順に追うような言い方」、「ひとり」が「黙々と」、「歩み寄る」が「ゆっくりとした動き」にあたる。

　　2　Eは、若葉が「不二」(富士山)だけを覆い残して一面に繁っている様子を詠んでいる。よって、「上空から見下ろすような～雄大な存在(富士山)～盛んな生命(若葉)の勢い」を表現しているといえる。句末に「かな」という「切れ字」が用いられている。切れ字には、「や」「かな」「よ」「けり」などがある。

　　3(1)　「季節の移ろいを、相手との対話の中に感じている様子が表現されている」のはBの俳句。「彼一語」「我一語」が「相手との対話」を表し、「一語」が「互いに交わす言葉」である。　　(2)　一語ずつやり取りしているので、「ぽつりぽつりと話す様子」。深まる秋の「静けさ」と重ねられるということ。よって、オが適する。

三　1　古文で言葉の先頭にない「はひふへほ」は、「わいうえお」に直す。

　　2(1)　「根本の師匠とはわが心なり。物をならはんと思ふ則ち師匠なり」と述べている。下線部と同じ内容を述べた13字なので、「ならひまなばんと思ふ心ざし」。　　(2)　「門を閉ぢて読書し、心を師とし自ら是とする」がどういうことかをまとめる。ひとりよがりになってしまうということ。　　(3)　文章Ⅰで「真の師匠とは自分の心である。物を習おうと思う心がつまり師匠である」、文章Ⅱで「学ぶときは、互いに磨き高め合うべきだ」と述べていることを合わせると、エのような考え方になる。

【古典の内容】

文章Ⅰ

　昔ある人が言ったことには、人間は何ごとにつけても師匠というものがなくては物事を成し遂げることができないものだという。しかしながら真の師匠を探し求めるのがよい。真の師匠とは自分の心である。物を習おうと思う心がつまり師匠である。そうすると自分の心こそが師匠なのだ。そもそも世間で師匠をしている人はそれぞれの稽古ごとに多いが、(自分自身に)習い学ぼうと思う志がなければ、その師匠も存在する意味がない。たとえまた世の中に、それぞれの稽古の師匠がなかなか見つからないとしても、自分の心を正しくして、それぞれの稽古ごとに怠ることをせず、念入りに細かいところまで調べて、心がけて励むならば、その心が師匠となって、進歩をもたらすはずである。

文章Ⅱ

　思うに、学ぶときは、互いに磨き高め合うべきだということは明らかである。門を閉ざして読書をし、(自分の)心を師匠として自分が正しいと思っていても、大勢の人前に出て、間違いを犯して恥をかく者がいるのを目にすることが多い。

四 1 里美に「ひときわ大きな拍手」を送った「みんな」と同じ思いがないわけではないが、「なんで？」「うらめしく思った」という、受け入れがたい気持ちが強かったということ。よって、イが適する。

2 「里美の口から、そんないいかげんな答えが出てくるなんて」思ってもいなかった、ということ。つまり里美は、「いいかげん」とは対照的なイメージなのである。家が遠いのに「麻由子が朝練に行くと里美は必ずそこにいた」、「人一倍の努力で、けんめいに音を磨きあげていったのだ」などから、里美の人柄がうかがえる。

3 「麻由子って、おもしろいよね」と涙を流して笑っていたが、「頬をふくらませた」麻由子のことを「やさしく」「のぞきこむ」とある。真面目で素直な後輩をかわいいと思う気持ちが表れた態度なので、アが適する。

4(1) 本文6行目に「麻由子は、遠い町に進学を決めた里美をうらめしく思った」とある。　(2) 麻由子は、里美の両親の働く姿を見たり、里美が毎日家族の夕飯をつくっていることを知ったりして、里美が「父さんも母さんも日の出前から働いて苦労してるから、早く看護師になって少しでも楽をさせてあげたい」と言っていたことを思い出し、改めてその言葉をかみしめている。里美の思いを理解し、その決意を立派だと思ったのだろう。そして、里美がいなくなることを認めたくなかった自分を省みて、幼く自分本位だったと思ったのだろう。家でも部活でも周りの人たちのことをよく見て考えている、しっかりした先輩に対して、「『サヒメ語』なんて、まぬけな質問をした」視野のせまい自分を恥じたということ。

5 ア．「川風を左頬に受け」という描写は、「きた道をもどる」ことをより印象づけるもの。「麻由子が自分の気持ちをきっぱりと切り替えたこと」を表しているわけではない。　イ．「暑苦しい紅葉の衣をぬぎ」「苦しい夏がすぎ冬に向かうこの季節」とあるので、適さない。　ウ．里美と離れたくない気持ちから「どうしてもさよならをいうことができない」で歩き続け、家まで送っていくことにした麻由子の気持ちとして、「あふれる幸福感」は適さない。　エ．「弟や妹のことをねたんでいる麻由子の心情」は描かれていない。　よって、オが適する。

五 1 ウの「思想」は、「思う」と「想う」で、同じような意味の漢字の組み合わせ。ウ以外は、前の漢字が後の漢字を修飾している熟語。

2 同じ段落の後半で「言葉は〜事柄全体を言い表したものではなく、そのほんの一端を言い表したものにすぎないということが意識されるようになった」と述べている。全体の中の一部分という意味で、「端」なのである。よって、エが適する。

3(1) 第六段落に着目する。言葉は、わたしたちが経験することの「一部」を言い表すものであって、「枠組みのなかに入らないものはとらえることができない」し、「その枠組みに取り込まれたものは、その枠組みにあうように変形させられてしまいます」とある。つまり「この枠組みでとらえられたものが、もの自体であり、ものごとはそれ（＝言葉）によって正確にとらえられている」というのは、錯覚なのである。よって、オの「枠組みにまとめることで〜物事を正確にとらえることができる」が、本文の内容と異なる。　(2) 枠組みに押し込まれることで「無視される」ものなので、「独自のニュアンス」「感情のもっともいきいきとした部分」という意味の表現。指定の部分で同じことを表現しているのは、第四段落の「個々のものがもっていた微妙な差異」である。

4 第六段落では、言葉の「根本的な制約」について述べ、最後に「隔たりを乗りこえることができないのでしょうか」と問題提起している。ここまでの内容をふまえて、第七段落以降で「言葉の喚起機能」という発展的な特徴を述べている。よって、アが適する。

5 傍線部3の直前の「そこに言葉の限界があります。しかし他方、いま言った機能（喚起機能）によって〜直接相手のなかに喚起することができます」に着目する。「そこ」が指す内容と、言葉の「喚起機能」がどのようなものであるかを具体的に示してまとめる。

1　(1)③　与式＝5a－10b－4a＋6b＝a－4b

　　④　与式＝$2\sqrt{3} \times 3\sqrt{5}＝6\sqrt{15}$

　(2)　求める面積は，　$5^2\pi \times \dfrac{72°}{360°}＝5\pi$（cm²）

2　(1)　1枚 a g の原稿用紙16枚と b g の封筒の重さの和は，　a×16＋b＝16a＋b（g）

　　これが250g以上になるので，16a＋b≧250である。

　(2)　関数y＝2x－3のグラフは，傾きが2（右上がり）で，切片が－3の直線だから，正しいグラフはウである。

　(3)　与式より，$(x－2)^2＝6$　　$x－2＝\pm\sqrt{6}$　　$x＝2\pm\sqrt{6}$

　(4)　10÷2＝5より，中央値は，データ（記録）を大きさ順で並べたときの5番目と6番目のデータの平均である。

　　データを小さい順で並べると，4，7，9，10，11，13，…となるので，中央値は，（11＋13）÷2＝12（分）

　(5)　右のように記号をおく。対頂角は等しいから，∠a＝26°

　　△ABCは正三角形であり，三角形の1つの外角は，これととなりあわない

　　2つの内角の和に等しいから，∠b＝60°＋26°＝86°

　　平行線の錯角は等しいから，∠x＝∠b＝86°

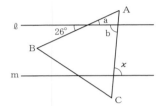

3　(1)①　【解き方】ab＝－4－cとなればよいので，cの値で場合分けをして

　考える。

　　c＝2のとき，ab＝－4－2＝－6となるのは，（a，b）＝（3，－2）の1通り。

　　c＝4のとき，ab＝－4－4＝－8となる（a，b）の組み合わせはない。

　　c＝6のとき，ab＝－4－6＝－10となるのは，（a，b）＝（5，－2）の1通り。

　　よって，全部で1＋1＝2（通り）ある。

　　②　【解き方】b＝－2とならない限りab＋cの値は正の数となるから，b＝－2となった場合に注目し，

　　1－（ab＋cの値が0以下となる確率）で求める。abの値で場合分けをする。

　　A，B，Cから1枚ずつカードを取り出すとき，取り出し方は全部で，3×2×3＝18（通り）ある。

　　（a，b）＝（1，－2）でab＝－2のとき，ab＋cが0以下となるのは，c＝2の1通り。

　　（a，b）＝（3，－2）でab＝－6のとき，ab＋cが0以下となるのは，c＝2，4，6の3通り。

　　（a，b）＝（5，－2）でab＝－10のとき，ab＋cが0以下となるのは，c＝2，4，6の3通り。

　　よって，全部で1＋3＋3＝7（通り）あるから，求める確率は，$1－\dfrac{7}{18}＝\dfrac{11}{18}$

　(2)①　左端の積み木に書かれた自然数は，1段目が1，2段目が$2^2＝4$，3段目が$3^2＝9$，…となるので，

　　8段目は，$8^2＝64$となる。8段目には8個の積み木があるから，右端の積み木に書かれた自然数，64＋8－1＝71

　　②　【解き方】①をふまえ，a，bをnの式で表す。

　　n段目の左端の積み木に書かれた自然数はn^2で，n段目にはn個の積み木を並べるから，$a＝n^2＋n－1$

　　（n－1）段目の左端の積み木に書かれた自然数は$(n－1)^2$で，（n－1）段目には（n－1）個の積み木を並べる

　　から，$b＝(n－1)^2＋(n－1)－1＝n^2－n－1$

　　よって，$a－b＝n^2＋n－1－(n^2－n－1)＝n^2＋n－1－n^2＋n＋1＝2n$

　　nは自然数だから，2nは偶数（2の倍数）である。よって，a－bは，いつでも偶数である。

4　【解き方】そうたさんが勝った回数をx回，ゆうなさんが勝った回数をy回として，じゃんけんの回数，そうた

　さんがもらったメダルの重さについて，方程式をたてる。

そうたさんがx回勝って，y回負けて，8回あいこだった。じゃんけんは全部で30回したので，

$x+y+8=30$ より，$x+y=22\cdots$①

そうたさんがx回勝ったのでメダルAを$2x$枚，y回負けたのでメダルBをy枚，8回あいこだったのでメダルAと

Bを8枚ずつもらった。よって，メダルAは$(2x+8)$枚，メダルBは$(y+8)$枚もらった。

そうたさんがもらったメダルの重さの合計は232gだから，$5(2x+8)+4(y+8)=232$

$10x+40+4y+32=232$　　$10x+4y=160$　　$5x+2y=80\cdots$②

②－①×2でyを消去すると，$5x-2x=80-44$　　$3x=36$　　$x=12$

①に$x=12$を代入すると，$12+y=22$　　$y=10$

よって，そうたさんが勝った回数は12回，ゆうなさんが勝った回数は10回である。

5　まず，問題文の仮定を図にかきこんで，証明のために必要な条件を探そう。条件が足りない場合は，問題の内容に

応じて，図形の性質，平行線の同位角・錯角，円周角の定理などからわかることもかきこんでみよう。

6　(1)　Aは放物線$y=\frac{1}{2}x^2$上の点で，x座標が$x=-2$なので，y座標は$y=\frac{1}{2}\times(-2)^2=2$

A$(-2,2)$とCはx軸について対称だから，C$(-2,-2)$である。

(2)　【解き方】求める式を$y=mx+n$として，2点B，Cの座標を代入することで，連立方程式をたてる。

Bは放物線$y=\frac{1}{2}x^2$上の点で，x座標が$x=4$だから，y座標は，$y=\frac{1}{2}\times4^2=8$

直線$y=mx+n$は，B$(4,8)$を通るので，$8=4m+n$，C$(-2,-2)$を通るので，$-2=-2m+n$が

成り立つ。これらを連立方程式として解くと，$m=\frac{5}{3}$，$n=\frac{4}{3}$となるので，求める式は，$y=\frac{5}{3}x+\frac{4}{3}$である。

(3)　【解き方】直線AC上でCより下の方にAC：CQ＝4：1となる

点Qをとると，△ACB：△CQB＝4：1となる(底辺をそれぞれAC，

CQとしたときの高さが等しいので)。Qを通り直線BCと平行な直線を

直線pとすると，直線p上にPをとれば△CQB＝△PBCとなる。

つまり，直線pと放物線の交点をPとすればよい。

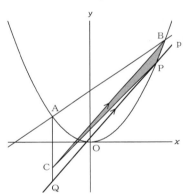

AC$\times\frac{1}{4}$＝(AとCのy座標の差)$\times\frac{1}{4}$＝$\{2-(-2)\}\times\frac{1}{4}$＝1だから，

(Qのy座標)＝(Cのy座標)－1＝$-2-1=-3$，Q$(-2,-3)$

直線pは，直線BCと傾きが等しく，切片が1(CQの長さ)小さくて

$\frac{4}{3}-1=\frac{1}{3}$なので，直線pの式は，$y=\frac{5}{3}x+\frac{1}{3}$

Pは放物線$y=\frac{1}{2}x^2\cdots$①と直線$y=\frac{5}{3}x+\frac{1}{3}\cdots$②との交点なので，この2式を連立方程式として解く。

①に②を代入すると，$\frac{5}{3}x+\frac{1}{3}=\frac{1}{2}x^2$　　$3x^2-10x-2=0$

2次方程式の解の公式より，$x=\dfrac{-(-10)\pm\sqrt{(-10)^2-4\times3\times(-2)}}{2\times3}=\dfrac{10\pm2\sqrt{31}}{6}=\dfrac{5\pm\sqrt{31}}{3}$

$\sqrt{25}<\sqrt{31}<\sqrt{36}$より$5<\sqrt{31}<6$だから，$\dfrac{5-\sqrt{31}}{3}<0$であり，Pの$x$座標$t$は$0<t<4$なので，$t=\dfrac{5+\sqrt{31}}{3}$

7　(1)　△BACはBA＝BC＝6cmの直角二等辺三角形で，MはACの中点だから，AC⊥BMである。

よって，△MABはBM＝AMの直角二等辺三角形だから，BM＝$\frac{1}{\sqrt{2}}$AB＝$\frac{1}{\sqrt{2}}\times6=3\sqrt{2}$(cm)

(2)①　【解き方】AB＝CB，∠ABP＝∠CBP＝90°，BPは共通なので，△ABP≡△CBP

よって，△PACはAP＝CPの二等辺三角形だから，AC⊥PMである。

AC＝$\sqrt{2}$AB＝$6\sqrt{2}$(cm)だから，△APCの面積について，$\frac{1}{2}\times6\sqrt{2}\times$PM＝30　　PM＝$5\sqrt{2}$(cm)

②　【解き方】求める距離を$h$cmとすると，三角すいP−ABCの体積について，

$\frac{1}{3}\times\triangle PAC\times h=\frac{1}{3}\times\triangle ABC\times BP$ が成り立つ。このことから，hの値を求める。

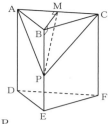

$\triangle PAC=\frac{1}{2}\times AC\times PM=\frac{1}{2}\times 6\sqrt{2}\times 5\sqrt{2}=30$ (cm²)

$\triangle ABC=\frac{1}{2}\times AB\times BC=\frac{1}{2}\times 6\times 6=18$ (cm²)

右のように作図する。△BMPについて，三平方の定理より，

$BP=\sqrt{PM^2-BM^2}=\sqrt{(5\sqrt{2})^2-(3\sqrt{2})^2}=4\sqrt{2}$ (cm)

したがって，$\frac{1}{3}\times\triangle PAC\times h=\frac{1}{3}\times\triangle ABC\times BP$ より，$\triangle PAC\times h=\triangle ABC\times BP$

$30h=18\times 4\sqrt{2}$　　　$h=\frac{12\sqrt{2}}{5}$　　　よって，求める距離は，$\frac{12\sqrt{2}}{5}$ cmである。

《2022　英語　解説》

1　**放送問題1**　【放送文の要約】参照。　No. 1　質問「智子は昼食に何を食べましたか？」

No. 2　質問「智子とボブは他の生徒たちと何時に集合しますか？」　　No. 3　質問「ボブと友達はワカバ市のどこに行きますか？」　　No. 4　質問「智子とボブは明日何を持っていく必要がありますか？」

No. 5　質問「智子は次の授業のためにどこに行く必要がありますか？」

【放送文の要約】

智子：こんにちは，ボブ。

ボブ：やあ，智子。今日の給食を楽しんだ？

智子：ええ。No.1ィカレーライスが美味しかったわ！

ボブ：僕もそう思ったよ。そうだ，明日はワカバ市に遠足に行くね。すごく楽しみだよ！

智子：私も！No.2ァ他の生徒たちとは8時30分に学校の体育館に集合するのよね？

ボブ：そうだよ。君は明日，どこに行くの？

智子：私はクラスメートとワカバ市の博物館に行くの。あなたは？

ボブ：No.3ェ僕はケンとヒロシと遊園地に行くよ。

智子：いいわね！明日の遠足の準備はできてる？

ボブ：うん，できてるよ。あ，ホストマザーが明日は雨だと言ってたな。No.4ゥ傘を持参する必要があるね。

智子：へえ，わかったわ。お金は？No.4ゥタナカ先生がいくらかのお金を持参するように言ってたわよ。

ボブ：本当？知らなかったな。

智子：何かを買うためにお金が必要になるかもしれないわ。

ボブ：なるほどね。

智子：あ，もう1時10分だわ。No.5ィ次の授業のために音楽室に行かないと。

ボブ：そっか，わかったよ。じゃあまたね。

智子：ええ，またね！

放送問題2　No. 1　少年「将来は何になりたいの？」→少女「数学の先生になりたいわ」→少年「それはなぜ？」の流れより，イ「友達に数学を教えるのが好きだからよ」が適当。

No. 2　女性「ねえ，大丈夫？疲れているみたいね」→少年「昨晩はよく眠れなかったんだ」→女性「ああ，そうなのね。休憩した方がいいわね」の流れより，ウ「うん，そうするよ」が適当。

放送問題3　【放送文の要約】参照。

【放送文の要約】

私が子どもの頃，両親が時々①市内の水族館に連れて行ってくれました（＝took him to the aquarium）。それで私は②海の（＝sea）動物に興味を持ち，特にイルカの大ファンになりました。ある日，私がそこに行った際，③スタッフ（＝staff）のひとりがイルカに関する話をしてくれました。イルカはとても④優しく（＝kind）フレンドリーな動物だと知りました。こんな興味深い話を聞くことができてとてもラッキーでした。大学（＝university）でイルカについてもっと学ぶために，今，勉強をがんばっています。

2 (1)① 〔パーティーで〕A「わあ！あなたのバッグはとっても可愛いわね」→B「ありがとう。これは（　）なの。今日彼女に借りたの」の流れより，ウ「私の姉のもの」が適当。

② 〔朝〕A「まずい，遅刻だ！朝食を食べるにはもっと時間が必要だ」→B「早く起きなさい，（　）もっと時間が持てるわよ」の流れより，ア「そうすれば」が適切。〈命令文，and …〉「～しなさい，そうすれば…」

③ 〔教室で〕A「こんにちは，私の名前はユミです。何か質問があれば（　）」→B「ありがとう。僕はジョンです。ええと，コンピュータ室への行き方を教えてくれる？」の流れより，イ「遠慮なく私に聞いてね」が適当。

(2) 〔家で〕A「この避難キットに何を入れたらいいかな？」→B「このリストを見て。これはあなたに何を入れるべきかを示してくれると思うわ」の流れ。「(人)に(もの／こと)を示す」＝show＋人＋もの/こと 「何を入れるべきか」の部分は間接疑問〈疑問詞＋肯定文〉の語順にする。

(3) 〔夕食時に〕A「わあ，このスープは美味しいね。1ウ何かを変えたんじゃない？」→B「ありがとう，でも違うわ。2ア私がいつも作るのと同じスープよ」→A「本当に？3イ今日は何かが違うみたいだけど」→B「あら，いやだ。4エ塩を入れ忘れたかもしれない」→A「ははは。その方が健康にいいね」

3 ①「あなたの英語は上手ね，修」→②「ありがとう，クロエ。10年間英語をA勉強しているよ（＝have been studying）」→③「わー！長いわね！なぜ英語を勉強しているの？」→④「将来，B外国人観光客に日本についてたくさんのことを伝えたいんだ（＝I want to tell foreign tourists many things about Japan）」→⑤「すごい！それができるといいね。彼らはあなたから日本について多くのことを学べて喜ぶでしょうね」

4 【本文の要約】参照。

(1) 対話の流れからアが適当。イ「君はどこで彼らと話すの？」，ウ「彼らはどのくらいの頻度で遅く帰宅するの？」，エ「君はなぜ僕に情報をくれるの？」は不適当。

(2) 「太郎はもっと父と一緒にいたいと思っており，また彼は，家族全員＝all his family members）が同じことを願っていると言っている」…太郎の8回目の発言を使って答える。my を his にすること。

(3) それぞれ，本文中の「家族と仕事ではどちらの方が大事ですか？」というグラフから読み取る。 ① 「2011年，ウ52.9パーセントの若者が，家族の方が大事だと考えていた」 ② 「2017年，ア12.7パーセントの人が家族は仕事よりも大事ではないと考えていた」

(4) 対話の流れから，イが適切。ア「物事はとても単純だよ」，ウ「彼らは会社で働くことに喜びを感じるだろうね」，エ「彼らは会社で働くことには喜びを感じないだろうね」は不適当。

(5) ア「マイクは1年前に来日したので，日本の人々が長時間働くことを×知っている」 イ×「マイクは，太郎の母は，太郎や彼の弟からもっと手助けしてもらう必要があると考えている」…本文にない内容。 ウ「×太郎は，多くの人が道路や橋や建物をつくる人のことを考える必要があると言っている」 エ○「太郎とマイクは家族と一緒に過ごしたり自分の趣味に使ったりする時間を持てる仕事に就きたいと思っている」

(6) 無理に難しい内容でなくてもよいので，5～8語という条件を守り，スペルや文法のミスがない文にする。

質問「あなたにとって，学校にいる時間と家にいる時間ではどちらの方が大事ですか？」…（学校にいる時間の例）
「友達とおしゃべりして楽しむことができるので，私にとっては学校にいる時間の方が大事です」　（家にいる時間の例）「両親から役に立つことを学べるので，私にとっては家にいる時間の方が大事です」

【本文の要約】

マイク：やあ，太郎。ひとつ質問していい？

太郎　：いいよ，マイク。何を知りたいの？

マイク：日本に来る前，僕の回りの人が，日本人は長い時間働いているって言ったんだよ。僕は日本に来て１年になるけど，それについて確信がないんだ。君はどう思う？

太郎　：僕も確信はないよ。でも僕の両親はよく遅くに帰宅するよ。

マイク：Ａ<u>ア君の両親はそれについてどう思ってるの？</u>

太郎　：そうだなあ，今夜聞いてみるよ。そして明日知らせるね。

マイク：わかった！太郎，ありがとう。

［翌日］

太郎　：やあ，マイク。今時間ある？

マイク：もちろん，太郎。昨夜両親と話した？

太郎　：父としか話さなかったよ。でも面白い記事を見つけたよ。

マイク：ありがとう！お父さんは何て言ってた？

太郎　：ええと，父は，自分は長時間働いているとは思っていないって。でも家から会社までの時間が長くかかるとは思っているって。

マイク：へえ，会社は家から遠いの？

太郎　：そうなんだ。１時間かかるよ。父はもっと僕たちと一緒にいる時間がほしいって言ってた。

マイク：なるほど。<u>君ももっとお父さんと一緒にいたいでしょ？</u>

太郎　：もちろんだよ。家族全員が同じことを思っているよ。母は父にもっと長い時間一緒にいてほしいって言ってるよ。特に，母は８歳になる弟の面倒を見ているからね。

マイク：そうなんだね。

太郎　：僕が見つけた記事によると，最近の若い日本人は，仕事より家族の方が大事だと思っているらしいよ。このグラフを見て。2011年に３千人を調査した結果と2017年に１万人を調査した結果だよ。対象は16歳から29歳だ。

マイク：おお，2017年には63パーセント以上が，家族の方が大事だと考えていたんだね。

太郎　：そう。その数字は2011年から約11パーセント分だけ上がっているね。

マイク：なるほどね。つまり，ますます多くの若者が，家族の方が大事だと思っているということだよね？

太郎　：その通り。多くの人が働き方について考える必要があると思うよ。あ，ひとつアイデアがあるんだ。もし僕の父親が会社で働くか在宅で働くかのどちらかを選べれば，父はもっと僕たちと一緒に過ごせると思う。技術がそれを可能にしたよね？そうなれば，すべての働く人がそのことに喜びを感じると思うな。

マイク：君はそう思う？僕は<u>Ｂイ物事はそんなに単純ではないと思うよ。</u>

太郎　：そうなの？なぜ？

マイク：例えば，道路や橋や建物をつくる人たちのことを考えてみてよ。そういうことを在宅でするのは無理だろ？

太郎　：ああ，君の言う通りだ。職業が違えば働き方も違うね。実は僕の母は看護師なんだ。母が在宅勤務するのは無理だと思う。母は患者さんを助けるために病院に働きに行っているよ。そして自分の仕事を誇りに思うって言っている。

マイク：素晴らしいね！僕も君のお母さんのように，仕事を誇りに思えるようになりたいな！(5)エそして家族と一緒に過ごしたり自分の趣味に使ったりする時間を持てる仕事に就きたいな。

太郎　：(5)エ僕もだよ。個人の生活が楽しければ，ますます仕事を楽しめるよ！

5　【本文の要約】参照

(1)　前後の内容から，エが適当。ア「最も便利な機器のために」，イ「学校の教室を掃除することで」，ウ「会議を開くことについて」は不適当。

(2)　　B　　の後ろの部分が前の部分の理由になっているから，ア「なぜなら」が適当。イ「もし」，ウ「とはいえ」，エ「しかし」は話の流れに合わない。

(3)　代名詞などの指示語が指す内容は直前にあることが多い。ここでは，直前の1文を指す。

(4)　ア×「蔵之介は会議より前の時点で，ワタナベ先生のためによりよい村を作りたいと思っていた」…本文にない内容。　イ「×5人の小学生が会議に出席し，自分たちの意見を述べた」　ウ×「蔵之介が意見を述べたあと，メンバー全員が彼を笑った」…本文にない内容。　エ○「蔵之介は会議で，まずは問題点を見つけることが大事であるということを学んだ」

(5)①　質問「ワタナベ先生は蔵之介の村で開かれる生徒の会議について何と言いましたか？」→答え「それに出席すれば蔵之介は他の人々と 彼の村をよりよいものにする方法についての考えを共有(＝share ideas about how to make his village better) することができると言いました」…第1段落6行目の表現を使って答える。your を his にすること。
・how to ～「～する方法」　・make＋もの＋状態「(もの)を(状態)にする」

②　質問「村役場の職員によれば，ホタルはどこに生息できますか？」→答え「それらは 水がきれいな場所(＝ places with clean water) にしか生息できません」…第4段落4行目の表現を使って答える。

(6)　遥「あなたのスピーチは素晴らしかったわ。私たちの学校について，質問してもいい？」→蔵之介「うん，遥。どんな質問？」→遥 私たちの学校に関して，何か問題を見つけた？(＝Did you find any problems about our school?) →蔵之介「うん，見つけたよ。実はいくつかの問題があったよ」→遥「例を挙げてくれる？」→蔵之介「うん。例えば，いくつかの教室があまりきれいでないことに気づいたよ。この問題について他の生徒たちと話し合う必要があると思ってるよ」→遥「なるほど。私たちの学校がよりよい場所になるといいわね」…直後の蔵之介の返答，Yes, I did.より，Did you ～?の形の質問にすること。

【本文の要約】

　去年，私は生徒会の一員になるという大きな決断をしました。私は毎日学校のために一生懸命働きました。しかし，自分が学校に貢献しているかどうかは確信がありませんでした。私はしばしば自分自身に問いました。「生徒のために学校をよりよいものにするには，どうしたらいいのだろう？」しかしながら，何の答えも浮かびませんでした。ある日，生徒会の顧問のワタナベ先生が，私の村で行われている生徒の会議について話してくれました。先生は「(5)①その会議に出席すれば，他の生徒や村役場の職員たちと君の村をよりよいものにする方法についての考えを共有できるよ」と言いました。私は，これは Aエ生徒会の一員として 大切なことを学ぶ大きな機会だと思いました。だから，私はその会議に出席することにしました。

　会議には20人の生徒がいました。そのうち10人は高校生でした。私のような中学生は6人でした。その他は小学生でした。高校生は自信をもって自分たちの考えを共有しました。中学生や小学生でさえ，自信をもって話している人が

いました。しかし私は自分の考えを表現することができませんでした。Ｂｱなぜなら自分の考えが『正しい答え』なのかどうか確信がなかったからです。

　会議中，村役場の職員のひとりが私たちにこう尋ねました。「将来の世代のためにこの地域をもっとよくするには，この村はどんな措置を講ずればいいだろう？」それはとても難しい質問でした。誰も何も言えませんでした。その時私はこう思いました。「自分の地域社会のために何か言わなくては」しばらくして私は手を上げて言いました。「この村がどんな措置を講ずるべきか，私には全くわかりません。ひとつだけ言えるのは，その...，私はこの地域社会が大好きだということです。家の近くの田んぼにいるホタルを見るのが大好きです。とてもきれいです。でもホタルの数は減っていると思います。つまり，最近ではホタルを見つけるのは難しいです。これは大きな問題だと思います。私たちはこの地域社会を特別なものにしているものを失いつつあるんです。⑶ｳそれ（＝蔵之介の地域社会が，それを特別なものにしているものを失いつつあること）に関して私たちは何ができるでしょうか？」そう言った後で，私は「みんな笑うだろうな」と思いました。

　しかし，ひとりの高校生がこう言いました。「私は子どもの頃，あなたの地域社会にホタルを見に行きました。とてもきれいでした。私は，将来の世代がそこでホタルを見て楽しめるように何かしたいです」このあと，村役場の職員のひとりが言いました。「⑸②ホタルは水がきれいな場所にしか生息できません。もしホタルの数が減っているなら，あなたと一緒に地域社会のために何かしたいです。問題点を共有してくれてありがとう」

　⑷ｴこの経験から，私は大切なことを学びました。もし地域をもっとよくしたいなら，まずは問題点を探すべきです。問題点を見つけ，他の人と共有することができれば，みんなが答えを見つけるために力を貸してくれます。

　私はこれから学校についての問題点を見つけ，生徒会の他のメンバーと一緒に答えを見つけるために彼らとそれを共有するつもりです。

=《2022　理科　解説》=

1　(1)　イヌワラビのようなシダ植物は地下茎をもつ。
　(2)　ア×…根にも師管はある。　イ○…道管は水や肥料分の通り道である。　ウ○…根に綿毛のような根毛があることで，表面積が大きくなり，効率よく水や肥料分をとりこめる。　エ○…根は地上部を支えるはたらきをする。
　(3)　ア×…双眼実体顕微鏡には反射鏡がない。水平で直射日光の当たらない明るいところで使う。
　(4)②　スギゴケはコケ植物のなかまで，からだの表面全体から水を吸収しており，水の通り道（道管）をもたない。
2　(1)　ア，イ，エは単細胞生物，ウは多細胞生物である。
　(2)　ア○，イ×…ゾウリムシは細胞に穴があいたような部分（細胞口）をもち，ここから食物をとりこむ。
　ウ×…ゾウリムシは光合成を行わない。　エ×…ゾウリムシは単細胞生物で，組織や器官をもたない。
　(3)①　精子や卵などの生殖細胞がつくられるとき，染色体の数が半分になる減数分裂が行われる。
　②　オ○…体細胞分裂では染色体の数は変わらないが，減数分裂では染色体の数が半分（12本）になる。
　(4)　エ○…Ｃは両親から染色体を受けつぐ。ＣはＡがもたない黒色の染色体をもっているので，Ｂの2本の染色体のうち，少なくとも1本は黒色の染色体である。
3　(1)①　Ａは等粒状組織をもつ深成岩である。花こう岩，せん緑岩，はんれい岩は深成岩である。なお，安山岩，玄武岩は火成岩の中の火山岩であり，石灰岩，凝灰岩は堆積岩である。　②　Ａ（等粒状組織）に対し，Ｂ（斑状組織）はマグマが地表付近で急に冷えて固まるとできる。
　(3)　運ばれてきた土砂は粒が大きいほど陸から近いところに堆積する。また，チャートは砂や泥をほとんどふくま

ずに，陸から遠く離れた海にできる。

(4) しゅう曲はおし縮められる強い力を受けるとできる。断層はおし縮められても引っぱられてもできる。

4 (1) 等圧線は4hPaごとに引かれ，20hPaごとに線が太くなっている。Aは1020hPaの高気圧の中心から2本外側にあるから，$1020-4×2=1012$(hPa)を示す。

(2) 日本の春と秋の天気は，偏西風の影響で，移動性高気圧と前線をともなう低気圧が交互に移動してくるので，天気が周期的に変化する。

(3) エ○…高気圧や低気圧が西から東へ移動することからY→Z→Xの順である。

(4) Bは停滞前線である。南のあたたかくしめった小笠原気団と北の冷たくしめったオホーツク海気団の勢力がほぼつり合っているときに，これらの気団の間に停滞前線ができる。

(5) 日本付近の台風は，太平洋高気圧のふちを沿うように進むことが多い。

5 (1) 物質をとかす液体を溶媒，溶媒にとかした物質を溶質，溶質が溶媒にとけた液全体を溶液という。溶媒が水である溶液を水溶液という。

(2) 物質が溶解度までとけた水溶液を飽和水溶液という。

(3) 〔質量パーセント濃度(%)＝$\dfrac{溶質の質量(g)}{水溶液の質量(g)}×100$〕より，$\dfrac{25}{100+25}×100=20$(%)となる。

(4) 実験Ⅰより，40℃の水100gには，硝酸カリウムの方が塩化ナトリウムよりもとける質量が大きいが，実験Ⅱより，10℃の水100gには，塩化ナトリウムの方が硝酸カリウムよりもとける質量が大きいことがわかる。よって，100gの水にとける質量の温度による差が大きいのは硝酸カリウムの方である。

(5) 実験Ⅰ，Ⅱより，10℃の水100gに硝酸カリウムは$25-3=22$(g)とけるとわかる。水にとける溶質の質量は水の質量に比例するので，10℃の水50gには$22×\dfrac{50}{100}=11$(g)の硝酸カリウムがとける。よって，出た硝酸カリウムの結晶の質量は$25-11=14$(g)である。

6 (1)(2) 酸化銀を加熱すると熱分解して，銀と酸素ができる〔$2Ag_2O→4Ag+O_2$〕。酸素を確かめるには火のついた線香を使う。

(4) 酸化銅の粉末4.0gから3.2gの銅ができたので，0.80gの酸化銅からできる銅は$3.2×\dfrac{0.80}{4.0}=0.64$(g)である。

(5) 酸化銅と炭素粉末の混合物を加熱すると，酸化銅が還元されて銅になり，炭素は酸化されて二酸化炭素が発生する。このことから，炭素は銅よりも酸素と結びつきやすいことがわかる。

7 (1)① オームの法則より，抵抗器に流れる電流の大きさは抵抗器にかかる電圧の大きさに比例することがわかる。

② グラフより，電圧が同じとき，aの電流はbよりも大きいことがわかる。よって，aの抵抗はbよりも小さい。

(3) 図2は並列つなぎの回路だから，図1と図2でaにかかる電圧は等しい。よって，図1と図2でXの値は等しい。また，2つの抵抗器を並列つなぎにすると，それぞれの抵抗器の回路よりも，回路全体の抵抗は小さくなるので，図2の回路全体の抵抗はaの抵抗よりも小さい。

(4) 抵抗が並列つなぎの回路では，並列部分がひとつにつながった部分を流れる電流は，それぞれの抵抗を流れる電流の和と等しいので，bに流れる電流は$50-40=10$(mA)となる。

(5) X(a)の電流は40mAだから，グラフより，aの電圧は1.2Vで，aとbは並列つなぎだから，電池の電圧も1.2Vである。よって，〔抵抗(Ω)＝$\dfrac{電圧(V)}{電流(A)}$〕，50mA→0.05Aより，回路全体の抵抗は$\dfrac{1.2}{0.05}=24$(Ω)となる。

8 (1) ある2つの力の合力は，その2つの力を示す矢印を2辺とする平行四辺形の対角線の長さで表すことができる。

(2) 実験Ⅱについて，(1)①で求めた合力をもとに，図2を利用して 分力を求めると図iのようになる。この図より，Xの値はⅠのとき より大きく，Yの値はⅠのときより小さいことがわかる。

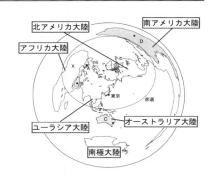

図i

(3) 角度を大きくしていくと，おもりが糸を引く力と同じ大きさの 合力を一定に保つためにそれぞれの糸にかかる力が大きくなって糸 が切れる。おもりの数を増やしておもりが糸を引く力が大きくなると，より小さい角度のときに糸が切れる力が加 わるようになる。

(4) おもりにはたらく重力と2本の糸からおもりにはたらく力の合力がつり合っているので，合力の向きは重力と 反対の上向きになる。

═《2022　社会　解説》═

1 (1)① アフリカ 東京を中心とした正距方位図法における大陸の位置関 係は右図を参照。正距方位図法の中心から円周までの半径の長さは， 約20000 km（地球の外周1周の半分）である。 ② B B国はサウジア ラビア（首都リヤド）である。A（イタリア・ローマ）は北北西，C（オース トラリア・キャンベラ）は南，D（ブラジル・ブラジリア）は北北東にある。

(2) エ C国とD国が南半球で，A国とB国は北半球にある。アとイは 気温のグラフから北半球とわかるので，南半球の気温と降水量のグラフ はウとエである。C国の首都キャンベラとD国の首都ブラジリアでは， ブラジリアの方が赤道に近いから，気温の変化が小さいウがブラジリア，気温の変化が大きいエがキャンベラと判 断する。アはリヤド，イはローマの気温と降水量のグラフである。

(3) ア イタリア，サウジアラビア，オーストラリア，ブラジルを比べた場合，先進国であるイタリアでは，人 口増加は止まり，少子高齢化が始まっていると判断できるので，アを選ぶ。イはブラジル，ウはサウジアラビア， エはオーストラリア。

(4) イ 産油国であるサウジアラビアでは，石油が最大のエネルギー源と判断してイを選ぶ。アはイタリア，ウ はオーストラリア，エはブラジル。

(5)② ブラジルの鉄鋼生産量は年々増えているのに，世界の鉄鋼生産量に占める割合は減っていることから，世界 の鉄鋼生産量の増加の割合に，ブラジルの鉄鋼生産量の増加の割合が追いついていないことがわかる。

2 (1) 南鳥島 日本の端については，右表を参照。

(2)① 抑制栽培 成長を遅らせるのが抑制栽培，早めるのが促成栽培。

② ウ 他県が冬から春にかけて出荷している農作物で，群馬県で夏に 生産するのはキャベツである。嬬恋村あたりでさかんに生産される。

最北端		最東端	
島名	所属	島名	所属
択捉島	北海道	南鳥島	東京都
最西端		最南端	
島名	所属	島名	所属
与那国島	沖縄県	沖ノ鳥島	東京都

(3) イ 千葉県（C），神奈川県（D），愛知県，福島県，兵庫県と上位が大都市のある県または大都市周辺の県だ から，火力発電と判断する。Oは水力発電，Pは太陽光発電，Rは地熱発電。

(4) 交通の要所である東京駅に近いほど，地価は高く，郊外に行くほど地価は安くなる。

(5) イ 関東地方にある政令指定都市は，さいたま市（埼玉県），千葉市（千葉県），横浜市・川崎市・相模原市

(神奈川県)である。幕張新都心は千葉県にある。

(6)① ア　小型軽量で単価の高いものが航空機で輸送されるから，ＩＣを選ぶ。

② ２月５日午後８時　飛行機が成田空港を出発したときのマドリードの時間は２月５日午前６時だから，14時間の飛行時間を加えると，２月５日20時，つまり，２月５日午後８時になる。

3 (1) 近世　近世は，安土桃山時代〜江戸時代である。

(2) イ　熊本県の江田船山古墳から出土した鉄刀と，埼玉県の稲荷山古墳から出土した鉄剣に，「ワカタケル大王」の文字が刻まれていたことから，ヤマト王権の勢力は，九州から北関東に及んでいたと考えられる。三内丸山遺跡(青森県)は縄文時代，岩宿遺跡は旧石器時代の遺跡である。

(3) エ→ア→ウ→イ　年号が分からずとも，時の為政者に着目すれば，エ(源頼朝)→ア(北条時政・初代執権)→ウ(北条義時・第２代執権)→イ(北条泰時・第三代執権)とわかる。源頼朝の死後，頼家を失脚させ，源実朝を第三代の将軍に立てたのが北条時政である。源氏の将軍が三代で途絶えると，政権を奪回しようと，当時の執権北条義時打倒を掲げて後鳥羽上皇が挙兵したのが承久の乱で，勝利した鎌倉幕府は，朝廷の監視と西国武士の統制のために六波羅探題を京都に置いた。その後，御成敗式目を制定したのは北条義時の子，北条泰時である。

(4) カ　時宗と日蓮宗は鎌倉仏教，真言宗は平安仏教である。

(5) 応仁の乱　足利義政の跡継ぎ問題と，山名氏と細川氏による管領の勢力争いから，京都を戦場とする応仁の乱が約11年に渡って起きた。京都を逃れた公家らが地方に避難したことで，都の文化が地方に広まったのも応仁の乱の影響といえる。

(6)① 親藩　徳川一門が親藩，初めから徳川氏の家来であった譜代大名，関ヶ原の戦い前後から徳川氏に従った外様大名の区別があり，重要な役職は譜代大名や旗本が任命された。

② 江戸幕府は，武家諸法度によって大名を厳しく統制し，従わなかった大名に対しては，国替や改易(藩のとりつぶし)が行われた。

(7) 地券　地価の３％を現金で納めさせることで，政府の収入を安定させ，予算を立てやすくした。

4 (1) 富岡製糸場　全国から集められた工女は，技術を習得した後，地元に戻って指導者となるために，地元の有力者の娘が集められた。

(2) イ→エ→ウ→ア　ィ甲午農民戦争(東学党の乱)は，日清戦争のきっかけとなった戦争である。日清戦争・日露戦争に勝利した日本は，ポーツマス条約を結んでまもなく，韓国を保護国とし，統監府を設置し，統監が外交を監督した。ェ初代統監には伊藤博文が就任した。義兵の抵抗を抑えた日本は，韓国を朝鮮と改め韓国併合を行うと，ゥ朝鮮総督府をおき，武力による植民地支配を行った。第一次世界大戦が終わると，日本の植民地支配から逃れようとする朝鮮の人々は，「独立万歳」とさけんで，朝鮮総督府や役所を襲撃するァ三・一独立運動を展開した。

(3) ア　ポーツマス条約は日露戦争の講和条約。ポーツマスはアメリカの東海岸の都市。奉天は現在の瀋陽付近，柳条湖事件が起きた場所である。

(4) ウ　山東省はドイツの利権だから，ウを選ぶ。アはフランス，イはソ連(ロシア)，エはインド。

(5) エ　満州国を調査したリットン調査団の報告を受けた国際連盟は，42対１で満州国を認めない決議をした。これに反発した日本は，1933年に国際連盟脱退を表明し，1935年に正式に脱退した。

(6) ポツダム　アメリカ・イギリス・ソ連がポツダムで会談し，アメリカ・イギリス・中国の名で発表したのがポツダム宣言である。日本は1945年８月14日にポツダム宣言を受諾し，翌日天皇が玉音放送で国民に伝えた。

(7) アメリカ軍の施設　沖縄県には，日本にあるアメリカ軍の施設の約75％があると言われている。

(8)　ＰＫＯ　　　ＰＫＯは平和維持活動の略称である。

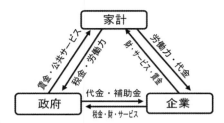

5　(1)　ウ　　　姉(家計)が，スーパーマーケット(企業)で，働いた
(労働力を提供した)からウにあてはまる(右図参照)。

(2)　ベンチャー　　　今までのビジネスモデルにない新しいサービスを
提供する企業がベンチャー企業である。新たに起業するスタートアッ
プ企業と合わせて覚えておきたい。

(3)　イ　　　価格がＰのとき，供給量(売りたい量)が需要量(買いたい量)
を上回っているので，売れ残りが生じて，価格は下がっていく。

(4)　生産拠点を海外に移すこと，国内の産業が衰退していくことが書かれていればよい。

(5)　ウ　　　１ドル＝80 円から１ドル＝110 円になることは，円安を意味する。円安は日本の輸出企業に有利にはた
らき，日本の輸入企業に不利にはたらく。

(6)①　循環　　　循環型社会…限りある資源を有効活用し，循環させながら，将来に渡って持続して使い続けていく
社会。　　②　リデュース　　　３Ｒ…リデュース(減量)・リユース(再使用)・リサイクル(再資源化)

6　(1)①　多数決　　②　エ　　　効率を考えると多数決，公正を考えると全会一致となる。それぞれの利点や問題点を
話し合い，合意することが重要である。

(2)　2　　　Ｄ党には4議席，Ｅ党には2議席，Ｆ党には1議席が配分される。

(3)　ア　　　ⅰ．正しい。ⅱ．誤り。条例は法律の範囲内で制定することができる。ⅲ．誤り。特定の仕事の費用を
国が負担する財源は，地方交付税交付金ではなく国庫支出金である。

(4)　男女共同参画社会基本法　　　1985 年に制定された男女雇用機会均等法と合わせて覚えておきたい。

(5)　低賃金・長時間労働に対する労働環境の改善から，社会権が生まれた。

(6)　勤労　　　国民の三大義務は，勤労の義務・納税の義務・子女に普通教育を受けさせる義務であり，勤労の義務
は権利でもある。

═══《2021 国語 解答例》═══

一 1．(1)おだ (2)し (3)かもく (4)しょうさい (5)垂 (6)借 (7)領域 (8)複雑 2．エ

二 1．E 2．D 3．(1)空あをあをと (2)今日なし

三 1．いえば 2．(1)げにさあらん。 (2)悪いことをしたのが自分なのか他者なのか 3．イ

四 1．ウ 2．してはいけないことをしたらどうなるかをきちんと理解させる 3．エ 4．ア 5．(1)助け舟を出す (2)すっかり弱っている朋典の気持ちを思いやり、姉らしい行動をとることができて本当によかった

五 1．オ 2．(1)その場の文脈に合わせて即興的に (2)イ 3．ウ 4．エ 5．計画に合わせてその場の思いつきを見直したり、文脈に合わせて文章構成を修正したりして、文に働く二つの力を調整すること。

六 (例文)

　　今の自分を変えたいと思う人の割合が、十代後半で大きく増加していることに気づいた。高校生になり、より明確に将来の自分を思い描くようになるからだろうと考えた。

　　私は、自分の視野を広げていくという意味で、今の自分を変えたいと思う。高校では、新しい友達に出会い、学問を深め、将来の道を切り開いていきたい。その際、周りの人と協調しながら、価値観の違いを認め合う関係を築き、自分らしさも失わないようにしたい。

═══《2021 数学 解答例》═══

1 (1)① -24 ② $-\dfrac{1}{3}$ ③ $2x^2$ ④ $6\sqrt{2}$ (2)720

2 (1) $-3 < -2\sqrt{2}$ (2)36 (3)右グラフ (4) $-\dfrac{1}{2}$ (5)エ

3 (1)① 3 ② $\dfrac{1}{4}$ (2)① 15 ※② B

※4 756

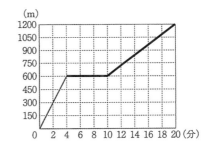

5 △ABFと△DBGにおいて，

　仮定から，AB＝DB…①

　仮定から，∠BAF＝∠BDG…②

　仮定から，∠ABC＝∠DBE…③

　∠ABF＝∠ABC－∠CBE…④

　∠DBG＝∠DBE－∠CBE…⑤

　③，④，⑤より，∠ABF＝∠DBG…⑥

　①，②，⑥より，1組の辺とその両端の角がそれぞれ等しいから，△ABF≡△DBG

　合同な図形の対応する辺は等しいから，AF＝DG

〔別解〕

△EBGと△CBFにおいて，

　仮定から，BE＝BC…①

　仮定から，∠BEG＝∠BCF…②

　共通な角は等しいから，∠EBG＝∠CBF…③

　①，②，③より，1組の辺とその両端の角がそれぞれ等しいから，△EBG≡△CBF

　合同な図形の対応する辺は等しいから，EG＝CF…④

仮定から，ＡＣ＝ＤＥ…⑤

ＡＦ＝ＡＣ－ＣＦ…⑥

ＤＧ＝ＤＥ－ＥＧ…⑦

④，⑤，⑥，⑦から，ＡＦ＝ＤＧ

6　(1)(－2，3)　　(2)①18　②3＋$\sqrt{5}$

7　(1)2$\sqrt{2}$　　(2)$\sqrt{14}$　　(3)$\dfrac{32\sqrt{7}}{27}$

※の理由，求める過程は解説を参照してください。

═《2021　英語　解答例》═

1　放送問題1　No.1.ア　No.2.エ　No.3.イ　No.4.ウ　No.5.ウ

　　放送問題2　No.1.エ　No.2.ア

　　放送問題3　①win　②once　③smile　④message　⑤remember

2　(1)①ウ　②ア　③エ　(2)give some presents to him　　(3)1.ウ　2.イ　3.ア　4.エ

3　(1)number of　　(2)buying things on the Internet is becoming a part of our lives

4　(1)①エ　②エ　(2)イ　(3)hear elderly people's stories　(4)ア　(5)A.prepare　B.case

5　(1)イ　(2)イ　(3)ア　(4)ウ　(5)①only a few things　②wants him to pass on the recipe　(6)Do you know why she doesn't cook it?

═《2021　理科　解答例》═

1　(1)気孔　　(2)ア　　(3)水面から水が蒸発するのを防ぐため。　　(4)①キ　②3

2　(1)末しょう神経　　(2)ウ　　(3)エ　　(4)脳に伝わらずに，せきずいから運動神経を通って　　(5)イ

3　(1)断層　　(2)エ　　(3)イ　　(4)オ　　(5)イ

4　(1)日食　　(2)カ　　(3)エ　　(4)39.1　　(5)ウ

5　(1)MgO　　(2)オ　　(3)すべて酸素と反応したから。　　(4)カ　　(5)2.16

6　(1)硫酸バリウム　　(2)イ　　(3)2.8　　(4)ア　　(5)①エ　②H$^+$＋OH$^-$→H$_2$O

7　(1)電磁誘導　　(2)X.振幅　Y.振動数　　(3)イ　　(4)ア　　(5)ウ

8　(1)右図　　(2)位置　　(3)仕事の大きさは変わらない　　(4)ア　　(5)75

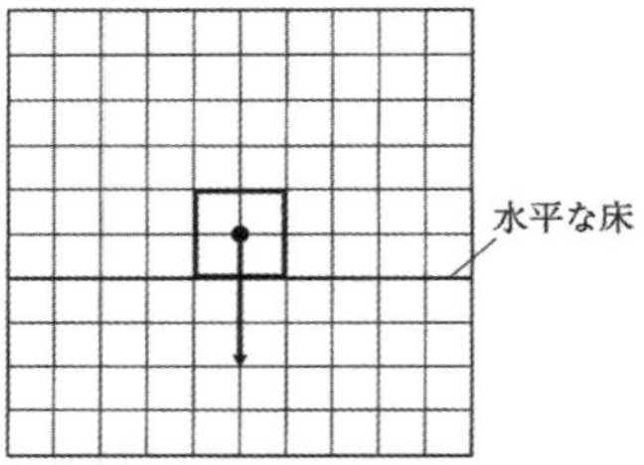

水平な床

═《2021　社会　解答例》═

1　(1)ウ　(2)①S.ア　T.稲〔別解〕米　②イ　(3)エ　(4)符号…A　国名…ペルー　(5)①インドシナ　②ＡＳＥＡＮ

2　(1)①紀伊　②ア　(2)エ　(3)①エ　②愛知県　(4)①イ　②ウ　③0ｍであるが，Gに最も近い三角点の標高は86.2ｍだから。

3　(1)①唐　②エ　(2)①御恩　②北条時宗　③イ→ウ→エ→ア　(3)ア　(4)①アイヌ　②ロシアの南下に備えるため。

4　(1)イ　(2)士族　(3)ウ　(4)イ→ア→ウ→エ　(5)イ　(6)農地改革　(7)日ソ共同宣言に調印し，ソ連と国交を回復した

5　(1)イ　(2)労働組合　(3)オ　(4)ア　(5)①公衆衛生　②全員が加入し，介護が必要になったときに介護サービスを受けることができる制度。　③ウ

6　(1)立憲主義　(2)モンテスキュー　(3)内閣が国会の信任に基づいて成立し，国会に対して連帯して責任を負う制度。
(4)カ　(5)メディアリテラシー　(6)ウ

←解答例は前ページにありますので，そちらをご覧ください。

═《2021　国語　解説》═

一　2　ア.「心に刻む」は、深く心に留めておくこと。　イ.「襟を正す」は、気持ちを引き締めること。　ウ.「頭が下がる」は、感心して尊敬の気持ちを抱くこと。　エ.「棚に上げる」は、自分の不都合なことには触れずにおくこと。よって、「大切な思い出」に使うのは正しくない。　オ.「胸を張る」は、自信のある態度をとること、得意になること。

二　1　Eの「二つゐて〜かはるがはる(代わる代わる)に」が「交互に鳴いて」いる様子を表現している。また、「谺のごとし」に「直喩」(「〜ようだ」「〜ごとし」などの語を用いて、直接たとえる)が見られる。

2　著作権に関係する弊社の都合によりDの短歌を非掲載としておりますので、解説を省略させていただきます。ご不便をおかけし申し訳ございませんが、ご了承ください。

3(1)　「俊敏に飛ぶ鳥の動き」(飛ぶかと見れば消え去りて)と、「どこまでも広がる壮大な空間」(空)が詠まれている歌なので、Fについての鑑賞文だと判断できる。　Ⅰ　には、空の印象を表現した「はるかなるかな」の前の言葉が入るので、「空あをあをと」。　(2)　「数詞の使用」が「ひと夜(一夜)」と「二夜」に、「同じ言葉の繰り返し」が「啼きし」と「啼きて」に見られるので、Bについての鑑賞文だと判断できる。　Ⅱ　には、「どこかへ飛び去ったことを想像させ」る言葉が入るので、「今日なし」が適する。

三　1　古文で言葉の先頭にない「はひふへほ」は、「わいうえお」に直す。

2(1)　①　の前後の「誰かの悪い行いについて伝えられて」、「悪いこととしてあっさりと認めてしまう」は、文章Ⅱの「『かれはかかるあしき事なしぬ。』といへば」(『あの人はこのような悪いことをおこなった。』と言うと)、「『げにさあらん。』といふ」(『いかにも、そうであろう。』と言う)」にあたる。　(2)　【文章Ⅱの内容】を参照。「自分の悪いことは桀と紂を例にあげて(桀と紂に比べれば悪くないと)安心」するのだが、他者の悪事を耳にすると、桀や紂と比べたりはせずに、あっさりと「いかにも、そうであろう」と言う。つまり、悪いことをしたのが自分なのか他者なのかによって、受け止め方が違うということ。

3　傍線部の直後の「『よき名得まほし〜いでくるなり。』」(『(自分が)よい評判を得たいと思うがゆえに、他者の悪いことと比べて自分を安心させ、他者のよいことを妬むことから(悪い心が)起こるのである。』)が、「あしき心」が生じる理由の説明になっている。この内容に、イが適する。

【文章Ⅰの内容】

> 堯と舜は国を統率するときに仁(他者に対する思いやり)によって行い、人びとは服従した、桀と紂は国を統率するときに暴(他者を苦しめるようなひどい扱い)によって行い、人びとは服従した。

【文章Ⅱの内容】

> 自分の悪いことは桀と紂を例にあげて(桀と紂に比べれば悪くないと)安心し、他者のよいことは堯と舜を例として出して(堯と舜に比べればよくないと)非難する。「あの人はこのような悪いことをおこなった。」と言うと、「いかにも、そうであろう。」と言う。「この者はこのようなよいことをしました。」と言うと、「どうだろうか、あやしいものだ。」と言う。「本当に人間には悪い心があるものだなあ。」と言うと、「(自分が)よい評判を得たいと思うがゆえに、他者の悪いことと比べて自分を安心させ、他者のよいことを妬むことから(悪い心が)起こるのである。」と言っていた。

四　著作権に関係する弊社の都合により本文を非掲載としておりますので、解説を省略させていただきます。ご不便をおかけし申し訳ございませんが、ご了承ください。

五　1　「近接した情報」とオの「壁に掛かった絵」は、助動詞「た」の<u>存続</u>（〜ている、〜てある）の意味。アとウは助動詞「た」の過去の意味、エは助動詞「た」の確認の意味。イは、助動詞「たい」の一部分。

2(1)　「ボトムアップ式の活動」の説明は、第一段落に「<u>その場の文脈に合わせて即興的に</u>考えながら文を継ぎ足していくボトムアップ式の活動を『流れ』と呼ぶ」とある。　(2)　第三段落で「近接情報へ移行しようとする力は、_Ⅱ<u>つながろう</u>とする力であり、新情報を迎えようとする力は、_Ⅲ<u>離れよう</u>とする力である」「近接情報への_Ⅱ<u>無抵抗な移行</u>を『流れ』〜_Ⅲ<u>意図的に離れる</u>ことは『構え』」と述べていることから、イが適する。また、第三段落の内容をまとめて、第四段落で「つまり、先行文脈から自然につながろうとする力を『流れ』、新情報の導入によって意図的に離れようとする力を『構え』と呼びます」と述べているのも参照。

3　「つまり」で始まる第四段落の最初の一文は、第三段落の内容をまとめたものである。また、第四段落の後半では「本書では〜を、『流れ』と『構え』という観点から議論したい」と示している。この内容に、ウが適する。

4　第六段落で「『鳥の目』は『構え』（文章構成の設計図にしたがって書くこと）です」、第七段落で「カーナビのディスプレイは、空から見る『鳥の目』で〜道を教えてくれます」「『鳥の目』と『魚の目』、二つの目を調整しながら自らの判断で運転していくさまは、<u>設計図を参考にし</u>ながらも、現場の判断で選択を決めていくという文章を書く営みと共通する」と述べていることから、エが適する。アの「『魚の目』は〜文章構成の予定に基づいて」、イの「柔軟に結論を変えること」、ウの「どのような状況であっても正しく」、オの「多様な視点から〜何度も内容を確認する」などは適さない。

5　傍線部2の「あらかじめ立てていた計画」は「構え」に関するもの、「執筆過程で次々に思いつく即興」は「流れ」に関するものであることをおさえる。そのうえで、この二つの「融合」が「段落」であるという内容と同じことを、第五段落で「段落は『流れ』と『構え』が出会い、<u>調整をする場だ</u>」と述べていることに着目する。同段落では、「『流れ』と『構え』」をどのように調整するのかについて、「『流れ』が無目的に走りだそうとすると、『構え』がそれにストップをかけます」（計画に合わせてその場の思いつきを見直す）、「『構え』が〜無理に押さえつけようとすると、『流れ』がそれに反発します〜『構え』にそもそも無理があるため〜『流れ』に合わせて修正していく」（文脈に合わせて文章構成を修正する）と具体的に述べている。これらの内容をまとめる。

― 《2021　数学　解説》 ―

1　(1)②　与式 $= \dfrac{3}{6} - \dfrac{5}{6} = -\dfrac{2}{6} = -\dfrac{1}{3}$

③　与式 $= \dfrac{8x^3 \times x}{4x^2} = 2x^2$

④　与式 $= 5\sqrt{2} + \sqrt{2} = 6\sqrt{2}$

(2)　【解き方】n角形の内角の和は、$180° \times (n-2)$ で求められる。

$180° \times (6-2) = 720°$

2　(1)　$-3 = -\sqrt{9}$、$-2\sqrt{2} = -\sqrt{8}$ で、$-\sqrt{9} < -\sqrt{8}$ だから、$-3 < -2\sqrt{2}$

(2)　【解き方】（自転車通学をしている生徒の人数）：（全生徒数）$= 2 : (5+2) = 2 : 7$ である。

自転車通学をしている生徒の人数は、$126 \times \dfrac{2}{7} = 36$（人）

(3)　【解き方】移動時間はつねに一定だから、グラフは直線をつないだ形になる。したがって、グラフの形が変わるところの座標を求めて、直線で結べばよい。

グラフより，家から花屋までは4分かかった。また，花屋から駅までの道のりは1200−600＝600（m）で，えりか

さんはこの道のりを，600÷60＝10（分）で進んだ。したがって，花屋にいた時間は，20−4−10＝6（分）である。

よって，点（4，600），（10，600），（20，1200）を順に直線で結べばよい。

(4) 【解き方】（変化の割合）＝$\frac{（yの増加量）}{（xの増加量）}$から，aの方程式を立てる。

$y＝ax^2$において，$x＝2$のとき$y＝a×2^2＝4a$，$x＝6$のとき$y＝a×6^2＝36a$となる。

したがって，変化の割合について，$\frac{36a−4a}{6−2}＝−4$より，$8a＝−4$　　$a＝−\frac{1}{2}$

(5) 組み立てると右図のようになるので，Aと平行になる面はエである。

3 (1)① 【解き方】$2a＋b$の最小値は$2×1＋2＝4$，最大値は$2×4＋5＝13$だから，

コインがDに止まるのは，$2a＋b$が8か13のときである。

$2a＋b$の値をまとめると右表のようになる。$2a＋b＝8$となるのは2通り，

$2a＋b＝13$となるのは1通りだから，コインがDに止まる場合は全部で，

$2＋1＝3$（通り）

2a＋bの値

				b		
			2	3	4	5
a	1	2a	4	5	6	7
	2		6	7	8	9
	3		8	9	10	11
	4		10	11	12	13

② 【解き方】①の表をもとに，それぞれの点に止まる場合が何通りずつあるかを

調べていく。

aとbの出方は全部で，$4×4＝16$（通り）ある。Aに止まるのは，$2a＋b$が5か10のときだから，表より3通

りある。Bに止まるのは，$2a＋b$が6か11のときだから，表より4通りある。Cに止まるのは，$2a＋b$が7

か12のときだから，表より3通りある。Dに止まるのは，①より3通りある。Eに止まるのは，$2a＋b$が4か

9のときだから，表より3通りある。よって，止まる場合の数が最も多い点はBであり，その確率は，$\frac{4}{16}＝\frac{1}{4}$

(2)① 【解き方】（範囲）＝（最大値）−（最小値）から求める。

（最小値）＝（最大値）−（範囲）＝46−31＝15（m）

② 25人の中央値は，25÷2＝12余り1より，小さい方（または大きい方）から13番目の記録である。

A班において，25m未満が2＋5＝7（回），30m未満が7＋7＝14（回）だから，中央値は25m以上30m未満の階

級に入る。B班において，30m未満が3＋3＋5＝11（回），35m未満が11＋8＝19（回）だから，中央値は30m以

上35m未満の階級に入る。よって，中央値を比べるとB班の方が大きい。

4 【解き方】はじめの自然数の十の位の数をx，一の位の数をyとすると，百の位の数は$x＋2$と表せる。xとyの連

立方程式を立てて解く。

各位の数の和が18だから，$(x＋2)＋x＋y＝18$より，$2x＋y＝16$…①

はじめの自然数は，$100(x＋2)＋10x＋y＝110x＋y＋200$と表すことができ，百の位と一の位を入れかえてでき

る数は$100y＋10x＋x＋2＝11x＋100y＋2$と表すことができるから，

$(110x＋y＋200)−99＝11x＋100y＋2$より，$99x−99y＝−99$　　$x−y＝−1$…②

①＋②でyを消去すると，$2x＋x＝16−1$　　$3x＝15$　　$x＝5$

①に$x＝5$を代入すると，$10＋y＝16$　　$y＝6$　　よって，はじめの自然数は756である。

5 まず，問題文の仮定を図にかきこんで，証明のために必要な条件を探そう。条件が足りない場合は，問題の内容

に応じて，図形の性質，平行線の同位角・錯角，円周角の定理などからわかることもかきこんでみよう。

6 (1) 【解き方】Pはℓとmの交点なので，2つの直線の式を連立方程式として解く。

$y＝\frac{1}{2}x＋4$と$y＝−\frac{1}{2}x＋2$を連立してyを消去すると，$\frac{1}{2}x＋4＝−\frac{1}{2}x＋2$　　$x＝−2$

$y＝\frac{1}{2}x＋4$に$x＝−2$を代入すると，$y＝\frac{1}{2}×(−2)＋4＝3$　　よって，P（−2，3）

(2)①　ＳＲはx軸と平行でＲがＳの右側にあるので，ＳＲ＝（Ｒのx座標）－（Ｓのx座標）で求められる。△ＰＲＳの底辺をＳＲとしたときの高さは，（Ｒのy座標）－（Ｐのy座標）で求められる。

Ｒ，Ｓのy座標はＱのy座標と等しく，6である。

$y=\frac{1}{2}x+4$にＲのy座標の$y=6$を代入すると，$6=\frac{1}{2}x+4$より，$x=4$となるので，Ｒ(4，6)

$y=-\frac{1}{2}x+2$にＳのy座標の$y=6$を代入すると，$6=-\frac{1}{2}x+2$より，$x=-8$となるので，Ｓ(-8，6)

よって，ＳＲ＝$4-(-8)=12$だから，△ＰＲＳ＝$\frac{1}{2}\times12\times(6-3)=18$

② 【解き方】①の考え方から，△ＰＲＳの面積をtの式で表すことができる。また，△ＡＢＰの面積から△ＰＲＳの面積を求めることができるので，△ＰＲＳの面積についてtの方程式を立てて解く。

$y=\frac{1}{2}x+4$にＲのy座標の$y=t$を代入すると，$t=\frac{1}{2}x+4$より，

$x=2t-8$となるので，Ｒ($2t-8$，t)と表せる。

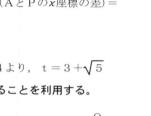

$y=-\frac{1}{2}x+2$にＳのy座標の$y=t$を代入すると，$t=-\frac{1}{2}x+2$より，

$x=-2t+4$となるので，Ｓ($-2t+4$，t)と表せる。

したがって，ＳＲ＝$(2t-8)-(-2t+4)=4t-12$だから，

△ＰＲＳ＝$\frac{1}{2}\times(4t-12)\times(t-3)=\frac{1}{2}\times4(t-3)\times(t-3)=2(t-3)^2\cdots($ⅰ$)$

また，Ａ(0，4)，Ｂ(0，2)でＡＢ＝$4-2=2$だから，△ＡＢＰ＝$\frac{1}{2}\times$ＡＢ×（ＡとＰのx座標の差）＝

$\frac{1}{2}\times2\times\{0-(-2)\}=2$　これより，△ＰＲＳ＝$2\times5=10\cdots($ⅱ$)$

（ⅰ），（ⅱ）より，△ＰＲＳの面積について，

$2(t-3)^2=10$　　$(t-3)^2=5$　　$t-3=\pm\sqrt{5}$　　$t=3\pm\sqrt{5}$　　$t>4$より，$t=3+\sqrt{5}$

7　(1)　【解き方】△ＡＢＣは直角二等辺三角形だから，3辺の比は1：1：$\sqrt{2}$であることを利用する。

ＡＣ＝$\sqrt{2}$ＡＢ＝$2\sqrt{2}$(cm)だから，ＡＥ＝ＡＣ＝$2\sqrt{2}$cm

(2)　【解き方】△ＯＡＣはＯＡ＝ＯＣ＝3cm，ＡＣ＝$2\sqrt{2}$cmの二等辺三角形だから，右のように作図できる。三平方の定理を利用して高さを求める。

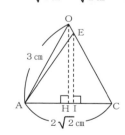

三平方の定理より，ＯＨ＝$\sqrt{\text{ＯＡ}^2-\text{ＡＨ}^2}=\sqrt{3^2-(\sqrt{2})^2}=\sqrt{7}$(cm)

よって，△ＯＡＣ＝$\frac{1}{2}\times2\sqrt{2}\times\sqrt{7}=\sqrt{14}$(cm²)

(3)　【解き方】正方形ＡＢＣＤを底面としたときの高さがわかればよいので，右のように作図し，ＥＩの長さを求める。△ＯＨＣ∽△ＥＩＣだから，その相似比がわかればＥＩの長さを求められる。

△ＯＡＣと△ＡＥＣはともに二等辺三角形で底角が等しい（∠ＯＣＡ＝∠ＡＣＥ）ので，相似である。したがって，ＡＣ：ＥＣ＝ＯＡ：ＡＥより，

$2\sqrt{2}$：ＥＣ＝3：$2\sqrt{2}$　　ＥＣ＝$\frac{2\sqrt{2}\times2\sqrt{2}}{3}=\frac{8}{3}$(cm)

これより，△ＯＨＣと△ＥＩＣの相似比はＯＣ：ＥＣ＝$3:\frac{8}{3}=9:8$だから，

ＥＩ＝$\frac{8}{9}$ＯＨ＝$\frac{8\sqrt{7}}{9}$(cm)

よって，四角すいＥ－ＡＢＣＤの体積は，$\frac{1}{3}\times(2\times2)\times\frac{8\sqrt{7}}{9}=\frac{32\sqrt{7}}{27}$(cm³)

1　放送問題1　【放送文の要約】参照。　No. 1　質問「ジュディは何の写真を持っていますか？」

　　No. 2　質問「翔太は公園で何をするのが好きですか？」　　No. 3　質問「翔太はどうやって公園に行きますか？」

　　No. 4　質問「ジュディは来年の春に何を楽しみますか？」　　No. 5　質問「翔太の部活は何時に始まりますか？」

【放送文の要約】

翔太　　：やあ，ジュディ。明日はショーアンドテルの活動をする予定だよ。今，写真を持っている？

ジュディ：ええ，ここに1枚あるわ。見て！No. 1ア美しいビーチとビーチ沿いにたくさんの建物が見られるわ。

翔太　　：素晴らしい景色だね！

ジュディ：あなたのはどう？

翔太　　：これは僕のお気に入りの公園の写真だよ。No. 2エ大きな木がたくさんあって，木々の間を歩くのが好きなんだ。

ジュディ：美しいわ。このあたりにあるの？自転車で行くことができるの？

翔太　　：いや，ここからは遠すぎるよ。No. 3イ僕たちはいつも車でそこに行くんだ。

ジュディ：そうなの。いつか行きたいわ。

翔太　　：行くべきだね。桜の木も見られるから春がベストシーズンだと思うな。

ジュディ：わぁ！No. 4ウ日本に来てから美しい桜を見たいと思っていたの。

翔太　　：そうなの？No. 4ウ来年の春は楽しんでね。

ジュディ：そうするわ。

翔太　　：あ，No. 5ウもう3時25分だ。僕の部活はあと5分で始まるよ。

ジュディ：ああ，わかったわ。楽しんでね。

翔太　　：ありがとう。また明日ね。

ジュディ：またね。

　　放送問題2　No. 1　チャイムの直前に女性が How about this green one?「この緑色のものはいかがですか？」と尋ねたから，エ「素敵ですね」が適当。

　　No. 2　男の子「明日は時間がある？」→女の子「ええ，何も予定がないわ」→男の子「やった！放課後，僕の教室で勉強しない？」→女の子「ア いいわよ。そのときに私に数学を教えてくれない？」の流れ。アが適当。

　　放送問題3　【放送文の要約】参照。

【放送文の要約】

　　私は3年間，テニス部に所属していました。私は一生懸命テニスを練習しましたが，ほとんどの試合①に勝つ（＝win）ことができませんでした。私は②一度（＝once）プレーしたくないと思ったことがあります。その時，チームメイトの1人が③笑顔で（＝with a smile）私に言ってくれました。「頑張っているね」チームメイトからの親切な④メッセージ（＝message）は，私が再びプレーする後押しをしてくれました。学校生活で私はたくさんの友達ができました。彼らのことはずっと⑤覚えている（＝remember）でしょう。

2　(1)①　weekends「週末」の前に付ける前置詞だから，ウ on が適当。

　　②　A「土曜日，父が動物園に連れて行ってくれるんだ。一緒に来る？」→B「行きたいけどいけないよ。私は宿題を（　　）」の流れ。have to ～「～しなければならない」と do one's homework「宿題をする」より，アが適当。

　　③　A「やあ，マイク。僕らの野球チームがトロフィーを勝ち取ったよ」→B「本当に？（　　）もっと教えてくれよ」の流れ。エ「なんてすごいんだ！」が適当。

(2) After that, we'll give some presents to him. : 文意「そのあと，彼にプレゼントを渡すよ」 ・give＋もの＋to＋人「(人)に(もの)を与える」

(3) A「英語の授業のレポートは終わった？」→B「ええ，でも本当に難しかったわ。ゥあなたは？」→A「まだだよ。ィレポートを手伝ってくれない？」→B「いいわよ。ァどうやって手伝う？」→A「えっと，僕は書く国を選ぶことができないんだ」→B「わかったわ。ェ一緒に選びましょう」

3 (1) メモの「人の数」を表す。「〜の数」＝the number of 〜

(2) メモの「インターネットを使った買い物は私たちの生活の一部になってきている」を表す。「インターネットを使った買い物」＝buying things on the Internet 「〜になってきている」＝be becoming 〜 「〜の一部」＝a part of 〜

4 【本文の要約】参照。

(1)① 「ェ70歳かそれ以上の年齢グループは，表の中で『はい』の割合が最も低かった」…表より，Yes の割合が最も低いのは 70 or above「70歳かそれ以上」である。

② 「優子の母と同年代のェ69.3パーセントの人が，緊急時に何をすべきかについて話し合った」…健の4回目と優子の5回目の発言より，優子の母の年齢は45歳である。表より，40〜49歳の Yes の割合 69.3%である。

(2) 健は直前の優子の発言の「重要なチャンス」について詳しく知りたかったと考えられる。イ「どういう意味？」が適当。

(3) 「優子は若い世代がお年寄りの話を聞く（＝hear elderly people's stories）と，災害への備えが重要だとわかるだろうと言っている」…優子の9回目の発言の最後の1文より，hear their stories の部分を使う。their を elderly people's にする。

(4) ァ〇「健は，避難訓練は緊急時に身を守る方法を学ぶ機会だと言っています」 イ「×日本人は何をするべきかについて家族とよく話し合っていたので，優子は驚いています」 ウ×「今，アメリカでは1人暮らしのお年寄りが多いので，リーは驚いています」…本文にない内容。 ェ「×優子と健は，同級生の何人かが×リーの話を聞いて喜んでくれると言っています」

(5) 「私は祖母から，災害時Aに備える（＝prepare for）ためにできることはたくさんあることを学びました。例えば，緊急時に家族と連絡を取り合う方法を自分で決めるべきだと学びました。彼女は私が家を出る前に言いました。『B災害時には（＝in case of a disaster），まず自分と家族を守るように努め，安全な場所にいる場合は，他の人のために何かできることを見つけるように努めてね』」

【本文の要約】

リー：先週，学校で避難訓練があったよ。それは僕にとってユニークな体験になったんだ。でも，訓練は重要だと思う？

健 ：うん。(4)ァ緊急時に僕ら自身を守る方法を学ぶ機会を与えてくれるんだ。

優子：私もそう思うわ。災害への備えは大事よね？リー，なんでそんなことを聞いたの？

リー：日本の学生は学校で避難訓練をする。でも緊急時の対応について家族と話し合ったことはある？

健 ：家族と？ないよ。

優子：そうね，数ヶ月前，私は母と災害が起きたときにどこへ行くべきか話したわ。家庭の非常食もチェックしたの。

リー：すごい！優子，健，この表を見て。僕は昨日これを見つけたよ。これは，2017年に年齢別で日本人の何パーセントがこの質問に「はい」，「いいえ」，「わからない」と答えたかを示しているんだ。僕はこれを見たとき，より多くの日本人が，緊急時に備えるために家族や友人と話し合うべきだと思ったよ。

健 ：おお！日本人は家族とたくさん話しているね！

優子：そう思う，健？人々はこのことについてあまり話していなかったと思うわ。

リー：僕は優子と同じ意見だよ。日本人のたった 57.7％がこれについて話したんだ。

優子：健，このグループを見て。母の年齢に近い多くの人々がこれについて議論したわ。

健　：(1)②ェ君のお母さんは何歳？

優子：(1)②ェ45 歳よ。

健　：おお，僕の母も同じくらいの年齢だよ！

リー：それくらいの年齢の人々は子育てをしていると思うんだ。緊急時には自分自身だけでなく子どもたちも守る必要があるよ。結果として，このことについて家族と話す機会が増えたんだと思うな。

優子：彼らがこのことに１番関心があるかもしれないわ。

健　：その通りかもしれない。このグループを見て。最も高齢のグループは，周囲の人々と何をするべきかについてあまり話していなかったよ。

リー：どうして？彼らも興味があると思うな。

優子：わからないけど，ますます多くのお年寄りが１人暮らしをしていると授業で学んだわ。話したくても周りに話す人が誰もいない人もいるわ。それが理由の１つかもしれない。

リー：特に緊急時に助けが必要な人たちだと思うな。でも，１人暮らしのお年寄りは，自分の身の守り方や助けの求め方を学ぶ機会がないのかもしれないな。

優子：それは問題だと思うわ。重要な機会を逃しているとも思うの。

健　：ィどういう意味？

優子：そうね，お年寄りはこの町で昔起こった災害をよく知っているわ。でも，若者は彼らの話を聞く機会がないの。(3)若い世代が彼らの話を聞くと，災害への備えが重要だとわかるわ。

リー：いいアイデアだね！

優子：私の祖母はこの町に１人で住んでいるの。私は彼女に過去の災害について尋ねたことがないわ。私は今夜彼女を訪ねて，いくつか質問するわ。

健　：後でこの話を僕らやクラスメートと共有してよ。

優子：もちろん！

5 【本文の要約】参照

(1) 直後の伊達巻の例から，イ「おせちのそれぞれの料理には，私達にとって何か意味するものがあります」が適当。

(2) ・be worried about ～「～のことを心配する」

(3) 直前の父の言葉の最後の１文より，ア「大和は，父が伊達巻に願いを込めるので，父の伊達巻は特別だとわかっている」が適当。

(4) ア×「大和の祖父は，伊達政宗がその卵料理を好きだったので，それを伊達巻と名付けたと言いました」…本文にない内容。　イ「大和の母親は×忙しくて大和の５歳の誕生日にケーキを焼くことができませんでした」
ウ○「大和の５歳の誕生日には，大和の母親がいつも作っていたケーキの代わりに，大和の父親が伊達巻を作りました」　エ「大和が 15 歳になったとき，×祖父から伊達巻の作り方を教わりました」

(5)① 質問「大和が正月休みに他の料理を食べたいのはなぜですか？」→答え「大和はおせちで食べたいのは ⑤①ほんのわずか（＝only a few things）だからです」…第３段落３行目の表現をそのまま使う。

② 質問「大和の父親は大和に何をしてほしいですか？」→答え「大和の父は 大和に将来の子どもへレシピを引き

渡してほしい（＝<u>wants him to pass on the recipe to his future child</u>)」…第5段落3行目の表現を，wanted を wants に，me を him に変えて使う。

⑹　咲良「ありがとう，大和。あなたのスピーチはとても良かったわ。質問してもいい？」→大和「もちろん。君の質問は何？」→咲良「あなたのお母さんは伊達巻を作れるよね？<u>なぜ彼女はそれを作らないか知っている？（＝</u><u>Do you know why she doesn't cook it?)</u>」→大和「いや，なぜかはわからないよ。でも父の伊達巻が僕にとって特別だって知っているのかもしれないね。それで彼女は作らないのかもね」→咲良「ああ，なるほど」…直後の大和の発言より，why を使った間接疑問文にする。間接疑問文では，疑問詞の後ろの語順に注意しよう。

【本文の要約】

みなさんは何か特別なものがありますか？みなさんは自分の特別なものについて，独自の興味深い話があるかもしれません。私の場合は伊達巻です。

伊達巻は卵料理の一種です。名前の由来は伊達政宗が好きだったからという説もあります。でも，これが本当かどうかはわかりません。とにかく，栗きんとんなどの他のおせち料理と一緒に見かけるかもしれません。<u>A</u>ｨ<u>おせちのそれぞれの料理には，私達にとって何か意味するものがあります。</u>例えば，伊達巻は巻物のように見えるので，知性の象徴であると言われています。学業成就を祈るために，それを食べる生徒もいるかもしれません。伊達巻はさまざまなところにありますが，私の伊達巻はちょっと変わっていて，私にとって特別な存在です。

私の家では，母が毎年大晦日におせち料理を作ります。彼女は料理が上手で，彼女の料理はどれも美味しいです。でも正月休みは毎日おせち料理を食べたくありません。⑸①<u>おせちで食べたいものはほんのわずかなので，他の料理も食べたいです。</u>その1つが伊達巻です。母は上手に料理できますが，彼女は作りません。父が作ります。父は料理上手ではないですが，伊達巻はおいしいです！私はそれが大好きです。私は5歳の誕生日に初めてそれを食べました。

母は毎年，私の誕生日にケーキを焼いてくれます。私はいつもそれを楽しみにしています。しかし，彼女は私の5歳の誕生日にそれを焼くことができませんでした。彼女はその日，気分が良くなかったのです。私は彼女<u>を心配し（＝</u><u>was worried about)</u>，とても悲しくなりました。父は私をぎゅっと抱きしめてこう言いました。「お母さんはすぐに良くなる。心配するな，大和。誕生日おめでとう！誕生日会を楽しもう！」私はこの誕生日を決して忘れません。⑷ゥ<u>母のケーキは食べられませんでしたが，父の伊達巻は食べられました。</u>見た目は良くなかったですが，美味しかったです。彼の愛を感じることができました。なぜ彼が伊達巻を作ったのかはわかりません。しかし，それは重要ではありません。心をこめてバースデーケーキの代わりのものを私のために作ってくれました。それで十分でした。それ以来，それは私のお気に入りです。それを食べるといつも彼の愛を感じることができます。

15歳の誕生日，父は伊達巻の作り方を教えてくれました。「君のおじいさんが私によく伊達巻を作ってくれたんだ。私はそれが好きだった。私は彼からそれを調理する方法を学んだよ。⑸②<u>彼は私にレシピを将来の子どもに伝えてほしかったんだ。</u>お前にもそうしてほしい。私たちにとって伊達巻は特別なものだ。ここで，1つ重要なことを伝えるよ。⑶ァ<u>伊達巻に願いを込めるんだ。</u>私がお前のために伊達巻を作るときは，いつもお前が幸せであることを願っているよ」父の伊達巻が私にとって特別な理由がわかりました。

今年の大晦日は伊達巻を作って母の手伝いをします。父を驚かせたいです。今，私は伊達巻をさらに良くしようとしています。父のように，私も将来の家族のために伊達巻を作り，レシピを伝えたいと思います！

1 (1)　蒸散はX（気孔）から水蒸気が出ていく現象である。

(2)　ア○…塩化コバルト紙は水に反応して，青色から桃色に変化する。

(3)　実験2では，葉や茎からの蒸散量を調べるので，水面からの水の蒸発を防ぐために，水面に油を浮かべる。

(4)①　キ○…P．ワセリンをぬると気孔がふさがれ，蒸散が起こらなくなる。葉にワセリンをぬらないDの水の減少量が最も多いことから，蒸散をおさえなかったときの方が水の減少量が多いことがわかる。　Q．AとBを比べると，葉の裏側の方が蒸散量が多いことがわかる。　ST．蒸散が主な原動力となって吸水が起こることで，気孔から蒸散が盛んに行われるほど，水の減少量が多くなる。　②　蒸散する部分はA（葉の裏側，茎），B（葉の表側，茎），C（茎），D（葉の表側，葉の裏側，茎），E（茎）だから，C，Eより，茎からの蒸散量は1.0㎤である。したがって，葉の裏側からの蒸散量はA－C＝4.3－1.0＝3.3（㎤），葉の表側からの蒸散量はB－C＝2.1－1.0＝1.1（㎤）となり，葉の裏側の蒸散量は葉の表側の$\frac{3.3}{1.1}＝3$（倍）となる。

2 (1)　感覚神経や運動神経を末しょう神経というのに対し，脳やせきずいを中枢神経という。

(2)　ウ○…ヒトの目は前向きについているので，シマウマのように目が横向きについている動物と比べて，立体的に見える範囲が広く，相手との距離がつかみやすい。

(3)　アは耳小骨，ウは鼓膜，エはうずまき管である。鼓膜では，音を受け取って振動し，その振動は耳小骨からうずまき管に伝わる。

(4)　cのような反射では，感覚神経→せきずい→運動神経の順に伝わって反応が起こる。

(5)　イ○…うでをのばすときにはYが縮み，Xがのばされる。一方，うでを曲げるときにはXが縮み，Yがのばされる。

3 (2)　エ○…震度は地震によるゆれの大きさを表す。地盤の固さによって変わることもあるが，震央を中心とした同心円状の分布になることが多い。

(3)　イ×…高潮は台風のときなどに起こる，気圧が下がることで海面が高くなる現象である。

(4)　オ○…初期微動継続時間は震源からの距離に比例する。

(5)　イ○…初期微動を伝える波（P波）は，A地点からB地点までの56－28＝28（km）を9時42分13秒－9時42分09秒＝4秒で伝わるので，P波の速さは$\frac{28}{4}＝7$（km／s）である。したがって，地震発生時刻はA地点にP波が伝わる$\frac{28}{7}＝4$（秒）前の9時42分09秒－4秒＝9時42分05秒となる。

4 (1)　生徒が撮影した写真より，太陽が月によってかくされる日食だとわかる。

(2)　カ○…日食では，太陽，月，地球の順に一直線にならび，太陽が月によってかくされる。この位置関係から，このときの月は新月である。

(3)　エ○…太陽の直径は地球の直径の約109倍だから，2m→200㎝より，$\frac{200}{109}＝1.8…$（㎝）となる。

(4)　夏至の日の太陽の南中高度は〔90°－その地点での緯度＋23.4°〕で求められる。したがって，この地点の北緯は90＋23.4－74.3＝39.1（°）となる。

(5)　ウ○…①緯度が高い場所ほど，夏至の日の昼の長さは長く，北緯66.6°より高緯度の地域では，太陽が1日中沈まない白夜になる。　②秋分の日の昼の長さは，緯度の高さによって変わらない。

5 (1)　マグネシウムが酸化すると，酸化マグネシウム（MgO）になる。

(2)　オ○…銅の酸化物（酸化銅）の色は黒色，マグネシウムの酸化物（酸化マグネシウム）の色は白色である。

(4)　カ○…1.80gの銅と結びついた酸素は2.25－1.80＝0.45（g），1.80gのマグネシウムと結びついた酸素は3.00－1.80＝1.20（g）だから，銅と酸素が結びつくときの質量比は1.80：0.45＝4：1，マグネシウムと酸素が結びつ

くときの質量比は 1.80：1.20＝3：2 である。したがって，同じ質量の酸素と化合するときの銅とマグネシウムの粉末の質量の比は（4×2）：3＝8：3 となる。

(5) 銅の粉末の質量を x g，マグネシウムの粉末の質量を y g とする。x＋y＝3.00…①，(4)解説より，$\frac{1}{4}$x＋$\frac{2}{3}$y ＝4.10－3.00…②とおける。①，②を連立して解くと，x＝2.16（g），y＝0.84（g）となる。

6 (1) うすい硫酸とうすい水酸化バリウム水溶液の中和では，硫酸バリウムの沈殿と水ができる〔$H_2SO_4＋Ba(OH)_2$ →$BaSO_4＋2H_2O$〕。

(2) イ○…ＢＴＢ溶液は酸性で黄色，中性で緑色，アルカリ性で青色を示す。うすい塩酸は酸性の水溶液である。

(3) 実験2のⅡより，うすい塩酸 15.0 ㎤とうすい水酸化ナトリウム水溶液 21.0 ㎤がちょうど中和するので，うすい塩酸 2.0 ㎤を中和させるには，うすい水酸化ナトリウム水溶液が 21.0×$\frac{2.0}{15.0}$＝2.8（㎤）必要である。

(4) ア○…うすい塩酸とうすい水酸化ナトリウム水溶液の中和では，塩化ナトリウムと水ができる。塩化ナトリウムの結晶は立方体のような形をしている。イはミョウバン，ウはホウ酸，エは硝酸カリウムの結晶である。

(5)① 例えば，酸の水溶液である硫酸中の硫酸イオン（SO_4^{2-}）とアルカリの水溶液である水酸化バリウム水溶液中のバリウムイオン（Ba^{2+}）が結びついて，硫酸バリウムができる。　② 水素イオン（H^+）と水酸化物イオン（OH^-）が結びついて水（H_2O）ができる反応である。

7 (1) コイルのまわりの磁界を変化させることで，コイルに電流が流れる現象を電磁誘導，そのとき流れる電流を誘導電流という。

(2) 振幅が大きくなるほど音は大きくなり，振動数が多くなるほど音は高くなる。

(3) イ○…Ⅰの波形と比べて，振動数は変わらず振幅が小さくなる。

(4) ア○…弦の振動する部分について，長さを短くする，太さを細くする，弦の張りを強くすると，弦の振動数が多くなって音が高くなる。

(5) ウ○…Ⅲと比べてⅡの振動数は多いので，弦の振動する部分の長さが短くなったことがわかる。ただし，Ⅲで弦の張りを強くしているので，駒をBや，BよりもAに近いところに移動させるとⅡの音よりも高くなってしまう。

8 (1) 結果の表より，Ⅰで手が加えた力の大きさは 3.0N である。おもりにはたらく重力はこの力の大きさと等しいので，下向きに3目盛り分の矢印をかく。作用点はおもりの中心にする。

(2) 位置エネルギーは高さに比例する。

(3) 道具を用いても仕事の大きさは変わらないことを仕事の原理という。

(4) ア○…Ⅰ～Ⅲの仕事の大きさは等しい。また，〔仕事率（W）＝$\frac{仕事（J）}{時間（s）}$〕より，手を動かした距離が長いほど同じ仕事をするのにかかる時間が長くなって，仕事率が小さくなるので，Ⅰ，Ⅱの仕事率は等しく，Ⅲの仕事率はⅠ，Ⅱよりも小さい。

(5) 動滑車を使っているので，ひもを 1.0m 引いたとき，おもりは 0.5m 上がる。〔仕事（J）＝力の大きさ（N）×力の向きに動いた距離（m）〕，15 kg→150N より，150×0.5＝75（J）となる。

=《2021　社会　解説》=

1 (1) ウが正しい。アメリカの中央部を通る経線が西経 100 度線であることを覚えておけば，その東にある経線は 100 度より小さいと判断できる。

(2)① Ｓ＝ア，Ｔ＝稲　アジア沿岸では，夏は海洋側から大陸側に向かって湿った季節風が吹き雨をもたらす。冬は大陸側から海洋側に向かって乾燥した季節風が吹く。日本の冬の季節風が雪をもたらすのは，大陸からの乾燥した北西季節風が，日本海上空で大量の水蒸気を含むためである。　② イが正しい。インドでは，ヒンドゥー教

徒が 70％以上を占める。

(3)　エが正しい。C国のコートジボワールは，カカオ豆を中心としたモノカルチャー経済である。アはAのペルー，イはDのフィリピン，ウはBのインド。

(4)　Aのペルーが正しい。火山活動が活発な造山帯は，環太平洋造山帯である。アンデス山脈では，その土地にあったジャガイモを栽培するので，その種類は 3000 種類にもおよぶ。

(5)①　ベトナム・カンボジア・タイなどがあるインドシナ半島，マレーシアがあるのがマレー半島。

②　ASEAN は東南アジア諸国連合の略称である。現在 10 カ国が加盟する。

2 (1)①　紀伊山地の南側は夏に多くの雨が降る。　②　アが正しい。吉野すぎは奈良県の特産物である。九条ねぎと賀茂なすは京都府，木曽ひのきは岐阜県から長野県にかけての特産物。

(2)　エが正しい。それぞれの府県の特徴を読み取る。大阪府は近畿地方の中心で人口も多く百貨店なども多いので商品販売額が多くなる。Bの兵庫県は，大阪府とともに阪神工業地帯を形成しているので，工業出荷額が多い。また，北部には農業地域が広がるので農業産出額もある程度多い。Dの和歌山県は，うめ・柿・みかんなどの果樹栽培がさかんなので農業産出額が多い。以上のことからエと判断する。

(3)①　エが正しい。A県は滋賀県で，京都府と隣接しているので京都府への通勤・通学が多い。　②　愛知県が正しい。三重県は愛知県と隣接し，中京工業地帯を形成している。

(4)①　イが正しい。まず，等高線を見るとE－F間に2つの尾根線が見える。2万5千分の1地形図では，主曲線は 10mごと，計曲線は 50mごとに引かれるから，Eに近い方の尾根線の標高は 150mを超えていることがわかる。よって，イが正しいと判断する。　②　ウが正しい。安土駅の北側に小中学校の記号（文）が見える。老人ホーム（介），図書館（Ф），高等学校（⊗）は見られない。　③　86.2mの三角点がGの近くに見えることを読み取る。三角点と指定があるので，水準点の 88mは使用しないこと。

3 (1)①　平城京は，律令制度の整った唐の都長安を手本に 710 年につくられた。　②　エが正しい。6歳以上の男女に貸し与える田を口分田といい，収穫された稲の約3％が租として国府に納められた。この制度を班田収授と呼んだ。しかし，人口の増加によって口分田が不足してくると，聖武天皇は墾田永年私財法を出し，土地の永久所有を認めた。これによって，公地公民の制度が徐々に崩壊し，貴族や寺社が私有地(荘園)を拡大していった。

(2)①　御恩が正しい。土地を仲立ちとした御恩と奉公による将軍と御家人の主従制度を封建制度と呼ぶ。

②　北条時宗が正しい。執権の名前は，承久の乱のときの義時，御成敗式目を制定した泰時，元寇のときの時宗は，覚えておきたい。　③　イ（永仁の徳政令・13 世紀後半）→ウ（建武の新政・1334 年～）→エ（鎌倉幕府・1338 年）→ア（南北朝統一・1392 年）

(3)　アが正しい。宗教改革では，ルターは信仰によってのみ救われると説き，カトリックの贖宥状販売を批判した。また，カルヴァンは労働によってのみ救われると説いた。カトリックでも改革が進められ，フランシスコ＝ザビエルやイグナチウス＝ロヨラらによって，男子修道会イエズス会(耶蘇会)がつくられ，海外布教に力を入れた。

(4)②　ラクスマンやレザノフは，ロシアとの通商を求めてきたロシア人である。ロシアでは，冬になるとほとんどの港が凍ってしまうため，凍らない港を求めて領土を南に拡大する南下政策が進められていた。

4 (1)　イの五箇条の御誓文が正しい。アは武家諸法度，ウはアメリカ独立宣言，エは大日本帝国憲法。

(2)　士族が正しい。武士としての特権を奪われた士族は，西日本を中心に反乱を起こした。士族の反乱，自由民権運動，地租改正反対一揆が起きる中，西郷隆盛が起こした西南戦争を政府軍が鎮圧すると，地租を3％から 2.5％に引き下げたこともあり，士族の反乱，地租改正反対一揆は減り，自由民権運動も言論によるものに変わった。

(3) ウが正しい。これを第一次護憲運動という。1900年代の前半から桂太郎と西園寺公望が交互に政権をとる桂園内閣が続いていた。長州藩の閥族である桂太郎が再び政権をにぎると、これに反発して第一次護憲運動が起きた。

(4) イ．（1915年〜1920年ごろ）→ア．（1923年）→ウ．（1930年）→エ．（1938年）

(5) イが正しい。1937年に始まった日中戦争では、日本軍は短期決戦とみていた。しかし、イギリスやアメリカが中国に物資の支援をしていたために長引き、オリンピック開催を断念した。

(6) 農地改革が正しい。小作農が減り、自作農が増えていることから、農村の民主化である農地改革と判断する。

(7) 安全保障理事会の常任理事国には拒否権があり、ソ連が日本の国連加盟に反対していたことがわかる。アメリカとソ連の冷戦下で、日本がアメリカを中心とした自由主義陣営に組み込まれることを恐れたソ連が、拒否権を使って阻止していたことが読み取れる。日ソ共同宣言を調印し、ソ連との国交が回復したことで、ソ連の反対がなくなり、1956年に日本の国連加盟が実現した。

5 (1) イが正しい。ア．誤り。少なくとも週1回の休日を与えなければならない。ウ．誤り。賃金等で男女差をつけることは禁止されている。エ．誤り。1週間の労働時間は40時間以内とされている。

(2) 労働組合法が正しい。労働者と使用者は対等な立場で労働条件について話し合うべきだが、労働者の立場は個人では弱いため、組合をつくって労働条件について話し合うことが認められている。

(3) オが正しい。B．誤り。「社会の一員として務めを果たすため」と回答した割合は、年齢層が高いほど高い。C．誤り。「自分の才能や能力を発揮するため」と回答した18〜29歳は、13.0%と2番目に割合が多い。

(4) アが正しい。バリアフリーは、生活するうえでの精神的・物理的障害を取り除くことや考え。インフォームド・コンセントは、治療の際に十分な説明を受け同意を得ること。オンブズパーソン（オンブズマン）は、国や地方公共団体を外側から監視し調査する機関。

(5)① 公衆衛生が正しい。残りの3つは社会保険・社会福祉・公的扶助。 ② 40歳以上のすべての国民が加入すること。介護が必要になったときに介護サービスを受けることができること。この2つを必ず盛り込む。

③ ウが正しい。医療保険の保険料を引き下げれば、社会保障給付費も少なくなる。医療費の自己負担の割合を大きくすれば、税などによる国民負担は小さくなる。

6 (1) 立憲主義が正しい。法によって権力を制限することは「法の支配」とも呼ばれる。

(2) モンテスキューは『法の精神』の中で三権分立を主張した。

(3) 「内閣が国会の信任に基づいて成立すること」「内閣が国会に対して連帯して責任を負うこと」を盛り込む。

(4) カが正しい。弁護士は弁護人とも呼ぶ。

(6) ウが正しい。知る権利は、国家に対して情報開示を請求する権利。黙秘権は、自分の不利益な内容を話さなくてもよい権利。効率は無駄がないこと。公正には、手続きの公正・機会の公正・結果の公正の3つがある。

《2020 国語 解答例》

一 1．(1)おさ (2)もよお (3)けいさい (4)むじゅん (5)降 (6)費 (7)筋肉 (8)専門 2．イ

二 1．ぬぎすて 2．若者の香り 3．ウ 4．エ

三 1．くいぬきて 2．(1)羽一羽づつ乞へ。 (2)羽がなくなって、生きていくことができなくなる (3)イ

四 1．ウ 2．イ 3．朱里が急に冷たい態度に変わり、自分から離れていくことはつらいが、正直に自分の気持ちを伝えたことを後悔してはいないから。 4．(1)デザインの一部にする (2)おかしいことを言ってしまったのではないかという恥ずかしさ 5．ア

五 1．オ 2．エ 3．(1)他者の存在を意識して、自分の欲望を制御する (2)ウ 4．オ 5．対話により相手の思いを理解し、他者とともにある社会で、それぞれが自分らしく生きるためにはどうすればよいかを考えること。

六 (例文)

　　二つの資料を読み、カタカナ語は日常生活の中に定着していて、その使用に違和感を覚えない人が多いということに気づいた。

　　私も、「別に何も感じない」と答える一人だ。漢字で表現するよりも、カタカナ語の方が意味をイメージし易い場合もある。しかし、好ましくないと感じる人が三割以上いる。そのような人がいることを念頭に置いて、なじみの薄いカタカナ語は分かり易く言い換えるといった心配りが必要だと考える。

《2020 数学 解答例》

1 (1)①－6 ②－9 ③5x＋2y ④3√5 (2)y＝－5x

2 (1)イ (2)4/5 a (3)2 (4)16π (5)右図

3 (1)①6 ②23/36 (2)①20 ※②ア

4 ※(1)50円硬貨の枚数…22 10円硬貨の枚数…50 (2)500

5 △ABDと△GECにおいて、

　仮定から、BD＝EC…①

　仮定より、平行線の同位角は等しいから、∠ABD＝∠GEC…②

　AB//FEであるから、三角形と比の定理より、AB：FE＝CB：CE＝3：1、よって、AB＝3FE…③

　仮定から、GE＝3FE…④

　③、④より、AB＝GE…⑤

　①、②、⑤より、2組の辺とその間の角がそれぞれ等しいから、△ABD≡△GEC

　したがって、AD＝GC…⑥

　また、∠BDA＝∠ECGより、同位角が等しいから、AD//GC…⑦

　⑥、⑦より、1組の対辺が平行でその長さが等しいから、四角形ADCGは平行四辺形である。

　〔別解〕

　四角形ABEGにおいて、

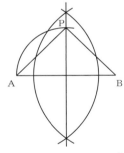

仮定から，ＡＢ//ＧＥ…①

ＡＢ//ＦＥであるから，三角形と比の定理より，ＡＢ：ＦＥ＝ＣＢ：ＣＥ＝３：１，よって，ＡＢ＝３ＦＥ…②

仮定から，ＧＥ＝３ＦＥ…③

②，③より，ＡＢ＝ＧＥ…④

①，④より，１組の対辺が平行でその長さが等しいから，四角形ＡＢＥＧは平行四辺形である。

したがって，ＡＧ//ＢＥから，ＡＧ//ＤＣ…⑤

また，平行四辺形の対辺は等しいから，ＡＧ＝ＢＥ…⑥

ＢＤ＝ＤＥ＝ＥＣより，ＢＥ＝ＤＣ…⑦

⑥，⑦より，ＡＧ＝ＤＣ…⑧

⑤，⑧より，１組の対辺が平行でその長さが等しいから，四角形ＡＤＣＧは平行四辺形である。

6　(1)1　　(2)①10　　②$\dfrac{1+\sqrt{5}}{2}$

7　(1)4　　(2)$12\sqrt{10}$　　(3)36

※の理由，求める過程は解説を参照してください。

━━《2020　英語　解答例》━━━━━━━━━━━━━━

1　放送問題1　No.1．ウ　No.2．ア　No.3．ウ　No.4．エ　No.5．ア

　　放送問題2　No.1．エ　No.2．イ

　　放送問題3　①favorite　②eight　③holds　④yourself　⑤birthday

2　(1)①イ　　②ア　　③ア　　(2)time to prepare for it　　(3)1．エ　2．イ　3．ウ　4．ア

3　(1)get to　　(2)riding bikes is one way to save energy

4　(1)①ウ　　②エ　　(2)イ　　(3)problems about language and culture　　(4)ウ　　(5)A．more　　B．friendly

5　(1)イ　　(2)エ　　(3)エ　　(4)ウ　　(5)①that decided to stop giving plastic bags

　　②working together for the same goal　　(6)How many signatures did they get at the airport?

━━《2020　理科　解答例》━━━━━━━━━━━━━━

1　(1)A．ひげ根　B．単子葉　　(2)ウ　　(3)①Q　②P　　(4)ク

2　(1)恒温　　(2)表面積が大きくなるから。　　(3)ア　　(4)酸素を使って養分からエネルギーがとり出されている
　　(5)オ

3　(1)カ　　(2)イ　　(3)エ　　(4)ア　　(5)気温が低くなり気圧が高くなる

4　(1)惑星　　(2)イ　　(3)エ　　(4)イ　　(5)カ

5　(1)イ→ア→ウ　　(2)二酸化炭素　　(3)右グラフ　　(4)1.2　　(5)2.0

6　(1)熱をうばった　　(2)塩　　(3)①$Ca(OH)_2$　②ウ　　(4)エ

7　(1)フック　　(2)5.4　　(3)ウ　　(4)1

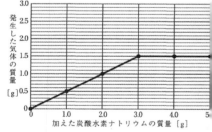

加えた炭酸水素ナトリウムの質量〔g〕

　　(5)水中にある体積は物体Ｂの方がＡよりも小さいため，物体Ｂにはたらく浮力がＡよりも小さいから。

8　(1)ウ　　(2)イ　　(3)80　　(4)ア　　(5)①つりあっている　②慣性

1　(1)地中海　　(2)イ　　(3)①ユーロ　②2017年の一人あたりの国民総所得が低く，2005年からの増加率は高い。

　　(4)アフリカ連合〔別解〕ＡＵ　　(5)ア　　(6)符号…イ　国名…トルコ

2　(1)①イ　②ア　　(2)エ　　(3)①Ｑ→Ｓ→Ｒ　②原料や製品の輸送に便利である　　(4)①右図　②エ

3　(1)十七条の憲法　　(2)①万葉集　②防人　　(3)ア　　(4)勘合　　(5)エ　　(6)ウ→イ→エ→ア

　　(7)①日米修好通商条約　②イ

4　(1)①八幡製鉄所　②ア→ウ→イ→エ　　(2)①全国水平社　②直接国税の納税額による制限

　　(3)①ア　②ウ　　(4)ウ

5　(1)家計　　(2)①カ　②Ｄ．ウ　Ｅ．株主総会　　(3)Ｆ．エ　Ｉ．イ　　(4)ウ　　(5)環境基本法

6　(1)イ　　(2)住民投票　　(3)①与党　②ウ　　(4)常任理事国のロシアが反対したため，この決議案は採択されなかった。

　　(5)議員一人あたりの有権者数の差を小さくし，一票の価値をできるだけ等しくするため。

←解答例は前ページにありますので，そちらをご覧ください。

══《2020　国語　解説》══

二　1　 I に続く内容に着目する。竹の表皮がはがれていく様子を、「若竹が自らの意志で、自分を守る表皮と別れて、成長しようとしているかのように描いています」とあるから、「ぬぎすて」が適する。擬人法を用いて、若竹の姿を生き生きと描いている。

　2　直後に「視覚以外の感覚」とあるから、「若者の香り」と、嗅覚（きゅうかく）でとらえた言葉が適する。

　3　若竹が「『空』に向かって」いる様子は、詩の中で「空のむこうに／何があるのか……ただひたすらに／かけのぼり／いや／かけぬけ」と表現されている。これに合う、ウが適する。「ひたすらに」とウの「いちずに」は、同じような意味で、一つのことだけに集中すること。両者とも若竹がぐんぐんと伸びてゆくことを表している。

ア．「ゆっくりと」が、詩の「かけのぼり」「かけぬけ」に合わない。　イ．「周りの木を押しのけ」ということは描かれていない。　エ．竹がすくすくと伸びていく様子を描いているから、「何度も繰り返し」が合わない。

オ．「不安を乗り越え」とあるが、「不安」を感じている様子は描かれていないので、適さない。

　4　「グンと／青空に／かけ昇（のぼ）る」「ただ／ひたすらに／かけのぼり／いや／かけぬけ」などから、若竹の成長の早さが感じとれる。鑑賞文にも「若竹の成長の勢いが伝わってきます」とあることから、「あ／若竹が／ない！」は、成長の早さゆえに、すでに「若竹」といえないほど立派な竹になってしまったことを表していると考えられる。よってエが適する。タケノコが育って、すぐに竹になってしまうことをイメージするとよい。

三　1　古文で言葉の先頭にない「はひふへほ」は、「わいうえお」に直す。

　2(1)・(2)　【古文の内容】を参照。　(3)　本文だけを読むと、仏が鳥を追い払うための知恵をさずけてくれた話だという理解ができるが、資料の内容と合わせて考えると、何かを求められる方は、負担を感じるものだという共通点が見えてくる。鳥にとって、羽（はね）が生きるために大切なものであること、資料で、仏が、資金や資材を集めようとした弟子を戒めたことなどをふまえると、イが適する。

【古文の内容】

> 　昔、林の中で精神を集中して修行する者がいた。心を静めて修行をしようとしたが、林に鳥が集まって、騒々しかったので、仏にこのことを嘆き申し上げると、（仏は）「その鳥に、羽を一枚ずつ求めなさい」とおっしゃる。そこで帰って（鳥たちに羽を）求めると、（鳥たちは羽を）一枚ずつ口にくわえて抜き取って、与えたのだった。また次の日も求めた時、鳥たちが言うには、「私たちは羽をもっているからこそ、空を飛び回り、エサをとり、命をたもっているのに、毎日羽を求められたのでは、みんな翼がなくなってしまう。この林に住んでいるからこそ、このようなこともあるのだ」と、飛び去ってしまった。

四　1　直後の段落の内容を参照。「大きな刷毛（はけ）」で思い切り描くと「心にあったもやもやも～ぜんぶ、ざあっと流されていくような」爽快な気持ちになれたし、「細筆を使って描く～筆先を持ち上げる」と「急に視界が広くなって、清々（すがすが）しい気持ち」になれた。よって、「それぞれ異なる満足感」を得られたと言えるので、ウが適する。

　2　「おずおず」は、おそれてためらいながら物事をする様子。朱里（あかり）が、「ロコツ（露骨）」に松村さんの失敗を非難する言葉を口にしたので、百井（ももい）くんはその剣幕をおそれながらも、上から塗り直せばよいとフォローしようとした。よってイが適する。　ア．「塗り直せば……」と言っているので、「修復はしたくないという思い」の部分が適さない。ウ．「おずおずと」という態度に「きっと～修復してみせる」という強い意志を感じさせる表現が合わな

い。　エ．「誰かに」修復してもらいたいということは書かれていない。　オ．朱里の態度が普段とは違うものだということは読み取れないし、「すぐに応援旗を修復したい」という積極的な様子も「おずおずと」に合わない。

3　前後の内容に着目する。泣きたいと思ったのは、今まで親しくしていた朱里が、「私」に対して「日向」と「日陰」の境界線を引いたことがはっきりと分かったから。（朱里が仲良くするのは「日向」にいる人間だが、「私」のことを「日陰」側の人間だと見なしたと考えられる。）「泣かない」と思ったのは、「朱里に本当の気持ちを言った」が「そのことに、後悔はなかったから」である。

4(1)　飛び散った絵の具の、鮮やかな赤いシミを見ていた「私」は「そうだ、初めてしおりと出会った日、私たちの間を吹き抜けていった風と、ひらめく花びらと──」と思い出し、赤いシミを「空に花びらが舞ってるようなイメージ」で「デザインの一部にする」ことを思いついた。　　(2)　「みんなの視線」が自分に集まっているのに気付いた「私」は、「かっと頬がほてる。どうしよう。もしかして、おかしいことを言ってしまっただろうか」と思っている。

5　「……なんで、そういう言い方するの」「……もういい。帰る」など、会話の部分で「……」が多用され、言葉を発するまでの間を表現している。よってアが適する。

五 1　「欲望のかなうことを〜」の「の」は、格助詞で、主語を表す。「欲望が」と「が」に置きかえることができる。これと同じ用法なのは、オ。「父が訪れた〜」と「が」に置きかえることができる。　ア・ウ．体言に準ずる文節であることを示す格助詞。　イ．連体修飾語であることを示す格助詞。　エ．疑問を表す終助詞。

2　この段落の最初の「この理性や倫理というのは〜それぞれ異なるものです。人によってその理性や倫理の形や中身は違うと考えることができます」に着目する。理性や倫理が人によって異なるので、どの願望や欲望を、どの程度抑えるのかも、人それぞれ違うということ。よってエが適する。

3(1)　□の直前に「自分以外の」とあるから、続くのは「他者」だとわかる。また、直後に「ことで、利害や感情の衝突を回避してきた」とあるから、他者と衝突しないためにどうしてきたのかを、第四段落の、傍線部2までの内容を中心にまとめる。　　(2)　ア．第四段落の「（社会秩序は）この社会で、わたしたちが安全に暮らせるよう、他者と相談しながら決めたルール」「社会秩序としてのルールを、わたしたちは長い時間をかけてつくってきた」、第五段落の「個人がお互いに守るべきルールとは〜本来わたしたち自身によってつくられたもの」などから、本文の内容と一致する。　イ．第四段落の最後の一文の内容と一致する。　ウ．第二段落の後半で、スピードを出して走りたいが、「事故を起こしたら」と考え、「思いとどまる」ことは、「倫理」や「理性」によるものだとし、第三段落で「この理性や倫理というのは〜それぞれ異なる」「人によって〜違う」と述べている。よって、この例は、理性や倫理は個人ごとに異なるということを言うための例である。本文の内容と異なるので、ウが答え。エ．第五段落の、4行目までの内容と一致する。　オ．第五段落の最後で、「（社会秩序のルールは）いつのまにかだれかがどこかで勝手につくったものという認識」を多くの人が持っている（誤解している）ことを、「自由のあり方にとって、とても大きな危機」と言っている（問題視している）ので、本文の内容に合う。

4　第六段落では「自由」を「自分自身が自分らしく生きていくこと」と定義している。第七段落ではこれをふまえて、「対話は、この真の自由のための入り口にある行為」だと述べ、相手を理解し、相手と自分、それぞれの思いを実現できる方法を考えるようになる、という対話の持つ役割について述べている。よってオが適する。

5　第一段落で「人として生きる」ことは「自分らしく自由に生きるということ」であると述べている。このために必要なのが「対話」である。それぞれが自分の欲望のままに生きていたら衝突してしまうが、対話によって、相

手の欲望や考えを理解すれば，<u>おたがいの思い</u>（＝自由，自分らしさ）を実現する方法を考えられるようになるからである。第七・第八段落の内容を中心にまとめる。

《2020　数学　解説》

1　(1)② 与式＝$-12 \times \dfrac{3}{4} = -9$

　③ 与式＝$6x - 3y - x + 5y = 5x + 2y$

　④ 与式＝$2\sqrt{5} + \sqrt{5} = 3\sqrt{5}$

(2)　yがxに比例するとき，式は$y = ax$（aは比例定数）と表せる。$x = 3$のとき$y = -15$なので，
　　$-15 = a \times 3$　　$a = -5$　　よって，yをxの式で表すと，$y = -5x$となる。

2　(1)　ア．$1 - 2(x+3) = 1 - 2x - 6 = -2x - 5$より，左辺を展開して整理しているだけなので，条件に合わない。　　イ．両辺から4をひいているので，条件に合う。　　ウ．平行根を利用して2乗をなくしているので，条件に合わない。　　エ．両辺を2でわっているので，条件に合わない。
　　よって，条件に合うのは，イである。

(2)　先月作られた製品の個数をb個とすると，$b \times \left(1 + \dfrac{25}{100}\right) = a$　　$\dfrac{5}{4}b = a$　　$b = \dfrac{4}{5}a$
　　よって，先月作られた製品の個数をaを使った式で表すと，$\dfrac{4}{5}a$となる。

(3)　2人のグラフの交点で，2人はすれちがう，または，AさんがBさんを追いこす。出発してから5分までは，Bさんは常にQ地点に向かっているので，AさんがBさんを追いこしたのは，交点のうち，AさんがQ地点に向かっている，右図の〇印のときである（●印のときは，2人はすれちがっている）。
　　よって，求める回数は2回である。

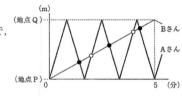

(4)　円すいの展開図は，右図のようになる。側面のおうぎ形の中心角を$x°$とすると，おうぎ形の弧の長さと底面の周りの長さは等しいから，$2\pi \times 8 \times \dfrac{x}{360} = 2\pi \times 2$より，$x = 90$である。よって，側面積は，$8^2 \pi \times \dfrac{90}{360} = 16\pi$（cm²）である。

〔別の解き方〕
円すいの側面積は，（底面の半径）×（母線の長さ）×πで求めることができるので，側面積は，$2 \times 8 \times \pi = 16\pi$（cm²）

(5)　∠APB＝90°，∠PAB＝45°なので，直角二等辺三角形PABについて，PからABに対して垂線をひき，交点をMとすると，△AMPが直角二等辺三角形となる。
　　よって，AM＝PMだから，解答例のようにABの垂直二等分線をひき，ABとの交点をMとして，AM＝PMとなるようなABの垂直二等分線上の点をPとすればよい。
　　Pの位置は，ABの上側でも下側でもよい。

3　(1)① 積abが0となるのは，Aの箱から取り出したカードに書かれた数が0のときである。Bの箱から取り出したカードに書かれた数はどれでもよいので，全部で6通りある。

② $1 - (\sqrt{ab}$の値が整数となる確率)で求める。取り出し方は全部で$6 \times 6 = 36$（通り）ある。そのうち，$\sqrt{ab}$の値が整数となるのは，abの値が平方数（xを整数として，x^2の形で表せる数で，0を含む）のときなので，右表の〇印の13通りある。よって，求める確率は，$1 - \dfrac{13}{36} = \dfrac{23}{36}$である。

(2)① $(22 + 17 + 18 + 23 + 20) \div 5 = 20$（個）

ab		b				
		1	2	3	4	5	6
a	0	⓪	⓪	⓪	⓪	⓪	⓪
	1	①	2	3	④	5	6
	2	2	④	6	8	10	12
	3	3	6	⑨	12	15	18
	4	④	8	12	⑯	20	24
	5	5	10	15	20	㉕	30

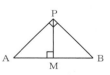

② 表より，5回行った結果の赤球の個数の平均値は，(38＋43＋42＋37＋40)÷5＝40(個)なので，袋の中の赤球と白球の個数の割合は，40：20＝2：1と推測できる。したがって，袋の中の赤球は，白球の2倍だから，およそ400×2＝800(個)ある。よって，袋の中の赤球の個数は640個以上であると考えられる。

4 (1) 12回目の貯金をしたときまでにこの貯金でたまった50円と10円硬貨の枚数を，それぞれx枚，y枚とする。100円硬貨8枚を含めると，硬貨は全部で80枚あるから，8＋x＋y＝80 x＋y＝72…①

10円硬貨の枚数は，50円硬貨の枚数の2倍より6枚多いから，y＝2x＋6…②

①，②を連立方程式として解く。①に②を代入すると，x＋2x＋6＝72   3x＝66 x＝22

②にx＝22を代入すると，y＝2×22＋6＝50

よって，50円硬貨の枚数は22枚，10円硬貨の枚数は50枚である。

(2) 12回の貯金の合計額が100×8＋50×22＋10×50＝2400(円)なので，ゆうとさんは1回に2400÷12＝200(円)貯金している。よって，貯金総額が4000円となるのは，4000÷200＝20(回目)に貯金した日である。よって，姉は20－12＝8(回)の貯金で貯金総額が4000円になるから，1回につき貯金する額は，4000÷8＝500(円)である。

5 まず，問題文の仮定を図にかきこんで，証明のために必要な条件を探そう。条件が足りない場合は，問題の内容に応じて，図形の性質，平行線の同位角・錯角，円周角の定理などからわかることもかきこんでみよう。

解答例の証明で使われている「三角形と比の定理」は，図形の問題ではよく使われるので，必ず覚えておこう。

6 (1) 放物線y＝$a$$x^2$はAを通るから，Aの座標を代入して$a$の値を求める。Aは直線$y$＝2$x$＋3上の点であり，$x$座標は$x$＝－1だから，$y$座標は$y$＝2×(－1)＋3＝1である。よって，1＝$a$×(－1)² a＝1

(2)① Pは直線y＝2x＋3上の点であり，x座標がx＝1だから，y＝2×1＋3＝5より，P(1，5)である。Qは放物線y＝x^2上の点であり，x座標がx＝1だから，y＝1²＝1より，Q(1，1)である。よって，SP＝1，PQ＝(PとQのy座標の差)＝5－1＝4だから，長方形STQPの周の長さは，(1＋4)×2＝10である。

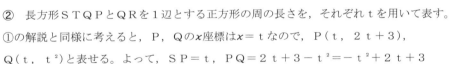

② 長方形STQPとQRを1辺とする正方形の周の長さを，それぞれtを用いて表す。①の解説と同様に考えると，P，Qのx座標はx＝tなので，P(t，2t＋3)，Q(t，t²)と表せる。よって，SP＝t，PQ＝2t＋3－t²＝－t²＋2t＋3なので，長方形STQPの周の長さは，(t－t²＋2t＋3)×2＝－2t²＋6t＋6と表せる。

QR＝(QとRのy座標の差)＝t²なので，QRを1辺とする正方形の周の長さは，t²×4＝4t²と表せる。

よって，－2t²＋6t＋6＝4t²   6t²－6t－6＝0   t²－t－1＝0

2次方程式の解の公式より，x＝$\dfrac{-(-1)\pm\sqrt{(-1)^2-4\times1\times(-1)}}{2\times1}$＝$\dfrac{1\pm\sqrt{5}}{2}$

0＜t＜3であり，$\sqrt{4}$＜$\sqrt{5}$＜$\sqrt{9}$より2＜$\sqrt{5}$＜3なので，$\dfrac{1-\sqrt{5}}{2}$は負の数になり条件に合わない。

$\dfrac{1+2}{2}$＝$\dfrac{3}{2}$，$\dfrac{1+3}{2}$＝2より，0＜$\dfrac{1+\sqrt{5}}{2}$＜3だから$\dfrac{1+\sqrt{5}}{2}$は条件に合う。よって，t＝$\dfrac{1+\sqrt{5}}{2}$である。

7 (1) △APQは，AP＝AQ＝$\dfrac{1}{2}$AB＝2$\sqrt{2}$(cm)の直角二等辺三角形なので，PQ＝$\sqrt{2}$AP＝4(cm)である。

(2) △BPF≡△DQHより，PF＝QH，△APQ∽△EFHより，PQ∥FHがわかるので，四角形PFHQは台形(等脚台形)となる。四角形PFHQについて，右のように作図し，三平方の定理を用いてPXの長さを求める。

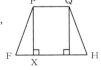

△EFHは，EF＝EHの直角二等辺三角形なので，FH＝$\sqrt{2}$EF＝8(cm)だから，FX＝(8－4)÷2＝2(cm)である。

BP＝AP＝2$\sqrt{2}$cmなので，△BPFについて，PF²＝BP²＋BF²＝(2$\sqrt{2}$)²＋6²＝44だから，

△ＰＦＸについて，ＰＸ＝$\sqrt{\mathrm{PF}^2-\mathrm{FX}^2}$＝$\sqrt{44-2^2}$＝$2\sqrt{10}$（cm）である。

したがって，四角形ＰＦＨＱの面積は，$\frac{1}{2}×(4+8)×2\sqrt{10}=12\sqrt{10}$（cm²）である。

(3) Ｓから底面ＰＦＨＱに対して垂線をひき，交点をＴとすると，求める体積は，

$\frac{1}{3}×$（四角形ＰＦＨＱの面積）×ＳＴとなるので，ＳＴの長さを求める。

ＰＱとＡＣの交点をＵとする。四角形ＰＦＨＱは４点Ａ，Ｅ，Ｇ，Ｃを通る平面について対称であり，Ｒ，Ｓ，Ｕはこの平面上の点なので，ＴはＵＲ上にあるとわかる。

よって，４点Ａ，Ｅ，Ｇ，Ｃを通る平面は図Ⅱのようになる。

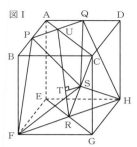

図Ⅰ

正方形の対角線の交点はそれぞれの対角線を２等分するので，ＥＲ＝$\frac{1}{2}$ＥＧ＝4（cm）

△ＡＵＱ∽△ＥＲＨであり，相似比はＡＱ：ＥＨ＝１：２なので，ＡＵ＝$\frac{1}{2}$ＥＲ＝2（cm）

よって，△ＵＣＲ＝$\frac{1}{2}×$ＵＣ×ＣＧ＝$\frac{1}{2}×(8-2)×6=18$（cm²）であり，

高さの等しい三角形の面積比は底辺の長さの比に等しいから，△ＵＣＲ：△ＵＳＲ＝

ＣＲ：ＳＲ＝２：１なので，△ＵＳＲ＝$\frac{1}{2}$△ＵＣＲ＝9（cm²）である。

(2)の解説より，ＵＲ＝ＰＸ＝$2\sqrt{10}$cmなので，△ＵＳＲ＝$\frac{1}{2}×$ＵＲ×ＳＴより，

$9=\frac{1}{2}×2\sqrt{10}×$ＳＴ　　ＳＴ＝$\frac{9}{\sqrt{10}}$（cm）

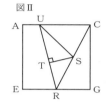

図Ⅱ

したがって，求める体積は，$\frac{1}{3}×12\sqrt{10}×\frac{9}{\sqrt{10}}=36$（cm³）である。

── 《2020　英語　解説》 ──────────

1　**放送問題1**　【放送文の要約】参照。　No. 1　質問「アキコは公立図書館までどうやって来ましたか？」

No. 2　質問「ラリーは母国でよく何をしましたか？」　No. 3　質問「ラリーの父親はいつ彼に会いに来ますか？」　No. 4　質問「今度の日曜日にラリーはどこへ行きますか？」　No. 5　質問「アキコとラリーは何時に会いますか？」

【放送文の要約】

アキコ：ハイ，ラリー

ラリー：ハイ，アキコ。No. 1ゥ公立図書館までどうやって来たの？

アキコ：No. 1ゥバスで来たわ。

ラリー：来てくれてありがとう。本当に君の助けが必要なんだ。今日は料理の本を何冊か借りたいんだけど，日本ではどうやればいいのかわからないよ。

アキコ：わかったわ。でもあなたは料理するの？

ラリー：No. 2ァ母国ではよく家族に料理を作っていたよ。だから，日本食の作り方を勉強したいんだ。というのはね，No. 3ゥ5月21日に父が僕に会いに来るんだよ。父に日本食を作ってあげたいんだ。

アキコ：母ならあなたに日本食の作り方を教えてあげられるわ。私の家で一緒にお料理しない？

ラリー：いいね！

アキコ：No. 4ェ今度の日曜日は何か予定ある？

ラリー：No. 4ェホストファミリーと一緒に野球場に行くんだ。来週の日曜日はどう？

アキコ：いいわよ。No. 5ァ10時に学校の前で会いましょう。そうすれば10時30分からお料理が始められるわ。

ラリー：わかった。

放送問題２　**No. 1**　チャイムの直前に男性が What's the purpose of your visit? 「あなたの訪問の目的は何ですか？」と尋ねたから，エ「観光です」が適当。

No. 2　女の子「駅までの行き方を教えて」→男の子「お，僕もそこに行くよ」→女の子「本当？一緒に行っていい？」→男の子「ィうん。一緒に行こう」の流れ。イが適当。

放送問題３　【放送文の要約】参照。

③　放送文の２行目に I always <u>hold</u> it in my arms とある。③の文は時制が現在で主語が Hikari なので holds にする。

【放送文の要約】

祖母は私にクッションを作ってくれました。そして，それは私の①お気に入りの（＝favorite）クッションです。私は②8（＝eight）歳の時からずっとそれを使っています。悲しいときはいつもそれを腕に③抱えます。落ち着くことができ，私には祖母の優しい声が聞こえてきます。祖母はよく「私たちはそれぞれみんな違うのよ。あなたは④あなたのまま（＝yourself）でいなさい」と言います。彼女はこの春に 60 歳になります。今，私は祖母にクッションを作っています。私は⑤誕生日（＝birthday）プレゼントとして祖母にそれをあげるつもりです。

2　(1)①　文末の since Monday に着目。〈have/has＋過去分詞＋since＋過去の一時点を表す語句〉「（過去の一時点）からずっと〜だ」の文だから，イが適当。

②　「〜して…な気持ちだ」は〈感情の原因を表す to 不定詞の副詞的用法〉で表す。「そのニュースを失って嬉しい」では意味が通らないので，「そのニュースを<u>聞いて嬉しい</u>」となるアが適当。

③　A「すてきな写真だね！美しい山々が写っているね。ァ誰がこれをここに持ってきたの？」→B「たぶん，ベイカー先生よ。先生は山登りが好きだもの」の流れ。アが適当。

(2)　But we still have enough <u>time to prepare for it</u>.：文意「でも，私たちにはまだそれの準備をするための十分な時間があるよ」　・enough＋○○（名詞）＋to 〜「〜するための十分な○○（名詞）」　・prepare for 〜「〜の準備をする／〜に備える」

(3)　A「疲れているみたいね。1ェどうしたの？」→B「宿題をたくさんやったんだ。2ィすごく時間がかかったよ」→A「大変そうね。3ゥ全部終わった？」→B「いや，まだだよ」→A「4ァリラックスするために，スイーツはいかが？」→B「うん，お願い」

3　(1)　メモの「訪れたい場所まで早く<u>到着</u>できる」を表す。「（場所）に到着する／たどり着く」＝get to＋場所

(2)　メモの「<u>自転車に乗ることは，エネルギーを節約する１つの方法だ</u>」を表す。「自転車に乗ること」＝riding bikes　「１つの方法」＝one way　「エネルギーを節約する（ための）」＝to save energy

4　【本文の要約】参照。

(1)①　「2019 年に，ゥ宮城県には福島県よりも多くの外国人がいた」…表から読み取る。

②　「ベンは 2018 年にェ3760 人の外国人がいた県に１年間住んでいた」…ベンの１回目の発言「僕は１年間秋田県に住んでたんだ」より，表から 2018 年の秋田県の外国人の数を読み取る。

(2)　ベンの４回目の発言の下線部より前の部分参照。「Hという文字」より，イが適当。

(3)　「ベンの家族が日本に住み始めたとき，彼らにはいくつかの言葉と文化に関する問題（＝problems about language and culture）があった」…ベンの３回目の発言を引用して答える。

(4)　ア「×広子は新聞で興味深いものを見つけ，それを×聡と共有した」　イ「聡は東北地方の人口が減少しているのを×知らなかった」　ウ○「ベンの父親は，日本で使われている地図記号を理解するのは難しいと気づいた」　エ×「ベンは秋田県を訪れる外国人のために新しい記号を作りたい」…本文にない内容。

(5)A　表より，2019 年の福島県の外国人の数は 14047 人（＝14000 人以上）である。　・more than 〜「〜以上」

B　聡の７回目の発言の If we can make a good one, our town will be friendly to foreigners!を言いかえた文。

・make＋もの＋状態「(もの)を(状態)にする」

(感想の一部の要約)「私は 2019 年に福島県には 14000 人 ［A 以上(＝more than)］ の外国人が住んでいたということを知らなかった。私は彼らに福島県と私の町を大好きになってほしいので，彼らのために何かしてあげたい。聡は発表で『よくできた旅行者用の地図はこの町を外国人にとって ［B 親しみのある(＝friendly)］ ものにすることでしょう』と言っていた。あれはすばらしいメッセージだと思った」

【本文の要約】

聡　：インターネットで興味深い記事を見つけたよ。

広子：何の記事？

聡　：東北地方には多くの外国人が住んでいて，その数は増えているんだって。

広子：本当？知らなかったわ。

ベン：あのさ，僕は１年間秋田県に住んでたんだ。そして昨年，2019 年に福島県に来たよ。ここの方が外国人が多いんじゃないかな。そうでしょ？

聡　：その通り。記事のこの表を見て。

〈2018 年と 2019 年の東北地方の外国人の数の表〉

広子：これ，外国人の数の表なの？

聡　：そうだよ。2019 年に東北６県に住んでいる外国人の数は 59229 人だった。3931 人が秋田県にいて，ここには 14047 人がいたんだよ。外国人の数は６県すべてで増加しているんだ。東北地方の人口が減少しているのを知ってるから，これは驚きだよ。

ベン：僕もここにはたくさんの外国人がいると思うな。旅行者の中にも毎年ここを訪れる人たちがいるよ。広子，聡，君たちの発表で自分たちの町にいる外国人のために何ができるかについて話してみたらどうかな？

広子：ステキ！じゃあ，彼らのために何ができるかしら？聡，何かある？

聡　：⑶僕は，外国人は日本で問題を抱えているかもしれないって思うな。特に初めてここに来た人たちがね。

広子：⑶ベン，あなたと家族には何か問題があった？

ベン：⑶もちろん，あったよ。言葉と文化に関して問題があったよ。⑷ウ父は日本の地図記号には混乱させたものがあったとも言ってたよ。

広子：地図記号って？どういうこと？

ベン：例えば，⑵イホテルを表す日本の地図記号が父を混乱させていたね。その記号は，僕の国のドイツではバス停を示すんだ。もし，英語を話す人たちがその記号や『H』という文字を見れば，彼らはそれが病院を示していると信じるかもしれないよ。だってその単語も同じ文字から始まるからね。

　　　(彼はインターネットでその記号を探した)

　　　ほら。これがその記号だ！

広子：あー，なるほどね！日本人でさえ，それは病院を示しているって信じる人もいるかもね。

聡　：同感だね。外国人がもっと簡単に理解しやすい，新しい記号にすべきだ。

ベン：もうあるよ！今，見せるね。

　　　(彼は新しい記号をインターネットで探した)

　　　これがホテルを表す新しい記号だよ，特に外国人用のね。

広子：これは人がベッドで眠っているのを表しているわ。きっとみんなこの記号の意味をもっと簡単に理解してくれるはずだわ。

ベン：その通り。僕たちは日本語が上手でないために，日本でたくさんの問題を抱えることになるんだ。僕たちにとってわかりやすい記号があれば，本当に助かるよ。

広子：地図記号でさえ外国人には助けになることが分かったわ。聡，このような記号を使って，何か私たちにできることはあるかしら？

聡　：そうだなぁ。地図記号を使って旅行者用にこの町の地図を作るのはどうかな？いいものができれば，僕たちの町は外国人にとって親しみのある町になるよ！これは町のために僕たちができることの１つだ。

ベン：これはいいアイデアだと思う。僕はこの町のそのような地図をこれまで見たことがないからね！きっとここに住む外国人とここに来る旅行者の双方にとって役立つものになるよ！もちろん，僕にとっても助けになるよ！

聡　：広子，発表でこのアイデアについて話し合おうよ！

広子：いいわね！

5 【本文の要約】参照

(1)　・join ～「～に加わる／参加する」

(2)　絵美が感動した理由だから，エが適当。

(3)　ア×「若者は何かをするために大きなチームを作るべきだ」　イ×「若者はレジ袋廃止運動のために何かをするには忙しすぎる」　ウ×「若者が自分たちの周りの問題を解決するのは難しい」　エ○「若者であってもより良い世界を築くことができる」

(4)　ア「×ベッキーはレジ廃止運動についてよく知らなかったので，×絵美が彼女にそれについて教えた」
イ×「バリ島の子どもたちだけがベッキーの２人の姉妹が始めた運動に興味を持っていた」…本文にない内容。
ウ○「絵美は，マリが道に捨てられた紙コップのうちの１つを拾った時嬉しかった」　エ×「バリ島の人々は絵美とベッキーの努力から，バリ島を美しくする方法を学んだ」…本文にない内容。

(5)①　質問「姉妹とそのチームはどういった店舗やレストランにシールを配りましたか？」→答え「彼女たちは レジ袋の提供をやめることを決めた 店舗やレストランに配りました」…第４段落４行目から that decided to stop giving plastic bags を抜き出す。関係代名詞と語句が後ろから名詞を修飾する文。　・decide to ～「～することを決める」　・stop ～ing「～することをやめる」

②　質問「私たちはどうやって世界をより良いものに変えることができますか？」→答え「絵美は，同じゴールに 向かって共に行動すること によってそれができると考えています」…最終段落１～２行目の if we work together for the same goal,...の部分が答えとなる。直前が by だから，work は working にする。

(6)　次郎「すばらしいスピーチをありがとう，絵美。その姉妹について質問してもいいかな？」→絵美「ええ。何かしら？」→次郎「彼女たちは空港で何人分の署名を集めたの？」→絵美「ええと，約 1000 人分の署名よ」→次郎「1000 人分！大勢の人が毎日空港を訪れるもんね。だから，そこでそれをしたのはすばらしいアイデアだったね」の流れ。第４段落４～５行目参照。次郎は姉妹が空港で集めた署名の数を尋ねたと判断する。
「いくつの～？」＝How many ～？　「署名を集める／手に入れる」＝get signatures　「空港で」＝at the airport

【本文の要約】

「私たちはより良い世界を築けるでしょうか？」この質問を聞くと，私たちの中には「いいえ」と答える人たちもいるでしょう。今日，私はみなさんに「はい，できます」と伝えたいです。

昨年の夏，私はベッキーに会いにバリ島に行きました。彼女は私の友人でそこに住んでいるのです。ある日，ベッキーと私はスーパーマーケットに買い物に行きました。そこで私は，そのスーパーマーケットではレジ袋をくれないと知りました。買い物客はみんなエコバッグを使っていました。それについて私はベッキーに尋ねてみました。彼女は「レジ袋廃止運動」について，私に話してくれました。それはバリ在住の2人の幼い姉妹が2013年に始めた運動です。

当時，バリ島では多くのレジ袋が捨てられ浜辺を汚していました。その姉妹はまた美しい浜辺を見たいと思いました。彼女たちは，「この状況を変えるために，自分たちは何ができるかしら？」と自問しました。まず，彼女たちは小さなチームを作りました。彼女たちは島の他の子どもたちに，自分たちのチームに A ィ参加する（＝join）よう誘いました。彼女たちは，自分たちのチームを大きくして一緒に何かをすることが大切だと考えました。それから彼女たちはチームのメンバーたちと浜辺の清掃を始めました。このようにして彼女たちの運動が始まった時，彼女たちはほんの 10 歳と 12 歳でした！

この後何が起きたか，あなたは想像できますか？すぐに彼女たちの運動は島中に広がりました。子どもたちだけでなく大人たちもそのチームを支援し始めました。チームのメンバーたちは特別なエコバッグを作り，島の人たちに配りました。彼女たちはまた，特別なシールを作り，⑸①レジ袋の提供をやめることを決めた店舗やレストランに配りました。⑹彼女たちはそこにいる人たちからたくさんの署名を集めるために空港に行きました。彼女たちの運動はますます大きくなりました。ついに，彼女たちは知事に会う機会を得ました。彼は2018年までに，バリ島でのレジ袋の使用を停止する法律を作ると約束してくれました。私は感動しました。なぜなら，B ェ彼女たちの小さな活動が大きな変化を生んだからです。私はまた，そのような幼い姉妹がそれを成し得たということにも感動しました。

私の日本での学校生活が再び始まりました。ある朝，私が友人のマリと一緒に登校していた時，道に紙コップが2つ捨てられていました。最初，私は「もし私がそれらを拾わなければ，他の誰かがやるだろう」と思いました。しかし，私は2人の姉妹のことを思い出しました。そこで，私は1つ拾いました。⑷ゥ私がそうした時，マリがもう1つを拾いました。私はそれが嬉しくて「ありがとう，マリ！」と言いました。マリは，「私はそれらから目をそらしたかったの。でもあなたが1つ拾ったから，私もそうしなきゃと思ったの。ありがとう，絵美！」と言いました。私は，少しだけ変化を生み出せて嬉しかったです。

あなたは，これらの行動は世界をより良くするのにはあまりにも小さいと思うかもしれません。しかし，⑸②同じゴールを目指して一緒に活動すれば，最後には変化を生み出すことができると信じています。みなさんは，自分たちはまだ若すぎると思うかもしれません。しかし，それは大した問題ではないということを私たちは2人の姉妹から学ぶことができます。さあ，小さなチームを作り小さなことをしましょう！

═══《2020　理科　解説》═══

1　⑴　胚珠が子房の中にある被子植物は，単子葉類と双子葉類に分けられる。単子葉類の根はひげ根，双子葉類の根は主根と側根からなる。

　⑵　ア×…顕微鏡は直射日光のあたらない明るいところに置く。　イ×…低倍率で視野が広いときの方が，観察物を見つけやすい。　ウ○…顕微鏡では上下左右が実際とは反対に見えるから，視野の右上にあるものは実際には左下にある。　エ×…横から見ながらプレパラートと対物レンズをできるだけ近づけた後，接眼レンズをのぞきながらプレパラートと対物レンズを遠ざけていく。

　⑶①　P→S→Q→T→Rの順である。　　②　P○…細胞分裂が始まる前に染色体の複製が行われることで染色体の数が2倍になり，分裂した1つ1つの細胞の染色体の数が元の細胞と同じになるようにしている。

2 (1) Aのように気温が変化しても体温がほとんど変化しない動物を恒温動物，Bのように気温が変化すると体温も同じように変化する動物を変温動物という。

(3) ア○…赤血球は中央がくぼんだ円盤形をした固形成分で，ヘモグロビンをふくんでいる。ヘモグロビンには酸素が多いところ(肺)で酸素と結びつき，酸素が少ないところ(全身の細胞)で酸素をはなす性質があり，この性質によって酸素が全身に運ばれる。ただし，赤血球は毛細血管のかべを通りぬけることができないので，毛細血管の外にある細胞に酸素を届けるのは，液体成分の血しょうがしみ出た組織液の役割である。

(5) ぼうこうは尿を一時的にためる器官である。

3 (2) イ○…表より，風向は6時から8時の間に西寄りから東寄りに，16時から18時の間に東寄りから西寄りに変化したことがわかる。

(3)(4) 海は陸よりもあたたまりにくく冷えにくい。このため，日中には陸の方が先に温度が上がり，陸上の気温の方が高くなる。空気があたためられると膨張して密度が小さくなり，上昇気流が発生して気圧が低くなると，ここに海上から空気が流れ込んでくる。これが海風である(風は，気圧が高い方から低い方へ移動する空気の流れである)。一方，夜には陸の方が先に温度が下がり，海上の気温の方が高くなると，陸から海へ向かって陸風がふくことになる。このようにして，海岸付近の地域では，昼と夜で風向が大きく変化する。

(5) 夏は気温が低い太平洋から気温が高いユーラシア大陸に向かって南東からの海風がふき，冬は気温が低いユーラシア大陸から気温が高い太平洋に向かって北西からの陸風がふくと考えればよい。

4 (2) アは土星，イは木星，ウは火星，エは金星である。

(3) エ○…惑星は太陽の光があたることで光って見える。午前6時の太陽は東の地平線付近にあるから，図では，Aの左下の方向に太陽があり，Aの左下が半月状に光っている。

(4) イ○…南の空を通る天体は，東の地平線からのぼり，南の空で最も高くなって，西の地平線に沈んでいく。これは，地球が自転していることによる見かけの動きである。

(5) カ○…地球から金星までの距離が近いときほど，地球から見た金星の形は大きく欠け，見かけの大きさは大きくなる。明け方，東の空に見える金星(明けの明星)は，しだいに地球から遠ざかっていくので，形は満ちていき，見かけの大きさは小さくなっていく。

5 (3) 発生した気体は空気中に出ていくので，その分反応後の質量は小さくなる。よって，実験1の結果の表で，反応前と反応後の全体の質量の差が，発生した気体の質量である。このようにして求めると，表Iのようになる。

表Ⅰ
炭酸水素ナトリウムの質量(g)	1.0	2.0	3.0	4.0	5.0
発生した気体の質量(g)	0.5	1.0	1.5	1.5	1.5

(4) (3)のグラフで，折れ曲がった点で塩酸と炭酸水素ナトリウムが過不足なく反応している。つまり，塩酸30cm³と炭酸水素ナトリウム3.0gが過不足なく反応し，1.5gの気体が発生するということである。よって，この塩酸24cm³と炭酸水素ナトリウム4.0gでは，塩酸24cm³と炭酸水素ナトリウム2.4gが反応するから(炭酸水素ナトリウムは1.6g残る)，発生する気体は$1.5 \times \frac{24}{30} = 1.2$(g)である。

(5) 10個のビーカーで使用した塩酸は合計で$(30 \times 5) + (10 + 20 + 30 + 40 + 50) = 300$(cm³)，炭酸水素ナトリウムは合計で$(1.0 + 2.0 + 3.0 + 4.0 + 5.0) + 4.0 \times 5 = 35.0$(g)である。よって，塩酸300cm³と炭酸水素ナトリウム30.0gが反応するから(炭酸水素ナトリウムは5.0g残る)，発生する気体は合計で$1.5 \times \frac{300}{30} = 15.0$(g)である。ここでは，表Ⅰより，実験1の段階で$0.5 + 1.0 + 1.5 \times 3 = 6.0$(g)の気体が発生し，また，実験2の段階で$(78.6 - 78.1) + (86.4 - 85.4) + (96.3 - 94.8) + (107.0 - 105.0) + (116.2 - 114.2) = 7.0$(g)の気体が発生しているから，下線部b

について，発生した気体の質量は$15.0-(6.0+7.0)=2.0$（g）である。

6 (1) このように周囲から熱をうばう反応を吸熱反応という。

　(3)② ウ○…水酸化カルシウム水溶液はアルカリ性の水溶液である。フェノールフタレイン溶液はアルカリ性の水溶液に反応して赤色に変化する。なお，水酸化カルシウムの飽和水溶液が石灰水である。

　(4) 化学かいろは，鉄が酸素と化合することで熱を生じる反応（発熱反応）を利用したものである。

7 (2) てんびんが水平につりあっているから，Aの質量はXと同じ270gであり，ばねはAにはたらく重力$\frac{270}{100}=$ 2.7（N）で引かれている。グラフより，このばねは1Nで2cmのびるから，2.7Nでは$2\times2.7=5.4$（cm）のびる。

　(3) ウ○…月面上でAにはたらく重力（＝ばねを引く力）は地球上の6分の1だから，ばねののびも6分の1になる。しかし，月面上にあってもAとXの質量は270gで変化しないから，てんびんは水平につりあう。

　(4) 図2では，重力の大きさが2.7NのAが，質量170gのYとつりあった。Yにはたらく重力$\frac{170}{100}=1.7$（N）だから，このときAにはたらく浮力の大きさは$2.7-1.7=1$（N）である。

　(5) 水中にある物体の体積が大きいほど，大きな浮力がはたらく。AとBは同じ質量（重力）で，Bの方が体積が小さいから，Bにはたらく浮力がAよりも小さく，Bが下になるように傾いたということである。

8 (1) ウ○…F_1とF_2は作用・反作用の関係にある2力なので，一直線上にあり，向きが反対で，大きさが等しい。

　(2) イ○…物体にはたらく力がつりあっている（または力がはたらかない）とき，運動している物体は慣性により等速直線運動を続ける。ここでは，図2より，0.1秒ごとの記録テープの長さがだんだん短くなっているから，速さがだんだんおそくなっていることがわかる。このようになるのは，運動の向きと逆向きの力（摩擦力など）がはたらく（合力が運動の向きと逆向きの）ときである。なお，合力が運動の向きと同じときには，速さがだんだん速くなる。

　(3) 図4のXの範囲がB上を運動しているときの記録である。この範囲のテープの長さ（0.1秒間で運動した距離）はどれも8.0cmだから，$\frac{8.0（cm）}{0.1（s）}=80$（cm/s）が正答である。なお，台車が斜面を下る運動で等速直線運動をしているのは，摩擦力と台車にはたらく重力の斜面に平行な分力がつりあっているためである。

　(4) ア○…Pは重力の斜面に平行な分力，Qは重力の斜面に垂直な分力である。これらの分力は，重力の矢印を対角線とする長方形の2つの辺で表せる。斜面の傾きを変えても重力の大きさは変わらないので，斜面の傾きが小さいほど，Pは小さくなり，Qは大きくなる。

── 《2020　社会　解説》 ═══════════════════════

1 Aはフランス，Bはドイツ，Cはアルジェリア，Dはトルコ。

　(2) ロンドンは気温と降水量の年較差が小さい西岸海洋性気候に属するからイを選ぶ。アはトンブクトゥ（乾燥帯砂漠気候），ウはケープタウン（南半球の地中海性気候），エはモスクワ（亜寒帯気候）。

　(3)② Qグループ（東ヨーロッパ）よりも，Pグループ（西ヨーロッパ）の先進工業国の方が賃金は高く，EU内部では経済的な地域格差が問題となっている。

　(5) アフリカ北部や中東の国ではイスラム教徒（ムスリム）が多いから，アを選ぶ。

　(6) トルコ（D）は中東圏内での貿易が多いだけでなく，ヨーロッパのドイツとの結び付きが強いからイを選ぶ。アはアルジェリア（C），ウはフランス（A），エはドイツ（B）。

2 (1)① 秋田県と岩手県が北緯40度あたりに位置すること，緯度は赤道に近いほど低くなることから，イを選ぶ。

　② 1月の平均気温が氷点下を下回るのは北海道地方や内陸地方だけだから，アが正しい。

　(2) 東北地方は，北海道地方に次いで，面積は広く人口は少ないから，エと判断する。アは近畿地方，イは中部地方，

ウは九州地方，オは北海道地方。

(3)① それぞれの地点周辺の標高に注目する。Qは東(右)に52.8mの三角点，Rは北(上)に99.9mの三角点，Sは北(上)に72mとあるので，Q→S→Rとなる。　②「高速道路」「インターチェンジ」「国道」から，自動車による輸送を導く。高速道路網が発達すると，目的地まで貨物を直接運べるようになったため，ＩＣ周辺に多くの工業団地ができた。

(4)① 右図参照。　② エ．青森県ではりんご，山形県ではさくらんぼや西洋なしの生産が盛んである。

3 (1) 聖徳太子の行ったこととして，他に冠位十二階の制定や遣隋使の派遣などがある。

(2)① 万葉集の歌で，防人に行く父親が置いてきた子どものことを思って詠んだ歌であり，日本語の発音に漢字をあてた万葉仮名で書かれている。　② 防人は3年間北九州の防衛をするため，防人の歌には愛する人との別れを詠んだものが多かった。

(3) アが正しい。11世紀中頃，社会に対する不安から，阿弥陀如来にすがって死後に極楽浄土へ生まれ変わることを願う浄土信仰が広まり，平等院鳳凰堂をはじめとする多くの阿弥陀堂がつくられた。イは足利義政，ウは豊臣(羽柴)秀吉，エは聖徳太子が建てた。

(4) 勘合は，正式な貿易船と海賊行為を行う倭寇を区別するために用いられた合札である。

(5) エが正しい。島原・天草一揆は，江戸幕府のキリスト教徒への弾圧などに対する不満から起こった。鎮圧後，幕府はキリスト教の布教を行うポルトガルやスペインの船の来航を禁止した。アは安土桃山時代の楽市・楽座令，イは室町時代の朝倉孝景条々，ウは安土桃山時代のバテレン追放令。

(6) ウ．8代将軍徳川吉宗による享保の改革(18世紀前半)→イ．蛮社の獄(1839年)→エ．天保の薪水給与令(1842年)→ア．ペリー率いる黒船の浦賀来航(1853年)

(7)① 1858年の日米修好通商条約で，神奈川(横浜)・函館(箱館)・長崎・新潟・兵庫(神戸)の5港が開かれた。
② イが正しい。文明開化の具体例として，ガス灯やレンガ造りの建物，洋服姿などが挙げられる。アは平安時代に院政を始めた白河上皇，ウは大正時代の東京駅周辺，エは江戸時代の日本橋の様子が描かれている。

4 (1)① 八幡製鉄所は，下関条約で獲得した賠償金をもとに，鉄道建設や軍備拡張のための鉄鋼を生産することを目的に建設された。　② ア．民撰議院設立建白書の提出(1874年)→ウ．国会開設の勅諭(1881年)→イ．内閣制度の発足・初代内閣総理大臣の就任(1885年)→エ．大日本帝国憲法の発布(1889年)

(2)① 全国水平社は，厳しい部落差別に苦しむ人々が部落解放運動のために結成した組織である。　② 1925年成立の普通選挙法では，満25歳以上の男子にのみ選挙権が与えられた。選挙権を持つようになった一般の労働者や農民に政治体制の変革につながる思想が広まることを懸念した政府は，同時に治安維持法を制定し，社会主義の動きを取り締まった。

(3)① Xは世界恐慌(1929年)の影響を受けなかったソ連と判断し，アを選ぶ。ソ連では，スターリンの指導のもと，経済活動のすべてについて政府が統制する五か年計画が進められていた。イは日本，ウはアメリカ，エはイギリスについての記述である。　② ウを選ぶ。五・一五事件は，1932年5月15日，海軍の青年将校らによって犬養毅首相が暗殺された事件である。二・二六事件は，1936年2月26日，陸軍の青年将校らによって大臣が殺傷された事件である。日比谷焼き打ち事件は，日露戦争後のポーツマス条約で賠償金が得られなかった不満から起こった騒動である。生麦事件は神奈川県横浜市の生麦を通る薩摩藩の大名行列の前を騎馬のまま通過しようとしたイギリス人が殺傷された事件である。

(4) 高度経済成長期は1950年代後半～1970年代初めだから，ウが正しい。日韓基本条約は1965年，国際連盟加盟は1920年，国際連合平和維持活動（PKO）としてのカンボジア派遣は1992年，サンフランシスコ平和条約は1951年。

5 (1) 家計は企業や政府とならんで一国の経済を構成する単位であり，「家庭の経済」を意味する。　(2)① 事業所数の日本国内の割合は，大企業よりも中小企業の方が圧倒的に多い。一方で，製造品出荷額は，大企業と中小企業の割合にほとんど差がない。よって，カを選ぶ。　②D　ウを選ぶ。公債は税収の不足を補うための債券（借金）。E　会社の運営は株主総会で選ばれた取締役が従事する。

(3)F　エが正しい。日本銀行が行う国債の売買による金融政策を公開市場操作といい，好景気のときは国債を売り，不景気のときは国債を買うことで市場に介入する。　　I　イが正しい。政府の財政政策は，不景気のときは，減税を行い，公共事業などの支出を増大させる。好景気のときは，増税を行い，公共事業などの支出を減少させる。

(4)　Jのみ誤りだからウを選ぶ。消費税は税金を納めるのは売り手だが負担するのは消費者なので，間接税に当てはまる。また，すべての消費者が平等に負担する消費税に対し，所得税は所得が高い人ほど納税率が高くなる累進課税制度が採用されている。

6 (1)　イが正しい。1789年にフランス革命がおこり，自由と平等を唱えた人権宣言が発表された。アメリカ独立宣言は1776年，ポツダム宣言は1945年，マグナ・カルタは1215年にイギリスで，それぞれ発表・制定された。

(2)　2019年の辺野古埋め立ての賛否を問う沖縄県民投票では，反対が7割を超えた。沖縄県宜野湾市にある米軍普天間飛行場を名護市辺野古の海沿いに移設する普天間移設計画に対して，移設先を沖縄県以外にすべきと主張する住民が運動を続けている。

(3)①　政権を担当する与党に対して，政権の批判や監視を行う政党を野党という。　　②　ウが正しい。内閣総理大臣の指名について衆議院の優越が認められているため，衆議院と参議院が異なる指名をしても衆議院の指名が優先される。予算の審議・議決，法律案の再議決，条約の承認などでも，衆議院は参議院より大きな権限を与えられる。

(4)　安全保障理事会の常任理事国はアメリカ・中国・イギリス・フランス・ロシアであり，大国一致の原則によって，常任理事国が1国でも反対すればその議案は否決される。

(5)　一票の価値に差ができると，一人一票とする平等選挙の原則が守られなくなることが問題視されている。

■ ご使用にあたってのお願い・ご注意

（１）問題文等の非掲載

著作権上の都合により，問題文や図表などの一部を掲載できない場合があります。

誠に申し訳ございませんが，ご了承くださいますようお願いいたします。

（２）過去問における時事性

過去問題集は，学習指導要領の改訂や社会状況の変化，新たな発見などにより，現在とは異なる表記や解説になっている場合があります。過去問の特性上，出題当時のままで出版していますので，あらかじめご了承ください。

（３）配点

学校等から配点が公表されている場合は，記載しています。公表されていない場合は，記載していません。

独自の予想配点は，出題者の意図と異なる場合があり，お客様が学習するうえで誤った判断をしてしまう恐れがあるため記載していません。

（４）無断複製等の禁止

購入された個人のお客様が，ご家庭でご自身またはご家族の学習のためにコピーをすることは可能ですが，それ以外の目的でコピー，スキャン，転載（ブログ，ＳＮＳなどでの公開を含みます）などをすることは法律により禁止されています。学校や学習塾などで，児童生徒のためにコピーをして使用することも法律により禁止されています。

ご不明な点や，違法な疑いのある行為を確認された場合は，弊社までご連絡ください。

（５）けがに注意

この問題集は針を外して使用します。針を外すときは，けがをしないように注意してください。また，表紙カバーや問題用紙の端で手指を傷つけないように十分注意してください。

（６）正誤

制作には万全を期しておりますが，万が一誤りなどがございましたら，弊社までご連絡ください。

なお，誤りが判明した場合は，弊社ウェブサイトの「ご購入者様のページ」に掲載しておりますので，そちらもご確認ください。

■ お問い合わせ

解答例，解説，印刷，製本など，問題集発行におけるすべての責任は弊社にあります。

ご不明な点がございましたら，弊社ウェブサイトの「お問い合わせ」フォームよりご連絡ください。迅速に対応いたしますが，営業日の都合で回答に数日を要する場合があります。

ご入力いただいたメールアドレス宛に自動返信メールをお送りしています。自動返信メールが届かない場合は，「よくある質問」の「メールの問い合わせに対し返信がありません。」の項目をご確認ください。

また弊社営業日（平日）は，午前９時から午後５時まで，電話でのお問い合わせも受け付けています。

―――― 2025 春

株式会社教英出版

〒422-8054　静岡県静岡市駿河区南安倍３丁目 12-28

TEL　054-288-2131　　FAX　054-288-2133

URL　https://kyoei-syuppan.net/

MAIL　siteform@kyoei-syuppan.net

教英出版の高校受験対策

高校入試 きそもんシリーズ

何から始めたらいいかわからない受験生へ
基礎問題集

- 出題頻度の高い問題を厳選
- 教科別に弱点克服・得意を強化
- 短期間でやりきれる

[国・社・数・理・英] **6月発売**

各教科 定価：**638円**（本体580円＋税）

ミスで得点が伸び悩んでいる受験生へ
入試の基礎ドリル

- 反復練習で得点力アップ
- おかわりシステムがスゴイ!!
- 入試によく出た問題がひと目でわかる

[国・社・数・理・英] **9月発売**

各教科 定価：**682円**（本体620円＋税）

高校入試によくでる中1・中2の総復習
高校合格への パスポート

- 1課30分で毎日の学習に最適
- 選べる3つのスケジュール表で計画的に学習
- 中2までの学習内容で解ける入試問題を特集

5教科収録

5月発売

定価：**1,672円**
（本体1,520円＋税）

受験で活かせる力が身につく
高校入試 ここがポイント！

- 学習の要点をわかりやすく整理
- 基本問題から応用問題まで, 幅広く収録
- デジタル学習で効率よく成績アップ

国語・社会・英語　**数学・理科**

6月発売

定価：**1,672円**
（本体1,520円＋税）

「苦手」から「得意」に変わる
英語リスニング練習問題

- 全7章で, よく出る問題をパターン別に練習
- 解き方のコツや重要表現・単語がわかる
- 各都道府県の公立高校入試に対応

静岡県 高校入試対策

CD付

10月発売

定価：**1,980円**
（本体1,800円＋税）

合格を確実にするために

公立高校の出題傾向が見えてくる

多くの過去問にふれよう
過去8年分入試問題集

- 2024～2017年度を収録
- 過去問演習が最高・最善の受験勉強

［国・社・数・理・英］ **8月より順次発売**

出版道県一覧

- ●北海道公立高校 定価：各教科 715円（本体650円＋税）
- ●宮城県公立高校 定価：各教科 660円（本体600円＋税）
- ●山形県公立高校 定価：各教科 660円（本体600円＋税）
- ●新潟県公立高校 定価：各教科 616円（本体560円＋税）
- ●富山県公立高校 定価：各教科 660円（本体600円＋税）
- ●長野県公立高校 定価：各教科 616円（本体560円＋税）
- ●岐阜県公立高校 定価：各教科 660円（本体600円＋税）
- ●静岡県公立高校 定価：各教科 616円（本体560円＋税）
- ●愛知県公立高校 定価：各教科 660円（本体600円＋税）
- ●兵庫県公立高校 定価：各教科 660円（本体600円＋税）
- ●岡山県公立高校 定価：各教科 616円（本体560円＋税）
- ●広島県公立高校 定価：各教科 660円（本体600円＋税）
- ●山口県公立高校 定価：各教科 715円（本体650円＋税）
- ●福岡県公立高校 定価：各教科 660円（本体600円＋税）

※2022年度以前の問題は、AまたはBグループいずれかの問題を収

高専入試はこれで合格

国立高専入試対策シリーズ

入試問題集 もっと10年分
（2019～2010年度）

- 出題の傾向が見える
- 苦手教科を集中的に学習

［数・理・英］ **6月発売**
定価：**1,155円**（本体1,050円＋税）

入試予想問題

- 予想テストが5教科2回分
- 形式も傾向も入試そのもの

高専受験生必携！

11月発売
定価：**1,925円**（本体1,750円＋税）

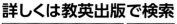

教英出版　2025年春受験用　高校入試問題集

公立高等学校問題集

北海道公立高等学校
青森県公立高等学校
宮城県公立高等学校
秋田県公立高等学校
山形県公立高等学校
福島県公立高等学校
茨城県公立高等学校
埼玉県公立高等学校
千葉県公立高等学校
東京都立高等学校
神奈川県公立高等学校
新潟県公立高等学校
富山県公立高等学校
石川県公立高等学校
長野県公立高等学校
岐阜県公立高等学校
静岡県公立高等学校
愛知県公立高等学校
三重県公立高等学校(前期選抜)
三重県公立高等学校(後期選抜)
京都府公立高等学校(前期選抜)
京都府公立高等学校(中期選抜)
大阪府公立高等学校
兵庫県公立高等学校
島根県公立高等学校
岡山県公立高等学校
広島県公立高等学校
山口県公立高等学校
香川県公立高等学校
愛媛県公立高等学校
福岡県公立高等学校
佐賀県公立高等学校

長崎県公立高等学校
熊本県公立高等学校
大分県公立高等学校
宮崎県公立高等学校
鹿児島県公立高等学校
沖縄県公立高等学校

公立高 教科別8年分問題集

（2024年～2017年）

北海道（国・社・数・理・英）
宮城県（国・社・数・理・英）
山形県（国・社・数・理・英）
新潟県（国・社・数・理・英）
富山県（国・社・数・理・英）
長野県（国・社・数・理・英）
岐阜県（国・社・数・理・英）
静岡県（国・社・数・理・英）
愛知県（国・社・数・理・英）
兵庫県（国・社・数・理・英）
岡山県（国・社・数・理・英）
広島県（国・社・数・理・英）
山口県（国・社・数・理・英）
福岡県（国・社・数・理・英）

国立高等専門学校 最新5年分問題集

（2024年～2020年・全国共通）

対象の高等専門学校

釧路工業・旭川工業・
苫小牧工業・函館工業・
八戸工業・一関工業・仙台・
秋田工業・鶴岡工業・福島工業・
茨城工業・小山工業・群馬工業・
木更津工業・東京工業・
長岡工業・富山・石川工業・
福井工業・長野工業・岐阜工業・
沼津工業・豊田工業・鈴鹿工業・
鳥羽商船・舞鶴工業・
大阪府立大学工業・明石工業・
神戸市立工業・奈良工業・
和歌山工業・米子工業・
松江工業・津山工業・呉工業・
広島商船・徳山工業・宇部工業・
大島商船・阿南工業・香川・
新居浜工業・弓削商船・
高知工業・北九州工業・
久留米工業・有明工業・
佐世保工業・熊本・大分工業・
都城工業・鹿児島工業・
沖縄工業

高専 教科別10年分問題集

もっと過去問シリーズ
教科別
数学・理科・英語
（2019年～2010年）

㉝光ヶ丘女子高等学校
㉞藤ノ花女子高等学校
㉟栄　徳　高　等　学　校
㊱同　朋　高　等　学　校
㊲星　城　高　等　学　校
㊳安城学園高等学校
㊴愛知産業大学三河高等学校
㊵大　成　高　等　学　校
㊶豊田大谷高等学校
㊷東海学園高等学校
㊸名古屋国際高等学校
㊹啓明学館高等学校
㊺聖　霊　高　等　学　校
㊻誠　信　高　等　学　校
㊼誉　高　等　学　校
㊽杜　若　高　等　学　校
㊾菊　華　高　等　学　校
㊿豊　川　高　等　学　校

三　　重　　県
①暁　高　等　学　校（3年制）
②暁　高　等　学　校（6年制）
③海　星　高　等　学　校
④四日市メリノール学院高等学校
⑤鈴　鹿　高　等　学　校
⑥高　田　高　等　学　校
⑦三　重　高　等　学　校
⑧皇　學　館　高　等　学　校
⑨伊　勢　学　園　高　等　学　校
⑩津　田　学　園　高　等　学　校

滋　　賀　　県
①近　江　高　等　学　校

大　　阪　　府
①上　宮　高　等　学　校
②大　阪　高　等　学　校
③興　國　高　等　学　校
④清　風　高　等　学　校
⑤早稲田大阪高等学校
　（早稲田摂陵高等学校）
⑥大商学園高等学校
⑦浪　速　高　等　学　校
⑧大阪夕陽丘学園高等学校
⑨大阪成蹊女子高等学校
⑩四天王寺高等学校
⑪梅　花　高　等　学　校
⑫追手門学院高等学校
⑬大阪学院大学高等学校
⑭大阪学芸高等学校
⑮常翔学園高等学校
⑯大阪桐蔭高等学校
⑰関西大倉高等学校
⑱近畿大学附属高等学校

⑲金光大阪高等学校
⑳星　翔　高　等　学　校
㉑阪南大学高等学校
㉒箕面自由学園高等学校
㉓桃山学院高等学校
㉔関西大学北陽高等学校

兵　　庫　　県
①雲雀丘学園高等学校
②園田学園高等学校
③関西学院高等部
④灘　高　等　学　校
⑤神戸龍谷高等学校
⑥神戸第一高等学校
⑦神港学園高等学校
⑧神戸学院大学附属高等学校
⑨神戸弘陵学園高等学校
⑩彩星工科高等学校
⑪神戸野田高等学校
⑫滝　川　高　等　学　校
⑬須磨学園高等学校
⑭神戸星城高等学校
⑮啓明学院高等学校
⑯神戸国際大学附属高等学校
⑰滝川第二高等学校
⑱三田松聖高等学校
⑲姫路女学院高等学校
⑳東洋大学附属姫路高等学校
㉑日ノ本学園高等学校
㉒市　川　高　等　学　校
㉓近畿大学附属豊岡高等学校
㉔夙　川　高　等　学　校
㉕仁川学院高等学校
㉖育　英　高　等　学　校

奈　　良　　県
①西大和学園高等学校

岡　　山　　県
①[県立]岡山朝日高等学校
②清心女子高等学校
③就　実　高　等　学　校
　（特別進学コース〈ハイグレード・アドバンス〉）
④就　実　高　等　学　校
　（特別進学チャレンジコース・総合進学コース）
⑤岡山白陵高等学校
⑥山陽学園高等学校
⑦関　西　高　等　学　校
⑧おかやま山陽高等学校
⑨岡山商科大学附属高等学校
⑩倉　敷　高　等　学　校
⑪岡山学芸館高等学校（1期1日目）
⑫岡山学芸館高等学校（1期2日目）
⑬倉敷翠松高等学校

⑭岡山理科大学附属高等学校
⑮創志学園高等学校
⑯明誠学院高等学校
⑰岡山龍谷高等学校

広　　島　　県
①[国立]広島大学附属高等学校
②[国立]広島大学附属福山高等学校
③修　道　高　等　学　校
④崇　徳　高　等　学　校
⑤広島修道大学ひろしま協創高等学校
⑥比治山女子高等学校
⑦呉　港　高　等　学　校
⑧清水ヶ丘高等学校
⑨盈　進　高　等　学　校
⑩尾　道　高　等　学　校
⑪如水館高等学校
⑫広島新庄高等学校
⑬広島文教大学附属高等学校
⑭銀河学院高等学校
⑮安田女子高等学校
⑯山　陽　高　等　学　校
⑰広島工業大学高等学校
⑱広　陵　高　等　学　校
⑲近畿大学附属広島高等学校福山校
⑳武　田　高　等　学　校
㉑広島県瀬戸内高等学校（特別進学）
㉒広島県瀬戸内高等学校（一般）
㉓広島国際学院高等学校
㉔近畿大学附属広島高等学校東広島校
㉕広島桜が丘高等学校

山　　口　　県
①高　水　高　等　学　校
②野田学園高等学校
③宇部フロンティア大学付属香川高等学校
　（普通科〈特進・進学コース〉）
④宇部フロンティア大学付属香川高等学校
　（生活デザイン・食物調理・保育科）
⑤宇部鴻城高等学校

徳　　島　　県
①徳島文理高等学校

香　　川　　県
①香川誠陵高等学校
②大手前高松高等学校

愛　　媛　　県
①愛　光　高　等　学　校
②済　美　高　等　学　校
③ＦＣ今治高等学校
④新　田　高　等　学　校
⑤聖カタリナ学園高等学校

Ｋ 教英出版

〒422-8054
静岡県静岡市駿河区南安倍3丁目12−28
TEL 054-288-2131
FAX 054-288-2133
詳しくは教英出版で検索

教英出版　｜検索｜
URL https://kyoei-syuppan.net/

令 和 6 年 度

福島県公立高等学校

Ⅰ 国 語

（9時00分 ～ 9時50分）

注　意

○　問題用紙は4枚（4ページ）あります。

○　解答用紙はこの**用紙の裏面**です。

○　答えはすべて，解答用紙の所定の欄に，文，文字などで答えるもののほかは，**ア**，**イ**，……などの符号で記入しなさい。

○　解答用紙の ▨ の欄には記入してはいけません。

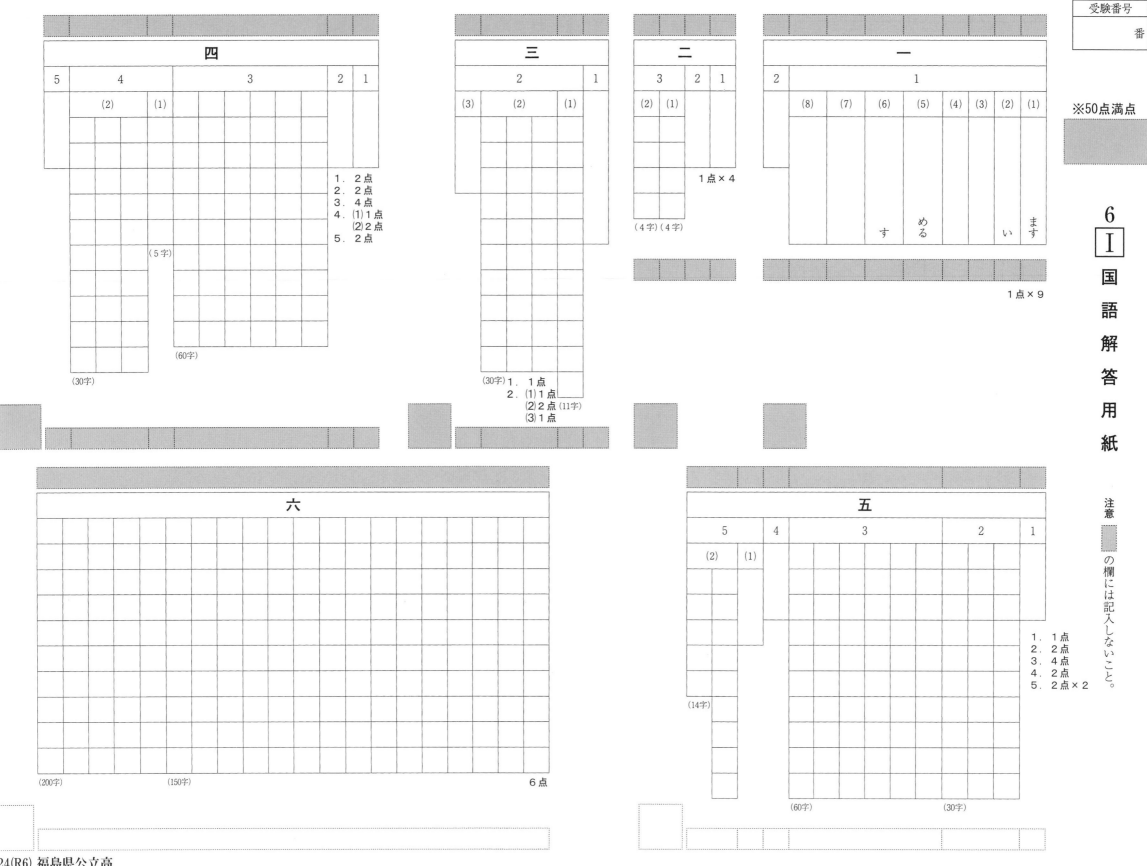

受験番号　番

※50点満点

6
I
国語解答用紙

2024(R6) 福島県公立高
国6の2

四

5	4	3	2	1
	(2)	(1)	(3)	

1．2点
2．2点
3．4点
4．(1)1点　(2)2点
5．2点

(5字)
(60字)
(30字)

三

	2	1
(3)	(2)	(1)

1．1点
2．(1)1点　(2)2点 (11字)　(3)1点
(30字)

二

3	2	1
(2)	(1)	

1点×4
(4字)(4字)

一

2	1
	(8)(7)(6)(5)(4)(3)(2)(1)

1点×9

す　める　い　ます

注意　□の欄には記入しないこと。

六

(200字)(150字)　6点

五

5	4	3	2	1
(2)(1)				

1．1点
2．2点
3．4点
4．2点
5．2点×2

(14字)
(60字)(30字)

K教英出版

一 次の1、2の問いに答えなさい。

1 次の各文中の——線をつけた漢字の読み方を、ひらがなで書きなさい。また、══線をつけたカタカナの部分を、漢字に直して書きなさい。

(1) 友人を励ます。
(2) 公園は憩いの場所だ。
(3) 農作物を収穫する。
(4) 自然の恩恵を受ける。
(5) 思いを胸にヒめる。
(6) 困っている友人に手をカす。
(7) 全国大会でユウショウする。
(8) モゾウ紙に発表内容をまとめる。

2 次の行書で書かれた漢字を楷書で書いたとき、総画数が同じになる漢字はどれか。あとのア～オの中から一つ選びなさい。

閣

ア 棒　イ 脈　ウ 輸　エ 磁　オ 版

二 次の短歌を読んで、あとの問いに答えなさい。

A 四万十に光の粒をまきながら川面をなでる風の手のひら
俵万智
注1 四万十：四万十川。

B 絵日傘をかなたの岸の草になげわたる小川よ春の水ぬるき
与謝野晶子
注2 絵日傘：絵柄のある日傘。

C ※
石川不二子

D たぎちつつ岩間を下る渓川の濁りもうれし春となる水
太田青丘
注3 たぎちつつ：水が激しく流れ続けて。

E ※
村木道彦

F 蝌蚪生れし水のよろこび水の面に触れてかがやく風のよろこび
雨宮雅子
注4 蝌蚪生れし：おたまじゃくしが生まれた。

※お詫び：著作権上の都合により、CとEの短歌は掲載しておりません。
教英出版

1 目にしたものをわかりやすく形容した光景から一転して、音を印象的に表現した言葉を用いてあとの何気ない作業の様子を描写している短歌はどれか。A～Fの中から一つ選びなさい。

2 心情を表す言葉を用いずに春の明るい気分を表現しながら、身の回りの物の取り上げ方によってもあたたかさが感じられる短歌はどれか。A～Fの中から一つ選びなさい。

3 次の文章は、A～Fの中の二つの短歌の鑑賞文である。この鑑賞文を読んで、あとの(1)、(2)の問いに答えなさい。

この短歌は、しなやかに流れ続ける川の動きに合わせてきらめく日ざしを印象的に捉えたあとで、[Ⅰ]に見立てた目に見えない空気の流れが川に軽く触れながら過ぎてゆくさまを描写することで、作者が感じ取った自然の様子を表現している。
また別の短歌は、活力にあふれた春の訪れに対する祝福を豊かな感性でうたいあげている。「[Ⅱ]」という言葉に軽やかなリズムが生み出されると同時に、ひらがなで表すことによって作品にやわらかな感じを与えている。

(1) [Ⅰ]にあてはまる最も適当な言葉を、その短歌の中から四字でそのまま書き抜きなさい。

(2) [Ⅱ]にあてはまる最も適当な言葉を、その短歌の中から四字でそのまま書き抜きなさい。

三 次の文章を読んで、あとの問いに答えなさい。

晋の平公、鐘を鋳て大鐘を為り、工をして之を聴かしむ。
（楽工たちに鐘の音を聴かせた）
皆以て調へりと為す。（音程は合っていると答えた）
師曠曰はく、「調はず。請ふ更めて（どうかもう一度
鋳る直してください）と。平公曰はく、「工皆以て調へりと為す。」と。
師曠曰はく、「後世音を知る者有らば、将に鐘の調はざる（きっと）
を知らんとす。臣窃かに君の為に之を恥づ。」と。師涓に（私は内心で）
至りて、果たして鐘の調はざるを知れり。是れ師曠の善（思ったからである）
く鐘を調へんと欲せしは、後世の音を知る者を以為へば（見抜くでしょう）
なり。

（呂氏春秋）より

注1 晋の平公：中国にあった晋の国を治めていた人物。
注2 工：楽工。音楽を演奏する人。
注3、4 師曠、師涓：それぞれ、国の音楽に関する仕事をしていた人物。

1 「請ふ」の読み方を、現代仮名遣いに直してすべてひらがなで書きなさい。

2 次の会話は、本文について授業で話し合ったときの内容の一部である。あとの(1)～(3)の問いに答えなさい。

Aさん「平公が鐘の音を聴かせてみると、楽工たちは鐘の音程は合っていると答えたんだね。」
Bさん「でも、師曠は音程は合っていないと言っているよ。」
Aさん「平公はどう考えたんだろう。」
Cさん「平公は楽工たちに賛成したと思うよ。」
Bさん「そうだね。師曠に答えているからね。」
Cさん「そうだね。だけど、それでも師曠は平公に対して発言しているよね。どうしてかな。」
Aさん「師曠は自分の耳に自信があったんだと思う。だから、[Ⅰ]ことになっても平公の名前に傷がつくことになると心配したんじゃないかな。」
Bさん「そうか。その気持ちが、『君の為に之を恥づ』という部分に表れているということかな。」
Cさん「そうだね。そして、師涓が現れたとき、師曠の考えていた通りの結果になったんだね。」
Aさん「こうして考えると、師曠は[Ⅱ]だと言えそうだね。だから、鐘を作り直すべきだと言ったということだね。」
Bさん「[Ⅲ]ことになったんだね。」

(1) [Ⅰ]にあてはまる最も適当な言葉を、本文（文語文）中から十一字でそのまま書き抜きなさい。

(2) [Ⅱ]にあてはまる内容を、三十字以内で書きなさい。

(3) [Ⅲ]にあてはまる最も適当な言葉を、次のア～オの中から一つ選びなさい。

ア 少しの音程のずれも許さず、納得できるまで何度も音を確かめる人物
イ 演奏技術の向上のために、毎日の楽器の練習を欠かさず続ける人物
ウ 先々のことまで配慮して、必要だと思うことをしっかり意見する人物
エ どんな相手に対しても、自分の考えに必ず同意させようとする人物
オ 音楽のことでは他者の意見に耳を傾けず、自分の信念を曲げない人物

次の文章を読んで、あとの問いに答えなさい。

（中学二年生の白岡六花は美術部に所属している。陸上部の春山早緑とは、小学生の頃に早緑にシロクマの絵をほめられてから友人となった。一年生の二学期、六花が、まじめに活動しない他の美術部員のことを「まじめにやらないならやめたらいいのに。」と早緑に話したところ、その言葉に反発され、けんかになってしまう。二年のある日、六花はクラスメイトの黒野良輔に話しかけられ、そこでけんかの話をした。その日の帰り道に早緑が六花に気持ちを打ち明けてきた。）

お詫び
著作権上の都合により、文章は掲載しておりません。
ご不便をおかけし、誠に申し訳ございません。
　　　　　　　　　　　　　　　　　教英出版

（村上　雅郁「きみの話を聞かせてくれよ」より）

注1　小畑先輩…美術部の先輩。
注2〜4　ウサギ王子、エビユ、本多くん…剣道部員。
注5　ガハク…画伯のこと。

1　「黒野くん……私の中で、見えていなかったなにかがつながっていく──」とあるが、それはどういうことか。最も適当なものを、次のア〜オの中から一つ選びなさい。

ア　私と早緑をなかよくさせる努力を、黒野はたった一人で続けていたのだと、六花が考えるようになったということ。

イ　私となかなおりできない早緑を冷やかし、けんかを長引かせたのは黒野かもしれないと、六花が疑いを抱いたということ。

ウ　早緑が私となかなおりすることを決心したのは、黒野に何度も説得されたからなのだろうと、六花が察したということ。

エ　私が早緑となかなおりするために、黒野がこれからも力を尽くしてくれるはずだと、六花が確信をもったということ。

オ　私と早緑のなかなおりは、六花にとって、黒野が大きな存在になっているのではないかと、六花が思い始めたということ。

2　「自分の声が、どこかとげとげしてる」とあるが、早緑の声がとげとげしているのはなぜか。最も適当なものを、次のア〜オの中から一つ選びなさい。

ア　黒野が六花の努力を認めている一方で、自分のことは少しも認めてくれないことが不満だったから。

イ　六花が美術部で孤立していると黒野から聞き、六花の事情を知らなかった自分が情けなくなったから。

ウ　自分の力で六花との関係を修復したいのに、横から口出しをしてくる黒野がうっとうしかったから。

エ　六花がまじめに部活動をしていると黒野に言われ、自分と六花の差を感じておもしろくなかったから。

オ　自分と六花のけんかをしているのに、黒野が六花の肩をもったため黒野のことを敵だと感じたから。

3　「走ることに打ちこむ自分のことが、好きになってほしかった。」とあるが、このとき早緑がそう思うようになったのはなぜか。回想部分の内容を踏まえて六十字以内で書きなさい。

4　「でも、それだけじゃ、だめだったんだね。」とあるが、このとき六花の心情を次のように説明するとき、あとの(1)、(2)の問いに答えなさい。

六花は、心に抱えていた　Ⅰ　を早緑にわかってほしかった。だがそれだけではなく、　Ⅱ　からがんばれないと思っている早緑の気持ちにも気づくべきだったという思いをかみしめている。

(1)　Ⅰ　にあてはまる最も適当な言葉を、本文中から五字でそのまま書き抜きなさい。

(2)　Ⅱ　にあてはまる内容を三十字以内で書きなさい。

5　本文の構成・表現についての説明として最も適当なものを、次のア〜オの中から一つ選びなさい。

ア　過去の出来事と現在の出来事が何度も入れ替わることで、新たな問題が明らかにされている。

イ　視点となる語り手が変わることで、登場人物に変化を起こした出来事が強調されている。

ウ　登場人物の様子が客観的に描かれることで、登場人物二人の対照的な心情が表現されている。

エ　心情の変化が結末部分に倒置法が連続して使われていることで、登場人物の話し言葉が会話文以外にも多用されることで、読者が登場人物の一人のように描かれている。

オ　一人のように描かれている。

五 次の文章を読んで、あとの問いに答えなさい。（①〜⑭は各段落に付した段落番号である。）

① 現代社会は日々複雑化している。数年後のことはおろか、来年に起こることすら正確に予測することはできない。それなのに、未来倫理で私たちが考慮しなければならない未来は、一〇〇年後、一〇〇〇年後、一万年後にまで及ぶ。それほど遠い未来のことを予測することなど、ほとんど不可能であるように思える。

② しかし、未来において何が起こるのかが把握されていなければ、未来世代が直面し得る脅威に対応することもできないだろう。それ以上、たとえどれほど困難であるように思えても、未来の予見は未来にとって必要不可欠なのである。

③ 私たちは、未来を正確に予見することなど不可能だ、ということを認めよう。その上で、それでも未来世代に対する倫理的な配慮をするために、不完全ではあったとしても未来を予見するためには、何が求められるのだろうか。そうした予見はどのようなものである必要があるのだろうか。

④ 本書では、科学的な実証性に基づいて未来を見通すことを、「予測」と呼ぶことにする。予測が成立するためには一つの条件がある。それは、予測される現象が何らかの法則性に基づいていなければならない、ということだ。

⑤ 例えば天気予報は、現実の気象の運動の中に一定の法則を見抜き、その法則に従って気象がどのように変化するのかを予測する行為に基づいている。言い換えるなら天気が滅茶苦茶に変わったりしないということだ。何の前触れもなく突然雨が降ることはない。雨が降り出したのなら、その背後には常に何らかの気象的な原因がある。その原因と結果の関係を明らかにすることで、別の状況において、これから雨を降り出すか否かを判断できるようになる。これが、天気を予測するということに他ならない。

⑥ これは一般にシミュレーションと呼ばれる方法である。例えば、交通・気候・経済・人口など、一定の法則性に従って変化する事象に対しても同様の方法による予測が行われる。

⑦ 一方で、法則性に基づいて生じる出来事に対しては、基本的にシミュレーションを行うことができない。そして困ったことに、未来世代に脅威をもたらすような出来事、テクノロジーと社会の関係の変化は、多くの場合そうした出来事として引き起こされる。

⑧ 例えばテクノロジーの進歩は新技術の発明やイノベーションによって促進される。私たちには、これから誰がどのようなエジソンが出現するのか、そして未来のエジソンが何を発明するのかを、知り得ないのである。

⑨ だからこそ、これからどんなテクノロジーが世に送り出されるのか、どのようにテクノロジーが進歩を遂げるのかは、ほとんど誰にもできないだろう。私たちには、これから誰がどんなエジソンが出現するのかは、知り得ないのである。

⑩ そして未来のエジソンが何を発明するのかを、私たちには、知り得ないのである。一方で、社会のあり方の変化は、それよりもさらに予測の困難な領域に置かれているように見える。法則性に基づいている、という同じ条件に置かれたら誰であっても同じようなものを発明したはずなのに、誰も気づかなかったことに気づけるからこそ、発明やイノベーションを引き起こした人々は称えられるのだ。エジソンと同じ環境で生活していたとしても、誰もできないだろう。

⑪ もちろん、そうした社会の変化のうちにも法則性があると考える立場もあり得るかもしれない。例えば、歴史はよい方向に進歩する、と考える進歩史観がそれである。しかし、これまでの人類の歴史を眺めれば、そうした歴史観を素朴に信じることはできない。人類は、愚行を繰り返したり、道徳的に退行したりする。しかしそうかと思えば、誰にも予想できなかった革命的な出来事が起き、私たちに希望を抱かせることも起きるのである。

⑫ 政治思想家のハンナ・アーレントは、社会の変化が法則性に基づいていないように見える理由を、公的領域において活動する人間の複数性に見出した。複数性とは、人間がかけがえのない個人としてこの世界に出生し、これまで存在していなかった、いま存在している誰とも、これから存在するだろう誰とも異なった存在である、ということだ。そして複数性を有するということは、人間をある法則性のもとに還元することができないということである。だからこそ人間の活動は予測不可能なのである。

⑬ したがって、未来において生じ得る課題を、まるで天気予報をするかのように予測することは、そもそも不可能だろう。未来において生じ得る課題を、まるで天気予報をするかのように予測することは、そもそも不可能だろう。私たちはそれを出発点としなければならない。

⑭ ただしこのことは、だから未来を予測しようとすることが無意味であるとか、ということを意味するわけではない。科学的な実証性に基づくのとは別の仕方で、未来を予測することも可能であるからだ。それはすなわち、シミュレーションするのではなく、未来を想像するという仕方によって未来の予見である。

（戸谷　洋志「未来倫理」より。一部省略がある）

注1　テクノロジー：科学技術。
注2　イノベーション：技術革新。
注3　エジソン：アメリカの発明家。
注4　公的領域：人々がともにある場。
注5　還元する：戻す。

1　次の各文中の——線をつけた言葉が、①段落の「未来倫理で」の「で」と同じ意味・用法のものを、ア〜オの中から一つ選びなさい。
ア　山の上は空気がさわやかで気持ちがよい。
イ　今年から彼が部長で彼女が副部長になった。
ウ　いつも協力して掃除に取り組んでいる。
エ　人とのつながりで重要なのは思いやりだ。
オ　人とのつながりで重要なのは思いやりだ。

2　「シミュレーション」とあるが、本文における「シミュレーション」とはどのような方法か。法則という語を用いて三十字以内で書きなさい。

3　「社会の変化のうちにも法則性がある」とあるが、筆者はこの考えを否定するために、人類の歴史に対するどのような見方を述べているか。六十字以内で書きなさい。

4　本文における⑫段落の働きとして最も適当なものを、次のア〜オの中から一つ選びなさい。
ア　人間の複数性という話題を提示することで、社会のあり方の変化は予測不可能だという筆者の意見を補強している。
イ　テクノロジーの発展と同様に社会の変化も予測できる原因を明確にすることで、前の段落までの内容をまとめている。
ウ　社会の変化における人間の複数性について具体例を示すことで、人間の価値観の変化は不可能だという主張への反論を示している。
エ　人間の価値観の変化という具体例を示すことで、人間の活動の変化における複数性についてくわしく説明している。
オ　社会の変化の複数性を論じる後の段落につなげることで、現代社会における予測の必要性への問題提起を行っている。

5　次の会話は、「未来の予見」について授業で話し合ったときの内容の一部である。あとの(1)、(2)の問いに答えなさい。

Aさん　「未来を予見するということを、筆者はどのように説明しているのかな。」
Bさん　「『ア　未来に起こることを正確に予見することはできない』というところから筆者の考えは始まっているよね。」
Cさん　「そうだね。でも正確ではなくても、イ　未来に何が起こるか把握していないと対応できないから、予見は必要だよ。」
Bさん　「だから、未来を考えるときには、ウ　想像力を使う予見の結果のみを出発点にするべきだということだね。」
Cさん　「その未来のために筆者は予測の話もしていたよね。エ　天気の変化を知るために予測が使われているのも、予見より信頼できるという特徴があるからだろうね。」
Bさん　「そうだね。それでも、オ　私たちにとって未来を想像することは必要であるということが、本文では述べられていたはずだよ。」
Aさん　「じゃあ、そのことについて、もう一度本文を確かめてみようよ。」

(1) 会話の中の——線をつけた部分が、本文から読み取れる内容と異なっているものを、ア〜オの中から一つ選びなさい。

(2) Aさんは、「未来の予見」について次のようにノートにまとめた。[　]にあてはまる最も適当な言葉を、本文中から十四字で書き抜きなさい。

　　Aさんは、「未来を予見すること」で[　　　]をするという考えを述べている。だから、これからの人々のために、私たちは先々のことまで心に思い描くことが大切になると考えられる。

六　次の【会話】は、ボランティア活動の案内方法について、生徒会で話し合っている場面の一部である。また、【メモ】は、ボランティア活動の内容について、Aさんが先生から聞き取ったものである。【会話】と【メモ】を読み、「ボランティア活動の内容をどのような方法で案内するとよいか」についてのあなたの考えや意見と、そのように考える理由を、あとの条件に従って書きなさい。

【会話】

（Aさん）

これを全校生徒にどうお知らせしたらいいかな？
急ぎの話なんだけど、地域の方から、来週の土曜日に行われるボランティア活動への参加について、ぜひ中学校でも呼びかけてほしいと依頼があったんだって。
それで、先生とも相談したんだけど、生徒会でこの呼びかけに協力しようと思うんだよね。これが先生から聞いた内容の【メモ】なんだけど、

（Bさん）

この内容だね。私は、校内放送で全校生徒に案内するのがいいと思うけど、どうかな。

（Cさん）

僕は、案内文書なんかを作って、全校生徒に配るのがいいと思うよ。

【メモ】

○ ○日時　6/8（土）9:00 ～ 10:30
○ ○集合場所
○ 　わかばコミュニティーセンター構内広場
○ 　　　　　　（住所：西福島市若葉町 3-2）
○ ○活動内容
○ 　町内のゴミ拾い、草むしりなど
○ ○持ち物　軍手・水筒・タオル
○ ○その他
○ 　・雨天中止
○ 　・動きやすい服装で
○ 　・参加は任意（希望者）

条件

1　二段落構成とすること。
2　前段では、BさんとCさんの意見を踏まえて、「ボランティア活動の内容をどのような方法で案内するとよいか」についてのあなたの考えや意見を具体的に書くこと。
3　後段では、そのように考える理由を、文字や音声の具体的な特徴に触れながら書くこと。
4　氏名は書かないで、本文から書き始めること。
5　全体を百五十字以上、二百字以内でまとめること。
6　原稿用紙の使い方に従って、文字や仮名遣いなどを正しく書き、漢字を適切に使うこと。

令 和 6 年 度

Ⅱ 数 学

（10 時 10 分 〜 11 時 00 分）

注 意

○ 問題用紙は 3 枚（3 ページ）あります。

○ 解答用紙はこの**用紙の裏面**です。

○ 答えはすべて，解答用紙の所定の欄に記入しなさい。

○ 解答用紙の ▨ の欄には記入してはいけません。

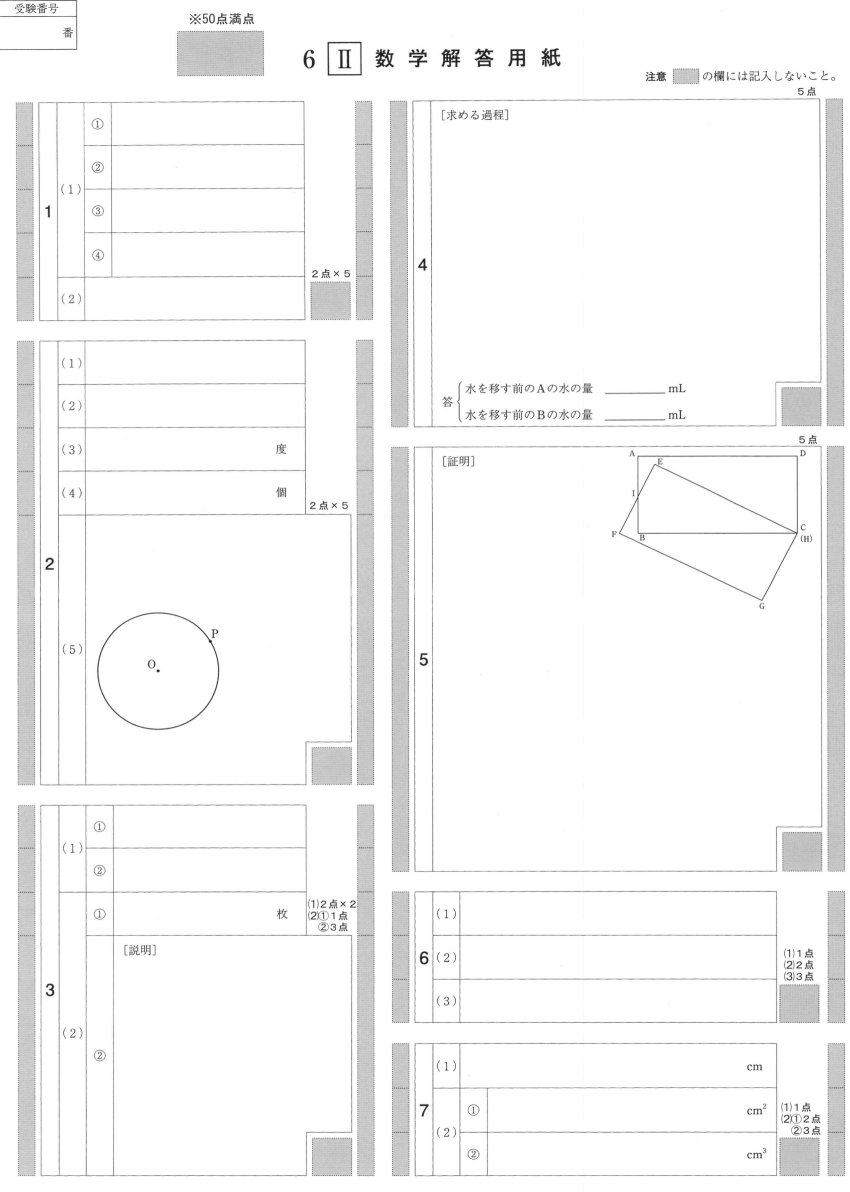

受験番号　番

※50点満点

6 Ⅱ 数 学 解 答 用 紙

注意　　　の欄には記入しないこと。

5点

[求める過程]

4

答　水を移す前のAの水の量 _____ mL
　　水を移す前のBの水の量 _____ mL

1
(1) ①
　　②
　　③
　　④
(2)

2点×5

2
(1)
(2)
(3)　　　　度
(4)　　　　個

2点×5

(5)

5点

[証明]

A　E　　　　　　D
I
F　B　　　　　　C(H)
G

5

3
(1) ①
　　②
(2) ①　　　枚
[説明]
　　②

(1)2点×2
(2)①1点
　　②3点

6
(1)
(2)
(3)

(1)1点
(2)2点
(3)3点

7
(1)　　　　　cm
(2) ①　　　cm²
　　②　　　cm³

(1)1点
(2)①2点
　　②3点

1　次の（1），（2）の問いに答えなさい。

（1）　次の計算をしなさい。

①　$-5+9$

②　$\dfrac{2}{5} \div \left(-\dfrac{8}{15}\right)$

③　$7x-3y+2x+y$

④　$3\sqrt{6} \times \sqrt{3}$

（2）　$(x+y-1)(x+y+1)$ を展開しなさい。

2　次の（1）〜（5）の問いに答えなさい。

（1）　a 円の黒ペン 5 本と b 円の赤ペン 2 本を買うと，代金は 1020 円になる。このときの数量の間の関係を，等式で表しなさい。

（2）　1 次関数 $y=5x+2$ について，x の値が 1 から 4 まで増加するときの y の増加量を求めなさい。

（3）　右の図で，3 点 A，B，C は円 O の周上の点である。このとき，$\angle x$ の大きさを求めなさい。

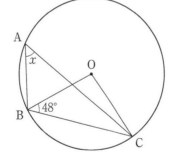

（4）　次のデータは，ある店の 1 日のケーキの販売数を 9 日間調べ，左から少ない順に整理したものである。このデータについて，第 3 四分位数を求めなさい。

| 76, 85, 88, 98, 102, 114, 118, 122, 143 |（単位：個）

（5）　右の図に，円 O の周上の点 P を通る接線を作図しなさい。ただし，作図に用いた線は消さずに残しておきなさい。

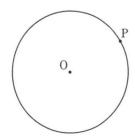

3　次の（1），（2）の問いに答えなさい。

（1）　下の図のように，正六角形があり，1 つの頂点を A とする。1 から 6 までの目がある大小 2 つのさいころを同時に 1 回投げて，次の＜操作＞を行う。
　ただし，それぞれのさいころについて，どの目が出ることも同様に確からしいものとする。

＜操作＞
・　A を出発して，大きいさいころの出た目の数だけ**反時計回り**に頂点を移動し，とまった位置を P とする。
・　A を出発して，小さいさいころの出た目の数だけ**時計回り**に頂点を移動し，とまった位置を Q とする。
　例えば，大きいさいころの出た目の数が 2 で，小さいさいころの出た目の数が 3 であるとき，**例**のようになる。

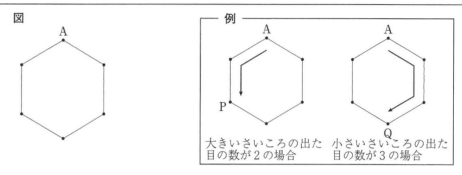

①　P と Q が同じ位置になる確率を求めなさい。

②　3 点 A，P，Q を結んだ図形が二等辺三角形になる確率を求めなさい。

（2）　下の図のように，垂直に交わる半直線 OA，OB の間に，次の＜作業＞にしたがい，同じ大きさの正方形のタイルをしく。

＜作業＞
・　点 O と半直線 OA，OB に辺が重なるように 1 枚のタイルをしいたものを，1 番目の図形とする。
・　次に，1 番目の図形を囲むように新たなタイルをしき，全部で 4 枚のタイルをしいたものを 2 番目の図形とする。続けて 2 番目の図形を囲むように新たなタイルをしき，全部で 9 枚のタイルをしいたものを 3 番目の図形とする。
・　1 番目，2 番目，3 番目，…のように，規則的にタイルをしいて n 番目の図形をつくる。

　下の図はこの＜作業＞にしたがい，タイルをしいたときの図である。ただし，タイル 1 枚を □ で表している。

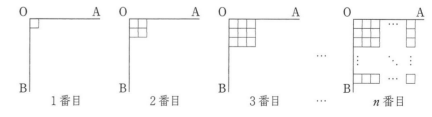

①　23 番目の図形は，全部で何枚のタイルがあるか求めなさい。

② （$n-1$）番目の図形を囲むように新たなタイルをしき，n 番目の図形をつくる。このとき，新たに必要なタイルの枚数は**奇数**である。
　この理由を，n を使った式で表し，説明しなさい。ただし，n は 2 以上の整数とする。

4　3つの容器A，B，Cがある。A，Bには合わせて 820 mL の水が入っており，Cは空である。

容器に入っている水の量について，Aの$\frac{1}{4}$とBの$\frac{1}{3}$をCに移す。水を移した後のCの水の量は，水を移した後のAの水の量より 60 mL 少なかった。

移した水はすべてCに入るものとし，水を移す前のAとBの水の量をそれぞれ求めなさい。

求める過程も書きなさい。

5　コンピュータの画面に，**画面1**のような，2つの合同な長方形 ABCD と EFGH があり，点Bと点Eが，点Cと点Hがそれぞれ重なっている。

画面2は点C（H）を固定し，Hを中心として長方形 EFGH を時計回りに回転させている途中である。また，辺 AB と辺 EF との交点をIとする。

画面3は長方形 EFGH を回転させ続け，対角線 AC 上に点Eが，対角線 HF 上に点Bが同時に重なった場面である。

画面3のとき，EI ＝ BI となることを証明しなさい。

画面1

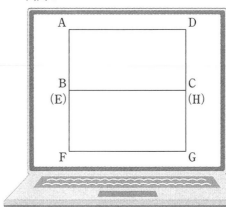

画面2

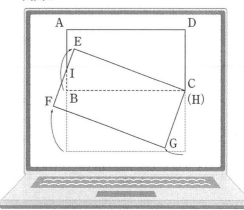

画面3

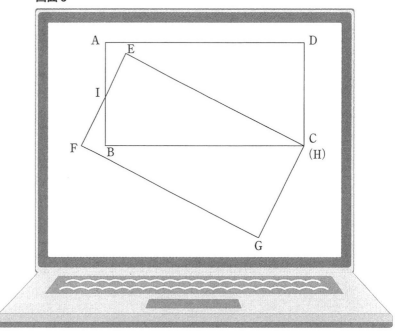

2024（R6）福島県公立高

K 教英出版　数5の4

6 下の図のように，関数 $y=\frac{1}{4}x^2$ のグラフと直線 ℓ があり，2点 A，B で交わっている。A，B の x 座標はそれぞれ -2，6 である。

このとき，次の（1）〜（3）の問いに答えなさい。

（1） 点 A の y 座標を求めなさい。

（2） 2点 A，B を通る直線の式を求めなさい。

（3） 関数 $y=\frac{1}{4}x^2$ のグラフ上に点 P をとり，P の x 座標を t とする。ただし，$0<t<6$ とする。

また，P を通り y 軸に平行な直線を m とする。m と ℓ との交点を Q，m と x 軸との交点を R とする。

QP＝PR となる t の値を求めなさい。

7 下の図のような，底面が AB＝DE＝10 cm，AC＝DF＝8 cm の直角三角形で，高さが $3\sqrt{2}$ cm の三角柱がある。

辺 AB 上に AP：PB＝1：2 となる点 P をとり，辺 DE 上に DQ：QE＝1：2 となる点 Q をとる。

このとき，次の（1），（2）の問いに答えなさい。

（1） 辺 EF の長さを求めなさい。

（2） 点 P を通り辺 AC に平行な直線と辺 BC との交点を R，点 Q を通り辺 DF に平行な直線と辺 EF との交点を S とする。

① 四角形 PRSQ の面積を求めなさい。

② 線分 AS と線分 CQ の交点を T とするとき，5点 T，P，R，S，Q を結んでできる四角錐の体積を求めなさい。

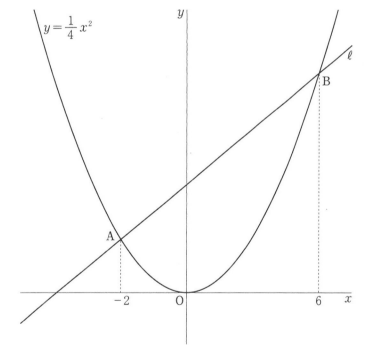

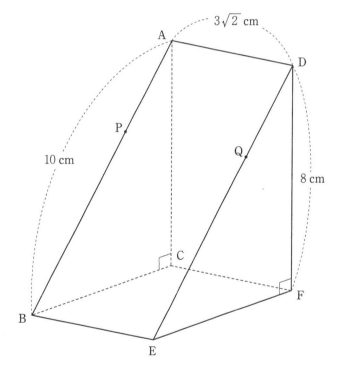

2024(R6) 福島県公立高
K 教英出版　数5の5

令 和 6 年 度

III 英 語

（11 時 20 分 ～ 12 時 10 分）

注　　意

- ○　問題用紙は３枚（３ページ）あります。

- ○　解答用紙はこの用紙の裏面です。

- ○　答えはすべて，解答用紙の所定の欄に，文，文字などで答えるもののほかは，ア，イ，……などの符号で記入しなさい。

- ○　解答用紙の ▨ の欄には記入してはいけません。

1	放送問題1	No. 1	
		No. 2	
		No. 3	
		No. 4	
		No. 5	
	放送問題2	No. 1	
		No. 2	
	放送問題3	①	
		②	
		③	
		④	
		⑤	

1点×12

2	(1)	①	
		②	
		③	
	(2)	It (＿＿＿＿＿＿＿＿＿＿＿＿＿＿＿＿＿ ＿＿＿＿＿＿＿＿＿＿＿＿＿＿) ways.	
	(3)	1 ＿ 2 ＿ 3 ＿ 4 ＿	

(1)1点×3
(2)2点
(3)完答2点

| 3 | (1) | |
| | (2) | Yes. I especially ＿＿＿＿＿＿＿＿＿＿＿＿＿ ＿＿＿＿＿＿＿＿＿＿＿＿＿＿＿＿ | |

(1)2点
(2)3点

4	(1)		
	(2)	①	
		②	
	(3)		
	(4)		
	(5)		
	(6)	(I agree / I disagree) with the idea because ＿＿＿＿＿＿＿＿＿＿＿＿＿＿＿＿＿＿＿＿ ＿＿＿＿＿＿＿＿＿＿＿＿＿＿＿＿＿＿ .	

(1)2点
(2)1点×2
(3)2点
(4)2点
(5)2点
(6)3点

5	(1)	
	(2)	
	(3)	
	(4)	
	(5)	① They became good friends by ＿＿＿＿＿＿＿ ＿＿＿＿＿＿＿＿＿＿ together.
		② She uses it when she ＿＿＿＿＿＿＿ ＿＿＿＿＿＿＿＿＿＿＿ .
	(6)	She feels that she now has ＿＿＿＿＿＿＿ ＿＿＿＿＿＿＿＿＿＿＿ .

(1)1点
(2)2点
(3)2点
(4)2点
(5)2点×2
(6)2点

1 これは放送による問題です。問題は**放送問題1**から**放送問題3**まであります。

放送問題1 直樹（Naoki）とメアリー（Mary）の対話を聞いて，質問の答えとして最も適当なものを，**ア～エ**の中からそれぞれ一つずつ選びなさい。

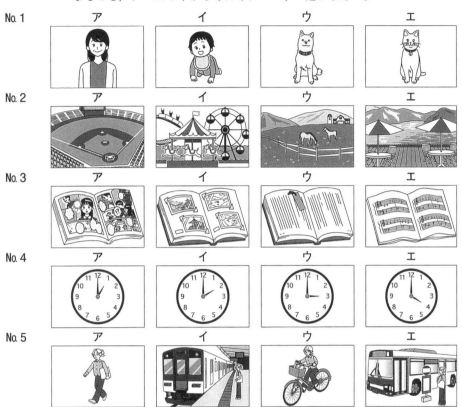

No.1　ア　イ　ウ　エ
No.2　ア　イ　ウ　エ
No.3　ア　イ　ウ　エ
No.4　ア　イ　ウ　エ
No.5　ア　イ　ウ　エ

放送問題2 二人の対話の最後の応答部分でチャイムが鳴ります。そのチャイムの部分に入る最も適当なものを，**ア～エ**の中からそれぞれ一つずつ選びなさい。

No.1　ア　It's on your desk.　イ　It's green.
　　　ウ　That's too bad.　エ　That's interesting.

No.2　ア　Yes. I was doing my homework.　イ　No. You can't eat all of them.
　　　ウ　You will. You can be a good teacher.　エ　You should. You'll like it.

放送問題3 雄太（Yuta）が英語の授業で発表した内容を聞きながら，①～⑤の英文の空欄に入る最も適当な**英語1語**を書きなさい。

① Last week, Yuta （　　　　　　） shopping with his family.
② The elderly woman was standing because the bus was （　　　　　　） of people.
③ When the bus stopped, Yuta stood up and said to the elderly woman, "Please （　　　　　　） here."
④ Yuta's father said to Yuta, "It's important to help a （　　　　　　） in need."
⑤ Yuta thought he would try to help people who have （　　　　　　） around him in the future.

2 次の（1）～（3）の問いに答えなさい。

（1）次の①～③は，それぞれAとBの対話です。（　　　）に入る最も適当なものを，ア～エの中からそれぞれ一つずつ選びなさい。

① 〔At home〕
A : Where is my （　　　）? I want to read it again.
B : I saw it under the table.
　ア　magazine　イ　guitar　ウ　shirt　エ　pen

② 〔In a classroom〕
A : You always look happy. Why is that?
B : Because I try to smile every day. I believe smiles （　　　）.
　ア　take positive me　イ　take me positive
　ウ　keep positive me　エ　keep me positive

③ 〔At a station〕
A : I don't know where to buy a train ticket.
B : （　　　）. Let's ask the woman over there.
　ア　No, thank you　イ　I don't know, either
　ウ　You're welcome　エ　Here you are

（2）次は，AとBの対話です。（　　　）内の語を正しく並べかえて，文を完成させなさい。
〔At host family's house〕
A : I got a present from my friend. But what is this?
B : It's a *furoshiki*. It （ in / be / can / used / various ） ways. Shall I show you how to use it?

（3）次は，AとBの対話です。 1 ～ 4 に入る最も適当なものを，ア～エの中からそれぞれ一つずつ選びなさい。
〔After the birthday party〕
A : Thank you for cooking for me, Grandma. 1
B : I'm glad to hear that. 2
A : I liked your vegetable pizza. 3
B : Of course. Next time, 4
A : Really? I can't wait to eat it!

ア　I will make it with different vegetables.
イ　I really enjoyed the food you made.
ウ　Which one did you like the best?
エ　Can you make it again for me?

3 ホストファミリーのジョン（John）と敦（Atsushi）がホームステイの最終日に話しています。対話は①～⑤の順で行われています。④のイラストは敦が話している内容です。自然な対話となるように，（1），（2）の問いに答えなさい。

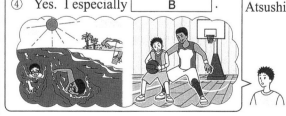

① Tomorrow is the last day of your homestay. I will miss you.
② Me, too. I wish I A here longer.
③ I wish you could, too. Did you have a good time during your stay?
④ Yes. I especially B .
⑤ We really enjoyed doing those things. Please come back and let's have fun together again.

（1） A に入る適当な**英語2語**を書きなさい。
（2） B に入る適当な**英語**を書き，イラストと対話の流れに合うように文を完成させなさい。

4 ホームステイ中の留学生である、高校生のロナルド (Ronald) が、ホストファミリーの中学生である草也 (Takuya) と話をしています。以下の会話を読んで、(1) ～ (6) の問いに答えなさい。

Ronald: Hey, what are you doing on your *tablet, Takuya? Are you playing a game?

Takuya: No, I'm not. I'm using my *digital textbook on my tablet to study. I'm studying English now. You know, I can easily listen to the English in the textbook when I use this digital textbook.

Ronald: Oh, you're using a digital textbook. That's cool! I haven't used a digital textbook like that. I studied with paper textbooks when I was a junior high school student. Do you use digital textbooks for all subjects in your junior high school?

Takuya: No, I don't. For many subjects, we use [A] textbooks, too.

Ronald: I see. The progress of technology is amazing. Are digital textbooks *popular in Japan now?

Takuya: Umm, I don't know. After I finish studying, I'll look for information on the internet. I'll tell you when I find some information.

Ronald: Thank you. I look forward to it.

[An hour later]

Takuya: Hi, Ronald. I found some information on the internet. Look at this data.

What *percentage of schools have digital textbooks for students or for teachers?

*School Year	2019	2020	2021	2022
For students (%)	7.9	6.2	36.1	87.9
For teachers (%)	56.7	67.4	81.4	87.4

(文部科学省資料により作成)

Ronald: Oh, I can see that from 2019 to 2021, the percentage of digital textbooks for teachers *increased by more than 10 *points every year. Surprisingly, the percentage of digital textbooks for students increased by about 80 points from 2020 to 2022. It shows that digital textbooks have spread to schools around Japan *over the past few years.

Takuya: That's right. Actually, a few years ago, we didn't have our own digital textbooks at our school. Only teachers had digital textbooks, and they often used the *projector in the classroom to show them to us. But now, we use [B]. How do you usually use your digital textbooks?

Ronald: So, now you have a new way to study, right? How do you usually use your digital textbooks?

Takuya: Well, first, I often make some parts of textbooks larger. Then, I can clearly see small photos or words in them. Also, I often write notes in the digital textbooks by touching the *screen with my finger or using a digital pen. Even if you *make a mistake, you can easily *correct it. So, you can feel free to write many things in the digital textbook. Besides, you can visit links and watch videos. For example, you can watch video examples of speaking or listening activities at home.

Ronald: That's very useful for studying. Then, do you want to study all subjects with digital textbooks?

Takuya: No, I don't. If I use them in all subjects, my eyes will be very tired! Moreover, my tablet is too small to see the whole page *at a glance like paper textbooks. In fact, I can read the paper textbooks more quickly and find the things that I have to study again easily.

Ronald: I see. Both paper and digital textbooks have their good things. You can choose different ways to use them when you have different *purposes, right?

Takuya: Yes. For example, I use digital textbooks when I want to see pictures and watch videos that help me understand. But, I use paper textbooks when I need to read them quickly. I think that learning how to use both paper and digital textbooks effectively is important.

Ronald: I agree. If you learn how to do so, textbooks will become more helpful!

注：tablet タブレット端末　digital デジタルの　popular 広く普及した
percentage 割合　School Year 年度　increased by ～ ～増えた　points ポイント
over the past few years 過去数年で　projector プロジェクター　screen 画面
make a mistake 間違いをする　correct 訂正する (誤りなどを)　at a glance 一目で
purposes 目的

(1) 本文中の [A] に入る英語として最も適当なものを、ア～エの中から一つ選びなさい。
ア digital　イ paper　ウ English　エ technology

(2) 本文や表の内容に合うように、次の①と②の英文の [　] の中からそれぞれ一つずつ選びなさい。
① Between 2021 and 2022, the percentage of digital textbooks for students increased by about [　] points.
ア 10　イ 30　ウ 50　エ 80
② In [　], the percentage of digital textbooks for students is larger than the percentage of digital textbooks for teachers.
ア 2019　イ 2020　ウ 2021　エ 2022

(3) 本文中の [B] に入る英語として最も適当なものを、ア～エの中から一つ選びなさい。
ア our digital textbooks on our tablets
イ our digital textbooks on their tablets
ウ only paper textbooks at our school
エ only digital textbooks at their school

(4) 本文の内容に合っているものを、ア～エの中から一つ選びなさい。
ア Takuya has finished studying English and is using his tablet to play a game.
イ Ronald studied with digital textbooks when he was in junior high school.
ウ Takuya can use his finger or a digital pen to write notes in his digital textbooks.
エ Ronald says that paper textbooks are more important than digital textbooks.

(5) 次の英文は、本文の内容の一部を示したものです。本文の内容に合うように、[　] に入る適当な英語7語を書き、文を完成させなさい。
Ronald thinks that textbooks will become more helpful if you learn how to [　].

(6) 次の問題は、あなたの考えを英語で書く問題です。次の Question に対するあなたの考えを適当な英語で書き、Answer の文を完成させなさい。ただし、あとの条件に従うこと。
Question: Some people buy books on the internet. What do you think about that?
Answer: (I agree / I disagree) with the idea because [　].

条件
① ( ) 内の2つのうち、どちらか一方を◯で囲むこと。
② 下線部には、主語と動詞を含む8語以上の英語を書くこと。なお、I'm のような短縮形は1語として数え、符号（, ! ? . など）は語数に含めない。

2024(R6) 福島県公立高
英5の4
[K教英出版]

5 次の英文は，ジョアン（Joan）が書いたスピーチの原稿です。これを読んで，（1）～（6）の問いに答えなさい。

What would you do if you were in a difficult *situation in a new environment? Maybe you don't have an answer to this question, but in this situation, I think you need to have courage to *take a step forward. Today, I would like to tell you how I faced my problems and built relationships with new people.

I was born in the Philippines and lived there for fourteen years. One day, my father said to me, "Joan, we are going to move to Japan next month for my work." When I heard that, I was excited, but a little nervous. I was looking forward to going abroad for the first time. But I was also [A] to say goodbye to my friends in the Philippines.

For the first few weeks in Japan, I was only thinking about the things I lost. I was so shy that I couldn't talk to anyone at my new school. Many classes were taught in Japanese and were too difficult to understand. Also, the way to eat was new to me. For example, in the Philippines, I eat with a *fork in my left hand and a *spoon in my right hand. In Japan, people usually use *chopsticks. I was not good at using them. [B].

One day, one of my classmates, Natsuko came to me and said, "Joan, your English is really good. I like English, but it's difficult to speak." She was trying hard to communicate with me in English. I replied quietly, "Oh, I see." Actually, it was not easy for me to understand what the teachers were saying in Japanese during classes. But English class was easier because most people in the Philippines speak English. I have been using English in the Philippines since I was a child. I could answer the teacher's questions quickly only in English class and enjoy English *conversation with the teacher. Natsuko knew <u>that</u>.

I was happy that she talked to me, but I didn't know what to say to her next. After a while, I said to her with all my courage, "If you want to improve your English, I can help you." She said, "Really? Thank you so much!" So, we began to practice English conversation together, and soon we became good friends.

After a few days, I thought, "Can I help not only Natsuko, but also other students?" I said to Natsuko, "I'm thinking about starting an English conversation practice for more of our classmates. What do you think?" She replied, "That's a good idea. Let's start Joan's English Class together."

The next day, I started the English practice with Natsuko and her friends after lunch. Even now, we practice English conversation together almost every day. Natsuko said, "Thank you for teaching us English, Joan." "*Doitashimashite." I replied in Japanese. Though my Japanese is still not good, I try to *express my ideas in Japanese, too. When that doesn't work, I use *body language. I said to Natsuko, "Actually, I'm not good at *kanji. Can you teach me how to read and write it?" "Of course!" Then, Natsuko and her friends taught me *kanji. Learning languages with my friends is a lot of fun.

Now, my school life is much easier and I have a great time with my friends. Helping Natsuko has changed my life in Japan and changed myself. I feel that my friends accept me, so now I have my place in Japan. From this experience, I learned that a little courage to take a step forward can connect us to more people and make our lives brighter.

注：situation 状況　take a step forward 一歩踏み出す　fork フォーク　spoon スプーン
chopsticks 箸　conversation 会話　*Doitashimashite* どういたしまして
express ～を表現する　body language 身振り　*kanji* 漢字

（1）　本文中の [A] に入る英語として最も適当なものを，ア～エの中から一つ選びなさい。
　　ア　excited　　　イ　interested　　　ウ　sad　　　エ　surprised

（2）　本文中の [B] に入る英語として最も適当なものを，ア～エの中から一つ選びなさい。
　　ア　I had to go back to the Philippines because of my father's work
　　イ　I felt that life in Japan was very different from life in the Philippines
　　ウ　Eating Japanese food with chopsticks was easy for me
　　エ　I was looking forward to going to Japan for the first time very much

（3）　本文中の下線部 that の内容を示した英文として最も適当なものを，ア～エの中から一つ選びなさい。
　　ア　Joan could answer the teacher's questions quickly in English class and enjoy English conversation with the teacher.
　　イ　English class in Japan was very difficult for Joan and she had to study English hard every day.
　　ウ　Natsuko and her friends couldn't speak English and they wanted to join Joan's English Class after lunch.
　　エ　Joan was good at English and she wanted to help Natsuko and her friends study English after lunch.

（4）　本文の内容に合っているものを，ア～エの中から一つ選びなさい。
　　ア　Joan was a little nervous to hear that she was going to move to Japan alone.
　　イ　Joan usually used chopsticks in the Philippines and she didn't want to use a fork and a spoon in Japan.
　　ウ　Natsuko couldn't speak English very well and she always talked to Joan in Japanese.
　　エ　Joan asked Natsuko to teach how to read and write *kanji* because Joan was not good at it.

（5）　本文の内容に合うように，次の①と②の Question に答えなさい。ただし，答えは Answer の下線部に適当な**英語**を書きなさい。
　①　Question:　How did Joan and Natsuko become good friends?
　　　Answer:　They became good friends by ＿＿＿＿＿＿＿＿＿＿＿＿＿＿ together.
　②　Question:　When does Joan use body language?
　　　Answer:　She uses it when she ＿＿＿＿＿＿＿＿＿＿＿＿＿＿＿＿＿.

（6）　次は，ジョアンのスピーチを聞いた生徒が，スピーチの内容を要約した文章です。本文の内容に合うように，下線部に**9語以上**の適当な**英語**を書きなさい。なお，I'm のような短縮形は1語として数え，符号（, / ! / . など）は語数に含めない。

　　Joan enjoys her school life with her friends. After she helped Natsuko, she became more positive. She feels that she now has ＿＿＿＿＿＿＿＿＿＿＿＿＿＿＿＿. From her experience, she learned that a little courage can connect us to more people and make all the difference in our lives.

令和6年度 英語放送台本

これから，放送によるテストを行います。問題は**放送問題1**から**放送問題3**まであります。放送を聞いている間に，メモを取ってもかまいません。

はじめに，問題用紙の**放送問題1**を見なさい。これは，直樹（ナオキ）と留学生のメアリーの対話を聞いて答える問題です。対話が放送されたあとに，クエスチョンと言って質問をします。質問は，**No. 1**から**No. 5**まで五つあります。その質問の答えとして最も適当なものを，**ア，イ，ウ，エ**の中から一つずつ選びなさい。対話，クエスチョンの順に2回読みます。
それでは，始めます。

Naoki: Hi, Mary.
Mary: Hi, Naoki.
Naoki: Do you have any plans tomorrow?
Mary: Yes. My host mother is going to take me to some famous places.
Naoki: Oh, that's nice. Where are you going to visit?
Mary: First, we are going to visit a temple in this town. Then, we are going to go to the lake and have lunch at a cafe near the lake.
Naoki: Those places are beautiful. Please take some pictures. I'd like to see them later.
Mary: Of course! I'll take a lot.
Naoki: Great! What time will you come home?
Mary: By 2 p.m., maybe. Why?
Naoki: My drama club is going to have a performance at our school gym. It's going to start at 3 p.m. Do you want to come?
Mary: Yes. I really want to see it!
Naoki: OK, great! How will you come to school?
Mary: It's only 10 minutes on foot, so I will walk there.
Naoki: Sounds good! See you tomorrow.
Mary: See you tomorrow.

Question No. 1　　Who is going to take Mary to some famous places?
Question No. 2　　Where is Mary going to have lunch?
Question No. 3　　What does Naoki want to see?
Question No. 4　　What time is the performance going to start?
Question No. 5　　How will Mary go to the school?

放送問題2に移ります。問題用紙の**放送問題2**を見なさい。これは，二人の対話を聞いて，対話の続きを答える問題です。対話は**No. 1**と**No. 2**の二つあります。それぞれの対話の最後の応答部分でチャイムが鳴ります。そのチャイムの部分に入る最も適当なものを，**ア，イ，ウ，エ**の中から一つずつ選びなさい。対話は**No. 1，No. 2**の順に2回ずつ読みます。
それでは，始めます。

No. 1　Woman: What's wrong?
　　　　Boy:　　I've lost my umbrella. I'm looking for it.
　　　　Woman: What color is it?
　　　　Boy:　　（チャイム）

No. 2　Boy: Have you watched this movie yet?
　　　　Girl: Yes. It was really nice. How about you?
　　　　Boy: No. I haven't watched it yet, but I'd like to.
　　　　Girl: （チャイム）

放送問題3に移ります。問題用紙の**放送問題3**を見なさい。これから読む英文は，雄太（ユウタ）が英語の授業で発表した内容です。英文を聞きながら，①から⑤の英文の空欄に入る最も適当な英語1語を書きなさい。英文は2回読みます。
それでは，始めます。

Last week, I went shopping with my family. When we were on the bus, I saw an elderly woman with many shopping bags. She was standing because the bus was full of people. When the bus stopped, I stood up and said to her, "Please sit here." She said, "Thank you. You are so kind." After we came home, my father said to me, "It's important to help a person in need. You did a good job." I was happy to hear that, and I thought I would try to help people who have trouble around me in the future.

以上で，放送によるテストを終わります。

令 和 6 年 度

IV 理 科

（13 時 10 分 ～ 14 時 00 分）

注　意

○　問題用紙は 4 枚（4 ページ）あります。

○　解答用紙は**この用紙の裏面**です。

○　答えはすべて，解答用紙の所定の欄に，文，文字などで答えるもののほかは，**ア**，**イ**，……などの符号で記入しなさい。

○　解答用紙の ▨ の欄には記入してはいけません。

1

(1)		
(2)	①	
	②	
(3)		
(4)		

(1) 1 点
(2) 1 点 × 2
(3) 1 点
(4) 2 点

5

(1)		
(2)		
(3)	水よりもエタノールの方が,	
(4)	①	
	②	g

(1) 1 点
(2) 1 点
(3) 1 点
(4)① 1 点
　②2 点

2

(1)		
(2)		
(3)	花粉が,	
(4)	①	
	②	
(5)		

(1) 1 点
(2) 1 点
(3) 1 点
(4) 1 点 × 2
(2) 2 点

6

(1)		
(2)		
(3)	①	
	②	
(4)		g

(1) 1 点
(2) 1 点
(3)① 1 点
　②2 点
(4) 2 点

3

(1)		
(2)		
(3)	①	
	②	km
	③	秒後

(1) 1 点
(2) 1 点
(3)① 1 点
　②1 点
　③2 点

7

(1)	①	N
	②	cm
	③	N
(2)		Pa
(3)		

(1) 1 点 × 3
(2) 1 点
(3) 2 点

4

(1)	太陽の	
(2)	①	
	②	
(3)		
(4)		

(1) 1 点
(2) 1 点 × 2
(3) 1 点
(4) 2 点

8

(1)		
(2)		
(3)		J
(4)	①	
	②	℃

(1) 1 点
(2) 1 点
(3) 1 点
(4)① 1 点
　②2 点

1 次の観察について，（1）～（4）の問いに答えなさい。

観察
　図1のように，水の入ったチャック付きぶくろにメダカを生きたまま入れ，尾びれの一部を**a顕微鏡**で観察し，スケッチした。

図1

結果
　図2のように，血管や骨などが見られた。血管内には，一定のリズムで**b小さな丸い粒**が流れていた。このことから，血液が**c心臓の拍動**によって送り出されていることがわかった。

図2
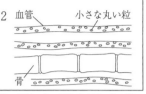
血管　小さな丸い粒
骨

（1）下線部**a**について，次の文は，顕微鏡の使い方の一部である。X，Yにあてはまることばの組み合わせとして最も適当なものを，右の**ア～エ**の中から1つ選びなさい。

　接眼レンズをのぞき，対物レンズとプレパラートを ☐X☐ ながらピントを合わせる。ピントを合わせた後，☐Y☐ を回して，観察したいものが最もはっきり見えるようにする。

	X	Y
ア	近づけ	しぼり
イ	近づけ	調節ねじ
ウ	遠ざけ	しぼり
エ	遠ざけ	調節ねじ

（2）下線部**b**について，次の①，②の問いに答えなさい。
　① この粒は酸素の運搬を行っている。この粒を何というか。書きなさい。
　② 次の文は，血液によって運ばれてきた物質が細胞に届けられるしくみについて述べたものである。☐にあてはまることばを，**毛細血管，組織液**という2つのことばを用いて書きなさい。

　この粒が運んできた酸素は，酸素が少ないところでこの粒からはなれる。また，血しょうには，さまざまな養分もとけこんでいる。血しょうは☐ことで，細胞のまわりを満たす。こうして，毛細血管の外にある細胞に酸素や養分が届けられる。

（3）下線部**c**について，メダカのような魚類には，心室と心房は1つずつしかない。心室と心房を血液が通過する順番はヒトの心臓と同じであり，心臓内部の弁の役割は，ヒトの静脈の弁と同じである。魚類の心臓の模式図と血液が流れるようすとして最も適当なものを，次の**ア～エ**の中から1つ選びなさい。ただし，**ア～エ**の図の中の矢印は血液の流れる向きを示している。

ア　心室　弁　心房　　イ　心房　弁　心室　　ウ　心室　弁　心房　　エ　心房　弁　心室

（4）次の文は，ヒトの血液の循環における尿素の排出について述べたものである。P～Sにあてはまることばの組み合わせとして最も適当なものを，右の**ア～ク**の中から1つ選びなさい。

　血液は，酸素や養分以外に，尿素などの不要な物質も運んでいる。生命活動により全身の細胞で生じた☐P☐は☐Q☐で尿素に変えられる。全身をめぐる尿素をふくむ血液の一部が☐R☐に運ばれると，尿素はそこで血液中からとり除かれ，体外へ排出される。したがって，☐R☐につながる動脈と静脈のうち，尿素をより多くふくむ血管は☐S☐である。

	P	Q	R	S
ア	グリコーゲン	肝臓	じん臓	動脈
イ	グリコーゲン	肝臓	じん臓	静脈
ウ	グリコーゲン	じん臓	肝臓	動脈
エ	グリコーゲン	じん臓	肝臓	静脈
オ	アンモニア	肝臓	じん臓	動脈
カ	アンモニア	肝臓	じん臓	静脈
キ	アンモニア	じん臓	肝臓	動脈
ク	アンモニア	じん臓	肝臓	静脈

2 次の観察とメンデルの実験について，（1）～（5）の問いに答えなさい。

観察
　エンドウの花と，受粉後につくられた果実を観察した。図1は花の断面を，図2は受粉後につくられた果実と種子のようすをそれぞれスケッチしたものである。
　エンドウの種子の中には2つに分かれている子葉が見られ，エンドウが**a双子葉類**に分類されることも確認できた。

図1　図2
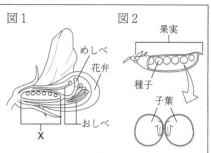
果実　めしべ　花弁　種子　子葉　おしべ　X

メンデルの実験
　エンドウの種子の形には丸形としわ形があり，これらは対立形質である。また，エンドウはその花の形状から，自然状態では**b自家受粉**のみを行う。
　丸形の種子をつくる純系のエンドウの花粉を，しわ形の種子をつくる純系のエンドウのめしべに受粉させてできた種子を観察したところ，**c全て丸形の種子**になった。このようにして得られた種子を全て育て，自家受粉させたときにできる丸形の種子としわ形の種子の数の比は，**d丸形：しわ形＝3：1**となった。

（1）図1のXは，図2の果実になる部分である。Xを何というか。書きなさい。

（2）下線部**a**について，双子葉類の葉脈と根のようすの組み合わせとして最も適当なものを，右の**ア～エ**の中から1つ選びなさい。

	葉脈のようす	根のようす
ア	網目状	主根と側根
イ	網目状	ひげ根
ウ	平行	主根と側根
エ	平行	ひげ根

（3）下線部**b**について，自家受粉とはどのように受粉することか。「**花粉が，**」という書き出しに続けて，**めしべ**ということばを用いて書きなさい。

（4）丸形の遺伝子を**R**，しわ形の遺伝子を**r**として，次の①，②の問いに答えなさい。
　① 次の文は，下線部**c**について述べたものである。Y，Zにあてはまることばの組み合わせとして最も適当なものを，右の**ア～カ**の中から1つ選びなさい。

　丸形の純系としわ形の純系のエンドウを交配したときにできる受精卵の遺伝子の組み合わせは☐Y☐である。この受精卵が種子になると，形は全て丸形になる。対立形質の遺伝子の両方が子に受けつがれたときに，丸形のように子に現れる形質を☐Z☐形質という。

	Y	Z
ア	RRのみ	潜性
イ	RRとRr	潜性
ウ	Rrのみ	潜性
エ	RRのみ	顕性
オ	RRとRr	顕性
カ	Rrのみ	顕性

　② 下線部**d**について，丸形としわ形で合わせて400個の種子が得られたとすると，このうち，遺伝子の組み合わせが**Rr**の種子は何個あると考えられるか。最も適当なものを，次の**ア～カ**の中から1つ選びなさい。
　　ア　50個　　イ　100個　　ウ　150個　　エ　200個　　オ　250個　　カ　300個

（5）下線部**d**の種子の中から，しわ形の種子だけを全てとり除き，**丸形の種子だけを全て育てて自家受粉させた**。このときに生じる丸形の種子としわ形の種子の数の比はどのようになると考えられるか。最も適当なものを，次の**ア～カ**の中から1つ選びなさい。
　　ア　丸形：しわ形＝3：1　　イ　丸形：しわ形＝4：1　　ウ　丸形：しわ形＝5：1
　　エ　丸形：しわ形＝5：3　　オ　丸形：しわ形＝7：1　　カ　丸形：しわ形＝7：2

3 次の文は，地震について述べたものである。（1）〜（3）の問いに答えなさい。

地震は地下で発生する。地震が発生した場所を震源という。図は，震源，a震源の真上の地点，観測点の関係を模式的に表したものである。

地震によるゆれの大きさは，日本では震度で表され，地震の規模はbマグニチュードで表される。

地震のゆれを地震計で記録すると，初めに初期微動が記録され，その後に主要動が記録される。初期微動を伝える波をP波，主要動を伝える波をS波という。

c緊急地震速報は，地震が発生したときに生じるP波を，震源に近いところにある地震計でとらえて分析し，S波の到着時刻や震度を予想してすばやく知らせる予報・警報である。

図

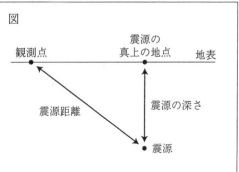

震源距離／震源の深さ／観測点／震源の真上の地点／地表／震源

（1）下線部aについて，震源の真上の地点のことを何というか。書きなさい。

（2）下線部bについて，次のⅠ，Ⅱの文は，マグニチュードについて述べたものである。これらの文の正誤の組み合わせとして正しいものを，右のア〜エの中から1つ選びなさい。

Ⅰ　マグニチュードの値が2大きいと，エネルギーは1000倍になる。

Ⅱ　同じ震源の地震では，マグニチュードの値が大きいほど，ゆれが伝わる範囲はせまくなる。

	Ⅰ	Ⅱ
ア	正	正
イ	正	誤
ウ	誤	正
エ	誤	誤

（3）下線部cについて，次の文は，ある場所で発生した地震について述べたものである。下の①〜③の問いに答えなさい。ただし，P波とS波は，それぞれ一定の速さで伝わるものとする。

表は，観測点A〜Cにおいて，初期微動と主要動が始まった時刻をまとめたものである。地震が起こると，震源で　X　する。表から，この地震でのP波の速さは，　Y　km/sであった。この地震では，15時32分14秒に各地に緊急地震速報が伝わった。

表	観測点	震源距離	初期微動が始まった時刻	主要動が始まった時刻
	A	30 km	15時32分07秒	15時32分12秒
	B	Z km	15時32分10秒	15時32分18秒
	C	60 km	15時32分12秒	15時32分22秒

① X，Yにあてはまることばと数値の組み合わせとして最も適当なものを，右のア〜カの中から1つ選びなさい。

	X	Y
ア	P波が発生した後にS波が発生	3
イ	P波が発生した後にS波が発生	6
ウ	P波とS波が同時に発生	3
エ	P波とS波が同時に発生	6
オ	S波が発生した後にP波が発生	3
カ	S波が発生した後にP波が発生	6

② Zにあてはまる数値を求めなさい。

③ この地震において，震源距離が54 kmの観測点で主要動が始まったのは，緊急地震速報が伝わってから何秒後か。求めなさい。

4 日本のある地点で，太陽の1日の動きを観察し，透明半球を天球に，厚紙を地平面に見立てて記録した。（1）〜（4）の問いに答えなさい。

観察

図1は，次のⅠ〜Ⅳの手順で，夏至の日と冬至の日に，8時から16時まで，1時間ごとの太陽の位置を透明半球上に記録したものである。

Ⅰ　厚紙に透明半球と同じ大きさの円をかき，中心を点Oとした。点Oで直交する直線を引き，透明半球と厚紙を固定した。

Ⅱ　直交する直線と東西南北を合わせ，透明半球と厚紙を日当たりのよい水平な場所に置いた。点A〜Dは，点Oから見た，東西南北いずれかの方位にある円周上の点である。

Ⅲ　夏至の日と冬至の日に，1時間ごとの太陽の位置を透明半球上に点で記録し，それらの点をなめらかな線で結んだ。その後，結んだ線を透明半球のふちまで延長し，日の出と日の入りのおよその位置を表す点を厚紙にかいた。

Ⅳ　透明半球を外して，日の出と日の入りのおよその位置を表す点を直線で結び，その直線とACとの交点を，それぞれ点E，点Fとした。

図1

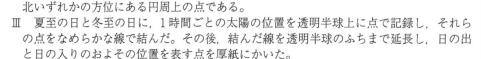

厚紙／透明半球／方位磁針／B／A／E／O／F／C／D

（1）地上から見た太陽の1日の見かけの動きを，太陽の何というか。書きなさい。

（2）次の文は，Ⅱ，Ⅲについて述べたものである。下の①，②の問いに答えなさい。

図1のとき，点Oから見て，東の方位にあるのは，　X　である。太陽の位置を透明半球上に記録するとき，サインペンの先のかげを点Oに重ねる。これは，点Oに　Y　が位置すると考えるためである。1時間ごとに記録した点の間の距離がどこでも等しかったことから，太陽は天球上を　Z　ことがわかる。

	X	Y
ア	点B	観測者
イ	点B	太陽
ウ	点D	観測者
エ	点D	太陽

① X，Yにあてはまることばの組み合わせとして最も適当なものを，右のア〜エの中から1つ選びなさい。

② Zにあてはまることばを書きなさい。

（3）図2は，図1の透明半球における，ACを通り厚紙に対して垂直な断面図である。点Gは天頂，点Hと点Iは，夏至の日と冬至の日のいずれかに太陽が南中するときの位置を表している。夏至の日の太陽の南中高度を表すものとして最も適当なものを，次のア〜クの中から1つ選びなさい。

図2

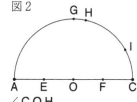

G H／I／A E O F C

ア ∠CEG　　イ ∠COG　　ウ ∠CEH　　エ ∠COH
オ ∠CFH　　カ ∠CEI　　キ ∠COI　　ク ∠CFI

（4）日本が夏至の日のとき，南半球にあるシドニーで太陽の1日の動きを観察すると，記録した点を結んだ線はどのようになると考えられるか。最も適当なものを，次のア〜エの中から1つ選びなさい。ただし，ア〜エの図の中のAとCは，図1と同じ方位であるものとする。

ア　イ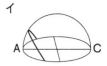　ウ　エ

5 次の実験について，（1）～（4）の問いに答えなさい。

実験1
図1のように，液体のエタノールが入ったポリエチレンぶくろの口を輪ゴムできつく閉じ，90 ℃の湯をかけた。すると，ポリエチレンぶくろが大きくふくらんだ。

図1
液体のエタノールが入ったポリエチレンぶくろ

実験2
Ⅰ 図2の装置で，水とエタノールの混合物を加熱した。加熱後しばらくすると，液体が試験管に出始めた。混合物の温度は，沸騰し始めてからもゆるやかに上昇を続けた。出てきた液体を少量ずつ順に3本の試験管に集め，集めた順に液A，液B，液Cとした。液A～Cを25 ℃にしてからそれぞれ質量と体積を測定し，密度を求めた。
Ⅱ 液A～Cをそれぞれ蒸発皿に移し，小さく切ったろ紙をそれぞれの蒸発皿に入っている液体にひたした。液体にひたしたろ紙にマッチの火を近づけ，火がつくかどうかを調べた。

図2
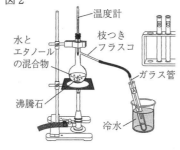

結果

	液A	液B	液C
質量〔g〕	4.20	5.06	5.04
体積〔cm³〕	5.00	5.50	5.20
密度〔g/cm³〕	0.84	0.92	0.97
火を近づけたときのようす	火がついた。	火がついた。	火はつかなかった。

（1） 実験1に関連して，物質の姿が固体⇔液体，液体⇔気体，気体⇔固体と，温度によって変わることを何というか。**漢字4字**で書きなさい。

（2） 下線部の変化についてエタノールの粒子に着目したとき，粒子の数と，粒子どうしの間隔は湯をかける前と比べてどうなるか。正しい組み合わせとして最も適当なものを，右の**ア～カ**の中から1つ選びなさい。

	粒子の数	粒子どうしの間隔
ア	多くなる。	広がる。
イ	多くなる。	変わらない。
ウ	少なくなる。	広がる。
エ	少なくなる。	変わらない。
オ	変わらない。	広がる。
カ	変わらない。	変わらない。

（3） 実験2の結果から，エタノールを多くふくむ液体が先に出てきたことがわかる。水とエタノールの混合物の蒸留で，エタノールを多くふくむ液体が先に出てくる理由を，「**水よりもエタノールの方が，**」という書き出しに続けて書きなさい。

（4） 水とエタノールの割合を変えて混合し，25 ℃にすると，混合物の密度は表のようになる。実験2の結果と表を用いて，次の①，②の問いに答えなさい。

表

水〔g〕	2.0	4.0	5.0	6.0	8.0
エタノール〔g〕	8.0	6.0	5.0	4.0	2.0
密度〔g/cm³〕	0.84	0.89	0.91	0.93	0.97

① 水とエタノールを1：1の質量の比で混合し，25 ℃にした混合物を液Dとする。液Dにひたしたろ紙にマッチの火を近づけると，どのように観察されると考えられるか。最も適当なものを，次の**ア～カ**の中から1つ選びなさい。
ア 液Dの密度の値が，液Aの密度の値より小さいので，火がつく。
イ 液Dの密度の値が，液Aの密度の値と液Bの密度の値の間なので，火がつく。
ウ 液Dの密度の値が，液Aの密度の値と液Bの密度の値の間なので，火はつかない。
エ 液Dの密度の値が，液Bの密度の値と液Cの密度の値の間なので，火がつく。
オ 液Dの密度の値が，液Bの密度の値と液Cの密度の値の間なので，火はつかない。
カ 液Dの密度の値が，液Cの密度の値より大きいので，火はつかない。

② Ⅰで集めた液Aにふくまれているエタノールの質量は何gか。求めなさい。

6 次の実験について，（1）～（4）の問いに答えなさい。

実験
Ⅰ 図のような装置を用いて，塩化銅水溶液に電圧を加えて電流を流したところ，一方の電極では赤色の銅が生じ，もう一方の電極では塩素が生じた。
Ⅱ 水溶液に電流を流すのをやめると，銅や塩素は生じなくなった。
Ⅲ 陽極と陰極がⅠのときと逆になるように導線をつなぎかえ，塩化銅水溶液に電圧を加えて電流を流したところ，銅と塩素が生じる電極はⅠのときと逆になった。

図
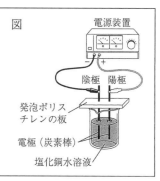
電源装置
陰極　陽極
発泡ポリスチレンの板
電極（炭素棒）
塩化銅水溶液

（1） 銅や塩素のように，1種類の元素からできている物質を何というか。書きなさい。

（2） 塩素の性質として最も適当なものを，次の**ア～エ**の中から1つ選びなさい。
ア 漂白作用がある。
イ 水によく溶け，その水溶液はアルカリ性を示す。
ウ 物質を燃やすはたらきがある。
エ 石灰水を白くにごらせる。

（3） 次の文は，実験で起こった現象について述べたものである。下の①，②の問いに答えなさい。

Ⅰから，塩化銅水溶液の中には，銅原子や塩素原子のもとになる粒子があると考えられる。また，Ⅲから，これらの粒子はそれぞれ決まった種類の電気を帯びていることがわかる。陽極付近では　X　原子のもとになる粒子が引かれて　X　原子になる。陰極付近では　Y　原子のもとになる粒子が引かれて　Y　原子になる。このとき，　Z　原子は2個結びついて分子になる。

① X～Zにあてはまることばの組み合わせとして最も適当なものを，右の**ア～エ**の中から1つ選びなさい。

	X	Y	Z
ア	銅	塩素	銅
イ	銅	塩素	塩素
ウ	塩素	銅	銅
エ	塩素	銅	塩素

② 塩化銅が銅と塩素に分解する化学変化を，化学反応式で書きなさい。

（4） グラフは，図のような装置を用いて，塩化銅水溶液に電流を流したときに生じる銅と塩素の質量の関係を表している。質量パーセント濃度が3.0 ％の塩化銅水溶液140 gに電流を流し続けて，全ての塩化銅が銅と塩素に分解されたとき，何gの銅が生じるか。求めなさい。

グラフ
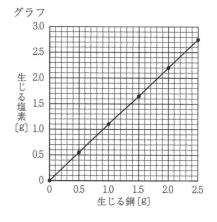
生じる塩素〔g〕
生じる銅〔g〕

7 次の実験について，（1）〜（3）の問いに答えなさい。

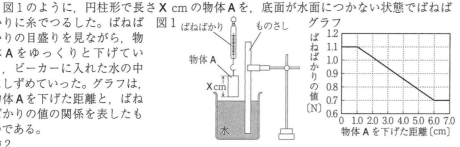

実験1
　　図1のように，円柱形で長さ X cm の物体Aを，底面が水面につかない状態でばねばかりに糸でつるした。ばねばかりの目盛りを見ながら，物体Aをゆっくりと下げていき，ビーカーに入れた水の中にしずめていった。グラフは，物体Aを下げた距離と，ばねばかりの値の関係を表したものである。

実験2
　　図2のような，円柱形のおもりの下にうすい円形の底板が接着されている物体Bがある。物体Bの底板を下にして平らな脱脂綿の上に置いたところ，図3のように脱脂綿がくぼんだ。物体Bの質量は110gであり，底板の底面積は 55 cm² であった。

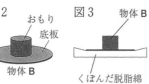
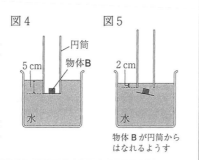

実験3
　　円筒を用意し，物体Bを円筒に手で押し当てたまま，中に水が入らないようにして，円筒と物体Bを水の中にしずめた。水平にした物体Bの底板から水面までの距離をものさしで測り，底板から水面までの距離が5cmのところで，物体Bから手をはなした。
　　図4のように，底板から水面までの距離が5cmのところでは，物体Bは円筒からはなれなかった。その後，円筒を水面に対して垂直にゆっくりと引き上げていくと，図5のように，底板から水面までの距離が2cmのところで，物体Bが円筒からはなれた。

（1）　実験1について，次の①〜③の問いに答えなさい。ただし，物体Aをつるした糸はのび縮みせず，糸の質量と体積は無視できるものとする。
　　①　物体Aにはたらく重力の大きさは何Nか。答えなさい。
　　②　物体Aの長さXは何cmか。求めなさい。
　　③　物体Aを全部水中にしずめたとき，物体Aにはたらく浮力の大きさは何Nか。求めなさい。
（2）　実験2について，脱脂綿が物体Bから受ける圧力の大きさは何Paか。求めなさい。ただし，質量100gの物体にはたらく重力の大きさを1Nとする。
（3）　次の文は，実験3の結果から考えられることについて述べたものである。P〜Rにあてはまることばの組み合わせとして最も適当なものを，右のア〜エの中から1つ選びなさい。

水中で物体Bが円筒からはなれるかどうかは，物体Bにはたらく重力による「下向きの力」と周囲の水から受ける力による「上向きの力」の大小関係で決まる。「上向きの力」が「下向きの力」より　P　場合，物体Bは円筒からはなれない。一方，「上向きの力」が「下向きの力」より　Q　場合，物体Bは円筒からはなれる。物体Bを，同じ形，同じ大きさで質量が物体Bより小さい物体Cにかえ，実験3と同じ手順で実験を行うと，物体Cの底板から水面までの距離が　R　ところで，物体Cは円筒からはなれると考えられる。

	P	Q	R
ア	大きい	小さい	2cmより小さい
イ	大きい	小さい	2cmより大きい
ウ	小さい	大きい	2cmより小さい
エ	小さい	大きい	2cmより大きい

8 次の実験について，（1）〜（4）の問いに答えなさい。

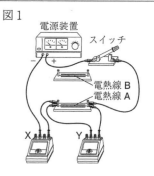

実験1
　　図1のような回路を用いて，電熱線Aに加える電圧を1Vずつ大きくしていき，各電圧での電熱線Aに流れる電流の値を測定した。その後，電熱線Aを電熱線Bにかえ，同様の手順で実験を行った。

結果1

		0	1	2	3
電圧〔V〕		0	1	2	3
電流〔mA〕	電熱線A	0	80	160	240
	電熱線B	0	120	240	360

実験2
　Ⅰ　図2のように，電熱線Cを用いた回路をつくり，発泡ポリスチレンのカップに室温と同じ 22.0 ℃の水を入れた。電熱線Cに3Vの電圧を加え，1.5 Aの電流を4分間流し，容器内の水をかき混ぜながら，水の温度変化を測定した。
　Ⅱ　Ⅰと同じ質量，同じ温度の水を別の発泡ポリスチレンのカップに入れ，電熱線Cに9Vの電圧を加え，4.5 Aの電流を4分間流し，容器内の水をかき混ぜながら，水の温度変化を測定した。

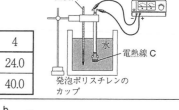

結果2

経過時間〔分〕		0	1	2	3	4
水温〔℃〕	電圧3V	22.0	22.5	23.0	23.5	24.0
	電圧9V	22.0	26.5	31.0	35.5	40.0

（1）　図1のXとYは電流計と電圧計のどちらかである。電流計はXとYのどちらか。また，回路に流れる電流の大きさがわからないとき，一端子は図3のaとbのどちらに接続して実験を開始するか。答えの組み合わせとして最も適当なものを，右のア〜エの中から1つ選びなさい。

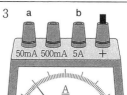

	電流計	一端子
ア	X	a
イ	X	b
ウ	Y	a
エ	Y	b

（2）　電熱線Aと電熱線Bの電気抵抗の大きさをそれぞれ R_A，R_Bとする。R_AとR_Bの関係はどのようになるか。最も適当なものを，次のア〜ウの中から1つ選びなさい。
　　ア　$R_A < R_B$　　　イ　$R_A = R_B$　　　ウ　$R_A > R_B$
（3）　電熱線Aに3Vの電圧を5分間加えたとき，電熱線Aで消費される電力量は何Jになるか。求めなさい。ただし，電熱線Aに流れる電流は5分間，結果1の値のまま変化しなかったものとする。
（4）　実験2について，次の①，②の問いに答えなさい。ただし，電熱線Cで発生した熱は全て容器内の水の温度上昇に使われたものとする。
　　①　次の文は，結果2について考察したものである。P〜Rにあてはまる数値の組み合わせとして最も適当なものを，右のア〜クの中から1つ選びなさい。

電圧が3Vのとき，電熱線Cで消費される電力は　P　Wであり，9Vのときは40.5 Wである。また，4分後の水の上昇温度を比べると，3Vでは2.0℃，9Vでは　Q　℃である。これらのことから，電熱線に加える電圧が3倍になると，電熱線の消費電力は　R　倍になる。また，容器内の水の上昇温度は電力に比例するので，水の上昇温度も　R　倍になる。

	P	Q	R
ア	4.5	9.0	3
イ	4.5	18.0	3
ウ	4.5	9.0	9
エ	4.5	18.0	9
オ	9.0	9.0	3
カ	9.0	18.0	3
キ	9.0	9.0	9
ク	9.0	18.0	9

　　②　電熱線Cに電圧6Vを加え続けたとき，4分後の容器内の水温は何℃になるか。求めなさい。ただし，使用した装置や容器内の水の量は実験2と同じであり，電圧を加え始めたときの容器内の水温を 22.0 ℃とする。

令和 6 年 度

Ⅴ 社 会

（14 時 20 分 ～ 15 時 10 分）

注 意

○ 問題用紙は 4 枚（4 ページ）あります。

○ 解答用紙はこの**用紙の裏面**です。

○ 答えはすべて，解答用紙の所定の欄に，文，文字などで答
えるもののほかは，**ア**，**イ**，……などの符号で記入しなさい。

○ 解答用紙の ▨ の欄には記入してはいけません。

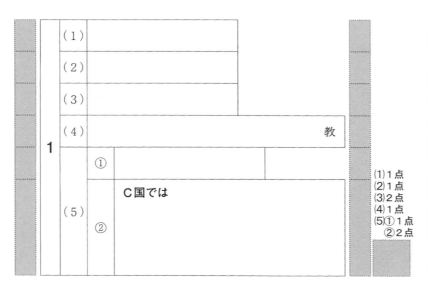

1
(1)
(2)
(3)
(4) 　　　　　　　　　教
(5) ① 　　C国では
　　 ②

(1)1点
(2)1点
(3)2点
(4)1点
(5)①1点
　　 ②2点

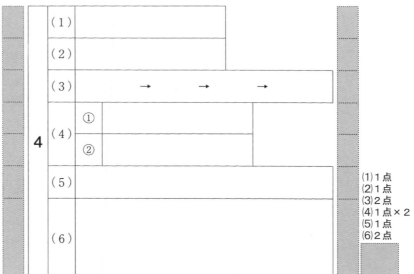

4
(1)
(2)
(3) 　→　　→　　→
(4) ①
　　 ②
(5)
(6)

(1)1点
(2)1点
(3)2点
(4)1点×2
(5)1点
(6)2点

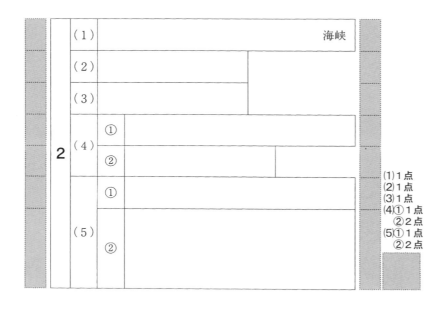

2
(1) 　　　　　　　　　海峡
(2)
(3)
(4) ①
　　 ②
(5) ①
　　 ②

(1)1点
(2)1点
(3)1点
(4)①1点
　　 ②2点
(5)①1点
　　 ②2点

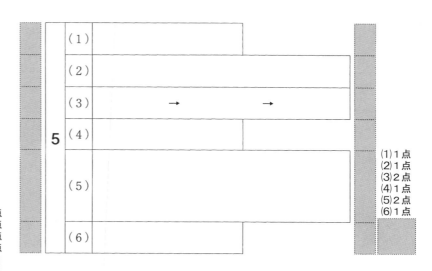

5
(1)
(2)
(3) 　→　　　→
(4)
(5)
(6)

(1)1点
(2)1点
(3)2点
(4)1点
(5)2点
(6)1点

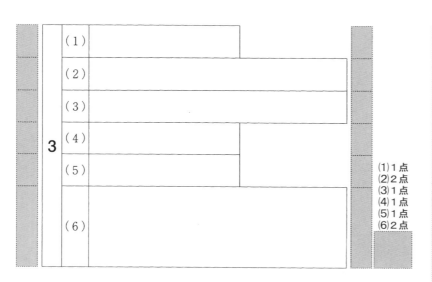

3
(1)
(2)
(3)
(4)
(5)
(6)

(1)1点
(2)2点
(3)1点
(4)1点
(5)1点
(6)2点

6
(1)
(2)
(3)
(4)
(5)
(6)

(1)1点
(2)1点
(3)1点
(4)2点
(5)1点
(6)2点

1 次の地図の**X**は緯線を，**A～D**は国を，**E～G**は都市を表している。（1）～（5）の問いに答えなさい。

地図

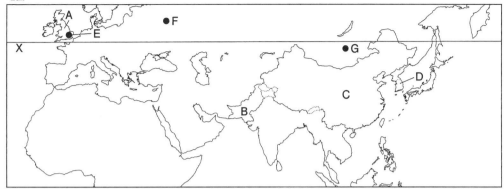

（1）　**X**が示す緯度として適当なものを，次の**ア～エ**の中から一つ選びなさい。
　　　ア　北緯20度　　　**イ**　北緯30度　　　**ウ**　北緯40度　　　**エ**　北緯50度

（2）　次の雨温図**m～o**は，都市**E～G**のいずれかのものである。都市**E～G**と雨温図**m～o**の組み合わせとして適当なものを，下の**ア～カ**の中から一つ選びなさい。

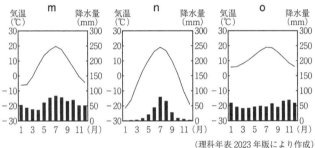

（理科年表 2023 年版により作成）

	ア	イ	ウ	エ	オ	カ
E	m	m	n	n	o	o
F	n	o	m	o	m	n
G	o	n	o	m	n	m

（3）　次のグラフ**I**は，**A国，B国，D国**における米と小麦の生産量を表しており，グラフ**I**中の**s～u**は，**A国，B国，D国**のいずれかである。**A国，B国，D国**とグラフ**I**中の**s～u**の組み合わせとして適当なものを，下の**ア～カ**の中から一つ選びなさい。

グラフ I　A国，B国，D国における米と小麦の生産量（2021 年）

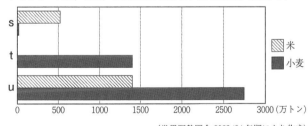

（世界国勢図会 2023/24 年版により作成）

	ア	イ	ウ	エ	オ	カ
A国	s	s	t	t	u	u
B国	t	u	s	u	s	t
D国	u	t	u	s	t	s

（4）　右の表**I**は，**A～C国**における，ある宗教の信者数が総人口に占める割合を表している。この宗教の名称を書きなさい。

表 I　A～C国における，ある宗教の信者数が総人口に占める割合（%）

A国	B国	C国
4.4	96.5	1.8

（世界国勢図会 2023/24 年版により作成）

（5）　**C国**について，次の①，②の問いに答えなさい。

①　次の表**II**は，**A～D国**から日本への輸出上位3品目と日本への総輸出額を表している。**C国**として適当なものを，表**II**の**ア～エ**の中から一つ選びなさい。

表 II　A～D国から日本への輸出上位3品目と日本への総輸出額（2021 年）

	日本への輸出上位3品目			日本への総輸出額（億円）
	1位	2位	3位	
ア	機械類	医薬品	自動車	7580
イ	機械類	石油製品	鉄鋼	35213
ウ	機械類	衣類	金属製品	203818
エ	衣類	揮発油	綿糸	294

（日本国勢図会 2023/24 年版などにより作成）

②　次のグラフ**II**は，**C国**における 1970 年と 2020 年の人口ピラミッドである。**C国**では，人口増加を抑制する政策を 1980 年頃から行ってきたが，2010 年代に見直した。**C国**が行ってきたこの政策の名称を明らかにして，人口ピラミッドの着色部分に着目しながら，**C国の人口構成の変化**について，「**C国では**」の書き出しに続けて書きなさい。

グラフ II　C国における 1970 年と 2020 年の人口ピラミッド

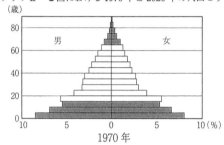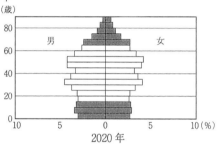

（国連資料により作成）

2　右の地図**I**の**A**は海峡を，**B～G**は都市を，**H**は県を表している。（1）～（5）の問いに答えなさい。

地図 I

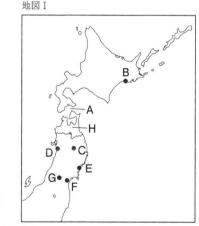

（1）　海峡**A**の名称を書きなさい。

（2）　都市**B**の自然環境について述べた文として最も適当なものを，次の**ア～エ**の中から一つ選びなさい。
　　　ア　寒流の影響で，夏に濃霧が発生しやすい。
　　　イ　オホーツク海沿岸にあり，流氷が押し寄せる。
　　　ウ　暖流の影響で，夏より冬の降水量が多い。
　　　エ　十勝平野にあり，火山灰で覆われた土地が広がる。

（3）　都市**C～G**について，その名称と特色がともに正しく表されているものを，次の**ア～オ**の中から一つ選びなさい。

	都市	名称	特色
ア	C	盛岡	豊作を祈る竿燈まつりが有名で，多くの観光客が訪れる。
イ	D	秋田	南部鉄器の生産が有名で，海外へも輸出されている。
ウ	E	仙台	人口 100 万人を超え，東北地方の中心的な役割を担っている。
エ	F	気仙沼	沖合いに潮目（潮境）があり，水揚げ量の多い漁港がある。
オ	G	天童	伝統的工芸品に指定された将棋駒の生産が有名である。

（4）　下の地図Ⅱ，Ⅲは，H県の同じ範囲を表す2万5千分の1地形図の一部であり，地図Ⅱは2022年発行，地図Ⅲは1988年発行のものである。次の①，②の問いに答えなさい。

①　次の文は，地図Ⅱに描かれている三内丸山遺跡について説明したものである。また，右の写真は，この遺跡で出土した土器である。Xにあてはまることばを**漢字2字**で書きなさい。

写真

当時の人々が，大型のたて穴住居などの建物をすぐれた技術で造っていたことがわかる，　X　文化の遺跡である。右の写真のような　X　土器や貝塚などが見つかっている。

②　地図Ⅱ，Ⅲを比較して読み取ることができる1988年から2022年の変化について述べた文として適当なものを，次の**ア〜エ**の中から一つ選びなさい。

ア　三内丸山遺跡は，1988年には茶畑が広がる台地であった。

イ　三内丸山遺跡の西にある鉄道は，1988年よりも後に造られた。

ウ　西部工業団地は，1988年よりも後に標高80mの丘を開発して造られた。

エ　県総合運動公園の西に，1988年よりも後に総合体育館が造られた。

地図Ⅱ　2022年　　　　　　　地図Ⅲ　1988年

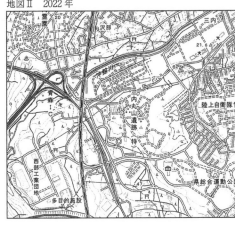　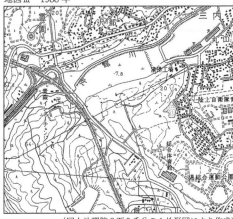

（国土地理院2万5千分の1地形図により作成）

（5）　北海道と東北各県について，地図Ⅳは米の栽培面積を，地図Ⅴは各道県のすべての作物の栽培面積に占める米の栽培面積の割合を表している。次の①，②の問いに答えなさい。

①　北海道の石狩平野は，かつて農業に不向きな土地とされていたが，稲作に適する土を運びこむなどして，現在では日本有数の米の生産地となった。作物を育てるのに適した土を他の場所から運びこむことを何というか。**漢字2字**で書きなさい。

②　北海道は，地図Ⅳでは上位に表されるが，地図Ⅴでは下位に表される。この理由について述べた次の文のYにあてはまることばを，下の**二つの語句**を用いて書きなさい。

北海道は　Y　の割合が大きいから。

| 東北各県 | 栽培面積 |

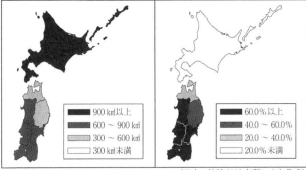

地図Ⅳ　米の栽培面積（2020年）　地図Ⅴ　各道県のすべての作物の栽培面積に占める米の栽培面積の割合（2020年）

（日本の統計2023年版により作成）

3　次の年表は，古代から近世における日本の決まりに関するおもなできごとについて，ある班がまとめたものの一部である。（1）〜（6）の問いに答えなさい。

年	おもなできごと
603	a 聖徳太子らが冠位十二階の制度を定めた
701	朝廷が b 大宝律令を作った
794	桓武天皇が c 平安京に都を移した
1232	北条泰時が d 御成敗式目を定めた
1588	e 豊臣秀吉が刀狩令を出した
1825	幕府が f 異国船打払令を出した

（1）　次の文は，下線部aの人物について述べたものである。WとXにあてはまる語句の組み合わせとして適当なものを，下の**ア〜エ**の中から一つ選びなさい。

聖徳太子は，推古天皇のもとで，　W　と協力しながら新しい政治の仕組みを作ろうとした。また，中国の進んだ制度や文化を取り入れようと，小野妹子らを　X　として派遣した。

ア　W　蘇我馬子　　X　遣隋使
イ　W　蘇我馬子　　X　遣唐使
ウ　W　中大兄皇子　X　遣隋使
エ　W　中大兄皇子　X　遣唐使

（2）　下線部bに関して，次の文は，右の資料Ⅰについて説明したものである。資料Ⅰと文中のYに共通してあてはまる語句を**漢字2字**で書きなさい。

資料Ⅰ

資料Ⅰは，大宝2（702）年に作成された　Y　の一部で，一人一人の姓名や年齢などが記されている。
　Y　は6年ごとに作成され，登録された6歳以上の人々には性別や身分に応じて口分田が与えられた。

（3）　下線部cに関して，次の歌は，平安時代によまれたものである。また，右の資料Ⅱは，この歌がよまれた背景と歌をよんだ人物の子どもに関して述べたものである。この歌をよんだ人物は誰か。書きなさい。

資料Ⅱ

・この歌は，この人物の娘が天皇の后になることを祝う席でよまれた。
・この人物の子は，極楽浄土をこの世に再現しようと平等院鳳凰堂を造った。

歌

この世をば　わが世とぞ思ふ
望月の　欠けたることも　無しと思へば

（4）　下線部dについて，この決まりの内容の一部として適当なものを，次の**ア〜エ**の中から一つ選びなさい。

ア　本拠である朝倉館のほか，国内に城を構えてはならない。全ての有力な家臣は，一乗谷に引っ越し，村には代官を置くようにしなさい。

イ　諸国の守護の職務は，国内の御家人を京都の警備に当たらせること，謀反や殺人などの犯罪人を取り締まることである。

ウ　所領の質入れや売買は，御家人の生活が苦しくなるもととなるので，今後は禁止する。

エ　この安土の町は楽市としたので，いろいろな座は廃止し，さまざまな税や労役は免除する。

（5） 下線部 e の人物について述べた文として適当なものを，次のア〜エの中から一つ選びなさい。
　　ア　倭寇を取り締まるため，勘合を用いた貿易を始めた。
　　イ　朝廷から征夷大将軍に任命され，江戸に幕府を開いた。
　　ウ　東北地方の年貢米などを大阪へ運ぶ，西廻り航路を開いた。
　　エ　明の征服を目指し，朝鮮に軍を派遣した。

（6） 右の資料Ⅲは，下線部 f の一部であり，絵はアヘン戦争の様子を描いたものである。また，次の文は，幕府が1842年に下線部 f に代わる新たな命令を出したことについて述べたものである。Zにあてはまることばを，**アヘン戦争の結果**と，**新たに出された命令の内容**を明らかにして，下の二つの語句を用いて書きなさい。

> 幕府は，入港する外国船を打ち払うように命じていたが，アヘン戦争で Z ことにした。

敗れ続けた	まきや水など

資料Ⅲ
> どこの港でも，外国船が入港するのを見たなら，有無を言わさず，いちずに打ち払え。もし強引に上陸したら，捕まえるか，または打ち殺しても構わない。

絵

4 次のレポートと年表は，「日本の祝日がいつ，誰によって，なぜつくられたのか」をテーマにして，ある班がまとめたものの一部である。（1）〜（6）の問いに答えなさい。

レポート

探究結果	日本の祝日について

◇祝日のはじまり
・国王の誕生日などを国民が祝う欧米の習慣を踏まえて，**a明治政府**が命令によって祝日を定めた。
・**b国民**という自覚や人々が国民として一つにまとまる意識が，**c学校教育**などを通して生まれていった。

◇現在の祝日
・ X
・**d歴史的なできごと**に関係する祝日の他に季節や自然に関係する祝日が設けられた。

年表

年	関連するできごと
1873	明治政府が祝日に関する取り決めを出す ……………A
1889	大日本帝国憲法が2月11日に発布される …………B
1904	日露戦争がはじまる ……………………………………C
1939	e第二次世界大戦がはじまる …………………………D
1946	日本国憲法が11月3日に公布される
1948	国民の祝日に関する法律が制定される
1964	東京オリンピック・パラリンピックが開催される
1966	法律の改正により「体育の日」が追加される
2018	法律の改正により「体育の日」が「スポーツの日」と改められる

（1） 下線部 a について，西郷隆盛や岩倉具視などにより，天皇を中心とする政府の樹立が宣言された。このことを何というか。次のア〜エの中から一つ選びなさい。
　　ア　大政奉還　　イ　五箇条の御誓文　　ウ　王政復古の大号令　　エ　廃藩置県

（2） 下線部 b について，次の資料Ⅰは，明治の初めに出版された「学問のす（す）め」を現代の表記に改めたものの一部である。資料Ⅰに関して述べた下の文 ⅰ・ⅱ について，その正誤の組み合わせとして適当なものを，下のア〜エの中から一つ選びなさい。

資料Ⅰ
> 「天は人の上に人を造らず，人の下に人を造らず」と言われている。（中略）大事なことは，人としての当然の感情に基づいて，自分の行動を正しくし，熱心に勉強し，広く知識を得て，それぞれの社会的役割にふさわしい知識や人間性を備えることだ。

ⅰ　この著者は，欧米の思想を日本に紹介した福沢諭吉である。
ⅱ　この著者は，この著書の中で「民本主義」に基づき，政治に民衆の考えを反映すべきと主張している。

　　ア　ⅰ正　ⅱ正　　イ　ⅰ正　ⅱ誤　　ウ　ⅰ誤　ⅱ正　　エ　ⅰ誤　ⅱ誤

（3） 下線部 c に関して，日本の学校教育について述べた次のア〜エを，年代の古い順に左から並べて書きなさい。
　　ア　小学校は，国民学校となり，軍国主義的な教育が強められた。
　　イ　天皇への忠義や親への孝行を基本とした教育勅語が発布された。
　　ウ　学制が公布され，満6歳の男女を小学校に通わせることが義務となった。
　　エ　民主主義教育の基本となる考え方が示された教育基本法が制定された。

（4） 下線部 d に関連して，次は，ある生徒がフランスと韓国における歴史的なできごとに関係する祝日についてまとめたものの一部である。下の①，②の問いに答えなさい。

> 〔フランス〕7月14日：革命記念日…民衆がバスチーユ牢獄を襲い f フランス革命が始まった日。
> 〔韓　国〕3月1日：三一節………g アメリカ大統領ウィルソンなどが示した民族自決という考え方に影響を受けた人々が，日本の植民地支配に抵抗し，京城（ソウル）で独立を宣言した日。

① 次の資料Ⅱは，下線部 f のできごとの最中に出された人権宣言の一部である。また，右の絵Ⅰは，フランス革命前の社会の様子を風刺したものである。絵の中の平民の上にある「石」は何の例えか，資料Ⅱのア〜エの中から最も適当なものを一つ選びなさい。

資料Ⅱ
> 第1条　人は生まれながらに，自由で平等な ア権利 をもつ。
> 第3条　イ主権 の源は，もともと国民の中にある。
> 第13条　公的強制力の維持および行政の支出のために，共同のウ租税 が不可欠である。
> 第16条　権利の保障が確保されず，権力の分立が定められていないすべての社会は，エ憲法 をもたない。

絵Ⅰ

聖職者　貴族
石
平民

② 下線部 g のできごとが起きた時期として正しいものを，年表中のA〜Dの中から一つ選びなさい。

（5） 次の資料Ⅲは，福島県出身のある女性が，下線部 e のできごとの前後に存在したY国に移住したときの様子を回想したものである。また，右の絵Ⅱは，Y国建国1周年を記念して発行されたポスターの一部である。資料Ⅲと絵ⅡのYに共通してあてはまる語句を**漢字2字**で書きなさい。

資料Ⅲ
> 私たちが Y 国に入植したのは，昭和14（1939）年だった。以後，開拓に努力し，昭和19（1944）年春から開拓地が個人経営になった。（中略）前途の希望を語りながらの生活だった。しかし，昭和20（1945）年8月9日にはソ連の参戦があり，私たちは住みなれた家を離れて，避難した。産後間もない乳児をかかえ，もうひとり生後2年8か月の男児を連れての悲しい避難だった。

（「明治・大正・昭和の郷土史7 福島県」より）

絵Ⅱ

Y 国建国記念

（6） この班は，第二次世界大戦後に祝日がもつ意味が変化したことに気づき，レポート中の空欄 X を次のようにまとめた。Zにあてはまることばを，**第二次世界大戦後に主権のあり方がどう変わったか，どの機関が祝日を定めたか**という2点を明らかにして，「**法律**」という語句を用いて書きなさい。

> 大日本帝国憲法から日本国憲法に改正され，Z によって祝日を定めた。「よりよき社会，より豊かな生活を築きあげるため」に，国民がお祝いできる「こどもの日」などが新たに設けられた。

6 次のA～Cのカードは、現代日本の諸課題について生徒がまとめたものである。(1)～(6)の問いに答えなさい。

A 人権の保障
日本国憲法では X として、すべての国民は、すべての尊重を a 遠審査として保持されている。また、a 遠審査制によって政治の権力を制限し、国民の人権を守らしくみがある。人権の保障は社会的に弱い立場に置かれがちな人々にとって、より大切なものである。

B 積極的な政治参加
民主主義では、一人一人が政治の主役であり、政治に積極的に参加することが求められる。b 国会や投票する c 国や地方公共団体に意見を伝えたり、身近な地域で e まちづくりや住民運動に加わったりすることも政治参加である。

C 持続可能な社会の実現
現在の国際社会には、d 貧困問題や e 地球環境問題など、最大の国政の上で、諸課題がある。こうした課題の解決には、現在の世代の利益だけでなく、将来の世代の c 国や地方公共団体が安定した持続可能な社会の実現に向けた取り組みが求められ、一人一人の意識と行動が重要である。

(1) カードAのXには、次に示した日本国憲法条文のXと同じ語句が入る。Xにあてはまる語句を書きなさい。

第13条 すべて国民は、 X として尊重される。生命、自由及び幸福追求に対する国民の権利については、公共の福祉に反しない限り、立法その他の国政の上で、最大の尊重を必要とする。

(2) 下線部aについて、日本には、憲法によって政治の権力を制限し、国民の人権を守るという立憲主義の考え方に基づき、法律などが合憲かを審査する遠審査制において、最終決定権を持っている機関はどこか。書きなさい。

(3) 下線部bについて、現在の日本の選挙について述べた次の文Ⅰ・Ⅱの正誤の組み合わせとして適当なものを、下のア～エの中から一つ選びなさい。

Ⅰ どの政党や候補者に投票したか他人に知られないように、有権者は無記名で投票する。
Ⅱ 衆議院議員の総選挙では、一つの選挙区から一人の代表を選ぶ小選挙区制と、全国を11のブロックに分けて政党に投票する比例代表制を組み合わせた、小選挙区比例代表並立制が採られている。

ア Ⅰ 正 Ⅱ 正
イ Ⅰ 正 Ⅱ 誤
ウ Ⅰ 誤 Ⅱ 正
エ Ⅰ 誤 Ⅱ 誤

(4) 下線部cについて、次の表は、国と地方公共団体の役割分担を表している。Yにあてはまる語句を漢字3字で書きなさい。

表 国と地方公共団体の役割分担

種類	おもに担当している仕事
国	国際社会での日本の立場に関する仕事や、全国的な規模や視点で行う仕事など、必要な仕事。
都道府県	多くの高等学校の設置や警察など、 Y や特別区にまたがる仕事。
Y ・特別区	多くの小・中学校の設置や住民が出すごみの収集など、住民にとって身近な仕事。

(5) 下線部dについて、貧困を解決するために途上国の人々が生産した農産物や製品を、その労働に見合う公正な価格で取り引きする取り組みを何というか。適当なものを次のア～エの中から一つ選びなさい。

ア リデュース
イ セーフティネット
ウ ダイバーシティ
エ フェアトレード

(6) 下線部eについて、右のグラフは、日本の2000年、2010年、2020年における部門別二酸化炭素排出量の推移を表している。日本の2000年、2010年、2020年の部門別二酸化炭素排出量の推移をもとに、生徒がまとめた意見の一部である。Zにあてはまる、この語の二つを用いて書きなさい。また、次の文は、グラフをもとに、この句の二つを用いて書きなさい。

地球温暖化は、二酸化炭素などの温室効果ガスが増えることで起こるとされている。日本の部門別二酸化炭素排出量の推移をみると、 Z ことから、地球温暖化問題の解決に向けて、家庭から排出される二酸化炭素をどのように減らすことができるかを考えていきたい。

グラフ 日本の2000年、2010年、2020年における部門別二酸化炭素排出量の推移
(キロトン)
600 500 400 300 200 100 0
産業部門 運輸部門
■2000年 ▨2010年 ■2020年
(環境省資料により作成)

産業部門 運輸部門

---

5 次の対話は、グローバル化が私たちの生活に与える影響について取り上げた授業の場面である。(1)～(6)の問いに答えなさい。

先生：私たちの生活には、お金や情報などの移動が、国境をこえて地球規模に広がっていくグローバル化の進展は、どのような影響を与えるでしょうか。
生徒：a 買い物をする際、外国の商品を簡単に買えるようになると思います。
先生：生活がより豊かになり、b 価格の変化にも c 日本だけではなく世界と関係していることを読み取れると思います。
生徒：グローバル化の進展は私たちの生活に様々な影響を与えるようです。人々の暮らしを豊かにする経済ですが、国民の生活を支えるように政府が d 政策を行ったり、私たちが納めた税金の使い方が大切である。
先生：e 私たちの生活に f 世界の国々との結び付きが強まる中、グローバル化の進展はどのような影響を与えているかを考えていきましょう。

(1) 下線部aに関して、右の図は、売買契約が成立するしくみについてまとめたものである。次のⅠ～Ⅳの売買が成立する場面について述べたうち、売買契約が成立した場面を述べた文の組み合わせとして適当なものを、下のア～カの中から一つ選びなさい。

Ⅰ レストランでメニューを見た。
Ⅱ 自動販売機で飲み物を購入した。
Ⅲ 洋服店で店員に商品の説明を頼んだ。
Ⅳ 電話でピザの宅配を注文した。

ア ⅠとⅡ イ ⅠとⅢ ウ ⅠとⅣ
エ ⅡとⅢ オ ⅡとⅣ カ ⅢとⅣ

図 売買契約が成立するしくみ

買う側 [買う意思]
売る側 [売る意思]
合意 → 契約

(2) 下線部bに関して、消費が増えて商品の需要が供給を上回ることなどにより価格が上昇すると、全体的に物価が上がり続ける現象が起こる。これを何というか。カタカナ8字で書きなさい。

(3) 下線部cに関して、様々なことの影響を受けて変化してきた、日本のエネルギー供給について、右の表は、日本のエネルギー供給の割合を表しており、表のア～ウは、1970年、2000年、2020年のいずれかである。ア～ウを年代の古い順に左から並べたものを、下のア～カの中から一つ選びなさい。

表 日本のエネルギー供給の割合(%)

	ア	イ	ウ
石油	36.4	69.9	49.2
石炭	24.6	21.3	18.5
天然ガス	23.8	1.3	13.5
水力	3.7	6.0	3.3
原子力	1.8	0.4	12.6
その他	9.7	1.1	2.9

*その他は太陽光、風力、バイオマスなどである。
(日本国勢図会2022/23年版により作成)
*その他は太陽光、地熱、太陽熱、風力、バイオマスなどである。

(4) 下線部dに関して、景気の安定を目的に、一般的に不景気の時期に行われる政府の財政政策をA、Bから、日本銀行の金融政策をC、Dからそれぞれ一つずつ選び、その組み合わせとして適当なものを、下のア～エの中から一つ選びなさい。

政府の財政政策
A 公共投資を減らして私企業の仕事を減らす。
B 公共投資を増やして私企業の仕事を増やす。

日本銀行の金融政策
C 一般の銀行から国債を買い取る。
D 一般の銀行に国債を売る。

ア AとC イ AとD ウ BとC エ BとD

(5) 下線部eに関して、日本の税制は、複数の税金をうまく組み合わせることで、全体として公平性が保たれている。次は、日本銀行の財政政策のうち所得税と消費税の特徴をまとめたものである。Xにあてはまる語句を用いて書きなさい。

[所得税] 直接税の一つで、所得が高い人ほど、所得に対する税金の割合を高くする累進課税という方法を採用している。

[消費税] 間接税の一つで、所得に関係なく、すべての人が同じ金額の商品の購入に対し、同じ金額の税を負担する。この場合、所得が低い人ほど、金額に対する税の負担の割合が高くなる、 X という逆進性が指摘されている。

所得 割合

(6) 下線部fに関して、日本が、アジア・太平洋地域の国々との間で経済関係を強化するため、2018年に調印した経済連携協定の略称として適当なものを、次のア～エの中から一つ選びなさい。

ア AU イ TPP11 ウ UNESCO エ BRICS

令 和 5 年 度

福島県公立高等学校

$\boxed{\text{I}}$　国　語

（9時00分 〜 9時50分）

注　　意

○　問題用紙は4枚（4ページ）あります。

○　解答用紙はこの用紙の裏面です。

○　答えはすべて，解答用紙の所定の欄に，文，文字などで答
えるもののほかは，ア，イ，……などの符号で記入しなさい。

○　解答用紙の ▨▨▨ の欄には記入してはいけません。

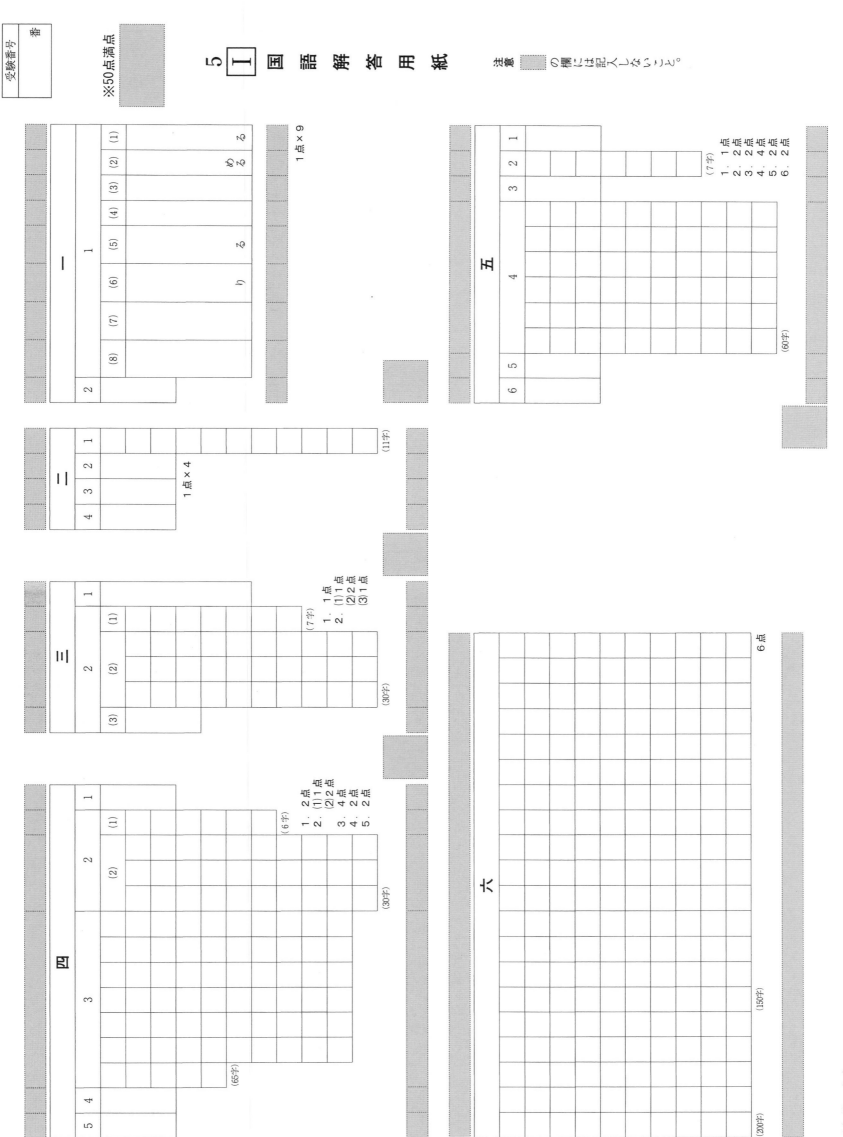

注意

字数指定のある問題の解答については、句読点も字数に含めること。

一 次の1、2の問いに答えなさい。

1 次の各文中の──線をつけた漢字の読み方を、ひらがなで書きなさい。また、──線をつけたカタカナの部分を、漢字に直して書きなさい。

(1) 庭の草を刈る。
(2) 泣いている子を慰める。
(3) 外国の論文を翻訳する。
(4) 本の返却を催促する。

(5) 友人の相談にノる。
(6) 荷物をモり上げる。
(7) 文化祭でユウする。
(8) テンラン会に絵を出品する。

2 次の文章は、ある生徒が、職場体験を行った幼稚園に書いた礼状の一部である。──線をつけた部分ア〜オの中から、敬語の使い方が正しくないものを一つ選びなさい。

先日の職場体験では、大変お世話になりました。園に伺ったとき、ア緊張していましたが、先生方が優しく話しかけてくださったおかげで、積極的にイ活動することができました。先生方が笑顔で園児たちに接していらっしゃる様子をウ拝見して、将来、私も先生方のように生き生きと働きたいと思いました。また、体験の最後の日に園長先生がエ申しあげた「こちらが笑顔で働いていると、周りの人たちも笑顔になってくれるよ。」というオ言葉が、心に残っています。

二 次の詩と鑑賞文を読んで、あとの問いに答えなさい。

蝙蝠傘の詩
黒田 三郎

雨の降る日に蝙蝠傘をさして
濡れた街路を少女達が歩いている
少女よ
どんなに雨が降ろうとも
あなたの黒い睫毛が明るく乾いていますように

どんなに雨の降らない日でも
そこだけ雨の降らない小さな世界がある
三階の窓から僕は眺める
ひっそりと動いてゆく沢山の円い小さなきれいなものを
三階の窓から僕は眺める
ひっそりと動いてゆく円い小さなきれいなものを

注1 蝙蝠傘：雨傘。 注2 せんのない：無意味な。

蝙蝠傘の詩

三階の窓から見下ろす「僕」の目が視覚的に捉えているものは、「 I 」です。それは何も語らないけれども、「ひっそりと動いてゆく」その様子が、「僕」に傘の下の少女達の日常を想像させます。そのような「僕」の想像から、ひっそりと動いてゆく円い小さなきれいなものを、まなざしを感じ取ることができるのです。

1 「 I 」にあてはまる最も適当な言葉を、右の詩の中から十一字でそのまま書き抜きなさい。

2 「 II 」にあてはまる最も適当な言葉を、次のア〜オの中から一つ選びなさい。
ア 静かに移りゆく
イ 変わらずに安定している
ウ めまぐるしく変化する
エ 退屈でうんざりする
オ まばゆく輝いている

3 「 III 」にあてはまる最も適当な言葉を、次のア〜オの中から一つ選びなさい。
ア 明るく爽やかで激しい
イ あたたかく優しい
ウ 悲痛で切ない
エ 情熱的で激しい
オ 控えめでむなしい

4 この詩の説明として最も適当なものを、次のア〜オの中から一つ選びなさい。
ア 周りの人々の幸せを祈るような表現によって、人との関わりを大切にしながら生きていこうという決意を大切に表現している。
イ 「僕」と少女達の姿を対比することで、個人の生きる世界は他者に全く影響されることなく守られていることを強調している。
ウ 皆同じように蝙蝠傘の姿をさして守られて歩く人々の様子を比喩的に描いている。
エ 人間関係の複雑さや社会の生きづらさを、蝙蝠傘を比喩的に表現している。
オ 少女達一人一人それぞれの人生を生きていることを「あなた」と表現することで、蝙蝠傘に隔てられた孤独で癒やされることのない個人の悲しみの世界を浮き彫りにしている。

三 次の文章を読んで、あとの問いに答えなさい。

ある人いはく、人は慮りなく（言ってはならないことを軽々しく）、いふまじきこと（言ってはならないことを軽率に）を口疾く言ひ出し、人の短きをそしり（短所を悪く言い）、したることを難じ（非難し）、隠すことを顕し、恥ぢがましきことをただす（問いただす）。これらすべて、あるまじきことなり（あるまじきこと）。われはなにとなくいひ散らして、思ひもいれざるほどに、いはるる人、思ひつめて、いきどほり深くなりぬれば、はからざるに、恥をもあたへられ、身果つるほどの大事にも及ぶなり（身が破滅するほどの重大事にも）。

笑みの中の剣は、さらにおそるべきものぞかし。心得ぬことを悪しざまに難じつれば、かへりて身の不覚（自分の落ち度）あらはるるものなり。

おほかた、口軽き者になりたれば、「それがし（誰それ）に、そのことな聞かせそ（聞かせるなよ）。かの者に見せそ（見せるなよ）。」などいひて、人に心をおかれ、隔てらるる、くちをしかるべし（残念であるだろう）。また、人の、そのつつむことの、おのづからもれ聞えたるにつけても、「かれ離れじ（あの人が関係しているだろう）。」など疑はれて、「かれ離れじ。」など疑はれて、面目なかるべし。

しかれば、かたがた人の上をつつむべし。多言留むべきなり。
（十訓抄）より

注 笑みの中の剣：うわべでは笑っていながら、心の内は悪意に満ちていること。

1 「いきどほり」の読み方を、現代仮名遣いに直してすべてひらがなで書きなさい。

2 次の会話は、本文について、授業で話し合ったときの内容の一部である。あとの(1)〜(3)の問いに答えなさい。

Aさん「この文章には、教訓が書かれているということだったね。どんな教えが書かれているのかな。」

Bさん「言ってはならないことを軽々しく言ったり、人の短所や行動を非難したり、隠していることを暴露するのは、どれも恥をかかせたりするのは、あると説明しているね。」

Cさん「そうだね。自分では何気なく言った言葉について、言われた方は深く思いつめて悩んで、強い怒りをもつこともあるし、それに、自分に話さないと思われて距離を置かれることもあるということだね。」

Aさん「口が軽いことの影響は誰でも知っていることがあり、それに一切触れないようにと思っていることでも知っているふりをして話すこともあるから、あの人には話さない方がいいと思われて距離を置かれることもあるということだね。」

Bさん「つまり、この文章では、『 II 』ことも『 III 』ということもあるという教訓が述べられているんだね。」

(1) 『 I 』にあてはまる最も適当な言葉を、本文（文語文）から七字でそのまま書き抜きなさい。

(2) 『 II 』にあてはまる内容を、三十字以内で書きなさい。

(3) 『 III 』にあてはまる最も適当な言葉を、次のア〜オの中から一つ選びなさい。
ア 不用意な発言が他者を傷つけるだけでなく自分にとっての不利益につながる場合もあるため、発言には慎重であるべきだ。
イ 自分で言った言葉には責任を避けることができないため、発言するときは相手の気持ちを考えて失言を避けることが大切だ。
ウ 基本的には軽々しく発言すべきではないが、時にはよく知らないことでも知っているふりをして話すことも必要になる。
エ 人には一切包み隠していることがあり、それに一切触れないように話すことでより良い人間関係を築くことができる。
オ 自分が思っていることを相手に正しく伝わるように話すためには高度な技術が必要だが、その方法を身につけることは難しい。

四 次の文章を読んで、あとの問いに答えなさい。

　保吾は中学時代からバスケットボール部に所属していたが、高校に入って間もなく部活動を困難になり、退部を決めた。退部の原因になったのは、祖母を亡くしたことである。ある日、二年生のときの担任の辻井先生から声をかけられた。

「退部してから、バスケ部の仲間に会った？」
「そういわれてみると、顔を見かけるけど、それまでです。三年生はもう六時間目から臨時の学年集会があったんだけど、それもまた長引いているから、三年生はみんな六時間目から……」
　先輩が言い終わらないうちに、ぼくは六時間目から三年生の顔を見せると、みるみる笑顔が浮かんで、その笑顔を引っこめて「それじゃ」と、ぼくは驚いて職員室の戸を振り向いて閉めてしまった。

　職員室を出て、ぼくは体育館のほうへ歩いていった。

　体育館のほうへ歩いていくと、弾む音や開こえてくる音がやけに聞こえてきた。

（中略）

　その場を立ち去ろうとした三年生の部員の姿を見た。満だ。満が驚いたような表情を浮かべている。

「いや、いや、練習の邪魔を悪く……」
「慎吾！」と、満が体育館の中から駆けてきて声をかけてくれた。
「水くさいじゃないか。寂しいだろう」

（中略）

1 「ぼくはその場を立ち去ろうとした」とあるが、慎吾がそのようにした理由として最も適当なものを、次のア〜オの中から一つ選びなさい。

ア 体育館の中に一年生の部員の声だけしか聞こえないので、今日は訪問を遠慮しようと思ったから。

イ 体育館の中をのぞくと自分の仲間だった三年生の部員がいなかったから。

ウ 体育館の中から聞こえる一年生の部員たちの笑い声が、自分を笑っているように感じられたから。

エ 体育館にいる三年生の部員みんなと話をしに来たいと思っていたが、部員全員が来てしまって来なかったから。

オ 体育館に入った三年生の部員が、自分も雅人のように一年生の世話を……。

2 「ぼくは仲間たちとの距離を感じた」とあるが、その理由を次のように説明するとき、［ Ⅰ ］・［ Ⅱ ］にあてはまる内容について、あとの(1)・(2)の問いに答えなさい。

　慎吾が仲間たちとの距離を感じたのは、バスケ部を辞めた理由を仲間たちに言い出せずに隠しているからである。一方で、今まで慎吾が自分のことを［ Ⅰ ］を選び避けてきたことも、仲間たちと［ Ⅱ ］から、慎吾は仲間たちとの距離を感じたのである。

(1) ［ Ⅰ ］にあてはまる最も適当な言葉を、本文中から六字でそのまま書き抜きなさい。

(2) ［ Ⅱ ］にあてはまる内容を、三十字以内で書きなさい。

3 「ありがとう」ぼくは心からみんなに感謝した」とあるが、慎吾が次のように説明するとき、［ ］にあてはまる内容を、六十五字以内で書きなさい。

　慎吾が自分の本心を疑っていたが、自分の話に対するバスケ部の仲間の言葉や反応から［ ］に気づいたから。

4 「ぼくは自分の心情についての説明として最も適当なものを、次のア〜オの中から選びなさい。

ア 自分がバスケ部を辞めるという理由を仲間に伝えたから、落ち着かない気持ちが消えてきた気持ち。

イ 自分が仲間に話をして寂しい気持ちを解消することができたのだと気づき、落ち着かない気持ちが消える気持ち。

ウ 自分が仲間と一緒にバスケを続けられるのだと気づき、落ち着かない気持ちを解消するのだと気づき、うれしい気持ち。

エ 自分が仲間から真面目に練習に熱心に取り組むことができると気づき、落ち着かない気持ちが強まる気持ち。

オ 自分が自分の正直な気持ちを仲間に思い切って言えたのだと気づき、落ち着かない気持ちが強まる気持ち。

5 本文の構成・表現についての説明として最も適当なものを、次のア〜オの中から選びなさい。

ア 文章全体を通して比喩表現が効果的に用いられており、それぞれの思いやった行動の違いが鮮明になっている。

イ 回想的な場面が途中に挟まれることによって、その日の出来事から主人公の内面の変化の理由が明らかにされている。

ウ 登場人物それぞれの考えや心情が客観的に描かれており、第三者の視点から物語が語られている。

エ 主人公の気持ちの変化の様子が間接的に表現されており、読者に想像させる効果を生んでいる。

オ 美しい自然描写が反復して描かれており、主人公の内面が自然描写に反映される様子が表現されている。

（如月かずさ「給食アンサンブル」光村図書出版より）

注
注1〜注3　練習……
注4　雅人・バリー・もちろん・満：三年生のバスケ部員。
注5　茶化す：冗談のようにしてしまう。

五 次の文章を読んで、あとの問いに答えなさい。（①〜⑭は各段落に付した段落番号である。）

① 本をリニア（線形）なものとして捉えるか、ノンリニア（非線形）なものとして捉えるか。これは大きな違いです。結論から言えば、読者は「ノンリニアな道具箱」としての書物に接すればよいのです。

② たいていの物書きが同意すると思いますが、そもそも、最初から順番に読む必要はありません。本はそもそも、最後までリニア（まっすぐ）に読み通す必要はありません。順を追って、律儀に読み進めねばならないという思い込みは、ここで捨ててください。

③ そもそも、本とは適当に拾い読みするくらいでも、十分に役立つものです。長年経験を積んでくると、三〇秒ほどパラパラとページをめくれば、その本が自分にとって必要かどうかの判断はつきます。それなり重要なポイントが目分量で言えば四、五ページに一箇所くらい、それなりに重要なポイントが目分量で出てくる。そこをペンでマークしたり、ドッグイアをつけたりする。読んでいて面白いときは、じっくり腰を据えますし、そうでないときは速読です。それは「ながら」でも大丈夫。僕の場合、本とは適当に拾い読みするのに、片方の手で家の二歳児の相手をしながら、もう片方の手で一冊読み終わることはないでしょう。読んでいていちばんよいときは、じっくりと読み終わるのに、その際にひらめいたことは、そのページや本の扉に簡単にメモします。

④ その速度は一定でなくてもよい。そうでなくてもよいと判断したら、とりあえず最初から最後までページをめくってみるのもよいでしょう。どのみち、見逃した本は見逃してもよい。ゲームで言えば、フィールド上のアイテムを拾い上げていく要領で、ページを視覚的に一望し、そこから要点を拾い上げることになります。その際にとって重要な本の扉に拾えばよいというスタンスでも構いません。

⑤ なぜそうできるかというと、文字通り「拾い読み」しているからです。論旨をそこまで厳密に追わずに（もちろん追ってもよいのですが）、むしろアイテムらしきものにパッパッと印をつけていって、いわば、ドッグイアをつけたりする。重要な情報が急に出てくるケースもあるので、速読のときほど眼のセンサーの感度をあげたほうがよいでしょう。見逃した本はそのとき拾えばよいというスタンスでもよい。

⑥ そのとき、本の全体を把握する必要はありません。本に重要なアイテムをそこまで厳密に追う必要はありません。一言一句をゆるがせにしない学究的な読み方も、僕はまったく否定しません。ただ、読書を重々しく崇高な労働のように捉えるのはナンセンスにすぎない。どれだけ偉い著者も、所詮われわれと同じ人間にすぎない。そう割り切って、僕は本と付きあっています。

⑦ 「理解はしばしば遅れてやってくる。」──早く読めるから偉いということはありません。一冊の本のなかにも、すべてをまんべんなく理解しようと思わないことです。一冊の本のなかに、分かったような分からないようなあいまいなグレーゾーンがあるのは当然です。しかし、そこで引っかからずに、とりあえず最後まで読み進めてみる。その後でグレーな箇所に戻ると、意外にすんなり理解できることも多いのです。

⑧ もう一つ、読書において肝心なのは、理解はしばしば遅れてやってくるということです。「つかむ」のがよいでしょうか。どうやって保存するかもしれません。僕も学生時代にはそのようなやり方には、結局長続きしませんでした。このようなやり方になったときに、性格的向き不向きがあります。

⑨ 理解の時差があると考えてください。分からないから〇、分からないから×という単純なものではありません。

⑩ それに、一冊の本から得られる情報は、恐らくそれほど多くありません。一概には言えませんが、僕はおおむね二つか三つの新しい認識を得られれば十分です。それくらいで考えています。あまり多くのことを一冊の本から吸収しようとしないことです。几帳面な読者は、お土産をしっかりつかんで読んでしまう。漫然と読み終わって、中身をすっかり忘れてしまうのは、たいして意味はないでしょう。

⑪ 実際に試行錯誤の結果、今ではこんなに書き散らかす個人的な思いつきを適当に書き散らすようになったのです。アイディアを追跡して「復元」できるわけです。本がデータだとすると、個人的な索引としてのマークやタグをつけておくわけです。どうやって読んだことを適当に保存するかは、メタデータの目印さえあれば、執筆の際にも十分役立つことに経験則で気づいたのです。

⑫ 哲学者のジル・ドゥルーズ＆フェリックス・ガタリは、書物とは注2「外」にはたらきかける小さな道具」のようなものだと言っています。ただ、道具箱には本当に必要な道具が入っていますよ」という使い方を、ノンリニアな道具箱で内容を取り出せるリニアな道具ではなく、その本の扉のところに、本の扉に、結局長続きしませんでした。

⑬ 試行錯誤の結果、今ではこんなに書き散らかす本の捉え方や読み方という話題をはじめに提示し、続く部分では具体例を挙げながら自分の本の読み方を一般的に示し、続く部分では終わりの部分につなげている。

⑭ だから、メタデータはちゃんとしないと、すぐに取り出せなくなってしまじて、商品の管理はちゃんとしないと、コンビニやスーパーと同じで、すぐに取り出せなくなってしまう。だから、メタデータの書き込みによって、本を機能的な道具箱に改造してしまえばよいのです。

（福嶋　亮大「思考の庭のつくりかた　はじめての人文学ガイド」より）

注1　リニア…本のページの隅を折ってつける目印。
注2　ドッグイア…本物事に取り組む姿勢。
注3　ゆるがせにしない…いいかげんにしない。
注4　ナンセンス…無意味なこと。
注5　歩留まり…ここでは、全体に対する割合。
注6　漫然と…特別の意識や目的を持たずに。
注7　タグ＝メタデータと同じ。
注8　メタデータ…データの目印や分類のための目印。情報の意味や意味について記述したデータ。

1 次の図は、①段落〜⑦段落の中から七字でそのまま書き抜きなさい。

2 ①段落〜⑦段落の中から、X にあてはまる最も適当な言葉を、本文の1段落〜7段落の中から七字でそのまま書き抜きなさい。

3 ③段落の「とりあえず」の品詞を、次のア〜オの中から一つ選びなさい。
ア　感動詞　イ　形容詞　ウ　副詞
エ　連体詞　オ　接続詞

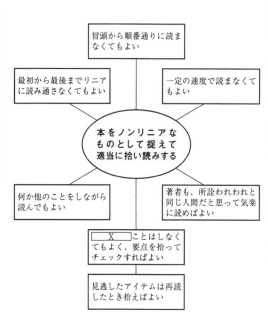

次の図は、①段落〜⑦段落をまとめたものである。

本をノンリニアなものとして捉えて適当に拾い読みする
・冒頭から順番通りに読まなくてもよい
・最初から最後までリニアに読み通さなくてもよい
・一定の速度で読まなくてもよい
・何か他のことをしながら読んでもよい
・著者も、所詮われわれと同じ人間だと思って気楽に読めばよい
・X ことはしなくてもよく、要点を拾ってチェックすればよい
・見逃したアイテムは再読したとき拾えばよい

3 「理解はしばしば遅れてやってくる。」とあるが、それはどういうことか。最も適当なものを、次のア〜オの中から一つ選びなさい。
ア　一度読んであいまいにしか分からなかった箇所も、その先まで読み進めてから戻って再び読むと理解できる箇所が多いということ。
イ　理解できるか理解できないかを単純に区別できる箇所ばかりではなく、あいまいにしか理解できない箇所も多くあるということ。
ウ　何が書かれているかすぐに理解できる箇所よりも、すぐに理解できない箇所のほうが多いということ。
エ　一度読んだだけでは分からず読み返して初めて理解できる箇所がどの本にも多くあるということ。
オ　何度も読んだり戻ったりするうちに理解できる箇所も多いので、書かれている順番通りに理解しようとする必要はないということ。

4 注2「本とは冒頭からリニアに読み解くべきものではなく、そのつど必要に応じて内容を取り出せる、ノンリニアの道具箱です。」とあるが、筆者がこのように述べるのは、本について執筆のために本を使ったときに、本にどのような意味があることに気づいたからか。六十字以内で書きなさい。

5 本文について説明したものとして最も適当なものを、次のア〜エの中から一つ選びなさい。
ア　本をどのように読むべきなのかという問題をはじめに提示し、続く部分では自分の本の読み方を具体例を挙げながら説明し、終わりの部分では自分の本の読み方を再び提示している。
イ　自分の考える本の捉え方や読み方をはじめに示し、続く部分では本の捉え方や読み方という一般的に考えられている本の読み方と比較しながら説明し、本の読み方を自分に役立つ本の読み方という話題をはじめに提示し、続く部分では具体例を挙げながら自分の本の読み方を自分に必要な情報を見つける方法を詳しく説明したうえで、終わりの部分に役立つ本を探す方法を結論の根拠となるように具体的に説明している。
ウ　具体例を挙げながら自分の本の捉え方や読み方という本の読み方をはじめに示し、続く部分ではたくさんの本の中から自分に役立つ本を詳しく提示し、続く部分では本を読み進めながら自分に必要な情報をはじめに提示し、終わりの部分につなげている。
エ　本を読み進める順番という話題をはじめに提示し、続く部分では本の扉のところに、本の扉に、結局長続きしませんでした。

6 次の会話は、本文を読んで、読書に対する考えについて話し合った内容の一部である。あとのア〜オの中から一つ選びなさい。

Aさん「読者は本をノンリニアなものとして捉えて読めばいいと筆者は述べているね。」
Bさん「夏休みの自由研究のために調べるテーマに関する本を読んだから一冊しか読めなくて、最初から最後までじっくり読んだんだ。違う読み方をすればよかったかもしれないね。」
Cさん「私は小説が好きな作家の作品の場合は、最初から最後までよく味わうきな作家の作品の場合は、最初から最後まで味わうリニアな読み方で楽しみたいな。」
Aさん「どんなときも同じ方法で本を読むことがきっと大切なんだろうね。」
Bさん「なるほど。Bさんの意見も、Cさんの意見も、納得できるなあ。」

ア　筆者のように本を読むのが、効率的な読み方なのかもしれないね
イ　最初から最後まで読み通すことが、やっぱり大切なことなんだね
ウ　本を読むという目的の本を読むことが、ふさわしい読み方があるのかもしれないね
エ　どんなときも最初から最後まで読む方法がよいかもしれないね
オ　ノンリニアに読んだ後でリニアに読む目的によってふさわしい読み方がよいかもしれないね

六　近年、「ユニバーサルデザイン」が推進されている。次の【資料Ⅰ】は、「ユニバーサルデザイン」の説明である。また、【資料Ⅱ】は、福島県が十五歳以上を対象とした「ユニバーサルデザインを導入することが必要だと思うのはどれか」について調査した結果の一部をグラフで表現したものである。【資料Ⅰ】を踏まえて【資料Ⅱ】を見て気づいたことと、「ユニバーサルデザインを推進すること」についてのあなたの考えや意見を、あとの条件に従って書きなさい。

【資料Ⅰ】

ユニバーサルデザインとは

言語や年齢、性別、身体的能力などの違いにかかわらず、すべての人にとって安全・安心で利用しやすい建物や製品、環境などを計画・設計するという考え方のこと。また、あらゆる人の多様なニーズを考慮し、すべての人が暮らしやすい環境づくりを進めていくという考え方のもと、まちづくりや製品、サービスなどを考えること。

（「ふくしまユニバーサルデザイン推進計画」により作成）

【資料Ⅱ】

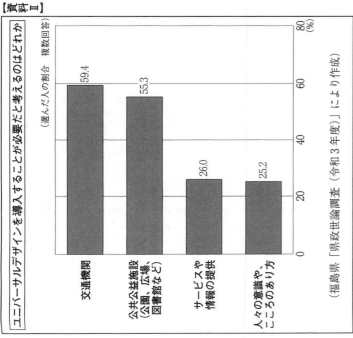

ユニバーサルデザインを導入することが必要だと考えるのはどれか

（選んだ人の割合　複数回答）

- 交通機関　59.4
- 公共公益施設（公園、広場、図書館など）　55.3
- サービスや情報の提供　26.0
- 人々の意識やこころのあり方　25.2

（福島県「県政世論調査（令和３年度）」により作成）

条件

1　二段落構成とすること。
2　前段では、【資料Ⅰ】を踏まえて、【資料Ⅱ】を見て気づいたことを書くこと。
3　後段では、前段を踏まえて、「ユニバーサルデザインを推進すること」についてのあなたの考えや意見を書くこと。
4　全体を百五十字以上、二百字以内でまとめること。
5　氏名は書かないで、本文から書き始めること。
6　原稿用紙の使い方に従って、文字や仮名遣いなどを正しく書き、漢字を適切に使うこと。

— 4 —

令 和 5 年 度

Ⅱ 　数　学

（10 時 10 分 ～ 11 時 00 分）

注　　意

○　問題用紙は 3 枚（3 ページ）あります。

○　解答用紙はこの**用紙の裏面**です。

○　答えはすべて，解答用紙の所定の欄に記入しなさい。

○　解答用紙の ▢ の欄には記入してはいけません。

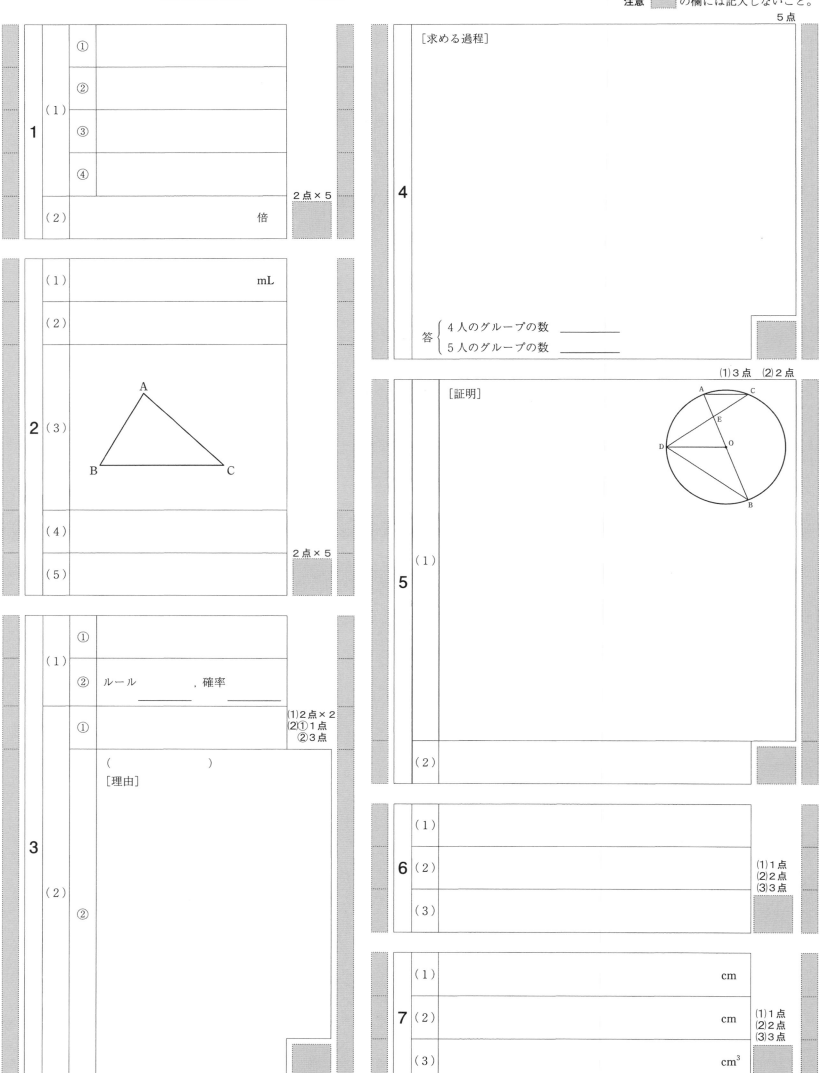

1

(1) ①
②
③
④

2点×5

(2) 　　　　　　　倍

2

(1) 　　　　　　mL

(2)

(3)

A

B　　　　C

(4)

(5)

2点×5

3

(1) ①
② ルール　　　　　確率
　　　　　　　　　　　　

(1)2点×2
(2)①1点
②3点

(2) ①
（　　　　　）
［理由］

②

4

5点

［求める過程］

答 ｛ 4人のグループの数 ＿＿＿＿＿
5人のグループの数 ＿＿＿＿＿

5

(1)3点 (2)2点

［証明］

(1)

(2)

6

(1)
(2)
(3)

(1)1点
(2)2点
(3)3点

7

(1) 　　　　　　cm
(2) 　　　　　　cm
(3) 　　　　　　cm³

(1)1点
(2)2点
(3)3点

1　次の（1），（2）の問いに答えなさい。

（1）　次の計算をしなさい。

① $(-21) \div 7$

② $-\dfrac{3}{4} + \dfrac{5}{6}$

③ $(-3a) \times (-2b)^3$

④ $\sqrt{8} - \sqrt{18}$

（2）　ある球の半径を2倍にすると，体積はもとの球の体積の何倍になるか，求めなさい。

2　次の（1）～（5）の問いに答えなさい。

（1）　桃の果汁が31％の割合で含まれている飲み物がある。この飲み物 a mL に含まれている桃の果汁の量は何 mL か，a を使った式で表しなさい。

（2）　等式 $3x + 2y - 4 = 0$ を y について解きなさい。

（3）　右の図のような，△ABC がある。
辺 AC 上にあって，辺 AB，BC までの距離が等しい点 P を，定規とコンパスを用いて作図によって求め，P の位置を示す文字 P も書きなさい。
ただし，作図に用いた線は消さずに残しておきなさい。

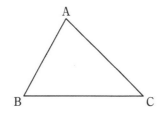

（4）　関数 $y = x^2$ について，x の値が1から4まで増加するときの変化の割合を求めなさい。

（5）　図1は，ある学級の生徒30人について，先月の図書館の利用回数を調べ，その分布のようすをヒストグラムに表したものである。例えば，利用回数が2回以上4回未満の生徒は3人であることがわかる。また，図2の**ア～エ**のいずれかは，この利用回数の分布のようすを箱ひげ図に表したものである。その箱ひげ図を**ア～エ**の中から1つ選び，記号で答えなさい。

図1
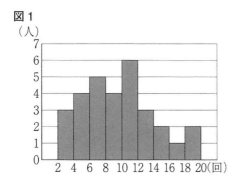

図2
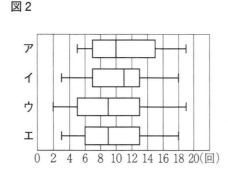

3　次の（1），（2）の問いに答えなさい。

（1）　右の図のように，袋の中に1，2，3の数字が1つずつ書かれた3個の玉が入っている。A，Bの2人が，この袋の中から，**＜取り出し方のルール＞**の（ア），（イ）のいずれかにしたがって，1個ずつ玉を取り出し，書かれた数が大きいほうの玉を取り出した人が景品をもらえるゲームを考える。書かれた数が等しい場合には2人とも景品はもらえない。ただし，どの玉を取り出すことも同様に確からしいものとする。

＜取り出し方のルール＞

（ア）　はじめに A が玉を取り出す。次に，その取り出した玉を袋の中にもどし，よくかき混ぜてから B が玉を取り出す。

（イ）　はじめに A が玉を取り出す。次に，その取り出した玉を袋の中にもどさず，続けて B が玉を取り出す。

①　ルール（ア）にしたがったとき，Aが景品を**もらえる**確率を求めなさい。

②　Aが景品を**もらえない**確率が大きいのは，ルール（ア），（イ）のどちらのルールにしたがったときか。ア，イの記号で答え，その確率も書きなさい。

（2）　図1のように，整数を1から順に1段に7つずつ並べたものを考え，縦，横に2つずつ並んでいる4つの整数を四角形で囲む。ただし，○は整数を省略したものであり，囲んだ位置は例である。
　　このとき，囲んだ4つの整数を

$$\begin{array}{|c|c|} \hline a & b \\ \hline c & d \\ \hline \end{array}$$

とすると，$ad - bc$ はつねに同じ値になる。

図1

1	2	3	4	5	6	7
8	9	10	11	12	13	14
15	16	17	18	19	20	21

①　$ad - bc$ の値を求めなさい。

②　図2のように，1段に並べる整数の個数を n に変えたものを考える。ただし，n は2以上の整数とする。
　　このとき，$ad - bc$ はつねに n を使って表された同じ式になる。その式を解答用紙の（　　　）の中に書きなさい。また，それがつねに成り立つ理由を説明しなさい。

図2

4　ある中学校で地域の清掃活動を行うために，生徒 200 人が 4 人 1 組または 5 人 1 組のグループに分かれた。ごみ袋を配るとき，1 人 1 枚ずつに加え，グループごとの予備として 4 人のグループには 2 枚ずつ，5 人のグループには 3 枚ずつ配ったところ，配ったごみ袋は全部で 314 枚であった。

　　このとき，4 人のグループの数と 5 人のグループの数をそれぞれ求めなさい。

　　求める過程も書きなさい。

5　下の図のように，線分 AB を直径とする円 O の周上に，直線 AB に対して反対側にある 2 点 C，D を AC∥DO となるようにとる。また，線分 AB と線分 CD との交点を E とする。

　　このとき，次の（1），（2）の問いに答えなさい。

（1）　△EDO ∽ △EBD となることを証明しなさい。

（2）　AC：DO ＝ 7：9 であるとき，△EDO と △EBD の相似比を求めなさい。

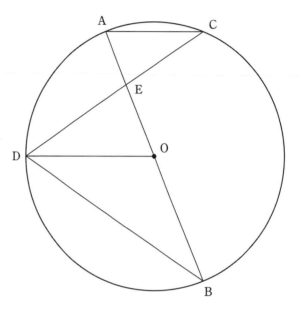

5 数

6 図1のように，反比例 $y = \dfrac{a}{x}$ （$x > 0$）のグラフ上に 2点A，Bがあり，Aの y 座標は6，Bの x 座標は2である。また，比例 $y = ax$ のグラフ上に点C，x 軸上に点Dがあり，AとDの x 座標，BとCの x 座標はそれぞれ等しい。ただし，$0 < a < 12$ とする。

次の［会話］は，花子さんと太郎さんが四角形ADBCについて考察し，話し合った内容である。

図1
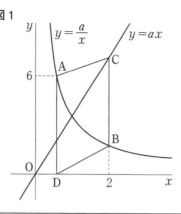

［会話］
花子さん：a の値を1つとると，2つのグラフが定まり，4つの辺と面積も定まるね。点Aの座標は，反比例の関係 $xy = a$ から求めることができそうだよ。
太郎さん：例えば，$a = 1$ のときの四角形について調べてみようか。
・・・・・・・・・・・・・・・
太郎さん：形を見ると，いつでも台形だね。平行四辺形になるときはあるのかな？
花子さん：私は，面積についても調べてみたよ。そうしたら，<u>$a = 1$ のときと面積が等しくなる四角形が他にもう1つある</u>ことがわかったよ。

このとき，次の（1）〜（3）の問いに答えなさい。

図2
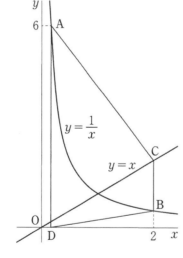

（1） 図2は，図1において，$a = 1$ とした場合を表している。このとき，線分BCの長さを求めなさい。

（2） 四角形ADBCが平行四辺形になるときの a の値を求めなさい。

（3） ［会話］の下線部について，四角形ADBCの面積が $a = 1$ のときの面積と等しくなるような a の値を，$a = 1$ の他に求めなさい。

7 下の図のように，底面が1辺2cmの正方形で，高さが $\sqrt{15}$ cm の正四角柱と，正方形EFGHのすべての辺に接する円Oを底面とする円錐があり，それらの高さは等しい。また，線分EFと円Oとの接点Iから円錐の側面にそって1周してIにもどるひもが，最も短くなるようにかけられている。ただし，円錐において，頂点と点Oを結ぶ線分は底面に垂直である。

このとき，次の（1）〜（3）の問いに答えなさい。

（1） 円錐の母線の長さを求めなさい。

（2） ひもの長さを求めなさい。ただし，ひもの太さや伸び縮みは考えないものとする。

（3） ひもの通る線上に点Pをとる。Pを頂点とし，四角形ABCDを底面とする四角錐の体積が最も小さくなるとき，その体積を求めなさい。

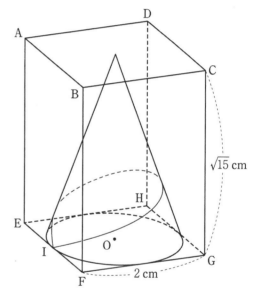

令 和 5 年 度

Ⅲ 英 語

（11 時 20 分 〜 12 時 10 分）

注　意

- ○　問題用紙は 3 枚（3 ページ）あります。

- ○　解答用紙は**この用紙の裏面**です。

- ○　答えはすべて，解答用紙の所定の欄に，文，文字などで答えるもののほかは，**ア**，**イ**，……などの符号で記入しなさい。

- ○　解答用紙の ▨ の欄には記入してはいけません。

注意 □ の欄には記入しないこと。

1

放送問題1
No. 1	
No. 2	
No. 3	
No. 4	
No. 5	

放送問題2
| No. 1 | |
| No. 2 | |

放送問題3
①	
②	
③	
④	
⑤	

1点×12

2

(1)
①	
②	
③	

(2) I think this one (_____) better.

(3) | 1 | 2 | 3 | 4 |

(1)1点×3
(2)2点
(3)完答2点

3

(1)

(2)

(1)2点
(2)3点

4

(1)

(2)
| ① | |
| ② | |

(3)

(4)

(5)

(6) (Studying in Japan / Studying abroad) is better for me because

_____

_____ .

(1)2点
(2)1点×2
(3)2点
(4)2点
(5)2点
(6)3点

5

(1)

(2)

(3)

(4)

(5)
① _____

_____ for the festival.

② They said that they should _____

_____ sister.

(6) Then he felt _____

_____

_____ with her sister.

(1)1点
(2)2点
(3)2点
(4)2点
(5)2点×2
(6)2点

注意

＊印のついている語（句）には，本文のあとに〔注〕があります。

音声は，解答集の書籍ＩＤ番号を
教英出版ウェブサイトで入力して
聴くことができます。

1 これは放送による問題です。問題は**放送問題1**から**放送問題3**まであります。

放送問題1 香織（Kaori）とベン（Ben）の対話を聞いて，質問の答えとして最も適当なものを，ア～エの中からそれぞれ一つずつ選びなさい。

放送問題2 二人の対話の最後の応答部分でチャイムが鳴ります。そのチャイムの部分に入る最も適当なものを，ア～エの中からそれぞれ一つずつ選びなさい。

No.1 ア OK. I'm coming. イ Yes, it's mine.
ウ No, I didn't cook dinner. エ You are welcome.

No.2 ア I see. I'm very busy today. イ Good. How much is it?
ウ Yes. It's nice to see you. エ OK. I'll call her again.

放送問題3 春香（Haruka）が英語の授業で発表した内容を聞きながら，①～⑤の英文の空欄に入る最も適当な**英語1語**を書きなさい。

① Haruka joined the English （　　　） contest last year.
② Haruka didn't want to join the contest because she didn't like speaking in （　　　） of many people.
③ At the contest, Haruka said to herself, "Trust yourself. You have （　　　） everything you could."
④ Through this experience, Haruka got （　　　） than before.
⑤ Haruka wants to say to her teacher, "Thank you for （　　　） me."

2 次の（1）～（3）の問いに答えなさい。

（1） 次の①～③は，それぞれＡとＢの対話です。（　　　）に入る最も適当なものを，ア～エの中からそれぞれ一つずつ選びなさい。

① 〔*In a house*〕
A : I'm hungry, Mom. What is today's lunch?
B : I'm （　　　） spaghetti. You said you wanted to eat it yesterday.
ア cook イ cooked ウ cooks エ cooking

② 〔*In a classroom*〕
A : What do you want to do when you visit your friend, Jane, in Australia?
B : I want to show her （　　　） make curry and rice because she likes it very much.
ア when to イ how to ウ where to エ what to

③ 〔*At a shopping mall*〕
A : Hey, Steve. （　　　）.
B : Oh, Mike! Me, too! What are you going to buy here today?
ア You bought a very nice watch イ I've never been there before
ウ I'm surprised to see you here エ You took a lot of pictures there

（2） 次は，ＡとＢの対話です。（　　　）内の語を正しく並べかえて，文を完成させなさい。
〔*At a library*〕
A : Excuse me. Which book is better to learn about the history of our city?
B : Let's see. I think this one (you / can / understand / it / help) better.

（3） 次は，ＡとＢの対話です。 1 ～ 4 に入る最も適当なものを，ア～エの中からそれぞれ一つずつ選びなさい。

〔*At school*〕
A : You have been practicing soccer so hard. 1
B : Next week. 2
A : I see. 3
B : Wakaba Junior High School. They are a very good team.
A : 4 Good luck.

| ア It'll be our last one. |
| イ What school are you going to play against first? |
| ウ I'm sure your team will win the game. |
| エ When is your next tournament? |

3 留学生のエミリー（Emily）と純也（Junya）が話をしています。対話は①～⑤の順で行われています。④のイラストは純也が話している内容です。自然な対話となるように，（1），（2）の問いに答えなさい。

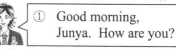
① Good morning, Junya. How are you?

Emily

② I'm hungry. I didn't A to eat food this morning. I'm sleepy, too.

Junya

③ Oh, that's too bad. Why are you sleepy?

④ Well, I often play video games for many hours at night and I played them last night, too. B

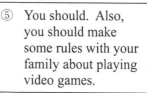
⑤ You should. Also, you should make some rules with your family about playing video games.

（1） A に入る適当な**英語2語**を書きなさい。
（2） イラストと対話の流れに合うように， B に入る適当な**英語を1文**で書きなさい。

K 教英出版 英5の3

4 中学生の広人（Hiroto）が，彼の家にホームステイしている留学生のサイ（Sai）と話をしています。以下の会話を読んで，（1）〜（6）の問いに答えなさい。

Sai: Hey, Hiroto. What are you doing?
Hiroto: I'm looking for information about *literacy rates on the internet.
Sai: Literacy rates? The *rate of people who can read or write in each country?
Hiroto: Yes. Kaito, my younger brother, didn't try to do his homework yesterday. Then my mother told him, "You should study hard. Many people in the world have a lot of trouble because they cannot read or write." So, I became interested in this problem.
Sai: Oh, I see.

[Twenty minutes later]

Sai: Look! I found an article about the literacy rate in my country, India!

The Literacy Rate in India (15 years old and older)				
Year	1970	1995	2006	2018
Rate（%）	33.1	52.0	62.8	74.4

（ユネスコ資料により作成）

Sai: In 1970, only about 30 percent could read or write.
Hiroto: But, in 2018, more than 70 percent could read or write! It improved *by about 40 points between 1970 and 2018. It improved a lot! What happened during these years?
Sai: I'm not sure. ☐A☐ I think he worked in India as a *volunteer before. He may know something about it.

[The next day at school]

Hiroto: Hi, Mr. Brown. Sai and I found an article about the literacy rate in India. There is a big difference between 1970 and 2018. It improved greatly. Do you know why?
Mr. Brown: I know some of the reasons. I went to India to do volunteer work about ten years ago. At that time, in India, there were more illiterate people than now. So, the government and some groups worked hard to improve the *situation.
Sai: What did they do?
Mr. Brown: They did various things. For example, they *built a lot of school buildings because there weren't enough. Also, they *expanded the *school lunch program. Thanks to these efforts, more children can go to school now.
Hiroto: That's very nice!
Mr. Brown: However, in some countries, some people still cannot go to school even if they want to do so.
Hiroto: They cannot do so because such countries don't have enough schools, right?
Mr. Brown: Right. But there are other reasons, too. Some children have to stop going to school to help their parents with their work.
Sai: I guess it's difficult for people who cannot go to school to get some types of jobs because they cannot read or write.
Mr. Brown: That's right. Because of that, some of them cannot earn enough money to live. Also, they cannot read important *explanations about *medications or receive various services in their daily lives. As a result, ☐B☐.
Hiroto: These are serious problems. If I were illiterate, I couldn't learn many things from books or websites.

Mr. Brown: I'm sure learning things can *lead to a better life and save our lives.
Hiroto: I agree. I can go to school and learn many things now. I'm very sad that it's difficult for people in some countries to do those things.
Sai: I'm sad, too. I'm *thankful that I can enjoy learning many things. I want to study harder and learn more things!
Hiroto: Me, too! Let's try various things together!

注：literacy rates 識字率　rate 割合　by about 40 points 約40ポイント分
volunteer ボランティア　situation 状況　built 〜 〜を建てた
expanded 〜 〜を拡大した　school lunch program 給食制度　explanations 説明
medications 薬　lead to 〜 〜につながる　thankful that 〜 〜ということに感謝して

（1）本文中の ☐A☐ に入る英文として最も適当なものを，ア〜エの中から一つ選びなさい。
ア　Why don't we ask Mr. Brown, our ALT, tomorrow?
イ　When did you learn how to read or write Japanese?
ウ　Who knows the reasons for the trouble very well?
エ　How did you know that Mr. Brown is our new teacher?

（2）本文や表の内容に合うように，次の①と②の英文の ☐ に入る最も適当なものを，ア〜エの中からそれぞれ一つずつ選びなさい。
①　In 1995, ☐ percent of people in India could read or write.
ア　33.1　　　イ　52.0　　　ウ　62.8　　　エ　74.4
②　Hiroto realized the literacy rate in India improved greatly for about ☐ years.
ア　five　　　イ　eight　　　ウ　thirty　　　エ　fifty

（3）本文中の ☐B☐ に入る英語として最も適当なものを，ア〜エの中から一つ選びなさい。
ア　they can get enough money
イ　they cannot read or write
ウ　their lives are in danger
エ　their lives are safe and easy

（4）次の英文は，本文の内容の一部を示したものです。本文の内容に合うように，☐ に入る適当な**英語4語**を書き，文を完成させなさい。
Hiroto feels sad that it's difficult for people in some countries ☐ and learn many things now.

（5）本文の内容に合っているものを，ア〜エの中から一つ選びなさい。
ア　Hiroto did his homework because his mother told him to do so.
イ　Sai didn't go to junior high school in his country to help his parents.
ウ　Sai says that learning things can lead to a better life and save people's lives.
エ　Hiroto and Sai want to study harder and learn more things.

（6）次の Question に対するあなたの考えを**英語**で書き，Answer の文を完成させなさい。ただし，あとの**条件**に従うこと。
Question: Which is better for you, studying in Japan or studying abroad?
Answer: （Studying in Japan / Studying abroad）is better for me because _____ .

条件
①　（　　　）内の2つのうち，どちらか一方を◯で囲むこと。
②　下線部には，主語と動詞を含む**8語以上**の英語を書くこと。なお，I'm のような短縮形は1語として数え，符号（ , / ! / . など）は語数に含めない。

次の英文は，明（Akira）が書いたスピーチの原稿です。これを読んで，（1）〜（6）の問い
に答えなさい。なお，文中の①〜⑥は，段落の番号を示しています。

① Do you think accepting different ideas is easy? This may not be easy for most of us.
However, if we can accept them, we can do an important thing.

② We have a traditional festival in our village. Every summer, children in our village
start practicing the *hue*, the *taiko* and the *dance* for the festival. My *grandfather teaches
the group of children how to play the *hue* and the *taiko*. I'm one of the group members
[A] are learning how to play the *hue* from him. He once said to us, "This festival is
very important to the people in our village. We must preserve it with our own hands." He
loves the festival and always thinks about it.

③ One day, my grandfather looked very sad. So, I asked him, "Are you OK?" He said,
"The number of group members has been decreasing. I'm *afraid that the festival may
disappear." This was true. There were only ten group members. We needed more children
for the festival. I had to do something to solve this problem, but I didn't know what to do.

④ The next day, I had a *chance to talk with my classmate, Saori, after school. She
moved to our village from Tokyo last spring. When I told her about the festival and our
group, she said, "Wow! I'm interested in the festival. My sister and I can play the *flute.
Can we join your group?" I was happy to hear that, but I thought, "What will my grandfather
and other members say?"

⑤ That night, I went to the *community center to practice for the festival. When the
*practice finished, I told all the members and my grandfather about Saori and her sister.
Many of the members said that we should accept them. One member said, "If we accept
them, we can get new members to play together for the festival." But my grandfather and
a few members said we should not. One of them said, "It's not good to accept people from
other places." My grandfather said, "We have preserved this festival for many years with
our own hands. We should not accept them." We talked and talked for a long time. Finally
I said, "It's important [B]. But it's difficult now because the number
of the children has been decreasing. I don't want to lose our festival. We should accept
people from other places and preserve it in a new way." At first, my grandfather didn't say
anything. But, after a while, he said, "OK. I will accept your idea, Akira. Can you *ask
Saori and her sister to come and join us tomorrow? I'll teach them how to play the *hue*.
Everyone, is that OK?" All of us said, "Yes!"

⑥ We have just started practicing with Saori and her sister. They enjoy practicing the
hue with us, and my grandfather enjoys teaching them, too. I learned an important thing
from this experience. Sometimes, accepting different ideas may not be easy. However, if
we can do so, we can change something *for the better.

注：*hue* 笛　*taiko* 太鼓　dance 踊り　grandfather 祖父
afraid that 〜　〜ということを恐れて　chance 機会　flute フルート
community center 公民館　practice 練習　ask 〜 to … …するよう〜に頼む
for the better　より良く

（1） 本文中の [A] に入る英語として最も適当なものを，ア〜エの中から一つ選びなさい。
　ア　what　　　　　イ　who　　　　　ウ　where　　　　　エ　which

（2） 本文中の下線部 this problem の内容を示した英文として最も適当なものを，ア〜エの中か
ら一つ選びなさい。
　ア　The children in the group have to practice the dance for the festival.
　イ　Akira's grandfather must preserve the *hue* and the *taiko* in his village.
　ウ　The number of the members for the festival has been decreasing.
　エ　The ideas of the ten members for the festival may disappear.

（3） 本文中の [B] に入る英語として最も適当なものを，ア〜エの中から一つ選びなさい。
　ア　to preserve this festival with our own hands
　イ　to talk about the problem together for a long time
　ウ　to practice with Saori and her sister for the festival
　エ　to accept all the people from some other places

（4） 本文の内容に合っているものを，ア〜エの中から一つ選びなさい。
　ア　The *hue* and the *taiko* were played only by Akira's grandfather in the village.
　イ　Akira's grandfather was afraid to do something for people living in the village.
　ウ　Akira talked with Saori and her sister in the community center about all the members.
　エ　Akira wanted to preserve the festival by accepting people from other places.

（5） 本文の内容に合うように，次の①と②の Question に答えなさい。ただし，答えは Answer
の下線部に適当な英語を書きなさい。
　① Question: What did the group members need for the festival?
　　 Answer: _____ for the festival.
　② Question: What did Akira's grandfather and a few members say after the practice?
　　 Answer:　They said that they should _____ sister.

（6） 次は，第④段落を要約した文章です。本文の内容に合うように，下線部に8語以上の適当な
英語を書きなさい。なお，I'm のような短縮形は1語として数え，符号（, / ! / . など）は語数
に含めない。
　　Akira told Saori about the festival and she became interested. Then he felt _____
_____with her sister. However, he was not sure about the ideas of his
grandfather and other members.

これから，放送によるテストを行います。問題は**放送問題1**から**放送問題3**まであります。放送を聞いている間に，メモを取ってもかまいません。

はじめに，問題用紙の**放送問題1**を見なさい。これは，香織（カオリ）と留学生のベンの対話を聞いて答える問題です。対話が放送されたあとに，クエスチョンと言って質問をします。質問は，**No.1**から**No.5**まで五つあります。その質問の答えとして最も適当なものを，**ア，イ，ウ，エ**の中から一つずつ選びなさい。対話，クエスチョンの順に2回読みます。
　　それでは，始めます。

Kaori:　　Hi, Ben.
Ben:　　　Hi, Kaori.
Kaori:　　We'll have the "Golden Week" holidays soon. Do you have any plans for them?
Ben:　　　Yes. I'm going to visit the zoo with my host family.
Kaori:　　That's nice! Do you like animals?
Ben:　　　Yes. I especially like pandas very much. They are so cute. How about your plans?
Kaori:　　I'm going to practice the piano for my music club's concert.
Ben:　　　Wow! Does your music club have a concert? When is it?
Kaori:　　It's on Saturday, May 13th at Central Hall.   Do you want to come?
Ben:　　　Yes, but how can I get there?
Kaori:　　You can take a bus from the station to the hall. It takes about 15 minutes.
Ben:　　　Great! I'm looking forward to the concert. Good luck!
Kaori:　　Thank you. See you later!

Question No. 1　　　Where is Ben going to go during his Golden Week holidays?
Question No. 2　　　What is Ben's favorite animal?
Question No. 3　　　What is Kaori going to do during her Golden Week holidays?
Question No. 4　　　When is the concert of Kaori's music club?
Question No. 5　　　How can Ben get to Central Hall?

　　放送問題2に移ります。問題用紙の**放送問題2**を見なさい。これは，二人の対話を聞いて，対話の続きを答える問題です。対話は**No.1**と**No.2**の二つあります。それぞれの対話の最後の応答部分でチャイムが鳴ります。そのチャイムの部分に入る最も適当なものを，**ア，イ，ウ，エ**の中から一つずつ選びなさい。対話は**No.1，No.2**の順に2回ずつ読みます。
　　それでは，始めます。

No. 1　Man: Meg, what are you doing?
　　　Girl: I'm doing my homework.
　　　Man: Dinner is almost ready.
　　　Girl: （チャイム）

No. 2　Woman: Hello.
　　　Boy:　　Hello. This is Ken. May I speak to Mari?
　　　Woman: Sorry. She isn't here now.
　　　Boy:　　（チャイム）

　　放送問題3に移ります。問題用紙の**放送問題3**を見なさい。これから読む英文は，春香（ハルカ）が英語の授業で発表した内容です。英文を聞きながら，①から⑤の英文の空欄に入る最も適当な英語1語を書きなさい。英文は2回読みます。
　　それでは，始めます。

　　Last year, I joined the English speech contest. At first, I didn't want to join it because I didn't like speaking in front of many people. However, my English teacher helped me a lot and finally I could enjoy it. At the contest, I said to myself, "Trust yourself. You have done everything you could." Though I couldn't win the contest, I got stronger than before through this experience. I want to say to my teacher, "Thank you for supporting me."

　　以上で，放送によるテストを終わります。

令 和 5 年 度

IV 理 科

（13 時 10 分 〜 14 時 00 分）

注 意

○ 問題用紙は4枚（4ページ）あります。

○ 解答用紙はこの用紙の裏面です。

○ 答えはすべて，解答用紙の所定の欄に，文，文字などで答えるもののほかは，ア，イ，……などの符号で記入しなさい。

○ 解答用紙の ▨▨▨ の欄には記入してはいけません。

※50点満点

5 Ⅳ 理 科 解 答 用 紙

注意　□の欄には記入しないこと。

1

(1)		動物
(2)		
(3)		
(4)	①	
		ブリがふえると，
	②	

(1)1点
(2)1点
(3)1点
(4)①1点
　②2点

2

(1)		
(2)		
(3)		試験管B〜Eの結果が，
(4)	①	
	②	

(1)1点
(2)1点
(3)1点
(4)①1点
　②2点

3

(1)	①	
	②	化石
(2)		
(3)	→ 　　　　→	
(4)		m

(1)1点×2
(2)1点
(3)1点
(4)2点

4

(1)		
(2)		
(3)		
(4)	①	％
	②	g

(1)1点
(2)1点
(3)1点
(4)2点×2

5

(1)		
(2)		
(3)		
(4)		プラスチック
(5)	①	
	②	g

(1)1点
(2)1点
(3)1点
(4)1点
(5)1点×2

6

(1)	
(2)	
(3)	
(4)	
(5)	

(1)1点
(2)1点
(3)2点
(4)1点
(5)1点

7

(1)		
(2)		
(3)	①	cm
	②	
(4)		

(1)1点
(2)1点
(3)①1点
　②2点
(4)2点

8

(1)		エネルギー
(2)		
(3)		
(4)		cm
(5)		

(1)1点
(2)2点
(3)1点
(4)1点
(5)1点

1 次の観察について，（1）～（4）の問いに答えなさい。

観察1

カタクチイワシとスルメイカのからだのつくりを調べるために，煮干し（カタクチイワシ）は，水でふやかしてからだの側面をピンセットではがすようにとり，スルメイカは，外とう膜を切り開いて観察を行った。図1はカタクチイワシ，図2はスルメイカのからだの中のつくりをスケッチしたものである。

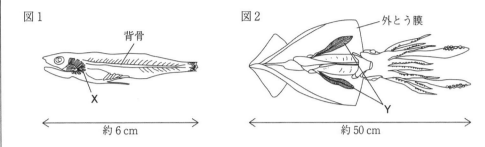

図1　背骨　X　約6cm

図2　外とう膜　Y　約50cm

観察2

観察1の後，それぞれの胃の中にふくまれているものを調べた。カタクチイワシの胃の中には，動物プランクトンがふくまれていた。また，スルメイカの胃の中には，魚の骨がふくまれていた。

（1）　動物には，背骨をもつものともたないものがいる。カタクチイワシのように，背骨をもつ動物を何動物というか。書きなさい。

（2）　外とう膜は，筋肉でできた膜であり，内臓の部分を包んでいる。外とう膜をもつ生物を，次の**ア**～**エ**の中から1つ選びなさい。
　　ア　クラゲ　　　**イ**　エビ　　　**ウ**　ウニ　　　**エ**　アサリ

（3）　図1のXと図2のYについて述べた文として最も適当なものを，次の**ア**～**エ**の中から1つ選びなさい。
　　ア　XとYはえらであり，からだに二酸化炭素をとりこむはたらきがある。
　　イ　XとYはえらであり，からだに酸素をとりこむはたらきがある。
　　ウ　XとYは肝臓であり，からだに養分をとりこむはたらきがある。
　　エ　XとYは肝臓であり，からだに水分をとりこむはたらきがある。

（4）　図3は，ある地域の，海の生態系における食物連鎖を示している。図3の矢印は，食べられる生物から食べる生物に向かってつけてある。次の①，②の問いに答えなさい。
　　①　生態系における食物連鎖の関係は，一通りの単純なつながりではなく，網の目のように複雑にからみ合っている。このような生物どうしの関係のことを何というか。**漢字3字**で書きなさい。
　　②　図3の生態系において，ブリはほかの生物に食べられることがないのに無限にふえ続けることがない。その理由を，「**ブリがふえると，**」という書き出しに続けて，**食物**ということばを用いて書きなさい。

図3

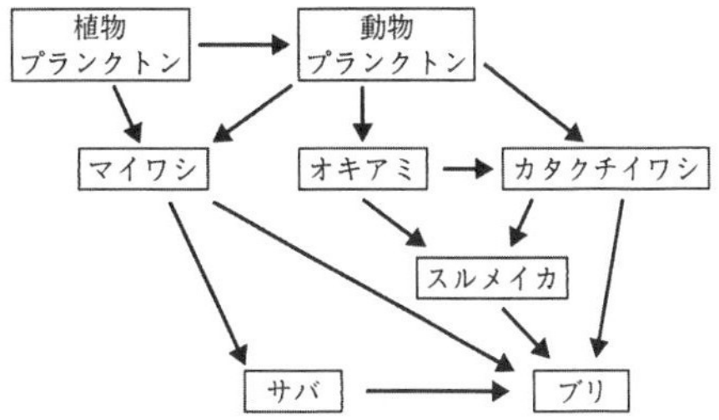

植物プランクトン → 動物プランクトン

植物プランクトン → マイワシ
動物プランクトン → オキアミ → カタクチイワシ
マイワシ・オキアミ・カタクチイワシ → スルメイカ
→ サバ → ブリ

2 次の観察と実験について，（1）～（4）の問いに答えなさい。

観察

図1のように，ふ入りのコリウスの葉には，緑色の部分と白色の部分がある。緑色の部分と白色の部分の細胞をそれぞれ顕微鏡で観察したところ，緑色の部分の細胞の中には緑色の粒が見られた。

図1

白色（ふ）の部分

緑色の部分

実験

Ⅰ　鉢植えのコリウスを3日間暗所に置いた。
Ⅱ　図2のように，試験管を5本用意し，試験管Aには何も入れずにゴム栓をした。Ⅰのコリウスの葉を緑色の部分と白色の部分に切り分け，試験管BとDには葉の緑色の部分を，試験管CとEには葉の白色の部分を入れ，ゴム栓をした。さらに，試験管DとEには，光が当たらないようにアルミニウムはくを巻いた。
Ⅲ　A～Eの試験管を光が十分に当たる場所に3時間置いた。
Ⅳ　A～Eの試験管に石灰水を少し入れ，ゴム栓をしてよくふり，反応を確認した。
Ⅴ　B～Eの試験管から葉をとり出し，あたためたエタノールで脱色した後，水でよく洗ってからヨウ素液にひたし，反応を確認した。

図2

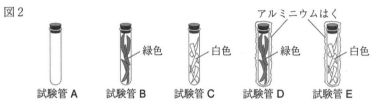

アルミニウムはく

試験管A　試験管B　緑色　試験管C　白色　試験管D　緑色　試験管E　白色

結果

	試験管A	試験管B	試験管C	試験管D	試験管E
試験管に入れた石灰水の反応	変化しなかった	変化しなかった	白くにごった	白くにごった	白くにごった
とり出した葉のヨウ素液との反応		青紫色に変化した	変化しなかった	変化しなかった	変化しなかった

（1）　下線部について，この緑色の粒を何というか。書きなさい。

（2）　次の文は，葉でつくられたデンプンの移動について述べたものである。X，Yにあてはまることばの組み合わせとして最も適当なものを，右の**ア**～**エ**の中から1つ選びなさい。

葉でつくられたデンプンは，水に　X　物質に変化して，　Y　を通ってからだ全体の細胞に運ばれる。

	X	Y
ア	とけやすい	道管
イ	とけやすい	師管
ウ	とけにくい	道管
エ	とけにくい	師管

（3）　実験において，試験管Aはどのようなことを確かめるために用意したものか。「**試験管B～Eの結果が，**」という書き出しに続けて書きなさい。

（4）　次の文は，実験の結果について考察したものである。下の①，②の問いに答えなさい。

石灰水の反応において，試験管　P　の結果から，葉の白色の部分も緑色の部分も呼吸を行っていることがわかる。また，植物が光の有無に関係なく常に呼吸を行っていることが，試験管　Q　の結果からわかる。さらに，ヨウ素液との反応から，光が当たると，葉の緑色の部分で光合成が行われていることがわかる。これらのことから，試験管Bに入れた石灰水が変化しなかったのは，試験管Bの葉が　R　ためだと考えられる。

①　P，Qにあてはまる試験管の組み合わせとして最も適当なものを，右の**ア**～**エ**の中から1つ選びなさい。
②　Rにあてはまることばを，**光合成，呼吸，二酸化炭素**という3つのことばを用いて書きなさい。

	P	Q
ア	A，C，E	A，B，D
イ	A，C，E	A，D，E
ウ	A，D，E	A，B，D
エ	A，D，E	A，C，E

3 次の文は、傾斜がゆるやかなある山の地層の重なり方について述べたものである。（1）〜（4）の問いに答えなさい。

図1は、この山の登山道の一部を模式的に表したものである。この山の地層の重なり方について資料で調べたところ、この山のそれぞれの地層は、一定の厚さで水平に堆積していることがわかった。また、この山には凝灰岩の層は1つしかなく、地層の上下が逆転するような大地の変化は起こっておらず、断層やしゅう曲はないことがわかっている。

この山の登山道の途中にある、標高の異なるX〜Zの3地点でボーリング調査を行い、図2のような柱状図を作成した。また、X地点のボーリング試料に見られた泥岩の層を詳しく調べたところ、サンヨウチュウの化石が見つかった。

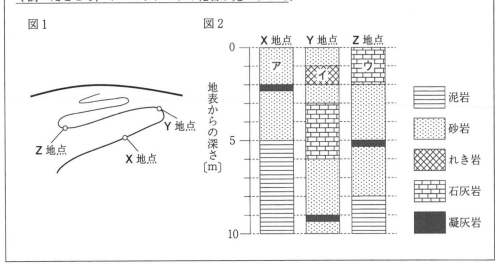

図1　　　　　　図2

凡例：
泥岩
砂岩
れき岩
石灰岩
凝灰岩

（1）　下線部について、次の①、②の問いに答えなさい。
　①　X地点のボーリング試料に見られた泥岩の層の地質年代と、その地質年代に栄えていた生物の組み合わせとして最も適当なものを、右のア〜エの中から1つ選びなさい。

	地質年代	生物
ア	古生代	フズリナ
イ	古生代	ビカリア
ウ	新生代	フズリナ
エ	新生代	ビカリア

　②　化石には、地質年代を知ることができる化石のほかに、サンゴのなかまのように、当時の環境をさぐる手がかりとなる化石がある。このような、当時の環境を示す化石を何化石というか。書きなさい。

（2）　次の文は、Y地点とZ地点で見られた石灰岩について述べたものである。P、Qにあてはまることばの組み合わせとして最も適当なものを、右のア〜エの中から1つ選びなさい。

石灰岩は、貝殻やサンゴなどが堆積してできた岩石で、うすい [P] をかけると、とけて気体が発生する。かたさを調べるために石灰岩を鉄くぎでひっかいた場合、石灰岩の表面に [Q]。

	P	Q
ア	水酸化ナトリウム水溶液	傷はつかない
イ	水酸化ナトリウム水溶液	傷がつく
ウ	塩酸	傷はつかない
エ	塩酸	傷がつく

（3）　図2のア〜ウの地層を、堆積した年代の古い順に左から並べて書きなさい。

（4）　X地点の標高は47mであった。Y地点の標高は何mか。求めなさい。

4 次の文は、先生と生徒の会話の一部である。（1）〜（4）の問いに答えなさい。

先生	空気に水蒸気がふくまれていることは、どのような現象からわかるでしょうか。
生徒	冬になると、部屋の窓ガラスの表面に水滴がついているようすからわかります。
先生	身のまわりの現象をよく観察していますね。その現象のことをa結露といいます。結露と同じように、b雲のでき方も、空気にふくみきれなくなった水蒸気の一部が水滴になることが関係しています。ところで、冬は部屋の空気が乾燥していますよね。部屋の空気にふくまれる水蒸気の量をふやすには、どうすればよいでしょうか。
生徒	加湿器を使えばよいと思います。ここにある加熱式加湿器からはc湯気が出るので、部屋の空気にふくまれる水蒸気の量をふやすことができるのではないでしょうか。
先生	そうですね。加湿器を使うと、d湿度を上げることができます。湿度は、ある温度の1m³の空気にふくまれる水蒸気の質量が、その温度での飽和水蒸気量に対してどれくらいの割合かを表したものです。気温と飽和水蒸気量には、表のような関係があります。この表を使って、湿度について考えてみましょう。

表
気温〔℃〕	17	18	19	20	21	22	23
飽和水蒸気量〔g/m³〕	14.5	15.4	16.3	17.3	18.3	19.4	20.6

（1）　下線部aについて、次の文は、窓ガラスの表面に水滴がつくしくみについて述べたものである。□□にあてはまることばを、**漢字2字**で書きなさい。

窓ガラスの表面付近の空気の温度が、空気にふくまれる水蒸気が凝結し始める温度である □□ よりも低くなることで、水蒸気の一部が水滴に変わり、窓ガラスの表面につく。

（2）　下線部bについて、次の文は、水蒸気をふくむ空気のかたまりが上昇したときの雲のでき方について述べたものである。□□にあてはまることばとして最も適当なものを、下のア〜エの中から1つ選びなさい。

水蒸気をふくむ空気のかたまりが上昇すると、上空の気圧が □□、雲ができる。

ア　高いために圧縮されて、気温が下がり　　イ　高いために圧縮されて、気温が上がり
ウ　低いために膨張して、気温が下がり　　エ　低いために膨張して、気温が上がり

（3）　下線部cについて、次の文は、やかんから出る湯気について述べたものである。P、Qにあてはまることばの組み合わせとして最も適当なものを、右のア〜エの中から1つ選びなさい。

図は、やかんで水を沸騰させているようすである。やかんの口から離れたところの白色に見えるものをX、やかんの口とXの間の無色透明のものをYとすると、湯気は、 [P] である。
湯気は、 [Q] に変化したものである。

図

X
Y

	P	Q
ア	X	水滴が水蒸気
イ	X	水蒸気が水滴
ウ	Y	水滴が水蒸気
エ	Y	水蒸気が水滴

（4）　下線部dについて、ある部屋は気温が17℃で、1m³の空気にふくまれる水蒸気の質量は5.8gであった。次の①、②の問いに答えなさい。
　①　この部屋の湿度は何％か。求めなさい。
　②　次の文は、この部屋の空気にふくまれる水蒸気の質量の増加量について述べたものである。□□にあてはまる数値を求めなさい。

この部屋の空気の体積は50m³である。この部屋で暖房器具と加湿器を同時に使用したところ、気温が23℃になり、湿度は50％になった。このとき、この部屋の空気にふくまれる水蒸気の質量は □□ g増加した。

5 次の文は，ある海岸のごみの調査に来ていたAさんとBさんの会話の一部である。（1）〜（5）の問いに答えなさい。

Aさん	海水を採取してみると，プラスチックのかけらなどの目に見えるごみがふくまれていることがわかるね。
Bさん	それは，a実験操作によって海水からとり出すことができるよ。
Aさん	砂浜にもごみが落ちているよ。これもプラスチックだね。
Bさん	プラスチックごみは大きな問題だよね。b微生物のはたらきで分解できるプラスチックも開発されているけれど，プラスチックごみを減らすなどの対策も重要だね。
Aさん	砂をよく見てみると，砂の中にプラスチックのかけらのようなものが見られるよ。この砂の中から小さいプラスチックのかけらをとり出すのは難しそうだなあ。砂の中にふくまれているプラスチックのかけらをとり出す方法はないのかな。
Bさん	それならば，c密度のちがいを利用する方法がいいと思うよ。砂とプラスチックの密度は異なっているだろうから，適当な密度の水溶液中にその2つを入れれば，プラスチックをとり出すことができると思うよ。

（1）　海水や空気のように，いくつかの物質が混じり合ったものを何というか。**漢字3字**で書きなさい。

（2）　下線部aについて，粒子の大きさのちがいを利用して，プラスチックのかけらをふくむ海水からプラスチックのかけらをとり出す実験操作として最も適当なものを，次の**ア〜エ**の中から1つ選びなさい。

　　ア　ろ過　　　**イ**　再結晶　　　**ウ**　蒸留　　　**エ**　水上置換法

（3）　次のⅠ，Ⅱの文はプラスチックの特徴について述べたものである。これらの文の正誤の組み合わせとして正しいものを，右の**ア〜エ**の中から1つ選びなさい。

　　Ⅰ　すべてのプラスチックは電気を通しにくい。
　　Ⅱ　すべてのプラスチックは有機物である。

	Ⅰ	Ⅱ
ア	正	正
イ	正	誤
ウ	誤	正
エ	誤	誤

（4）　下線部bのようなプラスチックを何プラスチックというか。**漢字4字**で書きなさい。

（5）　下線部cについて，次の文は，密度が2.6 g/cm³の粒からなる砂に，密度が1.4 g/cm³のポリエチレンテレフタラートのかけら（PET片）を混ぜ，その混ぜたものからPET片をとり出す方法について述べたものである。下の①，②の問いに答えなさい。

　　温度が一定のもと，ある物質をとかした水溶液に砂とPET片を混ぜたものを入れ，密度のちがいを利用してPET片をとり出す実験を行う。グラフは，ある物質をとかした水溶液の濃度と密度の関係を表している。ただし，水の密度は1.0 g/cm³とする。
　　水溶液の密度が1.4 g/cm³より大きく，2.6 g/cm³より小さければ，PET片のみが　　**X**　　ため，砂とPET片を分けてとり出すことができる。
　　グラフより，PET片をとり出すための水溶液の濃度は，40％よりもこくなっている必要があることがわかる。水300 gに，溶質を　**Y**　gとかせば，水溶液の濃度は40％となるため，溶質を　**Y**　gよりも多くとかすことで，濃度が40％よりもこい水溶液をつくることができる。

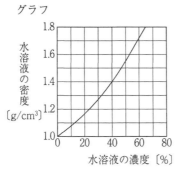

グラフ

① 　**X**にあてはまることばを書きなさい。
② 　**Y**にあてはまる数値を求めなさい。

6 次の実験について，（1）〜（5）の問いに答えなさい。

実験1
　図1のように，金属の陽イオンの水溶液（濃度5％）が入った試験管に金属片を入れる実験を行った。このとき，硫酸マグネシウム水溶液には亜鉛片または銅片を，硫酸亜鉛水溶液にはマグネシウム片または銅片を，硫酸銅水溶液にはマグネシウム片または亜鉛片をそれぞれ入れ，金属片の変化を観察した。

図1

結果

	硫酸マグネシウム水溶液	硫酸亜鉛水溶液	硫酸銅水溶液
マグネシウム片		亜鉛が付着した	銅が付着した
亜鉛片	反応しなかった		銅が付着した
銅片	反応しなかった	反応しなかった	

実験2
　図2のように，ビーカーの中をセロハン膜で区切り，一方に硫酸亜鉛水溶液と亜鉛板を入れ，もう一方に硫酸銅水溶液と銅板を入れた。亜鉛板と銅板を，導線とプロペラ付きモーターでつないでダニエル電池をつくったところ，プロペラが回転した。

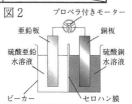

図2

（1）　実験1の結果より，マグネシウム，亜鉛，銅のうち，最も陽イオンになりやすい金属はどれか。物質名を書きなさい。

（2）　次の文は，実験2の電池における電子の移動について述べたものである。**X〜Z**にあてはまることばの組み合わせとして最も適当なものを，右の**ア〜エ**の中から1つ選びなさい。

　　電子は導線中を　**X**　へ移動する。亜鉛板では亜鉛原子が電子を　**Y**　反応が，銅板では銅イオンが電子を　**Z**　反応が起こる。

	X	Y	Z
ア	銅板から亜鉛板	失う	受けとる
イ	銅板から亜鉛板	受けとる	失う
ウ	亜鉛板から銅板	失う	受けとる
エ	亜鉛板から銅板	受けとる	失う

（3）　実験2の電池の亜鉛板の表面で起こる反応を化学反応式で書きなさい。ただし，電子はe⁻で表しなさい。

（4）　次の文は，実験2で電流が流れているときのそれぞれの水溶液の濃度の変化について述べたものである。**P，Q**にあてはまることばの組み合わせとして正しいものを，右の**ア〜エ**の中から1つ選びなさい。

　　電流が流れているとき，硫酸亜鉛水溶液の濃度は少しずつ　**P**　なる。また，硫酸銅水溶液の濃度は少しずつ　**Q**　なる。

	P	Q
ア	こく	こく
イ	こく	うすく
ウ	うすく	こく
エ	うすく	うすく

（5）　実験2において，セロハン膜をとり除いたところ，プロペラの回転はだんだんおそくなり止まった。次の文は，この結果について述べたものである。　　　にあてはまることばとして最も適当なものを，下の**ア〜エ**の中から1つ選びなさい。

　　セロハン膜がとり除かれ，2つの水溶液が混ざったことで，　　　　反応が起こり，導線中での電子の移動がほとんどなくなったためと考えられる。

　　ア　亜鉛原子と銅イオンの間で電子の受けわたしが起こり，亜鉛板上に銅が付着する
　　イ　亜鉛原子と銅イオンの間で電子の受けわたしが起こり，銅板上に亜鉛が付着する
　　ウ　銅原子と亜鉛イオンの間で電子の受けわたしが起こり，亜鉛板上に銅が付着する
　　エ　銅原子と亜鉛イオンの間で電子の受けわたしが起こり，銅板上に亜鉛が付着する

7 次の実験について，（1）～（4）の問いに答えなさい。

実験1
図1のように，光学台上に，光源，フィルター（アルファベットのFの形をくりぬいたもの），凸レンズ，スクリーンを一直線上に設置した。
はじめに，フィルターと凸レンズとの距離を12cmにして，スクリーンを動かしてはっきりとした像がうつるようにし，そのときの凸レンズとスクリーンとの距離および像の大きさを調べた。次に，フィルターと凸レンズとの距離を15cm，20cm，30cm，60cmと変えて，それぞれスクリーンにはっきりとした像がうつるようにしたときの，凸レンズとスクリーンとの距離および像の大きさを調べた。

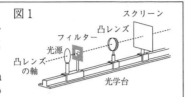
図1

結果

フィルターと凸レンズとの距離〔cm〕	12	15	20	30	60
凸レンズとスクリーンとの距離〔cm〕	60	30	X	15	12
フィルターの大きさに対する像の大きさ	Y		同じ	Z	

実験2
図2のように，フィルターの上半分を黒い紙でおおってから，図3のように，実験1で使用した装置を使い，スクリーンにうつる像を調べた。

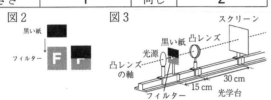
図2　図3

（1）下線部について，実験1でスクリーンにうつった像を何というか。**漢字2字**で書きなさい。

（2）焦点を通る光が凸レンズに入射したとき，光はどのように進むか。そのときの光の道筋を模式的に表したものとして最も適当なものを，次の**ア～エ**の中から1つ選びなさい。

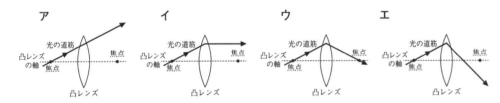

（3）実験1について，次の①，②の問いに答えなさい。
① この凸レンズの焦点距離は何cmか。求めなさい。
② X～Zにあてはまる数値とことばの組み合わせとして正しいものを，右の**ア～カ**の中から1つ選びなさい。

	X	Y	Z
ア	20	大きい	小さい
イ	20	小さい	大きい
ウ	22.5	大きい	小さい
エ	22.5	小さい	大きい
オ	25	大きい	小さい
カ	25	小さい	大きい

（4）実験2について，光源側からスクリーンを見たとき，スクリーンにうつった像として最も適当なものを，次の**ア～カ**の中から1つ選びなさい。

8 次の実験について，（1）～（5）の問いに答えなさい。ただし，空気の抵抗は考えないものとする。

実験1
図1のように，小球に糸をとりつけて，糸がたるまないようにAの位置で静止させ，この状態で手をはなしたところ，小球はふりこの運動を行った。小球は，Bの位置で高さが最も低くなり，Aの位置と同じ高さのCの位置で速さが0になった。
ただし，Bの位置を高さの基準とし，糸の質量は考えないものとする。

実験2
図2のように，水平な台の上に置かれたレールをスタンドで固定し，質量20gの小球Xをレールの水平部分からの高さが10cmとなる斜面上に置いて，静かに手をはなした。小球が斜面を下って水平部分に置いた木片に当たり，木片とともに移動して止まった。このとき，木片の移動距離を調べた。つづけて，斜面上に置く小球の高さを変えて実験を行い，そのときの木片の移動距離を調べた。次に，小球Xを質量30gの小球Yに変えて，同様の測定を行った。その結果，小球を置いた高さと木片の移動距離の関係がグラフのようになることがわかった。
ただし，小球とレールの間の摩擦は考えないものとし，木片とレールの間には一定の大きさの摩擦力がはたらくものとする。

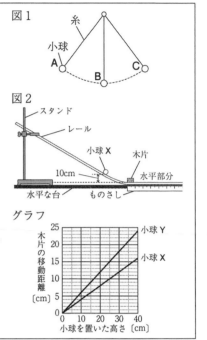
図1　図2　グラフ

（1）実験1について，小球がもつ位置エネルギーと運動エネルギーを合わせた総量を何エネルギーというか。**漢字3字**で書きなさい。

（2）実験1について，次の①～④のうち，Aの位置の小球がもつ位置エネルギーと大きさが等しいものを，下の**ア～カ**の中から1つ選びなさい。
① Bの位置の小球がもつ運動エネルギー　② Bの位置の小球がもつ位置エネルギー
③ Cの位置の小球がもつ運動エネルギー　④ Cの位置の小球がもつ位置エネルギー
　ア ①と②　イ ①と③　ウ ①と④　エ ②と③　オ ②と④　カ ③と④

（3）実験1について，小球がCの位置に達したとき糸を切ると，小球はどの向きに動くか。最も適当なものを，右の**ア～エ**の中から1つ選びなさい。

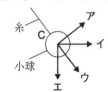

（4）実験2について，小球Yを使って実験を行ったとき，小球Xを15cmの高さに置いてはなしたときと木片の移動距離が同じになるのは，小球Yを置く高さが何cmのときか。求めなさい。

（5）実験2について，仕事やエネルギーに関して述べた文として**誤っているもの**を，次の**ア～オ**の中から1つ選びなさい。
ア 小球が斜面上を運動しているとき，小球がもつ位置エネルギーが運動エネルギーに移り変わっている。
イ 小球が木片とともに移動しているとき，小球がもつ位置エネルギーと運動エネルギーを合わせた総量は保存されている。
ウ 小球が木片とともに移動しているとき，木片とレールの間に摩擦力がはたらき，熱が発生している。
エ 小球の質量が同じ場合，小球を置いた高さが高いほど，小球が木片にした仕事が大きくなっている。
オ 小球を置いた高さが同じ場合，小球の質量が大きいほど，小球が木片にした仕事が大きくなっている。

令和 5 年 度

Ⅴ　社　会

（14 時 20 分 ～ 15 時 10 分）

注　　意

○　問題用紙は 4 枚（4 ページ）あります。

○　解答用紙はこの**用紙の裏面**です。

○　答えはすべて，解答用紙の所定の欄に，文，文字などで答えるもののほかは，**ア，イ**，……などの符号で記入しなさい。

○　解答用紙の ▨ の欄には記入してはいけません。

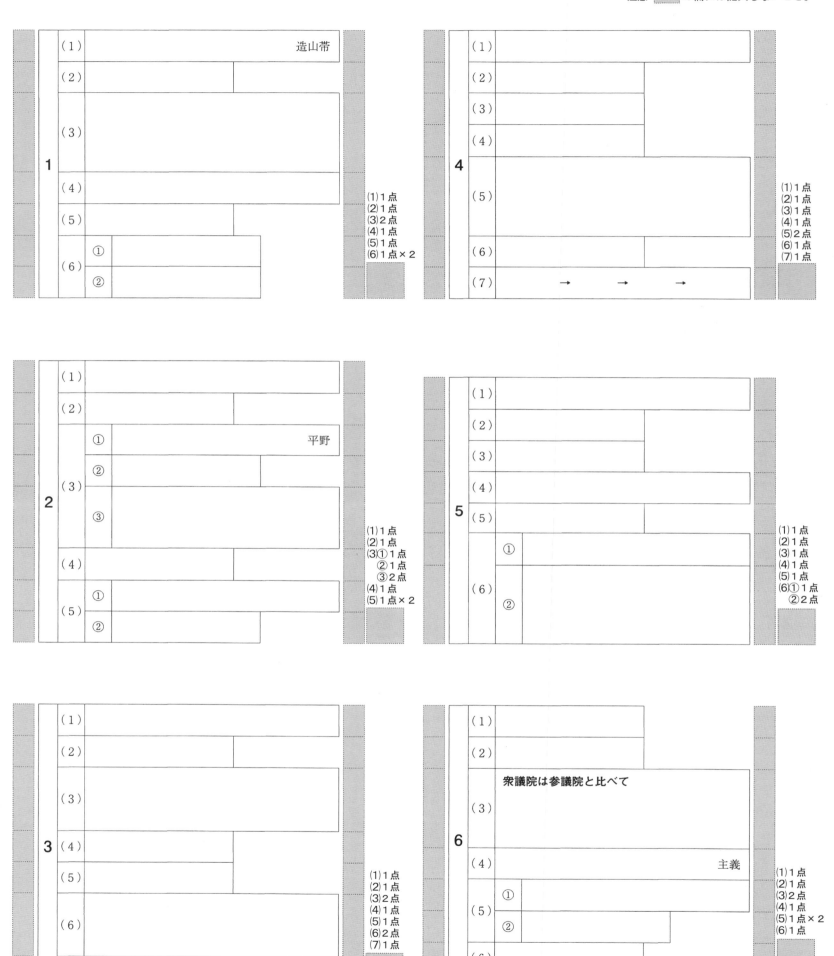

1

(1) 造山帯

(2)

(3)

(4)

(5)

(6) ①

②

(1)1点
(2)1点
(3)2点
(4)1点
(5)1点
(6)1点×2

2

(1)

(2)

(3) ① 平野

②

③

(4)

(5) ①

②

(1)1点
(2)1点
(3)①1点
　②1点
　③2点
(4)1点
(5)1点×2

3

(1)

(2)

(3)

(4)

(5)

(6)

(7) → → →

(1)1点
(2)1点
(3)2点
(4)1点
(5)1点
(6)2点
(7)1点

4

(1)

(2)

(3)

(4)

(5)

(6)

(7) → → →

(1)1点
(2)1点
(3)1点
(4)1点
(5)2点
(6)1点
(7)1点

5

(1)

(2)

(3)

(4)

(5)

(6) ①

②

(1)1点
(2)1点
(3)1点
(4)1点
(5)1点
(6)①1点
　②2点

6

(1)

(2)

(3) 衆議院は参議院と比べて

(4) 主義

(5) ①

②

(6)

(1)1点
(2)1点
(3)2点
(4)1点
(5)1点×2
(6)1点

1

次の地図の**A**〜**D**は国を，**E**は大洋を，**F**，**G**は山脈を，**H**〜**K**は都市を表している。また，下の文は，北アメリカ州と南アメリカ州の特徴についてある班がまとめたものの一部である。（1）〜（6）の問いに答えなさい。

地図

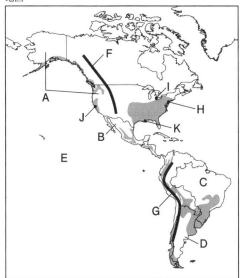

○自然環境
　A国と**B**国は北アメリカ大陸，**C**国と**D**国は南アメリカ大陸に位置し，a両大陸の西部には山脈が連なっている。また，両大陸は低緯度地域から高緯度地域にかけて広がり，b多様な気候がみられる。

○文化と言語
　南北アメリカ州とも，先住民のほかに，他の州から移り住んだ多様な人々が生活している。c南アメリカ州では，多様な人々の文化が融合した独自の社会がみられる。dA国では英語，**B**国と**D**国でスペイン語，**C**国ではポルトガル語が主に話されるなど，言語も多様である。

○産業
　eA国では古くから工業が発展してきた。現在では，北アメリカ州に加えて南アメリカ州の国々でも工業化が進んでいる。また，f2つの州ともに大規模な農業が展開され，農産物の輸出が盛んである。

（1）　下線部aについて，次の文は，地図の**F**，**G**の山脈について述べたものである。**L**にあてはまる語句を**漢字4字**で書きなさい。

> **F**，**G**の山脈は，**E**の大洋を取り囲むように山脈や島々が連なる　**L**　造山帯の一部である。

（2）　下線部bに関して，地図の██は，ある気候帯の分布を示している。この気候帯の名称として最も適当なものを，次のア〜エの中から一つ選びなさい。

ア　乾燥帯　　　　　イ　温帯　　　　　ウ　冷帯（亜寒帯）　　　　エ　寒帯

（3）　下線部cに関して，次の文は，南アメリカ州の社会の成り立ちについてまとめたものの一部である。**M**にあてはまることばを，「連れてこられた」という語句を用いて書きなさい。

> 南アメリカ州にはもともと先住民が住んでいたが，16世紀に植民地を築いたヨーロッパ州の人々が進出した。16世紀から19世紀にかけては，その植民地の農園や鉱山で　**M**　州からの人々が増えた。また，先住民と白人との間の混血の人々も増えた。さらに，20世紀にやってきた日本人など，アジア州からの移民もおり，多様な人々が暮らす独自の社会が生まれた。

（4）　下線部dについて，**B**国などから**A**国へ移り住んだスペイン語を話す人々のことを何というか。**カタカナ6字**で書きなさい。

（5）　下線部eに関して，地図の**H**〜**K**は，ニューヨーク，デトロイト，ニューオーリンズ，サンフランシスコのいずれかの都市である。また，次の文i，iiは，**H**〜**K**のいずれかの都市における工業の特徴について述べたものである。i，iiと**H**〜**K**の組み合わせとして適当なものを，下のア〜エの中から一つ選びなさい。

> i　この都市は，石炭や鉄鉱石などの鉱産資源の産地に近く，重工業が発達した地域に位置し，自動車産業の中心地として発展した。
> ii　この都市の郊外には，インターネットに関連した情報技術産業や大学などの教育研究機関が集まるシリコンバレーがあり，その分野で世界をリードしている。

	ア	イ	ウ	エ
i	H	H	I	I
ii	J	K	J	K

（6）　下線部fについて，次の①，②の問いに答えなさい。

①　次の文は，**D**国の農業について述べたものである。**N**にあてはまる語句として適当なものを，下のア〜エの中から一つ選びなさい。

> **D**国の首都周辺には，　**N**　とよばれる草原が広がり，牛の牧畜が行われている。

ア　グレートプレーンズ　　　　イ　サバナ　　　　ウ　フィヨルド　　　　エ　パンパ

②　次の表は，小麦，大豆，とうもろこしの輸出上位国と輸出量を表している。**X**〜**Z**にあてはまる農作物の組み合わせとして適当なものを，下のア〜カの中から一つ選びなさい。

表　小麦，大豆，とうもろこしの輸出上位国と輸出量（2020年）

	X		Y		Z	
	国名	輸出量（千t）	国名	輸出量（千t）	国名	輸出量（千t）
1位	ロシア	37267	C国	82973	A国	51839
2位	A国	26132	A国	64571	D国	36882
3位	カナダ	26111	パラグアイ	6619	C国	34432
4位	フランス	19793	D国	6360	ウクライナ	27952
5位	ウクライナ	18056	カナダ	4434	ルーマニア	5651

（世界国勢図会 2022/23年版により作成）

	ア	イ	ウ	エ	オ	カ
X	とうもろこし	とうもろこし	小麦	小麦	大豆	大豆
Y	大豆	小麦	とうもろこし	大豆	とうもろこし	小麦
Z	小麦	大豆	大豆	とうもろこし	小麦	とうもろこし

2

右の地図Ⅰの**A**は海洋，**B**〜**D**は都市，**E**は平野，**F**は県，**G**は火山を表している。（1）〜（5）の問いに答えなさい。

地図Ⅰ

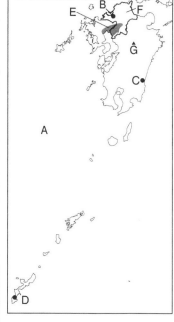

（1）　九州や南西諸島と，ユーラシア大陸の間にある**A**の海洋名を書きなさい。

（2）　次の雨温図**p**〜**r**は，**B**〜**D**のいずれかの都市の気温と降水量を表している。**B**，**C**の都市にあてはまる雨温図の組み合わせとして適当なものを，下のア〜カの中から一つ選びなさい。

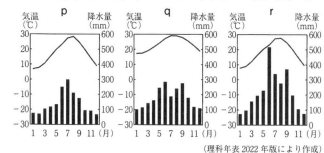

（理科年表 2022年版により作成）

	ア	イ	ウ	エ	オ	カ
B	p	p	q	q	r	r
C	q	r	p	r	p	q

（3）次の文は，九州地方の農業についてまとめたものの一部である。下の①〜③の問いに答えなさい。

・北部は稲作が盛んで，**E**は九州地方を代表する稲作地帯である。
・南部は畑作が盛んで，宮崎平野では**H**やピーマンなどの作物をビニールハウスで生産する促成栽培が行われている。また畜産も盛んだが，近年，大量に**J**ため，安全で質の良い肉を生産しブランド化をはかる動きが進んでいる。

① 文中のEには，地図ⅠのEの平野名が入る。Eにあてはまる平野名を書きなさい。

② 文中のHには作物名が入り，右の表はHの生産量上位の都道府県と生産量を表している。Hにあてはまる作物名として適当なものを，次の**ア**〜**エ**の中から一つ選びなさい。
　ア さつまいも　　**イ** てんさい
　ウ ねぎ　　　　　**エ** きゅうり

③ Jにあてはまることばを，次の二つの語句を用いて書きなさい。

> 外国　　安い

表　**H**の生産量上位の都道府県と生産量（2020年）

	都道府県名	生産量（t）
1位	宮崎県	60700
2位	群馬県	55800
3位	埼玉県	46100
4位	福島県	38500
5位	千葉県	27700

（日本国勢図会 2022/23 年版により作成）

（4）右のグラフは，F県と全国の工業出荷額の内訳を表しており，グラフ中のs〜uは，金属，機械，化学のいずれかである。金属，機械とs〜uの組み合わせとして適当なものを，次の**ア**〜**カ**の中から一つ選びなさい。

	ア	イ	ウ	エ	オ	カ
金属	s	s	t	t	u	u
機械	t	u	s	u	s	t

グラフ　F県と全国の工業出荷額の内訳（2019年）

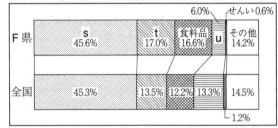

F県　s 45.6%　t 17.0%　食料品 16.6%　u 6.0%　せんい 0.6%　その他 14.2%
全国　45.3%　13.5%　12.2%　13.3%　1.2%　14.5%

（日本国勢図会 2022/23 年版により作成）

（5）右の地図Ⅱは，G付近を表した2万5千分の1地形図の一部である。次の①，②の問いに答えなさい。

① 次の文は，地図Ⅱに関してまとめたものである。Mにあてはまる語句を**カタカナ**で書きなさい。

> 火山の爆発や噴火による陥没などによってできた大きなくぼ地のことを**M**という。Gの**M**は世界有数の大きさであり，多くの人々が暮らしている。地図Ⅱには水田や人々が生活する建物などが表されている。

② 地図Ⅱを読み取った内容として正しいものを，次の**ア**〜**エ**の中から一つ選びなさい。なお，地図上で地点Kと地点Lの間の長さを測ると，5cmであった。
　ア 広葉樹林と針葉樹林がみられる。
　イ 消防署と警察署の間に鉄道がある。
　ウ 地点Kからみた地点Lの方位は西である。
　エ 地点Kと地点Lの間の実際の距離は2.5kmである。

地図Ⅱ

（国土地理院2万5千分の1地形図により作成）

3 次の年表は，日本の戦乱についてまとめたものの一部である。（1）〜（7）の問いに答えなさい。

年	おもなできごと	
663	日本が**W**の復興を支援するために唐・新羅の連合軍と戦い敗れた	…A
1087	源義家が東北地方で起きた有力者どうしの争いを平定した	
1159	平治の乱でa平清盛が源義朝をたおした	
1221	後鳥羽上皇がb幕府をたおすため兵を挙げたが敗れた	
1467	将軍の跡継ぎ問題をめぐって守護大名が対立し，京都で戦乱が起こった	…C
1615	大阪の陣により，徳川家康が豊臣氏を滅ぼした	…D
1868	旧幕府軍と新政府軍との間で鳥羽・伏見の戦いが起こった	…E

（1）Wにあてはまる語句を**漢字2字**で書きなさい。

（2）次の文は，年表のAからBの間に東北地方で起きたできごとについて述べたものである。XとYにあてはまる語句の組み合わせとして適当なものを，下の**ア**〜**カ**の中から一つ選びなさい。

> 9世紀のはじめ，**X**の指導者であるアテルイが，朝廷によって東北地方へ派遣された**Y**に降伏した。このこともあり，朝廷による東北地方の支配は広がったが，その後も**X**は朝廷に対する抵抗を続けた。

　ア X 蝦夷　Y 平将門　　　　**イ** X 蝦夷　Y 坂上田村麻呂
　ウ X 倭寇　Y 平将門　　　　**エ** X 倭寇　Y 坂上田村麻呂
　オ X 悪党　Y 平将門　　　　**カ** X 悪党　Y 坂上田村麻呂

（3）下線部aについて，この人物は，年表のAからBの間に活躍した藤原道長と同様に，朝廷との関係を深め政治の実権を握るようになった。その方法を，右の二つの系図に共通して読み取れることをもとに，次の**二つの語句**を用いて書きなさい。

> 自分の娘　　生まれた子ども

系図

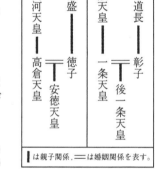

後白河天皇
｜
高倉天皇

平清盛
｜
徳子
｜
安徳天皇

円融天皇
｜
一条天皇
｜
後一条天皇

藤原道長
｜
彰子

｜は親子関係，＝は婚姻関係を表す。

（4）下線部bについて，この幕府が成立してから滅亡するまでの間に起きたできごととして適当なものを，次の**ア**〜**オ**の中から一つ選びなさい。
　ア 都に東大寺，国ごとに国分寺や国分尼寺が建てられた。
　イ 最澄により天台宗が開かれ，比叡山に延暦寺が建てられた。
　ウ キリスト教が禁止され，キリスト教信者を見つけ出すため絵踏が行われた。
　エ 座禅によって自分の力でさとりを開く禅宗が，道元により伝えられた。
　オ 九州のキリシタン大名により，4人の少年が使節としてローマ教皇のもとへ派遣された。

（5）年表のCに関して，この頃には書院造や水墨画に特徴づけられた文化が発展した。この頃の文化を代表する建築物を撮影した写真として適当なものを，次の**ア**〜**エ**の中から一つ選びなさい。

ア 　イ 　ウ 　エ

（6）　年表の**D**に関して，次の文は，この年に幕府が定めた法に1635年に付け加えられた制度をまとめたものの一部である。**Z**にあてはまることばを，次の**二つの語句**を用いて書きなさい。

| 1年 | 領地 |

3代将軍徳川家光は，参勤交代の制度を定めた。この制度によって，多くの大名は**Z**こととなり，大名にとって大きな負担となった。

（7）　年表の**D**から**E**の間に起きたできごとについて述べた次の**ア〜エ**を，年代の古い順に左から並べて書きなさい。

ア　水野忠邦が，物価の上昇を抑えるため，株仲間を解散させた。
イ　「ええじゃないか」といって人々が熱狂する騒ぎが各地で起こった。
ウ　大塩平八郎らが，米などを人々に分け与えようとして大阪で商人をおそった。
エ　松平定信が，凶作やききんに備えて，各地に倉を設けて米を蓄えさせた。

4　次のカードは，19世紀以降に女性が活躍したできごとについてある班がまとめたものの一部である。なお，カードは年代の古い順に左から並べてある。（1）〜（7）の問いに答えなさい。

| カードA | カードB | カードC | カードD |

1871年に**a岩倉使節団**が派遣され，その使節に5人の女子留学生が同行した。

1904年に与謝野晶子が**b日露戦争**に出征した弟を思い，詩を発表した。

1920年に平塚らいてうが新婦人協会を設立し，女性の権利拡大を求めた。

c戦後日本の民主化により，1946年には39人の女性国会議員が誕生した。

（1）　下線部**a**について，右の資料Ⅰは，岩倉使節団の一員だったある人物についてまとめたものの一部である。ある人物とは誰か。書きなさい。

資料Ⅰ
・ヨーロッパへ留学後，憲法草案を作成した。
・初代の内閣総理大臣に就任した。
・立憲政友会を結成し，代表となった。

（2）　下線部**b**に関して，明治政府は教育によって人材を養成することにし，全国に小学校がつくられ，日露戦争後に義務教育の期間が6年に延長された。次の**ア〜エ**は男女の就学率の変化を表したグラフである。このグラフに日露戦争が起こった年を表す線を書き加えたものとして適当なものを，**ア〜エ**の中から一つ選びなさい。

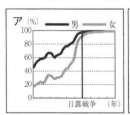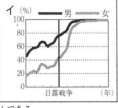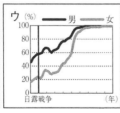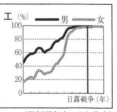

横軸の目盛りは，5年ごとにきざんである。
（学制百年史により作成）

（3）　カード**A**とカード**B**のできごとの間に，日本の工業は大きく発展した。次の資料Ⅱは，日本の近代産業が発展する中で生産量が増えた製品**W**についてまとめたものの一部である。**W**にあてはまる製品として適当なものを，次の**ア〜エ**の中から一つ選びなさい。

ア　鉄鋼
イ　セメント
ウ　生糸
エ　綿糸

資料Ⅱ

機械を使い**W**を生産する大阪の工場で働く女性の写真

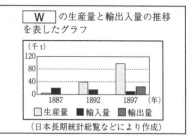
Wの生産量と輸入入量の推移を表したグラフ

（日本長期統計総覧などにより作成）

（4）　カード**B**とカード**C**のできごとの間に，ヨーロッパでは第一次世界大戦が起きた。この戦争において，日本が属していた陣営の国々を　　で示した地図として最も適当なものを，次の**ア〜エ**の中から一つ選びなさい。

（5）　カード**C**とカード**D**のできごとの間に，日中戦争や太平洋戦争が起き，国民全体をまきこむ総力戦となった。次の文は，その頃の日本のできごとについてまとめたものの一部である。また，右の写真Ⅰは，その頃に，女学生が工場で働くようすを撮影したものである。**X**にあてはまることばを，右の写真Ⅰと関連付け，**制定された法律名を明らかにしながら**，書きなさい。

写真Ⅰ

1938年に，近衛文麿内閣の下で，政府が議会の承認なしに国民を**X**が制定され，すべての国力を投入して戦争を優先する体制への移行が進んだ。

（6）　カード**C**とカード**D**のできごとの間に，ドイツではある政権が誕生し，ユダヤ人を迫害した。ユダヤ人である右の写真Ⅱのアンネ＝フランクは，迫害が激しくなると屋根裏部屋にかくれ，その日々を日記につづった。次の文は，当時のドイツについて述べたものの一部である。**Y**と**Z**にあてはまる語句の組み合わせとして適当なものを，下の**ア〜エ**の中から一つ選びなさい。

写真Ⅱ

ア　Y　ヒトラー　　Z　ナチ党（ナチス）
イ　Y　ヒトラー　　Z　ファシスト党
ウ　Y　ムッソリーニ　Z　ナチ党（ナチス）
エ　Y　ムッソリーニ　Z　ファシスト党

Y率いる**Z**が選挙で支持を得て，1933年に政権を握った。**Y**は，ドイツ民族の優秀さを国民に意識させるとともに，ユダヤ人を迫害した。

（7）　下線部**c**に関して，戦後日本のできごとについて述べた次の**ア〜エ**を，年代の古い順に左から並べて書きなさい。

ア　全国各地の公害反対運動を背景として，公害対策基本法が制定された。
イ　満25歳以上の男子に限られていた選挙権が，満20歳以上の男女に認められた。
ウ　雇用の面での女性への差別を禁止した，男女雇用機会均等法が制定された。
エ　池田勇人内閣が，経済成長を後押しするため，所得倍増をスローガンにかかげた。

5 次の先生と生徒の対話を読み，（1）～（6）の問いに答えなさい。

> 先生　私たちが暮らす地域社会にはさまざまな課題があります。これらの課題は，「　A　な開発目標」であるＳＤＧｓとどのように関連しているでしょうか。
> 生徒　福島県でも人口減少が起きていますが，人口減少は a 地方財政に影響を与えることを学びました。この課題は，ＳＤＧｓの「住み続けられるまちづくりを」という目標と関連があると思います。
> 先生　こうした課題への対応策として，都市の中心市街地や駅のある地域に，社会資本を集めて効率的に利用するコンパクトシティという考え方が提唱されています。また，まちづくりには公共の交通機関や建物でバリアフリー化を進めるなど，誰もが不自由なく生活できるといった　B　の実現や，多様性を尊重する考え方が求められています。さらに，行政と地域住民や b 企業が一体となった取り組みを進めることが大切です。
> 生徒　毎年のように起こる水害などの自然災害に備える，防災を意識したまちづくりも大切だと思います。
> 先生　そうですね。これらの課題は，ＳＤＧｓの「気候変動に具体的な対策を」という目標と関連があります。c 地球環境問題のような地球規模の課題の解決には d 国際協力が必要です。私たちは，国際社会の一員として地球規模の諸課題にも目を向け，行動していかなければなりません。

（1）　Aにあてはまる語句を**漢字4字**で書きなさい。

（2）　下線部 a について，右のグラフは，鳥取県，大阪府の歳入の内訳を，Ｃ～Ｅは地方交付税交付金，地方債，地方税のいずれかを表している。ＣとＤにあてはまる語句の組み合わせとして適当なものを，次の**ア～エ**の中から一つ選びなさい。

グラフ　鳥取，大阪府の歳入の内訳（2019年度）

				国庫支出金		その他
鳥取県	C 18.5%		D 38.5%	16.3%	E 15.4%	11.3%
大阪府	50.4%		9.6%	8.0% 9.4%		22.6%

（データでみる県勢 2022年版により作成）

ア　C 地方交付税交付金　D 地方債
イ　C 地方税　D 地方交付税交付金
ウ　C 地方交付税交付金　D 地方税
エ　C 地方税　D 地方債

（3）　Bにあてはまる語句として最も適当なものを，次の**ア～エ**の中から一つ選びなさい。
ア　リコール
イ　メディアリテラシー
ウ　インフォームド・コンセント
エ　インクルージョン

（4）　下線部 b について，右の図は，企業が資金を調達する方法の一つを表したものである。図のように，企業が株式や債券などを発行することで資金を調達することを何というか。**漢字4字**で書きなさい。

図

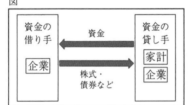

資金の借り手	→　資金	資金の貸し手
企業		家計 企業
	←　株式・債券など	

（5）　下線部 c について，次のＸ，Ｙの文は，地球環境問題への取り組みについて述べたものである。正誤の組み合わせとして適当なものを，下の**ア～エ**の中から一つ選びなさい。

> Ｘ　地球サミットで，地球温暖化を防止することを目的に気候変動枠組条約が調印された。
> Ｙ　パリ協定で，温室効果ガスの排出量の削減を先進国のみに義務付けた。

ア　X 正　Y 正　イ　X 正　Y 誤　ウ　X 誤　Y 正　エ　X 誤　Y 誤

（6）　下線部 d について，ある生徒が途上国に対する日本の国際協力の取り組みを次のようにまとめた。下の①，②の問いに答えなさい。

途上国が自立した経済発展を実現できるように，どのような国際協力が行われているか。	→	【日本政府が支援する取り組みの例】日本政府は，　F　を中心に，お金だけでなく人材育成や技術援助の面でも途上国の開発を支援している。		SDGsにかかげる目標を達成していくため，さまざまな取り組みを通して国際協力が行われている。
	→	【非政府組織などが支援する取り組みの例】e マイクロクレジットという取り組みを通して，貧しい人々に収入を得る機会を与えている。	→	

①　Fにあてはまる語句の略称を，**アルファベット3字**で書きなさい。
②　下線部 e について，マイクロクレジットとはどのようなことか。次の**二つの語句**を用いて書きなさい。

事業　　お金

---

6 次のカードは，人権思想の広がりについてある班がまとめたものの一部である。（1）～（6）の問いに答えなさい。

Ⅰ　人権思想のあゆみ	Ⅱ　日本国憲法と人権	Ⅲ　人権と国際社会
a 人権とは，人間が生まれながらにして持っている権利であり，フランス人権宣言などを通じて，すべての人間が人権を持つという考え方が広まった。近代革命の後，多くの国では人権を保障するために，憲法を制定するようになった。	b 日本国憲法は，国民の基本的人権を保障し，それを法律によっても侵すことのできない権利として尊重している。また，基本的人権の尊重は，c 国民主権，　A　主義とともに，日本国憲法の三つの基本原理の一つとなっている。	d 国際連合の役割は，世界の平和と安全の維持と，さまざまな分野での国際的な協力の推進である。現代の国際社会で，地球上のすべての人がよりよい生活を送るためには，「　B　」の考え方を生かした取り組みが必要である。

（1）　下線部 a に関して，『社会契約論』を著して人民主権を主張し，人権思想の発展に影響を与えたフランスの思想家は誰か。次の**ア～エ**の中から一つ選びなさい。
ア　ロック　イ　マルクス　ウ　リンカン　エ　ルソー

（2）　下線部 b に関して，次のＸ～Ｚは，基本的人権に関する日本国憲法の条文の一部である。Ｘ～Ｚの中で，自由権について述べたものの組み合わせとして適当なものを，下の**ア～キ**の中から一つ選びなさい。

Ｘ　第21条①　集会，結社及び言論，出版その他一切の表現の自由は，これを保障する。
Ｙ　第25条①　すべて国民は，健康で文化的な最低限度の生活を営む権利を有する。
Ｚ　第29条①　財産権は，これを侵してはならない。

ア　Xのみ　イ　Yのみ　ウ　Zのみ　エ　XとY　オ　XとZ
カ　YとZ　キ　XとYとZ

（3）　下線部 c に関して，日本の国会は二院制が採られ，両議院の議決が一致すると国会の議決となる。予算の議決においては，両議院の議決が異なる場合は必ず両院協議会が開かれ，それでも一致しない場合には衆議院の優越が認められている。その理由を，衆議院と参議院の任期のちがいに着目しながら，「**衆議院は参議院と比べて**」の書き出しに続けて，次の**二つの語句**を用いて書きなさい。

解散　　国民

（4）　Aにあてはまる語句を書きなさい。

（5）　下線部 d について，次の①，②の問いに答えなさい。
①　人種や宗教などのちがいをこえて，人類普遍の価値として人権を認めた，1948年に採択された宣言は何か。書きなさい。
②　難民などの保護を目的として設立された国際連合の機関の略称として適当なものを，次の**ア～エ**の中から一つ選びなさい。
ア　UNICEF　イ　UNHCR　ウ　WTO　エ　WHO

（6）　次の文は，Bにあてはまる語句について述べたものである。この文を参考にして，Bにあてはまる語句として適当なものを，下の**ア～エ**の中から一つ選びなさい。

> グローバル化が進んだ現代において，環境の汚染は国境をこえて広がり，武力紛争やテロリズムの影響は一国だけにとどまらず，解決には国際的な協力が重要である。その中で，これまでの国家が自国の国土と国民を守るという考え方だけではなく，一人一人の生命や人権を大切にして平和と安全を実現するという考え方が生まれ，世界中に広がっている。

ア　人間の安全保障　イ　環境アセスメント　ウ　集団的自衛権　エ　小さな政府

令 和 4 年 度

福島県公立高等学校

Ⅰ　国　語

（9時00分 〜 9時50分）

注　　意

○　問題用紙は4枚（4ページ）あります。

○　解答用紙は**この用紙の裏面**です。

○　答えはすべて，解答用紙の所定の欄に，文，文字などで答えるもののほかは，**ア，イ**，……などの符号で記入しなさい。

○　解答用紙の ▨ の欄には記入してはいけません。

♯教英出版 編集部　注
編集の都合上、白紙ページは省略しています。

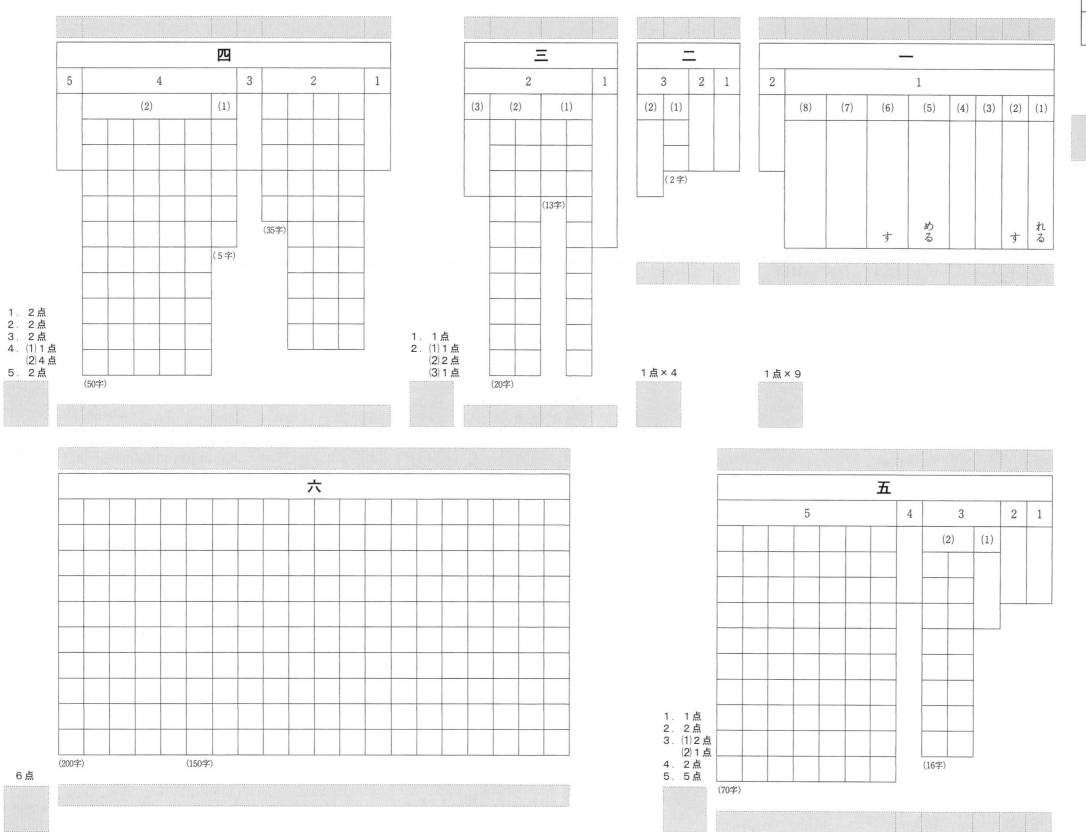

受験番号　　番

※50点満点

4　I　国 語 解 答 用 紙

注意

□の欄には記入しないこと。

一

2	1							
	(8)	(7)	(6)	(5)	(4)	(3)	(2)	(1)

める　　す　　れる　　す

1点×9

二

3	2	1
(2)	(1)	

（2字）

1点×4

三

2	1
(3)	(2)	(1)

（13字）

（20字）

1. 1点
2. (1)1点
   (2)2点
   (3)1点

四

5	4	3	2	1
	(2)	(1)		

（5字）

（35字）

（50字）

1. 2点
2. 2点
3. 2点
4. (1)1点
   (2)4点
5. 2点

五

	5	4	3	2	1
			(2)	(1)	

（16字）

（70字）

1. 1点
2. 2点
3. (1)2点
   (2)1点
4. 2点
5. 5点

六

（200字）　　（150字）

6点

一

次の1、2の問いに答えなさい。

1 次の各文中の――線をつけた漢字の読み方を、ひらがなで書きなさい。また、==線をつけたカタカナの部分を、漢字に直して書きなさい。

(1) 気持ちが紛れる。
(2) 諭すように話す。
(3) 余暇を楽しむ。
(4) 悠然とたたずむ。
(5) 地元の企業にツトめる。
(6) 砂糖で甘みがマす。
(7) 冷暖房をカンビしている。
(8) 制度のカイカクを進める。

2 次の文中の――線をつけた動詞の中で、活用形が他と異なるものを、ア～オの中から一つ選びなさい。

確認したとおり、私たちは「考え」なければ、習慣的な自分から抜け出ることができません。逆に言えば、「考える」とは習慣的な自分からの逸脱、つまり他人になることを意味します。本を読むことで他人の「考え」を体験し、ノートを使いながらその「考え」に自分の思考をぶつけていけば、私たちは「自分」でなくなり、その自分の思考をぶつけていけば、オへと変身していけるようになります。

（倉下 忠憲「すべてはノートからはじまる あなたの人生をひらく記録術」より）

二

次の俳句を読んで、あとの問いに答えなさい。

A 鷹の巣や大虚に澄める日一つ　　橋本鶏二
B 彼一語我一語秋深みかも　　高浜虚子
C 撥ね飛ばす一枚恋の歌がるた　　加古宗也
D 秋や今朝一足に知るのごひえん　　松江重頼
E 不二ひとつ埋みのこして若葉かな　　与謝蕪村
F 春ひとり槍投げて槍に歩み寄る　　能村登四郎

注1 大虚。
注2 よくふいて表面が滑らかになっている縁側。
注3 富士山。

1 次の文章は、A～Fの中のある俳句の鑑賞文である。この鑑賞文を読んで、あとの(1)、(2)の問いに答えなさい。

情景を順に追うような言い方を用いて、ゆっくりとした動きで黙々と競技の練習をする様子を詠んだ俳句はどれか。A～Fの中から一つ選びなさい。

2 上空から見下ろすような大きな視野の先に雄大な存在を描き出すとともに、盛んな生命の勢いを切れ字を用いて表現している俳句はどれか。A～Fの中から一つ選びなさい。

3 次の文章は、A～Fの中のある俳句の鑑賞文である。この鑑賞文を読んで、あとの(1)、(2)の問いに答えなさい。

この句では、季節の移ろいを、相手との対話の中に感じている様子が表現されている。互いに交わす対話は活発なものではなく、 I が感じられる。またこの句は、そのような対話を描き出すことを通して、そのような季節の深まりが読み手に伝わってくる句である。

(1) I 、 III にあてはまる言葉の組み合わせとして最も適当なものを、次のア～オの中から一つ選びなさい。

ア I 口調を強めていく様子　　III
イ I かすかにささやく様子　　III 悲しさ
ウ I じっくりと語り合う様子　　III 楽しさ
エ I 激しく議論する様子　　III 穏やかさ
オ I ぽつりぽつりと話す様子　　III 静けさ

(2) I にあてはまる最も適当な言葉を、二字でそのまま書き抜きなさい。

ア II 悲しさ
イ II 爽やかさ
ウ II 楽しさ
エ II 穏やかさ
オ II 静けさ

三

次の文章I、文章IIを読んで、あとの問いに答えなさい。

文章I

昔さる人の云へるは（ある人が言ったことには）、人間万事師匠をたづねもとむ物なくて叶はぬ事なり。さりながら根本の師匠とはいふ物ぞ心なり（探し求める）。根本の師匠なり（そもそも）。物をならはんと思ふ心が則ち師匠なり（物を習おうと思う心が）。さあれば我が心こそ師匠なれ（そうすると）。されば世間に師匠をする人は物毎に多けれども、ならひまなばんと思ふ心ざしなければ（それぞれの稽古ごとに）、その師匠もあり甲斐なし（存在する意味がない）。縦ひ又世間に、其のしなじなの師匠はまれなれ共（たとえまた）（なかなか見つからないとしても）、わが心をただしくして（それぞれの稽古ごとに心を用いて）、もの毎にたしなみ候はば（心がけて励むならば）、その心すなはち師匠となりて、日々にあらたなるべし（進歩をもたらす）。

（「可笑記」より）

文章II

蓋（けだ）し須（すべか）らく切磋（せっさ）して相（あひ）起（お）こすべきこと明らかなり。（思うに、互いに磨き高め合うべき）
門を閉ぢて読書し、心を師とし自ら是（ただ）しとするも、（大勢の人前に出て）（正しい）
謬誤（びうご）して差愆（さけん）する者有るを見ること多し。（間違いを犯して恥をかく）

（「顔氏家訓」より）

1 「ならはん」の読み方を、現代仮名遣いに直してすべてひらがなで書きなさい。

2 次の会話は、文章I、文章IIについて、授業で話し合ったときの内容の一部である。文章I、文章IIについて、あとの(1)～(3)の問いに答えなさい。

Aさん「文章I、文章IIのどちらも、学ぶ姿勢について述べた文章だよね。どちらにも『心』と『師』という語が書かれているよ。二つとも似たような内容を述べているのかな。」

Bさん「内容を確かめよう。二つとも似たような内容を述べているのかな。まず文章Iは、 ① そのものだという内容の師匠と は『 ① 』そのものだという内容だよね。」

Cさん「でも、文章IIは、心を師とすると間違いを犯す結果になるという内容のようだよ。どうやら、二つの文章は互いに考え方が異なるようだね。」

Aさん「そうだね。文章IIは、学ぶときの師匠として『須らく切磋して相起こすべき』と述べているよ。この部分を踏まえて考えると、文章IIは、『心を師とし自ら是とする』は、 ② という、学ぶときに避けるべき考え方なのだと思うよ。」

Bさん「では、文章Iと文章IIは、どちらが正しい見方なのかな。」

Cさん「二つの文章の意見はそれぞれ視点が異なっているよ。むしろ、文章Iと文章II、両方の内容を総合して、学ぶために大事なことは ③ という意見としてまとめられるのではないかな。」

(1) ① にあてはまる内容を、二十字以内で書きなさい。

(2) ② にあてはまる最も適当な言葉を、文章I（文語文）から十三字でそのまま書き抜きなさい。

(3) ③ にあてはまる内容として最も適当なものを、次のア～オの中から一つ選びなさい。

ア 学ぶ仲間と常に議論して知識を深め合おうとしながらも、自分自身の学びの成果を信じる確かな信念をもつべきである。
イ 学びたいという確かな意志を胸に抱きながら、自分よりもさらに優れた才能のある仲間を重んじて互いの学び方をさらに探そうとする姿勢をもつべきである。
ウ 学ぶことの自主性を自分の中で明確にした上で、共に学ぶ仲間を参考にして知識を深め合うという方法をとるべきである。
エ 学ぶことに対する意欲を自分自身の中で明確にした上で、仲間の意見を参考にした上でお互いに学び合うという方法をとるべきである。
オ 学ぶ上で心から信頼できる師匠につく学び方を選ぶ一方、師匠に寄りかからず自分自身で学ぼうとする意志をもつべきである。

次の文章を読んで、あとの問いに答えなさい。

《中学一年生の立岡麻由子は、生徒から「サヒメ」と呼ばれる宮永沙姫先生が顧問を受け持つ吹奏楽部に所属している。三年生の杉崎里美と同じ楽器を担当し、初心者だった麻由子を気にかけてくれていた。十月の中旬に行われた定期演奏会（定演）の一週間後、三年生とのお別れ会が開かれた。先輩たちがそれぞれの進路について話した。》

里美は、遠くはなれた高校の看護科に進むのだという。

〈えっ？〉

麻由子は、〈えっ？なんで？〉と、思った。

静流市の高校に通ってくれればときどき会いにいけるし、地区大会でだって会える。

遠い町に進学を決めた里美をうらやましく思った。そのほうが早く看護師になれる。うちは農家で、父さんも母さんも働いているから、早く看護師になって少しでも楽をさせてあげたい。

淡々と語る里美に、ひとつわ大きな拍手が送られた。みんなの思いも苦労も同じことを、自分はできるだろうか。

麻由子はそれでも、そのなかにまじって拍手をしていたが、本当にもう会えないの……？

《お別れ会のあとほかの先輩たちは帰っていったが、麻由子は残っていた。》

里美が、反対の方向じゃない？

里美が心配するが、麻由子はどうしてもよりなよりをいうことができない。

「大丈夫？」

里美がいなくなると、人家はどんどん少なくなっていった。

しかも町まで、毎日ひとりで通ってきたのだ。

この距離に、麻由子が朝練に行くと里美は必ずそこにいた。

定演で、町のホールであらわした、ソロ[注1]……。

麻由子は、ただ練習をしていたのではない。人一倍の努力で、けんめいに音を磨きあげていたのだ。

里美だけはいつまでもぐずぐず残っていた。

〈本当にもう会えないの……？〉

《麻由子は、複雑な気持ちで里美に花束をわたした。》

お別れ会のあとほかの先輩たちも帰ったが、麻由子だけはいっしょに歩く。

麻由子は、里美のぬけたあとの練習を思うと気が重くなった。

ガードレールで仕切られた、川沿いの道を歩く。

短縮授業だったから、暗くなるにはまだ少し時間がある。

もうかなり歩いたはずなのに、道の先にはなにも見えない。

そろそろ、帰ろうか。とも思ったが、でも、ここまできて引き返すわけにはいかなかった。

〈こうなったら、家まで送っていこう。〉

いつのまにかそう決めていた。

右頬に受ける川風は、気持ちいい。

反対側の山はすでに暑苦しい紅葉の衣をぬぎ、黄色味と茶色ばかりが目立つようになっていた。

苦しい夏がすぎ冬に向かうこの季節、ちょっぴり呼吸が楽になる。

麻由子は、思いきって里美にきいてみた。

「先輩。」

麻由子は、

「里美先輩は、サヒメ語がわかるんですか？」

「えっ？」

「サヒメ語？」というより里美がこっちを見た。いきなり『手をつないでっ』とかいって、サヒメ語っぽいでしょ。いきなり『手はなしたら』みたいな知らんぷり顔して続けてるし……。」

里美は、はじけるように笑った。

「サヒメ語なんてね。」

どういうこと？」

麻由子は、

「わかるし。わかんないときは、わからなくてもいいの。」

「それで、いいの。」

「意外だった。」

「だって……。」

麻由子は、頬をふくらませた。

里美の口から、そんなに気げんな答えが出てくるなんて。

「無理に、わからなくていいんじゃない？」

「ほんと。」とか、

「なぜぜんぜん笑うのかわからなかったが、最後に里美がこんなに笑ってくれ

3

「素直だわ。」

里美はなかなか笑うのをやめなかったが、最後に里美がこんなに笑ってくれハンカチで涙を拭きながら、

「そんな真面目に考えてるの、麻由だけだよ。」

《里美が、やさしく麻由子をのぞきこむ。》

「えっ。」

里美が、やさしく麻由子をのぞきこむ。

なにかが、おかしかったのか、笑いを流して笑っている。おもしろいよね。」

4

「自分が恥ずかしかった。」とあるが、麻由子の様子を見て気づき、そしてまだ畑で働いているらしい両親や、里美の帰りを待っていただろう弟や妹など、里美の家族の様子を知ったとき、自分は気づき、まぬけな質問をしたことを恥ずかしく思った。

ヘっ？

麻由子は、はじけれたように里美のそばをはなれた。

姉ちゃん、今日のめし、なに？

小学校三、四年生だろうか。

男の子は、腹減った、今日のめし、なに？

まさかサヒメ語、みたい。

〈ヘっ？〉

サヒメ語？サヒメ語は……。

《里美の家の前にきて、里美の手をとりながら、もう少し小さな声でいっていたらしい。》

こっちに見たらしい。橋の向こうでは、もう少し小さな女の子もサンダルをつっかけてきていた。

麻由子は、

里美は、遠くはなれた高校の看護科に進むのだという。

右側の橋からひとりの男の子が転がるように里美のかげにかくれた。

どうやら、里美の家の前にきた。

三年前のよく似たサヒメ化……？

見ると、橋の奥に農家らしい民家があった。

《三年生の杉崎里美が早く看護師になって少しでも楽をさせてあげたい、という気持ちも理解できた。》

耳の横で、結んだ髪をゆらして、里美も手をふった。

ふり返ると、弟といっしょに里美が家に向かって歩いていく。

その向こうに、広い畑が見える。

お父さんも、お母さんも、ふたりそうにして働くなか、赤い小さな火がちろちろと燃えている。

遠くにいなくても、帰ってから毎日夕飯をつくって待っていたのだ。

初めて、見た。

農家には、まだ認められているんだ……[注2]。

野焼き[注3]の煙にかすんで、遠くの山が薄青いシルエットをつくっていた。

里美と歩く道は、そう感じさせた。

川風を左頬に受け、きた道をもどる。

里美の進む道が、ひとりの足では途方もなく遠かった。

そのために家をはなれ、看護師のある高校へ進む、早く看護師になって遠くの山が薄青いシルエットたい。

「父さんも母さんも日の出前から働いている道が、ひとりの足では途方もなく遠かった。」

「サヒメ語」なんて、まぬけな質問をした自分が恥ずかしかった。

（有島 希音「オリオンの上」より）

注1 演奏を一人で行うこと。
注2 田畑の稲わらや草などを焼くこと。
注3 後方から光が当たって浮かび上がった風景や人物の輪郭。
注4 野焼き。

1 「複雑な気持ち」とあるが、どのような気持ちか。最も適当なものを次のア〜オの中から一つ選びなさい。

ア 拍手を送って発表の喜びを里美に届けるみんなの気持ちも分かる一方、進路に対する決意を聞いて拍手を送るみんなの気持ちも分かる一方、自分は素直に里美を応援することができないという気持ち。

イ 里美の進路の話を聞いて決意の強さに驚くみんなの気持ちも分かる一方、自分だけは里美の進路の話を聞いて決意の強さに驚くみんなの気持ちも分かるが、自分は心からとした里美の話を信用できないという気持ち。

ウ 里美の淡々とした話しぶりに引き込まれるみんなの気持ちも分かる一方、自分は心から里美の話を聞いて心配になるみんなの気持ちも分かるが、自分は本心から里美の進路の話を心配できないという気持ち。

エ 里美の進路の話を聞いて心配になるみんなの気持ちも分かる一方、自分は心から里美の進路の話を聞いて心配することができないという気持ち。

オ 自分は心からとした話しぶりに心配になるみんなの気持ちも分かる一方、自分は本心から里美の進路の話を聞いて心配することができないという気持ち。

2 「意外だった。」とあるが、麻由子が意外だと思ったのはなぜか。三十五字以内で書きなさい。

3 「里美が、やさしく麻由子をのぞきこむ。」とあるが、このときの里美の心情の説明として最も適当なものを、次のア〜オの中から一つ選びなさい。

ア 「サヒメ語」について真面目に考える麻由子の言葉をおもしろがりながらも、むくれている麻由子の言葉をおもしろく感じている。

イ サヒメ語について、真剣に考えてみようとした麻由子の素直さをおもしろく感じている。

ウ サヒメ語について、自分の言葉どおりに動いている素直さをかみしめながら、明快に説明しようとした麻由子の真面目さに引退するさみしさをかみしめている。

エ サヒメ語について、部活動を引退するさみしさをかみしめながら、明快に説明しようとしても無駄なのだと意気込んでいる。

オ サヒメ語の言葉を理解しようとしても理解できなかったからと一緒に練習にも耐えられたのだと感激し、目の前の麻由子のことをあわれんでいる。

4 「自分が恥ずかしかった。」とあるが、この場面に至るまでの麻由子の心情の変化について説明したい。あとの(1)、(2)の問いに答えなさい。

（枠内）
麻由子ははじめ、「遠くはなれた高校の看護科に進む」という里美の言葉を聞いて、［ Ⅰ ］思った。里美と一緒に帰ると里美がいなくなることを認められず、家まで送っていこうと心に決める。途中で引き返すことができず、家まで来て、家の前まで来て、そしてまだ畑で働いているらしい両親など、里美の家族の様子を知ったとき、自分は［ Ⅱ ］と気づき、まぬけな質問をしたことを恥ずかしく思った。

(1) ［ Ⅰ ］にあてはまる言葉を、本文中から五字で書き抜きなさい。

(2) ［ Ⅱ ］にあてはまる最も適当なものを、次のア〜オの中から一つ選びなさい。

5 本文中の表現について説明した文として最も適当なものを、次のア〜オの中から一つ選びなさい。

ア 「薄青いシルエット」という描写は、麻由子の気持ちをきっぱりと切り替えたことを示している。

イ 遠くの山の「薄青いシルエット」という描写は、里美を慕ってまとわりつく弟や妹のことを恨んでいる麻由子の心情を描いている。

ウ 「暑苦しい紅葉の衣」という描写は、里美と並んで歩く秋景色の中で「ちょっぴり呼吸が楽になる」ことを表している。

エ 遠くの山が「薄青いシルエット」という描写は、里美を家に送る気温が高く汗ばむ山の様子を隠喩で表した描写は、麻由子が自分の気持ちを「川風」を受けて気持ちが晴れていた気温が高く汗をかく里美に送る秋景色の中で「暑苦しい紅葉の衣」という描写は、よく晴れていて気温が高く汗ばむ山の様子を隠喩で表した描写は、麻由子が自分の気持ちを「川風」を受けて気持ちが晴れたことに左頬に変わる描写になる。

オ 麻由子が自分の気持ちを「途方もなく遠かった」と感じる描写は、里美がひとりでもどる道を「途方もなく遠かった」と感じる描写は、里美がいなくなったあとの麻由子の心細さと重ねられている。

五

次の文章を読んで、あとの問いに答えなさい。

言葉は、たしかに、わたしたちが経験するものの一面を言い表し、他の人に伝えます。しかしながら、そのほんの一端をことばで表現していることをある一断面で切り取っているのではないでしょうか。言葉による表現は、経験の具体的な内容をある一断面で切り取っているのです。その一断面で経験全体を代表させることはできません。その一断面からあらためて経験の全体を眺めたりすることはできません。そのあいだには無限な距離があると言ってもよいでしょう。

（第一段落）

言葉は、たしかに、わたしたちが経験したことをことばで言い表したりします。たとえばお茶の味を「はればれとした」とか「まろやかな」とか「うまみがある」といったことばで言い表したり、お茶の味を十分に言い表すことができるでしょうか。たとえば「まろやかな」という表現で、口あたりがよい、そして深い味わいが感じられるという、そのような言葉で口あたりがよい、そして深い味わいが感じられるという味わいで説明することはできます。しかしその「深い味わい」がどのような味わいなのかをさらに説明しようとすると、言葉に窮することになります。

（第二段落）

「言葉」の語源は、「言の端」であったと言われます。古くは「事」と「言」とは通じると考えられていました（言葉には、そのなかで言語霊思想はそこから生まれたものでした）。しかしやがて「事」と「言」とは同じではないということに人々は気づくようになります。言葉は「事」の一端を言い表したものにすぎないということが意識されるようになったので、そのために「言の端」という言い方がされるようになったのだと考えられています。

（第三段落）

言葉がそのまま経験であるとは言えないのは、それがわたしたちの具体的な経験を普遍的な概念によってひとくくりにしてしまうことと関わっています。たとえば桔梗の青、露草の青、都忘れの青、それぞれの青は独特の色合いをもっていますが、言葉はその違いを無視して、それらすべてを同じ「青」ということばで表現してしまいます。そのことによって、個々のものがもっていた微妙な差異は一挙に背後に退いてしまいます。

（第四段落）

言葉は、それぞれ独自のニュアンスをもっていたものを、既成の枠組み、言わば鋳型のなかに押し込んでいくという役割を果たしています。そこには制約もまたあるように思います。枠組みのなかに入らないものはとらえることができないわけですし、その枠組みに取り込まれたものは、その枠組みにあうように変形させられてしまいます。それは、言葉にどこまでもつきまとう根本的な制約であると言ってよいでしょう。それだけでなく、この枠組みでとらえられたものが、もの自体でなく、ものごとはそれによって正確にとらえられないのでしょう。言葉はこの具体的な経験とのあいだにある隔たりを乗りこえることができないのでしょうか。

（第五段落）

言葉によってわたしたちは多くのことを知り、多くのことを考えるわけですが、そこには制約もまたあるように思います。いま目の前にしているものは、たとえば「悲しい」という一つのことばで表現できるような単純なものではなく、さまざまな相がそこには絡まりあっています。また固定したものではなく、大きな振幅をもちながら、止むことなく動いていきます。言葉はその動きの振幅を削りとって、それを一つのことばで固定したものにとらえてしまいますが、そのことによって感情のもっとも振幅を、それを「悲しい」とか「寂しい」といった、感情のもっともいきいきとした部分がことばの影に隠れてしまうのではないでしょうか。

（第六段落）

言葉にはまず、ものをグループ分けする働き、つまりカテゴリー化する働きがあります。そこでは、いま目の前にしているリンゴ、たとえば紅玉の独特の赤い色とか、それ特有の甘酸っぱい味、あるいはそれが私の好みであるとかいったことは問題にされません。むしろリンゴに共通の性質ですべてのものをひとくくりにする事です。しかし、たとえば友人に「紅玉はおいしいよね」と語ったとき、この「紅玉」ということばは、その基礎的な意味を相手に伝えるだけでなく、相手がその味を知っている場合には、その人のなかに、紅玉独特の酸味のきいた甘さをありありとイメージさせることができます。それを言葉の喚起機能と呼んでもよいと思います。わたしたちは「紅玉」ということばを聞いたとき、その音声面から、その枠組みがもつ基礎的な意味をも聞くだけでなく、さらにその意味をもつ豊かな意味を聞くことができるのです。ここに鍵がありそうです。

（第七段落）

たしかに、わたしたちはいくらことばを重ねても、紅玉の微妙な味をことばで表現し尽くすことはできません。そこに言葉の限界があります。しかし他方、いま言った機能によって、その味を直接相手のなかに喚起することができます。そのような働きがあるからこそ、わたしたちの会話は、平板な意味のやりとりに終始せず、いきいきとしたものになるのだと言えるのではないでしょうか。

（第八段落）

（藤田 正勝「はじめての哲学」岩波ジュニア新書より）

注1・2・3 いずれも植物の名称。 注4 微妙な意味あい。
注6 リンゴの品種。 注5 状態。

1 次のア〜オは、本文中で用いられている熟語である。熟語の構成が他と異なるものを、ア〜オの中から一つ選びなさい。

ア 両者　イ 語源　ウ 思想　エ 一端　オ 他方

2 「言葉」の語源は、「言の端」であったとあるが、「言の端」という表現は、言葉のどのような特徴を表しているか。最も適当なものを、次のア〜オの中から一つ選びなさい。

ア ある言葉は、事柄の一部分のみを表すことができるという特徴。
イ ある言葉で表現された事柄は、全体像が切り取られて偽りの形でしか伝わらなくなるという特徴。
ウ ある一つの言葉は、対応する一つの事柄とだけ通じて他の事柄を表すことができないという特徴。
エ ある事柄を表している言葉は、事柄の全てではなく限られた一部分のみを表しているという特徴。
オ ある言葉の語源となった事柄は、言葉が表している意味の一部分にだけ影響しているという特徴。

3 次の会話は、「枠組み」について、授業で話し合ったときの内容の一部である。会話を読み、あとの(1)、(2)の問いに答えなさい。

Aさん 「既成の枠組みに押し込めるとは、つまりどういうことなのだろうね。ア」
Bさん 「たとえば、犬の毛がクリーム色でもチョコレート色でも、茶色の犬という枠組みで表すことがあるということではないかな。イ」
Cさん 「なるほど。様々な犬がいるけれど、特定の枠組みに入れられたということで、実際とは違う様子として表現されることもあるという考え方だね。ウ」
Aさん 「本文から考えるとこういう枠組みの中での変化は、言葉で表現する以上は避けられないことのようだね。エ」
Bさん 「それで、枠組みに取り込むことが言葉と経験の間に隔たりを生む結果になると言えるよ。オ」
Cさん 「それに、枠組みにまとめることで、意識的に物事を正確にとらえることができるのではないかな。」
Aさん 「もう一度本文を読んで、筆者の意見を確かめてみよう。」

(1) 会話文の中の――線をつけた部分が、本文の内容と異なるものを、ア〜オの中から一つ選びなさい。

(2) 第一段落〜第四段落の中の ▢▢▢ にあてはまる最も適当な言葉を、本文中から十六字でそのまま書き抜きなさい。

4 ▢▢▢ の働きとして、Aさんは、話し合いのあと、ノートにまとめた。

○ 枠組みに押し込める作用とは
・実際には様々な相を持つ悲しさも、「悲しい」ということばで表されるとき、独自のニュアンスをもっていたものが枠組みに隠れる。
▢▢▢ は無視される。

本文における第六段落の働きとして最も適当なものを、次のア〜オの中から一つ選びなさい。

ア 言葉の制約について整理して問題提起の形で示し、第七段落以降で言葉の発展的な導入とする働き。
イ 言葉の不合理な特徴を複数の具体例の形で示し、第七段落以降で言葉の持つ働きを否定するための導入とする働き。
ウ 言葉の持つ欠点に関する意見を抽象化した表現で示し、第七段落以降で言葉の定義の持つ欠点を述べるための導入とする働き。
エ 言葉の正確な意味の使い方を説明するための導入を示し、第七段落以降で言葉の意味は使い方で変化するための導入とする働き。
オ 言葉の持つ機能をまとめていくための導入を示し、第七段落以降で言葉の内容を整理するための導入とする働き。

5 ▢3 わたしたちの会話は、平板な意味のやりとりに終始せず、いきいきとしたものになるとあるが、会話を「平板な意味のやりとり」にする言葉の限界と、その限界を乗りこえ会話を「いきいきとしたもの」にする言葉の持つ機能とはどのようなことか。七十字以内で書きなさい。

次の資料は、ある調査で外国人と接する機会があると答えた全国の十六〜十九歳の男女に、外国人とどのようにコミュニケーションを取っているかを尋ねた結果の一部をグラフで表したものである。この資料を見て気づいたことと、「外国人とのコミュニケーションの取り方」についてのあなたの考えや意見を、あとの条件に従って書きなさい。

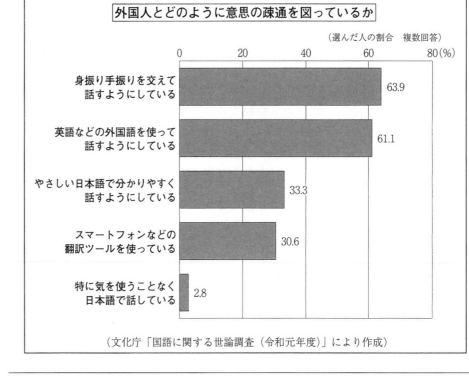

外国人とどのように意思の疎通を図っているか

（選んだ人の割合　複数回答）

| 0 | 20 | 40 | 60 | 80（%） |

身振り手振りを交えて話すようにしている　63.9

英語などの外国語を使って話すようにしている　61.1

やさしい日本語で分かりやすく話すようにしている　33.3

スマートフォンなどの翻訳ツールを使っている　30.6

特に気を使うことなく日本語で話している　2.8

（文化庁「国語に関する世論調査（令和元年度）」により作成）

条件

1　二段落構成とすること。

2　前段では、資料を見て気づいたことを書くこと。

3　後段では、前段を踏まえて、「外国人とのコミュニケーションの取り方」についてのあなたの考えや意見を書くこと。

4　全体を百五十字以上、二百字以内でまとめること。

5　氏名は書かないで、本文から書き始めること。

6　原稿用紙の使い方に従って、文字や仮名遣いなどを正しく書き、漢字を適切に使うこと。

令 和 4 年 度

II　　数　　学

（10 時 10 分 ～ 11 時 00 分）

注　　意

○　問題用紙は 3 枚（3 ページ）あります。

○　解答用紙はこの用紙の裏面です。

○　答えはすべて，解答用紙の所定の欄に記入しなさい。

○　解答用紙の ▨ の欄には記入してはいけません。

1

(1)
①
②
③
④

(2) cm²

2点×5

2

(1)
(2)
(3)
(4) 分
(5) 度

2点×5

3

(1)
① 通り
②

(2)
①

( )
[理由]

②

(1)2点×2
(2)①1点
　②3点

4

5点

[求める過程]

答 { そうたさんが勝った回数 ＿＿＿＿＿回
ゆうなさんが勝った回数 ＿＿＿＿＿回

5

5点

[証明]

6

(1) C(，)
(2)
(3)

(1)1点
(2)2点
(3)3点

7

(1) cm
(2)
① cm
② cm

(1)1点
(2)2点
(3)3点

<u>注　意</u>
1　答えに $\sqrt{}$ が含まれるときは，$\sqrt{}$ をつけたままで答えなさい。
　　ただし，$\sqrt{}$ の中はできるだけ小さい自然数にしなさい。
2　円周率は π を用いなさい。

1　次の（1），（2）の問いに答えなさい。

（1）　次の計算をしなさい。

①　$3-9$

②　$\dfrac{7}{6} \times (-12)$

③　$5(a-2b)-2(2a-3b)$

④　$\sqrt{12} \times \sqrt{45}$

（2）　半径が $5\,\mathrm{cm}$，中心角が $72°$ のおうぎ形の面積を求めなさい。

2　次の（1）～（5）の問いに答えなさい。

（1）　1枚の重さ $a\,\mathrm{g}$ の原稿用紙16枚をまとめて，重さ $b\,\mathrm{g}$ の封筒に入れると，全体の重さは $250\,\mathrm{g}$ 以上になった。このとき，数量の間の関係を，不等式で表しなさい。

（2）　下の図の**ア**～**エ**のグラフは，1次関数 $y=2x-3$，$y=2x+3$，$y=-2x-3$，$y=-2x+3$ のいずれかである。1次関数 $y=2x-3$ のグラフを**ア**～**エ**の中から1つ選び，記号で答えなさい。

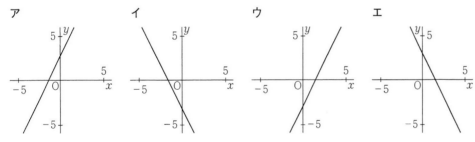

（3）　2次方程式 $(x-2)^2-6=0$ を解きなさい。

（4）　下の**資料**は，ある中学校の生徒10人の通学時間の記録を示したものである。この**資料**の生徒10人の通学時間の記録の中央値を求めなさい。

資料　$\boxed{18,\ 4,\ 20,\ 7,\ 9,\ 10,\ 13,\ 25,\ 18,\ 11}$　（単位：分）

（5）　右の図で，△ABC は正三角形であり，$\ell \parallel m$ である。
　　　このとき，$\angle x$ の大きさを求めなさい。

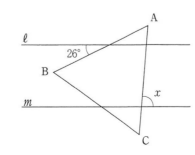

3　次の（1），（2）の問いに答えなさい。

（1）　下の図のように，袋 A の中には 1，3，5 の整数が1つずつ書かれた3枚のカードが，袋 B の中には -2，2 の整数が1つずつ書かれた2枚のカードが，袋 C の中には 2，4，6 の整数が1つずつ書かれた3枚のカードがそれぞれ入っている。
　　　3つの袋 A，B，C から，それぞれ1枚のカードを取り出す。このとき，袋 A から取り出したカードに書かれた整数を a，袋 B から取り出したカードに書かれた整数を b，袋 C から取り出したカードに書かれた整数を c とする。
　　　ただし，3つの袋それぞれにおいて，どのカードを取り出すことも同様に確からしいものとする。

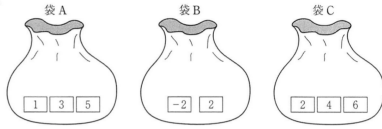

①　$ab+c=-4$ となる場合は何通りあるか求めなさい。

②　$ab+c$ の値が正の数となる確率を求めなさい。

（2）　右の図のように，自然数が書かれた積み木がある。
　　　1段目の左端の積み木には $1^2=1$，2段目の左端の積み木には $2^2=4$，3段目の左端の積み木には $3^2=9$ となるように，各段の左端に，段の数の2乗の自然数が書かれた積み木を並べる。
　　　次に，1段目には1個，2段目には2個，3段目には3個のように，段の数と同じ個数の積み木を並べる。2段目以降は，左端の積み木から右へ順に，積み木に書かれた自然数が1ずつ大きくなるように，積み木を並べる。
　　　n 段目の右端の積み木に書かれた自然数を a，$(n-1)$ 段目の右端の積み木に書かれた自然数を b とする。ただし，n は8以上の自然数とする。また，図の n 段目と $(n-1)$ 段目の積み木は，裏返した状態である。

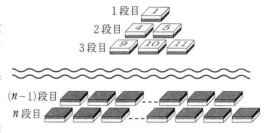

①　8段目の右端の積み木に書かれた自然数を求めなさい。

②　2つの自然数 a，b について，$a-b$ を計算すると，どのようなことがいえるか。次の**ア**～**ウ**の中から正しいものを1つ選び，解答用紙の（　　）の中に記号で答えなさい。
　　　また，a，b を，それぞれ n を使った式で表し，選んだものが正しい理由を説明しなさい。

ア　$a-b$ は，いつでも偶数である。
イ　$a-b$ は，いつでも奇数である。
ウ　$a-b$ は，いつでも3の倍数である。

4 そうたさんとゆうなさんが，下の**＜ルール＞**にしたがい，1枚の重さ5gのメダルA，1枚の
重さ4gのメダルBをもらえるじゃんけんゲームを行った。

＜ルール＞

（1）　じゃんけんの回数

　　〇　30回とする。

　　〇　あいこになった場合は，勝ち負けを決めず，1回と数える。

（2）　1回のじゃんけんでもらえるメダルの枚数

　　〇　勝った場合は，メダルAを2枚，負けた場合は，メダルBを1枚もらえる。

　　〇　あいこになった場合は，2人ともメダルAを1枚，メダルBを1枚もらえる。

ゲームの結果，あいこになった回数は8回であった。

また，そうたさんが，自分のもらったすべてのメダルの重さをはかったところ，232gであった。

このとき，そうたさんとゆうなさんがじゃんけんで勝った回数をそれぞれ求めなさい。

求める過程も書きなさい。

5 下の図のように，△ABCがあり，直線 ℓ は点Bを通り辺ACに平行な直線である。
また，∠BACの二等分線と辺BC，ℓ との交点をそれぞれD，Eとする。
AC＝BEであるとき，△ABD≡△ACDとなることを証明しなさい。

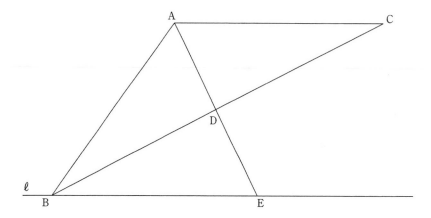

— 2 —

4 数

6 下の図のように，関数 $y = \frac{1}{2}x^2$ のグラフと直線 ℓ があり，2点 A，Bで交わっている。ℓ の式は $y = x + 4$ であり，A，Bの x 座標はそれぞれ -2，4である。

Aと x 軸について対称な点をCとするとき，次の（1）～（3）の問いに答えなさい。

（1）　点Cの座標を求めなさい。

（2）　2点B，Cを通る直線の式を求めなさい。

（3）　関数 $y = \frac{1}{2}x^2$ のグラフ上に点Pをとり，Pの x 座標を t とする。ただし，$0 < t < 4$ とする。△PBCの面積が △ACBの面積の $\frac{1}{4}$ となる t の値を求めなさい。

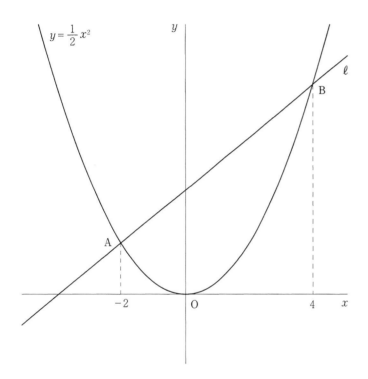

7 下の図のような，底面が $DE = EF = 6\,\text{cm}$ の直角二等辺三角形で，高さが $9\,\text{cm}$ の三角柱がある。

辺ACの中点をMとする。

このとき，次の（1），（2）の問いに答えなさい。

（1）　線分BMの長さを求めなさい。

（2）　辺BE上に，△APCの面積が $30\,\text{cm}^2$ となるように点Pをとる。

①　線分PMの長さを求めなさい。

②　3点A，C，Pを通る平面と点Bとの距離を求めなさい。

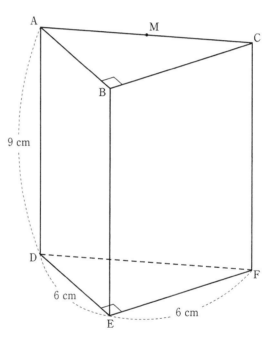

令 和 4 年 度

Ⅲ 英 語

（11 時 20 分 ～ 12 時 10 分）

注 意

○ 問題用紙は 3 枚（3 ページ）あります。

○ 解答用紙は**この用紙の裏面**です。

○ 答えはすべて，解答用紙の所定の欄に，文，文字などで答えるもののほかは，**ア，イ**，……などの符号で記入しなさい。

○ 解答用紙の ▨ の欄には記入してはいけません。

		No. 1	
	放送問題1	No. 2	
		No. 3	
		No. 4	
		No. 5	
1	放送問題2	No. 1	
		No. 2	
	放送問題3	①	
		②	
		③	
		④	
		⑤	

1点×12

		①	
	(1)	②	
2		③	
	(2)	I think (_____ _____) you should put.	
	(3)	1	2	3	4

(1)1点×3
(2)2点
(3)2点

	(1)	
3	(2)	_____ _____ in the future.

(1)2点
(2)3点

	(1)	
	(2)	
	(3)	①	
		②	
	(4)	
4	(5)	
	(6)	(Time at school / Time at home) is more important to me because _____ _____ .

(1)2点
(2)2点
(3)①1点
　②2点
(4)2点
(5)2点
(6)2点

	(1)	
	(2)	
	(3)	
	(4)	
5	(5)	① He says Kuranosuke can _____ _____ with other people if he attends it.
		② They can live only in _____ _____ .
	(6)	_____ _____

(1)2点
(2)1点
(3)2点
(4)2点
(5)2点×2
(6)2点

1　これは放送による問題です。問題は**放送問題1**から**放送問題3**まであります。

放送問題1　智子（Tomoko）とボブ（Bob）の対話を聞いて，質問の答えとして最も適当な
ものを，ア～エの中からそれぞれ一つずつ選びなさい。

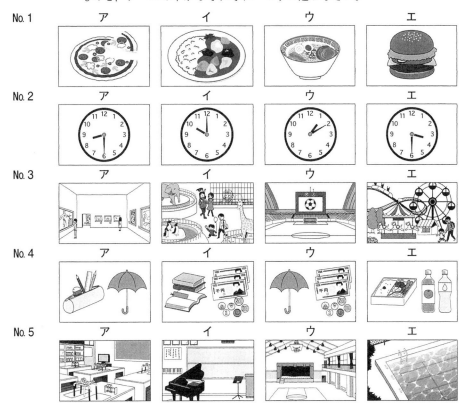

No. 1　ア　イ　ウ　エ

No. 2　ア　イ　ウ　エ

No. 3　ア　イ　ウ　エ

No. 4　ア　イ　ウ　エ

No. 5　ア　イ　ウ　エ

放送問題2　二人の対話の最後の応答部分でチャイムが鳴ります。そのチャイムの部分に入る
最も適当なものを，ア～エの中からそれぞれ一つずつ選びなさい。

No. 1　ア　I think so, too.　　　　　　イ　I like teaching math to my friends.
　　　ウ　I want you to be a math teacher.　エ　I am a junior high school teacher.

No. 2　ア　Yes. I was OK then.　　　　イ　No. I slept well last night.
　　　ウ　Yes. I think I will.　　　　エ　Really? You can't take a rest.

放送問題3　翔（Kakeru）が英語の授業で発表した内容を聞きながら，①～⑤の英文の空欄
に入る最も適当な**英語1語**を書きなさい。

① Kakeru's parents sometimes (　　　　　) him to the aquarium in his city.
② Kakeru became interested in (　　　　　) animals and became a big fan of dolphins.
③ One day, one of the (　　　　　) members told Kakeru a story about dolphins.
④ Kakeru learned that dolphins were very (　　　　　) and friendly animals.
⑤ Kakeru is studying hard to learn more about dolphins at (　　　　　).

2　次の（1）～（3）の問いに答えなさい。

（1）　次の①～③は，それぞれAとBの対話です。（　　）に入る最も適当なものを，ア～エの
中からそれぞれ一つずつ選びなさい。

①〔*In a party*〕
A：Wow! Your bag is really pretty.
B：Thanks. This is (　　). I borrowed it from her today.
　ア　mine　　　イ　yours　　　ウ　my sister's　　　エ　my bag

②〔*In the morning*〕
A：Oh, I'll be late! I need more time to eat breakfast.
B：Get up earlier, (　　) you'll have more time.
　ア　and　　　　イ　or　　　　ウ　but　　　　エ　that

③〔*In a classroom*〕
A：Hi, my name is Yumi. If you have any questions, (　　).
B：Thank you. I'm John. Well, could you tell me how to get to the computer room?
　ア　you will play the guitar with me　　　イ　please feel free to ask me
　ウ　I would get along with you　　　　　エ　let me give you some examples

（2）　次は，AとBの対話です。（　　）内の語を正しく並べかえて，文を完成させなさい。
〔*At home*〕
A：Do you know what we should put in this emergency kit?
B：Look at this list. I think (what / will / you / it / show) you should put.

（3）　次は，AとBの対話です。┃1┃～┃4┃に入る最も適当なものを，ア～エの中からそ
れぞれ一つずつ選びなさい。

〔*At dinner time*〕
A：Wow! This soup tastes delicious. ┃1┃
B：Thank you, but I didn't. ┃2┃
A：Is it true? ┃3┃
B：Oh, no. ┃4┃
A：Ha-ha. That's better for our health.

ア　It's the same soup as the one I always make.
イ　Something seems different today.
ウ　I think you changed something.
エ　Maybe I forgot to put salt in it.

3　留学生のクロエ（Chloe）と修（Osamu）が話をしています。対話は①～⑤の順で行われています。
④のイラストは修が話している内容です。自然な対話となるように，（1），（2）の問いに答えなさい。

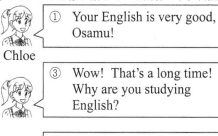

Chloe
① Your English is very good, Osamu!

Osamu
② Thank you, Chloe. I've ┃ A ┃ it for ten years.

③ Wow! That's a long time! Why are you studying English?

④ ┃ B ┃ in the future.

⑤ Great! I hope you can do so. They'll be happy to learn many things about Japan from you.

（1）　┃ A ┃ に入る適当な**英語2語**を書きなさい。
（2）　┃ B ┃ に入る適当な**英語**を書き，イラストと対話の流れに合うように文を完成させなさい。

4 放課後, 高校生の太郎(Taro)が, アメリカ合衆国からの留学生マイク(Mike)と話をしています。二人の対話を読んで, (1)~(6)の問いに答えなさい。

Mike: Hey, Taro. Can I ask you a question?
Taro: Sure, Mike. What do you want to know?
Mike: *Before I came to Japan, some people around me said people in Japan worked long hours. I've been here for a year, but I'm not *sure of this. What do you think about this?
Taro: I'm not sure, either. But my parents often come home *late.
Mike: ___A___
Taro: Well, I'll ask them about it tonight, and tell you about it tomorrow.
Mike: Great! Thanks, Taro.

[The next day]

Taro: Hi, Mike. Do you have some time?
Mike: Sure, Taro. Did you talk with your parents last night?
Taro: I only talked with my father. But I found some interesting articles, too.
Mike: Oh, thanks! What did he say?
Taro: Well, my father doesn't think he works long hours. But he thinks it takes a long time from our house to his office.
Mike: Oh, is his office far from your house?
Taro: Yes, it is. It takes an hour. My father said he wants more time with us.
Mike: I see. You want more time with your father, too, right?
Taro: Yes, of course, and all my family members wish the same. My mother says she needs more time with my father, especially because she takes care of my eight-year-old brother.
Mike: I see.
Taro: According to an article I found, young Japanese people these days think their family is more important than their jobs. Look at this graph. It shows the survey results of three thousand people in 2011 and ten thousand people in 2017. These people were 16 to 29 years old.

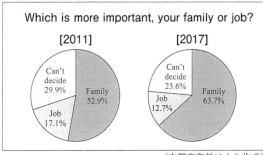

Which is more important, your family or job?

[2011]
Can't decide 29.9%
Family 52.9%
Job 17.1%

[2017]
Can't decide 23.6%
Family 63.7%
Job 12.7%

(内閣府資料により作成)

Mike: Oh, more than 63 percent of them thought their family was more important in 2017.
Taro: Right. The number rose *by about 11 percent from 2011.
Mike: I see. So, we can say more and more young people think their family is more important, right?
Taro: Right. I think a lot of people need to think about how they work. Oh, here's an idea. If my father can choose to work *either at his office or at home, he can spend more time with me. Technology has made that possible, right? I think every *worker will be happy about that.
Mike: You think so? I think ___B___
Taro: Oh, really? Why?
Mike: Well, for example, think about the workers who build roads, bridges, or buildings. Doing such things at home is not possible, right?

Taro: Oh, you're right. People in different jobs work in different ways. Actually, my mother is a *nurse and I think it's not possible for her to work at home. She goes to work at the hospital to help her patients, and she says she is proud of her job.
Mike: That's great! I hope I can be proud of my job like your mother! I also hope I can get a job which gives me time to spend with my family and *on my hobby.
Taro: Me, too. If we have a better *private life, we can enjoy our work more!

注：Before ~ ～する前に　sure of ~ ～を確信している　late 遅くに
by about 11 percent 約11パーセント分だけ　either ~ or … ～か…かのどちらか
worker 働く人　nurse 看護師　on my hobby 自分の趣味に　private 個人の

(1) 本文中の ___A___ に入る英文として最も適当なものを, ア～エの中から一つ選びなさい。
ア What do they think about that?
イ Where do you talk with them?
ウ How often do they come home late?
エ Why can you give me information?

(2) 次の英文は, 本文の内容の一部を示したものです。本文の内容に合うように, □□□ に入る適当な英語4語を書き, 文を完成させなさい。
Taro wants more time with his father, and he says □□□ wish the same.

(3) 本文やグラフの内容に合うように, 次の①と②の英文の □□□ に入る最も適当なものを, ア～エの中からそれぞれ一つずつ選びなさい。
① In 2011, □□□ percent of young Japanese people thought their family was more important.
ア 17.1　イ 29.9　ウ 52.9　エ 63.7
② In 2017, □□□ percent of people thought their family was less important than their job.
ア 12.7　イ 23.6　ウ 29.9　エ 63.7

(4) 本文中の ___B___ に入る英語として最も適当なものを, ア～エの中から一つ選びなさい。
ア things are so simple.
イ things are not so simple.
ウ they will be happy about working at their office.
エ they will not be happy about working at their office.

(5) 本文の内容に合っているものを, ア～エの中から一つ選びなさい。
ア Mike knows that people in Japan work long hours because he came to Japan one year ago.
イ Mike thinks that Taro's mother needs to get more help from Taro and his brother.
ウ Taro says that a lot of people need to think about the workers who build roads, bridges, or buildings.
エ Taro and Mike want to get a job that gives them time to spend with their family and on their hobbies.

(6) 次の Question に対するあなたの考えを適当な英語で書き, Answer の文を完成させなさい。ただし, あとの【条件】に従うこと。
Question: Which is more important to you, time at school or time at home?
Answer: (Time at school / Time at home) is more important to me because_____.
【条件】
① ( ) 内の2つのうち, どちらか一方を○で囲むこと。
② 下線部には, 主語と動詞を含む5～8語の英語を書くこと。ただし, 本文中で述べられていない内容を書くこと。
③ I'm のような短縮形は1語として数え, 符号 (, / ! / . など) は語数に含めない。

5 次の英文は，蔵之介(Kuranosuke)が書いたスピーチの原稿です。これを読んで，（1）～（6）の問いに答えなさい。

　　Last year, I made a big decision to become a member of *the student council. I worked hard for my school every day. However, I wasn't *sure if I was *making some contributions to my school. I often asked myself, "What should I do to make a better school for students?" However, I didn't think of any answers. One day, Mr. Watanabe, the teacher who leads the student council, told me about a *meeting for students in my village. He said, "If you attend the meeting, you can *share ideas about how to make your village better with other students and some village officers." I thought this was a big *chance to learn something important ⎡＿＿＿A＿＿＿⎤ . So, I decided to attend the meeting.

　　At the meeting, there were twenty students. Ten of them were high school students. Six were junior high school students like me. The other students were elementary school students. The high school students *confidently shared their ideas with others. Some junior high school students and even some elementary school students confidently talked, too. However, I couldn't *express my ideas ⎡ B ⎤ I was not sure if my ideas were "the right answers."

　　During the meeting, one of the village officers asked us, "What action should the village take to make our places better for future *generations?" That was a very difficult question. Everyone couldn't say anything. Then, I thought, "I have to say something for my local *community." After a while, I raised my hand and said, "I have no idea what action the village should take. The only thing I can say is…, well…, I love my community. I love watching *fireflies in the *rice field near my house. They are so beautiful. But the number of the fireflies is decreasing now, I guess. I mean, it's hard to find fireflies these days. I think that's our big problem. We're losing something that makes our community special. What can we do about <u>that</u>?" After I said so, I thought, "Everyone will laugh at me."

　　However, a high school student said, "When I was a child, I visited your local community to watch fireflies. They were so beautiful. I want to do something *so that future generations can enjoy watching fireflies there." After this, one of the village officers said, "Fireflies can live only in places with clean water. If the number of the fireflies is decreasing, I want to do something for your community with you. Thanks for sharing your problem."

　　From this experience, I learned something important. If I want to make a better place, I should first look for a problem. If I can find a problem and share it with others, they will help me find an answer.

　　Now, I will try to find a problem about our school and share it with other members of the student council so that we can find an answer together.

注：the student council　生徒会　　sure if ～　　～かどうか確信して
making some contributions　貢献している　　meeting　会議　　share ～　　～を共有する
chance　機会　　confidently　自信をもって　　express ～　　～を表現する
generations　世代　　community　地域社会　　fireflies　ホタル　　rice field　田んぼ
so that ～ can …　　～が…できるように

（1）　本文中の ⎡ A ⎤ に入る英語として最も適当なものを，ア～エの中から一つ選びなさい。
　　ア　for the most convenient device
　　イ　by cleaning the classrooms in our school
　　ウ　about holding the meeting
　　エ　as a member of the student council

（2）　本文中の ⎡ B ⎤ に入る英語として最も適当なものを，ア～エの中から一つ選びなさい。
　　ア　because　　　　イ　if　　　　ウ　though　　　　エ　but

（3）　本文中の下線部 <u>that</u> の内容を示した英文として最も適当なものを，ア～エの中から一つ選びなさい。
　　ア　Kuranosuke is thinking about what to do to make a better school for students.
　　イ　Kuranosuke loves watching fireflies in the rice field near his house.
　　ウ　Kuranosuke's community is losing something that makes it special.
　　エ　A high school student could enjoy watching fireflies in Kuranosuke's community.

（4）　本文の内容に合っているものを，ア～エの中から一つ選びなさい。
　　ア　Kuranosuke wanted to make a better village for Mr. Watanabe before the meeting.
　　イ　Five elementary school students attended the meeting and had their own opinions.
　　ウ　All of the members laughed at Kuranosuke after he told his opinion to them.
　　エ　Kuranosuke learned from the meeting that it was important to find a problem first.

（5）　本文の内容に合うように，次の①と②の Question に答えなさい。ただし，答えは Answer の下線部に適当な**英語**を書きなさい。
　①　Question: What does Mr. Watanabe say about the meeting for students in Kuranosuke's village?
　　　Answer:　He says Kuranosuke can ＿＿＿＿＿＿＿ with other people if he attends it.
　②　Question: According to the village officer, where can fireflies live?
　　　Answer:　They can live only in ＿＿＿＿＿＿＿ .

（6）　次は，蔵之介のスピーチを聞いた後の遥（Haruka）と蔵之介の対話です。下線部に適当な**英文**を１文で書きなさい。
　Haruka:　　　　Your speech was great. May I ask you a question about our school?
　Kuranosuke:　Sure, Haruka. What's your question?
　Haruka:　　　　＿＿＿＿＿＿＿＿＿＿＿＿
　Kuranosuke:　Yes, I did. Actually, there are some problems.
　Haruka:　　　　Oh, give me an example, please.
　Kuranosuke:　OK. For example, I found that some classrooms in our school were not very clean. I think I have to talk about this problem with other students.
　Haruka:　　　　I see. I hope our school will be a better place.

※教英出版注
音声は，解答集の書籍ＩＤ番号を
教英出版ウェブサイトで入力して
聴くことができます。

これから，放送によるテストを行います。問題は**放送問題１**から**放送問題３**まであります。放送を聞いている間に，メモを取ってもかまいません。

はじめに，問題用紙の**放送問題１**を見なさい。これは，智子（トモコ）と留学生のボブの対話を聞いて答える問題です。対話が放送されたあとに，クエスチョンと言って質問をします。質問は，**No. 1**から**No. 5**まで五つあります。その質問の答えとして最も適当なものを，**ア，イ，ウ，エ**の中から一つずつ選びなさい。対話，クエスチョンの順に２回読みます。

それでは，始めます。

Tomoko: Hi, Bob.
Bob: Hi, Tomoko. Did you enjoy today's school lunch?
Tomoko: Yes, I did. The curry and rice was delicious!
Bob: I thought so, too. Well, we're going to take a field trip to Wakaba City tomorrow. I'm really excited!
Tomoko: Me, too! We will meet other students at the school gym at eight thirty, right?
Bob: That's right. Where will you go tomorrow?
Tomoko: I'm going to visit a museum in the city with my classmates. How about you?
Bob: I'll go to the amusement park with Ken and Hiroshi.
Tomoko: That sounds nice! Are you ready for the field trip tomorrow?
Bob: I think so. Oh, my host mother says it will rain tomorrow. We need to bring umbrellas.
Tomoko: Oh, OK. How about money? Mr. Tanaka told us to bring some.
Bob: Really? I didn't know that.
Tomoko: You may need some money to buy something.
Bob: I see.
Tomoko: Oh, it's already 1:10. I need to go to the music room for the next class.
Bob: Oh, OK. See you later.
Tomoko: See you!

Question No. 1　What did Tomoko eat for lunch?
Question No. 2　What time will Tomoko and Bob meet other students?
Question No. 3　Where will Bob and his friends go in Wakaba City?
Question No. 4　What do Tomoko and Bob need to bring tomorrow?
Question No. 5　Where does Tomoko need to go for the next class?

放送問題２に移ります。問題用紙の**放送問題２**を見なさい。これは，二人の対話を聞いて，対話の続きを答える問題です。対話は**No. 1**と**No. 2**の二つあります。それぞれの対話の最後の応答部分でチャイムが鳴ります。そのチャイムの部分に入る最も適当なものを，**ア，イ，ウ，エ**の中から一つずつ選びなさい。対話は**No. 1**，**No. 2**の順に２回ずつ読みます。

それでは，始めます。

No. 1　Boy: What do you want to be in the future?
　　　　Girl: I want to be a math teacher.
　　　　Boy: Why is that?
　　　　Girl: （チャイム）

No. 2　Woman: Hey, are you OK? You look tired.
　　　　Boy: I didn't sleep well last night.
　　　　Woman: Oh, I see. You should take a rest.
　　　　Boy: （チャイム）

放送問題３に移ります。問題用紙の**放送問題３**を見なさい。これから読む英文は，翔（カケル）が英語の授業で発表した内容です。英文を聞きながら，①から⑤の英文の空欄に入る最も適当な英語１語を書きなさい。英文は２回読みます。

それでは，始めます。

When I was a child, my parents sometimes took me to the aquarium in my city. So, I became interested in sea animals and I especially became a big fan of dolphins. One day, when I went there, one of the staff members told me a story about dolphins. I learned that dolphins were very kind and friendly animals. I was lucky because I could listen to such an interesting story! Now I'm studying hard to learn more about dolphins at university.

以上で，放送によるテストを終わります。

令 和 4 年 度

IV 理 科

（13 時 10 分 〜 14 時 00 分）

注　　意

○　問題用紙は 4 枚（4 ページ）あります。

○　解答用紙はこの用紙の裏面です。

○　答えはすべて，解答用紙の所定の欄に，文，文字などで答えるもののほかは，ア，イ，……などの符号で記入しなさい。

○　解答用紙の ▨ の欄には記入してはいけません。

1
(1)
(2)
(3)
(4) ①
②

(1)1点
(2)1点
(3)1点
(4)①2点
②1点

2
(1)
(2)
(3) ①
②
(4)
(5) 体細胞分裂により子がつくられるため，

(1)1点
(2)1点
(3)1点×2
(4)1点
(5)2点

3
(1) ①
②
(2)
(3)
(4)

(1)1点×2
(2)1点
(3)1点
(4)2点

4
(1) hPa
(2)
(3)
(4)
(5)

(1)1点
(2)1点
(3)2点
(4)1点
(5)1点

5
(1)
(2)
(3) %
(4)
(5) g

(1)1点
(2)1点
(3)1点
(4)1点
(5)2点

6
(1)
(2) 2 Ag₂O →
(3) 試験管の中にできた赤色の固体が，
(4) g
(5)

(1)1点
(2)2点
(3)1点
(4)2点
(5)1点

7
(1) ①
②
(2)
(3)
(4) mA
(5) Ω

1点×6

8
(1) ①
②

金属の輪　Xにつけた糸から受ける力

点O

Yにつけた糸から受ける力

(2)
(3)
(4)

(1)1点×2
(2)2点
(3)1点
(4)1点

1 次の観察について，（1）～（4）の問いに答えなさい。

観察1
　4種類の植物の地下のつくりを調べるため，土をほって横から観察した。図1は，地下のつくりを模式的に表したものであり，点線は地面の位置を示している。

図1　イヌワラビ　　　スギゴケ　　　ツユクサ　　　ヒメジョオン

 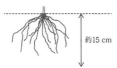 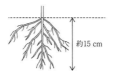

地面　　X　　約20 cm　　約1 cm　　約15 cm　　約15 cm

観察2
　4種類の植物の水の通り道について調べるため，それぞれの植物を図1の地面の位置で切断し，地上部を採取した。次に，図2のように，採取した地上部を深さ5 mmの色水につけた。1時間後，切断面から15 mm離れた部分を輪切りにして切片を作成し，双眼実体顕微鏡を用いて観察した。図3は，観察した切片の断面のようすを模式的に表したものである。▨は色水で染まった部分を示している。

図2　スギゴケ　ビーカー

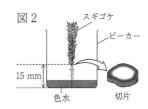

15 mm　色水　切片

図3　イヌワラビ　　スギゴケ　　ツユクサ　　ヒメジョオン

（1）　図1について，地下を水平にのびるXを何というか。**漢字3字**で書きなさい。
（2）　根について述べた文として**誤っているもの**を，次のア～エの中から1つ選びなさい。
　　　ア　根には，葉でつくられた養分の通り道で，生きた細胞である師管がない。
　　　イ　根には，水や肥料分の通り道で，死んだ細胞である道管がある。
　　　ウ　根は，綿毛のような根毛があることで，多くの水や肥料分をとりこめる。
　　　エ　根は，土の中に張りめぐらされることで，植物の地上部を支えるはたらきをする。
（3）　双眼実体顕微鏡について述べた文として**あてはまらないもの**を，次のア～エの中から1つ選びなさい。
　　　ア　反射鏡を調節して，視野全体が均一に明るく見えるようにする。
　　　イ　鏡筒を調節して，左右の視野が重なって1つに見えるようにする。
　　　ウ　倍率は，接眼レンズの倍率と対物レンズの倍率をかけ合わせたものになる。
　　　エ　観察するものを拡大して，立体的に観察するのに適している。
（4）　次の文は，観察から植物の分類について考察したものである。下の①，②の問いに答えなさい。

　　　観察1から，ツユクサはひげ根を，ヒメジョオンは主根と側根をもつため，それぞれ被子植物の単子葉類と双子葉類に分類することができる。
　　　観察2のツユクサとヒメジョオンの切片の断面において，色水で染まった部分は，維管束の中にある，根から吸収した水の通り道を示しており，切片の断面の特徴からも，ツユクサとヒメジョオンは，それぞれ単子葉類と双子葉類に分類することができる。また，スギゴケは，切片の断面に，他の3種類の植物に見られる　　　　　　　　　ことから，コケ植物に分類することができる。

　　　①　下線部について，単子葉類と双子葉類を分類する切片の断面の特徴を，それぞれの特徴を明らかにして，**維管束**ということばを用いて書きなさい。
　　　②　　　　　にあてはまることばを書きなさい。

2 次の文は，身近な生物の生殖について調べた記録である。（1）～（5）の問いに答えなさい。

「ゾウリムシの生殖」
　a単細胞生物のなかまであるゾウリムシを，顕微鏡を用いて観察したところ，図1のように，くびれができているゾウリムシが見られた。このゾウリムシについて調べたところ，分裂という無性生殖を行っているようすであることがわかった。

図1

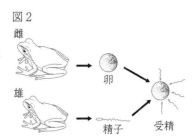

「アマガエルの生殖」
　アマガエルが行う生殖について調べたところ，図2のように，卵や精子がつくられるときにb体細胞分裂とは異なる特別な細胞分裂が行われ，受精によって子がつくられる，有性生殖を行うことがわかった。

図2　雌

雄　卵　精子　受精

（1）　下線部aとして**あてはまらないもの**を，次のア～エの中から1つ選びなさい。
　　　ア　アメーバ　　イ　ミカヅキモ　　ウ　ミジンコ　　エ　ミドリムシ
（2）　ゾウリムシについて述べた文として正しいものを，次のア～エの中から1つ選びなさい。
　　　ア　からだの表面に，食物をとりこむところがある。
　　　イ　からだの表面の細かい毛から養分を吸収する。
　　　ウ　植物のなかまであり，細胞内の葉緑体で光合成を行う。
　　　エ　さまざまな組織や器官が集まって個体がつくられている。
（3）　下線部bについて，次の①，②の問いに答えなさい。
　　　①　この特別な細胞分裂は何とよばれるか。書きなさい。
　　　②　図3は，アマガエルの細胞が，体細胞分裂または特別な細胞分裂を行ったときにおける，分裂前後の細胞の染色体の数を模式的に表したものである。X，Yにあてはまる，分裂後の細胞の染色体の数と，卵や精子の染色体の数の組み合わせとして最も適当なものを，右のア～オの中から1つ選びなさい。

図3

24本　体細胞分裂→ X　　24本　特別な細胞分裂→ Y

分裂前の細胞　分裂後の細胞　分裂前の細胞　卵や精子

	X	Y
ア	6本	6本
イ	12本	6本
ウ	12本	12本
エ	24本	6本
オ	24本	12本

（4）　ある動物の両親を親A，親Bとし，この両親からできた子を子Cとする。図4は，親A，子Cのからだをつくる細胞の染色体を，模式的に表したものである。　　　に入る可能性のある，親Bのからだをつくる細胞の染色体をすべて表したものを，右のア～オの中から1つ選びなさい。

図4

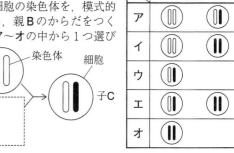

親A　染色体　細胞　子C　親B

	親B	
ア	‖	‖
イ	‖	‖
ウ	‖	
エ	‖	‖
オ	‖	

（5）　無性生殖における，染色体の受けつがれ方と子の形質の特徴を，「**体細胞分裂により子がつくられるため，**」という書き出しに続けて，**親**ということばを用いて書きなさい。

3 次の文は，先生と生徒の会話の一部である。図は，生徒が同じルーペを用いて4つの岩石を観察した際のスケッチである。（1）～（4）の問いに答えなさい。

図  岩石A 岩石B 岩石C  岩石D

先生 岩石Aと岩石Bは，どちらもマグマが冷え固まってできた岩石です。岩石Aと岩石Bを，鉱物のようすに注目して比べると，どのようなちがいがありますか。

生徒 a岩石Aは，ひとつひとつの鉱物が大きく，同じくらいの大きさの鉱物が集まってできています。岩石Bは，形が分からないほど小さな鉱物の間に，比較的大きな鉱物が散らばってできています。

先生 そうですね。岩石Aと岩石Bの鉱物の大きさのちがいには，マグマの冷え方が関係しています。次に，岩石Cと岩石Dの粒を見て，何か気づいたことはありますか。

生徒 岩石Cの粒の方が岩石Dよりも大きいです。どちらの岩石の粒もb角がとれてまるみを帯びています。

先生 よいところに気がつきましたね。岩石Cと岩石Dは，どちらも海底で堆積物がおし固められてできた岩石だと考えられます。岩石の特徴から，そのc堆積物がどのようなところに堆積したのかを推測することができます。

生徒 でも，不思議ですね。海底でできた岩石が，なぜ陸地で見られるのですか。

先生 確かにそうですね。海底でできた岩石が，山地で見られることもあります。実は，d海底でつくられた地層が，とても長い時間をかけて山地をつくるしくみがあるのです。

（1） 下線部aについて，次の①，②の問いに答えなさい。
　① 岩石Aのような組織をもつ火成岩を，次のア～オの中から1つ選びなさい。
　　ア 安山岩　イ せん緑岩　ウ 石灰岩　エ 凝灰岩　オ 玄武岩
　② 岩石Aをつくる鉱物が大きい理由を，マグマの冷え方に着目して書きなさい。

（2） 下線部bについて，粒がまるみを帯びる理由を書きなさい。

（3） 下線部cについて，次の文は，岩石をつくる堆積物について述べたものである。X，Yにあてはまることばの組み合わせとして最も適当なものを，右のア～エの中から1つ選びなさい。

　　海へ運ばれた土砂のうち，粒の大きいものは，陸から　X　場所に堆積する。また，陸から　Y　場所では，プランクトンの死がいなどが堆積し，砂や泥をほとんどふくまないチャートという岩石ができる。

	X	Y
ア	遠い	遠い
イ	遠い	近い
ウ	近い	遠い
エ	近い	近い

（4） 次の文は，下線部dについて述べたものである。P～Rにあてはまることばの組み合わせとして最も適当なものを，下のア～クの中から1つ選びなさい。

　　日本列島付近の海底でつくられた地層の一部は，　P　プレートがしずみこむことにより，　Q　強い力を受け，しゅう曲や断層を形成しながら　R　して山地をつくる。

	P	Q	R		P	Q	R
ア	大陸	おし縮められる	沈降	オ	海洋	おし縮められる	沈降
イ	大陸	おし縮められる	隆起	カ	海洋	おし縮められる	隆起
ウ	大陸	引っぱられる	沈降	キ	海洋	引っぱられる	沈降
エ	大陸	引っぱられる	隆起	ク	海洋	引っぱられる	隆起

---

4 図1～図3は，ある年の4月10日，7月2日，8月2日の，いずれも午前9時における日本列島付近の天気図である。次の（1）～（5）の問いに答えなさい。

図1 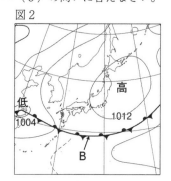 図2  図3

（1） 図1の等圧線Aが示す気圧は何hPaか。書きなさい。

（2） 次の文は，日本の春と秋に見られる高気圧について述べたものである。　　　にあてはまることばを，漢字6字で書きなさい。

　　春と秋は，低気圧と高気圧が次々に日本列島付近を通り，同じ天気が長く続かない。春と秋によく見られるこのような高気圧を，特に　　　という。

（3） 次のX～Zは，図1～図3と同じ年の，4月11日午前9時，4月12日午前9時，4月13日午前9時の，いずれかの天気図である。X～Zを日付の早い方から順に並べたものを，右のア～カの中から1つ選びなさい。

X 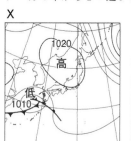 Y  Z

	順番
ア	X→Y→Z
イ	X→Z→Y
ウ	Y→X→Z
エ	Y→Z→X
オ	Z→X→Y
カ	Z→Y→X

（4） 次の文は，図2の前線Bとこの時期の天気について述べたものである。P～Rにあてはまることばの組み合わせとして最も適当なものを，下のア～クの中から1つ選びなさい。

　　この時期の日本列島付近では，南のあたたかく　P　気団と，北の冷たく　Q　気団の間にBのような　R　前線ができて，雨やくもりの日が多くなる。

	P	Q	R		P	Q	R
ア	乾燥した	乾燥した	閉そく	オ	しめった	乾燥した	閉そく
イ	乾燥した	乾燥した	停滞	カ	しめった	乾燥した	停滞
ウ	乾燥した	しめった	閉そく	キ	しめった	しめった	閉そく
エ	乾燥した	しめった	停滞	ク	しめった	しめった	停滞

（5） 図3のCは台風である。日本列島付近に北上する台風の進路の傾向は，時期によって異なる。図4は，8月と9月における台風の進路の傾向を示したものである。8月から9月にかけて，台風の進路の傾向が図4のように変化する理由を，太平洋高気圧ということばを用いて書きなさい。

図4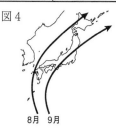

8月　9月

5 次の実験について，（1）～（5）の問いに答えなさい。

実　験
　I　4つのビーカーA～Dに表1のように，水，硝酸カリウム，塩化ナトリウムを入れ，40℃に保ち，よくかき混ぜた。ビーカーA～Cでは水に入れた物質がすべてとけたが，ビーカーDでは水に入れた物質の一部がとけきれずに残った。

表1

ビーカー	ビーカーに入れた物質とその質量
A	水100gと硝酸カリウム25g
B	水100gと塩化ナトリウム25g
C	水100gと硝酸カリウム50g
D	水100gと塩化ナトリウム50g

　II　IのビーカーA，Bを冷やして10℃に保つと，ビーカーAの中に3gの結晶が出た。ビーカーBの中には結晶は出なかった。

（1）次の文のX，Yにあてはまることばの組み合わせとして最も適当なものを，右の**ア～カ**の中から1つ選びなさい。

　　　Iでは，硝酸カリウムと塩化ナトリウムを水にとかした。このとき，水のように物質をとかす液体を　X　，硝酸カリウムや塩化ナトリウムのように水にとかした物質を　Y　という。

	X	Y
ア	溶媒	溶質
イ	溶媒	溶液
ウ	溶質	溶媒
エ	溶質	溶液
オ	溶液	溶媒
カ	溶液	溶質

（2）ある物質を100gの水にとかして飽和水溶液にしたときの，とけた物質の質量を何というか。**漢字3字**で書きなさい。

（3）Iについて，ビーカーAの中にできた，硝酸カリウム水溶液の質量パーセント濃度は何％か。求めなさい。

（4）次の文は，実験について述べたものである。P～Rにあてはまることばの組み合わせとして最も適当なものを，下の**ア～ク**の中から1つ選びなさい。

　　　40℃に保った100gの水にとける質量が大きい物質は　P　であり，10℃に保った100gの水にとける質量が大きい物質は　Q　である。したがって，　R　のほうが，40℃に保った100gの水にとける質量と，10℃に保った100gの水にとける質量の差が大きいため，再結晶を利用して純粋な結晶を多く得やすい物質であると考えられる。

	P	Q	R
ア	硝酸カリウム	硝酸カリウム	硝酸カリウム
イ	硝酸カリウム	硝酸カリウム	塩化ナトリウム
ウ	硝酸カリウム	塩化ナトリウム	硝酸カリウム
エ	硝酸カリウム	塩化ナトリウム	塩化ナトリウム
オ	塩化ナトリウム	硝酸カリウム	硝酸カリウム
カ	塩化ナトリウム	硝酸カリウム	塩化ナトリウム
キ	塩化ナトリウム	塩化ナトリウム	硝酸カリウム
ク	塩化ナトリウム	塩化ナトリウム	塩化ナトリウム

（5）水50gを入れたビーカーに硝酸カリウムを25g入れ，40℃に保ち，よくかき混ぜると，水に入れた硝酸カリウムがすべてとけた。この水溶液を冷やして10℃に保つと，硝酸カリウムの結晶が出た。出た硝酸カリウムの結晶の質量は何gか。求めなさい。

6 次の実験について，（1）～（5）の問いに答えなさい。

実験1
　　図1のように，酸化銀の粉末を加熱すると，気体が発生して，加熱した試験管の中に白い固体ができた。
　　次に，酸化銅の粉末を同じように加熱したが，変化はみられなかった。

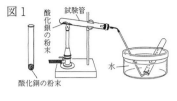
図1

実験2
　　図2のように，酸化銅の粉末4.0gと炭素の粉末をよく混ぜ合わせて加熱すると，気体が発生し，石灰水が白くにごった。気体が発生しなくなったあと，石灰水からガラス管をとり出し，ピンチコックでゴム管をとめてから加熱をやめ，十分に冷ました。
　　試験管の中には，赤色の固体が3.2gできていた。
ただし，試験管の中では，酸化銅と炭素との反応以外は起こらず，用いた酸化銅がすべて反応したものとする。

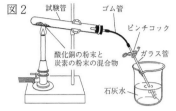
図2

（1）実験1で発生した気体を確かめる方法について述べた文として正しいものを，次の**ア～エ**の中から1つ選びなさい。
　ア　発生した気体を水でぬらした青色リトマス紙にふれさせると，リトマス紙が赤くなる。
　イ　発生した気体を水でぬらした赤色リトマス紙にふれさせると，リトマス紙が青くなる。
　ウ　発生した気体を試験管の中にため，マッチの火を近づけると，ポンと音を立てて燃える。
　エ　発生した気体を試験管の中にため，火のついた線香を入れると，線香が激しく燃える。

（2）実験1で起こった化学変化について，次の化学反応式を完成させなさい。

$$2\,Ag_2O \quad \longrightarrow$$

（3）下線部の操作を行わないと，試験管の中にできた赤色の固体の一部が黒くなる。その理由を，「**試験管の中にできた赤色の固体が，**」という書き出しに続けて書きなさい。

（4）酸化銅の粉末0.80gと炭素の粉末を用いて，実験2と同様の操作を行うと，反応によってできる赤色の固体の質量は何gか。求めなさい。

（5）次の文は，実験2について述べたものである。X～Zにあてはまることばの組み合わせとして最も適当なものを，右の**ア～ク**の中から1つ選びなさい。

　　酸化銅は，炭素と混ぜ合わせて加熱すると，炭素に　X　をうばわれて　Y　された。このことから，銅，炭素のうち，酸素と結びつきやすいのは，　Z　であることがわかる。

	X	Y	Z
ア	銅	酸化	銅
イ	銅	酸化	炭素
ウ	銅	還元	銅
エ	銅	還元	炭素
オ	酸素	酸化	銅
カ	酸素	酸化	炭素
キ	酸素	還元	銅
ク	酸素	還元	炭素

7 次の実験について，（1）〜（5）の問いに答えなさい。ただし，導線，電池，電流計，端子の抵抗は無視できるものとする。また，電池は常に同じ電圧であるものとする。

実　験

　抵抗器と電流計を用いて，回路を流れる電流について調べる実験を行った。

　グラフは，実験で用いた抵抗器aと抵抗器bそれぞれについて，抵抗器に加わる電圧と抵抗器を流れる電流の関係を表している。

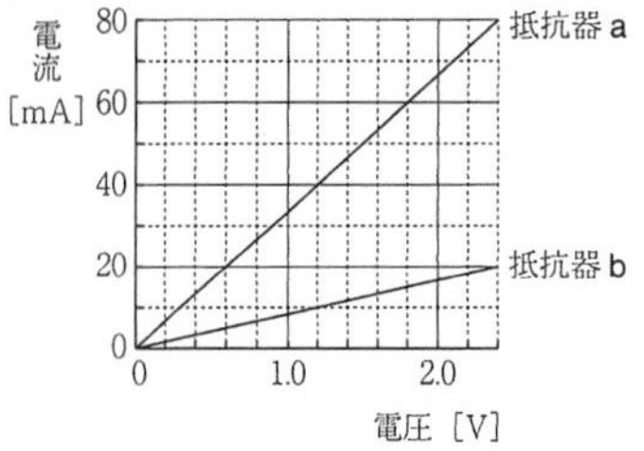

Ⅰ　図1のように電池，抵抗器a，電流計X，電流計Y，2つの端子を用いて回路をつくり，電流を流した。

Ⅱ　図1の回路の2つの端子に抵抗器bをつないで，図2のような回路をつくり電流を流し，電流計X，電流計Yの値を読みとった。電流計Xの値は40mA，電流計Yの値は50mAであった。

グラフ

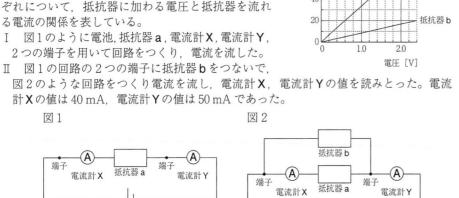

図1

図2

（1）　次の文は，グラフからわかることについて述べたものである。下の①，②の問いに答えなさい。

　抵抗器aと抵抗器bのどちらについても，抵抗器に流れる電流の大きさは　P　しており，オームの法則が成り立つことがわかる。また，2つの抵抗器に同じ電圧を加えたとき，抵抗器aに流れる電流の大きさは，抵抗器bに流れる電流の大きさより　Q　ことから，抵抗器aの抵抗の大きさは，抵抗器bの抵抗の大きさより　R　ことがわかる。

①　Pにあてはまることばを書きなさい。

②　Q，Rにあてはまることばの組み合わせとして正しいものを，右のア〜エの中から1つ選びなさい。

	Q	R
ア	大きい	大きい
イ	大きい	小さい
ウ	小さい	大きい
エ	小さい	小さい

（2）　Ⅰについて，電流計X，電流計Yの値をそれぞれI_1，I_2とすると，これらの関係はどのようになるか。次のア〜ウの中から1つ選びなさい。

ア　$I_1 > I_2$　　　イ　$I_1 < I_2$　　　ウ　$I_1 = I_2$

（3）　次の文は，実験からわかったことについて述べたものである。S，Tにあてはまることばの組み合わせとして最も適当なものを，右のア〜カの中から1つ選びなさい。

	S	T
ア	図1の電流計Xの値より大きい	大きい
イ	図1の電流計Xの値より小さい	大きい
ウ	図1の電流計Xの値と等しい	大きい
エ	図1の電流計Xの値より大きい	小さい
オ	図1の電流計Xの値より小さい	小さい
カ	図1の電流計Xの値と等しい	小さい

　図1と図2で電流計Xの値を比べると，図2の電流計Xの値は，　S　。また，図2の回路全体の抵抗の大きさは，抵抗器aの抵抗の大きさより　T　。

（4）　Ⅱについて，抵抗器bに流れる電流は何mAか。求めなさい。

（5）　図2の回路全体の抵抗の大きさは何Ωか。求めなさい。

---

8 次の実験について，（1）〜（4）の問いに答えなさい。ただし，金属の輪と糸の質量，糸ののびは無視できるものとする。また，ばねばかりは水平に置いたときに0Nを示すように調整してある。

実験1

　水平な台上に置いた方眼紙に点Oを記した。ばねばかりX〜Zと金属の輪を糸でつなぎ，Zをくぎで固定した。

Ⅰ　図1のようにX，Yを引き，金属の輪を静止させ，X〜Zの値を読みとった。このとき，金属の輪の中心の位置は点Oに合っていた。糸は水平で，たるまずに張られていた。

Ⅱ　図2のようにX，Yを引き，金属の輪を静止させ，X〜Zの値を読みとった。このとき，金属の輪の位置，Xを引く向き，Zが示す値はⅠと同じであった。糸は水平で，たるまずに張られていた。

実験2

Ⅰ　図3のように，おもりを2本の糸でつるし，静止させた。おもりを静止させたまま，2本の糸の間の角度を大きくしていくと，ある角度のときに糸は切れた。

Ⅱ　おもりの数を増やし，実験2のⅠと同様の実験を行うと，2本の糸の間の角度が，実験2のⅠとは異なるときに糸は切れた。

Ⅲ　糸をより太いものに変えて，実験2のⅡと同様の実験を行うと，糸は切れなかったが，糸を強く引いても2本の糸の間の角度は，180°よりも小さくしかならなかった。

図1

図2

図3

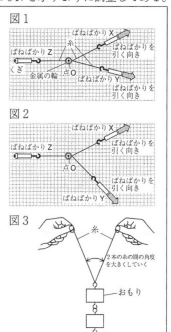

（1）　実験1のⅠについて，図4は金属の輪がX，Yにつけたそれぞれの糸から受ける力を表したものであり，矢印の長さは力の大きさと比例してかかれている。次の①，②の問いに答えなさい。

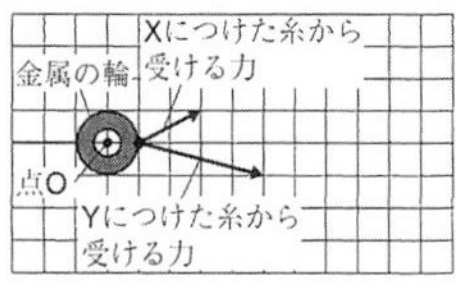

①　複数の力が1つの物体にはたらくとき，それらの力を合わせて同じはたらきをする1つの力とすることを何というか。書きなさい。

②　図4の2つの力の合力を表す力の矢印をかきなさい。このとき，作図に用いた線は消さないでおきなさい。

図4

（2）　実験1のⅡについて，実験1のⅠのときと比べ，Xの値とYの値がそれぞれどのようになるかを示した組み合わせとして最も適当なものを，右のア〜カの中から1つ選びなさい。

	Xの値	Yの値
ア	Ⅰのときより大きい	Ⅰのときより大きい
イ	Ⅰのときより大きい	Ⅰのときより小さい
ウ	Ⅰのときより小さい	Ⅰのときより大きい
エ	Ⅰのときより小さい	Ⅰのときより小さい
オ	Ⅰのときと等しい	Ⅰのときより大きい
カ	Ⅰのときと等しい	Ⅰのときより小さい

（3）　次の文は，実験2のⅠ，Ⅱについて述べたものである。P，Qにあてはまることばの組み合わせとして最も適当なものを，右のア〜エの中から1つ選びなさい。ただし，ⅠとⅡで糸が切れる直前の糸にはたらく力の大きさは同じであるものとする。

	P	Q
ア	大きくなる	大きい
イ	大きくなる	小さい
ウ	一定である	大きい
エ	一定である	小さい

　Ⅰで糸の間の角度を大きくしていくとき，2本の糸からおもりにはたらく合力の大きさは　P　。また，Ⅱで糸が切れるときの2本の糸の間の角度は，Ⅰで糸が切れるときの角度よりも　Q　。

（4）　次の文は，下線部について述べたものである。　　にあてはまることばを書きなさい。

　角度が180°よりも小さくしかならなかったのは，おもりが静止しているとき，2本の糸からおもりにはたらく合力の向きが　　　　　になっているからである。

令 和 4 年 度

$\boxed{\text{V}}$ 社 会

（14 時 20 分 〜 15 時 10 分）

注　　意

○　問題用紙は 4 枚（4 ページ）あります。

○　解答用紙はこの**用紙の裏面**です。

○　答えはすべて，解答用紙の所定の欄に，文，文字などで答えるもののほかは，**ア**，**イ**，……などの符号で記入しなさい。

○　解答用紙の ▨ の欄には記入してはいけません。

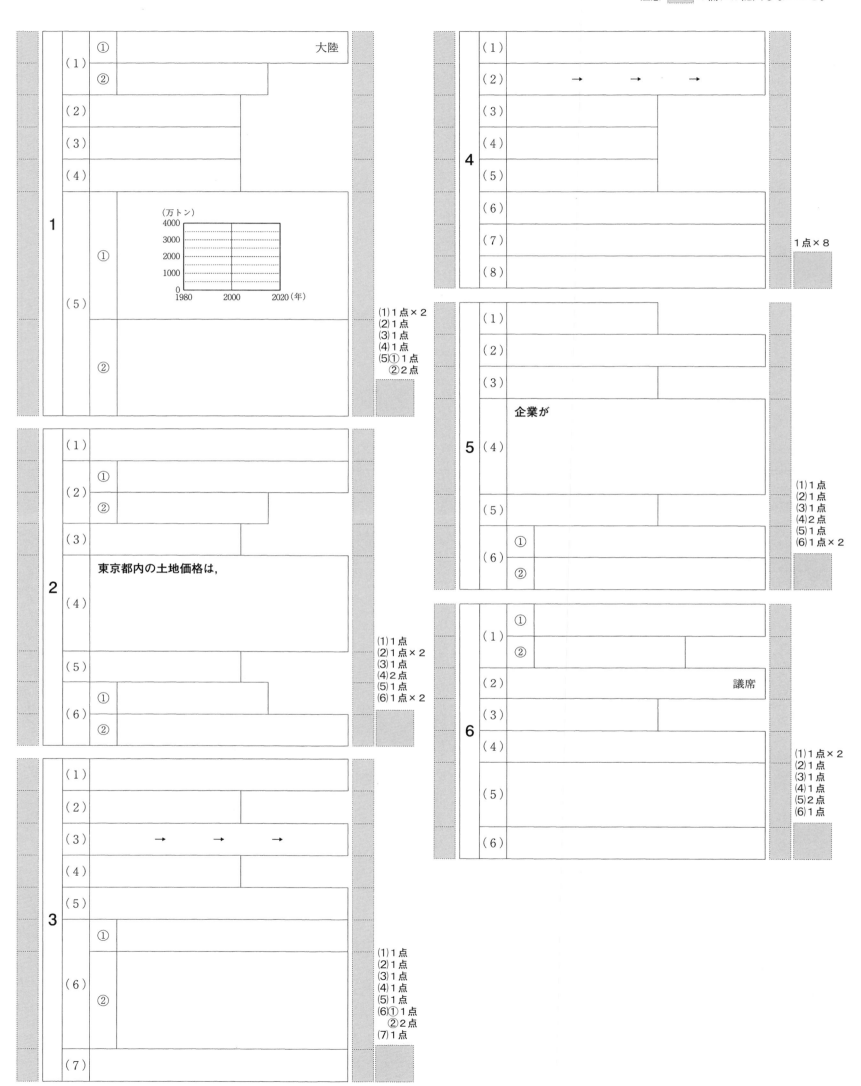

1

(1) ① 　　　　　　　　　　　　　　大陸
　　②

(2)

(3)

(4)

(5) ①

（万トン）
4000
3000
2000
1000
0
1980　　2000　　2020（年）

　　②

(1)1点×2
(2)1点
(3)1点
(4)1点
(5)①1点
　　②2点

2

(1)

(2) ①
　　②

(3)

(4) 東京都内の土地価格は，

(5)

(6) ①
　　②

(1)1点
(2)1点×2
(3)1点
(4)2点
(5)1点
(6)1点×2

3

(1)

(2)

(3) 　→　　　→　　　→

(4)

(5)

(6) ①
　　②

(7)

(1)1点
(2)1点
(3)1点
(4)1点
(5)1点
(6)①1点
　　②2点
(7)1点

4

(1)

(2) 　→　　　→　　　→

(3)

(4)

(5)

(6)

(7)

(8)

1点×8

5

(1)

(2)

(3)

(4) 企業が

(5)

(6) ①
　　②

(1)1点
(2)1点
(3)1点
(4)2点
(5)1点
(6)1点×2

6

(1) ①
　　②

(2) 　　　　　　　　　　　議席

(3)

(4)

(5)

(6)

(1)1点×2
(2)1点
(3)1点
(4)1点
(5)2点
(6)1点

1 次の地図は，東京からの距離と方位が正しく表された地図で，A〜Dは国を，●は首都を，Xは大陸を示している。（1）〜（5）の問いに答えなさい。

地図

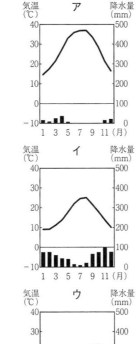

気温（℃）　降水量（mm）
ア
イ
ウ
エ

1 3 5 7 9 11（月）

（気象庁資料により作成）

（1）　地図を見て，次の①，②の問いに答えなさい。
　　①　Xの大陸名を書きなさい。
　　②　東京から見て，西北西の方位に首都がある国を，A〜Dの中から一つ選びなさい。

（2）　右の雨温図は，A〜D国のいずれかの首都の気温と降水量を表している。C国の首都にあてはまるものを，ア〜エの中から一つ選びなさい。

（3）　次の表Ⅰは，A〜D国の人口，人口密度，年齢別人口割合および2019年から2020年に増加した人口を表している。A国にあてはまるものを，表Ⅰのア〜エの中から一つ選びなさい。

表Ⅰ　A〜D国の人口，人口密度，年齢別人口割合および2019年から2020年に増加した人口（2020年）

| | 人口（千人） | 人口密度（人／km²） | 年齢別人口割合（％） | | | 2019年から2020年に増加した人口（千人） |
			0〜14歳	15〜64歳	65歳以上	
ア	60462	200	13.3	64.0	22.7	▲88
イ	212559	25	21.3	69.4	9.2	1509
ウ	34814	16	24.5	72.3	3.2	545
エ	25500	3	18.8	65.5	15.7	297

＊　▲は減少を表す。　　　　　　　　（世界国勢図会2021/22年版により作成）

（4）　次のグラフⅠは，A〜D国のエネルギー供給の割合を表している。B国にあてはまるものを，ア〜エの中から一つ選びなさい。

グラフⅠ　A〜D国のエネルギー供給の割合（2018年）

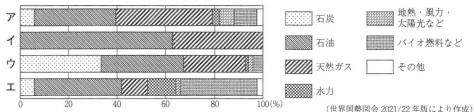

石炭　　　地熱・風力・太陽光など
石油　　　バイオ燃料など
天然ガス　その他
水力

（世界国勢図会2021/22年版により作成）

（5）　次の表Ⅱは，D国の鉄鋼生産量と世界の鉄鋼生産量に占めるD国の割合を表している。次の①，②の問いに答えなさい。

表Ⅱ　D国の鉄鋼生産量と世界の鉄鋼生産量に占めるD国の割合

	1980年	2000年	2020年
D国の鉄鋼生産量（万トン）	1534	2787	3097
世界の鉄鋼生産量に占めるD国の割合（％）	2.1	3.3	1.7

（世界国勢図会2021/22年版により作成）

グラフⅡ　D国の鉄鋼生産量の推移
（万トン）

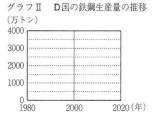

グラフⅢ　世界の鉄鋼生産量に占めるD国の割合の推移
（％）

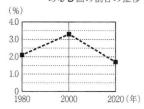

①　右のグラフⅡは，表Ⅱを参考にしてD国の鉄鋼生産量の推移を表す折れ線グラフを作成している途中のものである。次の条件 i ， ii に従い，折れ線グラフを完成させなさい。

　　i 　各年の鉄鋼生産量は●でかくこと。
　　ii　各年の鉄鋼生産量を結ぶ線は──でかくこと。

②　右のグラフⅢは，表Ⅱを参考にして世界の鉄鋼生産量に占めるD国の割合の推移を折れ線グラフに表したものである。グラフⅢをみると，世界の鉄鋼生産量に占めるD国の割合は，2000年から2020年にかけて低下している。このことから2000年以降の世界の鉄鋼生産量とD国の鉄鋼生産量の**増加の割合**について，どのようなことが読み取れるか。書きなさい。

2 次の地図ⅠのA〜Dは県を，sは都市を示している。（1）〜（6）の問いに答えなさい。

（1）　次の写真は，日本の東端に位置し，東京都に属している島を撮影したものである。島名を書きなさい。

写真

地図Ⅰ

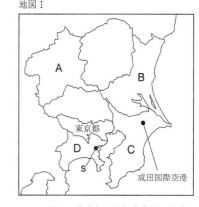

成田国際空港

（2）　A県の農業について，次の①，②の問いに答えなさい。
　　①　右のグラフⅠは，A〜D県から東京都中央卸売市場に出荷された農作物Eの月別取扱量を表している。A県では，夏の冷涼な気候を生かして作物の生長を遅らせる工夫をして出荷している。この生産方法を何というか。**漢字4字**で書きなさい。
　　②　グラフⅠの農作物Eとは何か。適当なものを，次のア〜エの中から一つ選びなさい。
　　　ア　はくさい　　　イ　小麦
　　　ウ　キャベツ　　　エ　だいこん

グラフⅠ　A〜D県から東京都中央卸売市場に出荷された農作物Eの月別取扱量（2020年）
（トン）

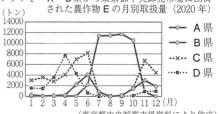

A県
B県
C県
D県

（東京都中央卸売市場資料により作成）

（3） 次の表Ⅰは，国内の主な発電方式別発電電力量の上位5都道府県を表している。また，表Ⅰの O〜R は，それぞれ水力発電・火力発電・地熱発電・太陽光発電のいずれかの発電方式である。Q にあてはまる発電方式を，下のア〜エの中から一つ選びなさい。

ア　水力発電
イ　火力発電
ウ　地熱発電
エ　太陽光発電

表Ⅰ　国内の主な発電方式別発電電力量の上位5都道府県（2020年度）

	O	P	Q	R
第1位	富山県	福島県	C県	大分県
第2位	岐阜県	B県	D県	秋田県
第3位	長野県	岡山県	愛知県	鹿児島県
第4位	新潟県	北海道	福島県	岩手県
第5位	福島県	三重県	兵庫県	北海道

（データでみる県勢2022年版により作成）

（4） 次のグラフⅡは，ある路線の東京都内における主な駅周辺の住宅地1㎡あたりの土地価格を表している。また，右の地図Ⅱは，東京駅とグラフⅡの駅の位置を表している。グラフⅡと地図Ⅱから読み取れる東京都内の土地価格の傾向を，「**東京都内の土地価格は，**」の書き出しに続けて「**東京駅**」の語句を用いて書きなさい。

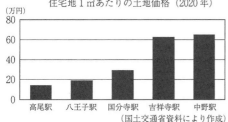

グラフⅡ　ある路線の東京都内における主な駅周辺の住宅地1㎡あたりの土地価格（2020年）

（国土交通省資料により作成）

地図Ⅱ

（5） 次の文は，都市sについて述べたものである。X と Y にあてはまる語句の組み合わせとして適当なものを，下のア〜エの中から一つ選びなさい。

　　関東地方に五つある ☐ X ☐ の中で最も人口が多い都市sは，江戸時代の終わりに港が開かれて以来，国際色豊かな都市として発展してきた。近年は，再開発によって臨海部の ☐ Y ☐ に商業施設や国際会議場などがつくられ，多くの人が訪れている。

ア　X 政令指定都市　Y 幕張新都心
イ　X 政令指定都市　Y みなとみらい21
ウ　X 県庁所在地　Y 幕張新都心
エ　X 県庁所在地　Y みなとみらい21

（6） 地図Ⅰの成田国際空港について，次の①，②の問いに答えなさい。
① 右の表Ⅱは，成田国際空港における輸出額，輸入額上位5品目を表している。Zにあてはまるものを，次のア〜エの中から一つ選びなさい。
ア　IC（集積回路）
イ　液化ガス
ウ　衣類
エ　肉類

表Ⅱ　成田国際空港における輸出額，輸入額上位5品目（2020年）

	輸出品	輸出額（百億円）	輸入品	輸入額（百億円）
第1位	半導体等製造装置	84.9	通信機	179.9
第2位	金（非貨幣用）	76.9	医薬品	169.5
第3位	科学光学機器	55.6	コンピュータ	125.4
第4位	電気計測機器	39.1	Z	102.0
第5位	Z	38.5	科学光学機器	80.6

（日本国勢図会2021/22年版により作成）

② 成田国際空港からスペインのマドリードまでの飛行時間が14時間の場合，成田国際空港を日本時間で2月5日午後2時に出発した飛行機は，マドリードに何月何日何時に到着するか。午前・午後をつけてマドリードの日付と時刻を書きなさい。ただし，スペインと日本の時差は8時間である。

---

3 次のⅠ〜Ⅳのカードは，日本の古代から近代までの時代区分についてまとめたものの一部であり，年代の古い順に左から並べている。（1）〜（7）の問いに答えなさい。

Ⅰ　古代
日本各地に支配者（豪族）があらわれ，やがてa近畿地方の有力な豪族で構成される大和政権（ヤマト王権）が生まれた。この政権は，大化の改新を経て，天皇を中心とし，律と令にもとづいて国を治める国家のしくみを整えた。

Ⅱ　中世
b武士による本格的な政権である幕府が鎌倉にひらかれ，その後，京都に新たな幕府が置かれた。やがて領国と領国内の民衆全体を独自に支配するc戦国大名があらわれ，下剋上の風潮が広がり，たがいに衝突するようになった。

Ⅲ　☐ X ☐
戦国大名の中から全国統一を果たした勢力がその後の身分制社会の土台をつくった。江戸に成立した幕府は約260年続き，安定したd幕藩体制のもとで，産業や交通が発達し，町人などをにない手とする文化が栄えた。

Ⅳ　近代
大政奉還のあと，政府が直接全国を治める中央集権国家が成立し，e税制度，兵制，教育制度など，近代化のための改革が進められた。欧米の文化や生活様式も取り入れられ，人々の生活が少しずつ変わっていった。

（1） X にあてはまる語句を**漢字2字**で書きなさい。

（2） 下線部aについて，右の資料Ⅰは，大和政権（ヤマト王権）の勢力が，九州地方におよんでいたことを示す鉄刀の一部であり，「ワカタケル大王」の文字が刻まれているとされる。この鉄刀が出土した場所として適当なものを，次のア〜エの中から一つ選びなさい。
ア　稲荷山古墳
イ　江田船山古墳
ウ　三内丸山遺跡
エ　岩宿遺跡

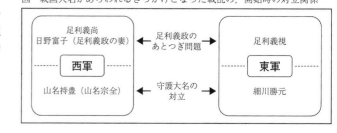

資料Ⅰ

（3） 下線部bについて，幕府が鎌倉に置かれていた時期のできごとを述べた次のア〜エを，年代の古い順に左から並べて書きなさい。
ア　北条時政が執権となり，政治の実権をにぎった。
イ　武士の習慣にもとづいた法である，御成敗式目が定められた。
ウ　朝廷を監視する六波羅探題が，京都に置かれた。
エ　源頼朝が征夷大将軍に任命され，政治制度を整備した。

（4） 次のA〜Cの文は，カードⅠ，Ⅱのいずれかの時代区分で活動した人物について述べたものである。A〜Cの人物はどの時代区分に活動したか。A〜Cの文とカードⅠ，Ⅱとの組み合わせとして最も適当なものを，右のア〜カの中から一つ選びなさい。

A　おどり念仏や念仏の札によって布教した一遍が，時宗をひらいた。
B　法華経の題目を唱えれば人も日本国も救われると説いた日蓮が，日蓮宗をひらいた。
C　中国で新しい仏教を学び山奥での修行や学問を重視した空海が，真言宗をひらいた。

	カードⅠ	カードⅡ
ア	A，B	C
イ	A，C	B
ウ	B，C	A
エ	A	B，C
オ	B	A，C
カ	C	A，B

（5） 下線部cについて，右の図は，戦国大名があらわれるきっかけとなった戦乱の，開始時の対立関係を表している。この戦乱の名称を書きなさい。

図　戦国大名があらわれるきっかけとなった戦乱の，開始時の対立関係

足利義尚 日野富子（足利義政の妻） **西軍** 山名持豊（山名宗全）	← 足利義政のあとつぎ問題 → ← 守護大名の対立 →	足利義視 **東軍** 細川勝元

（6）　下線部dについて，下の地図Ⅰは1715年，地図Ⅱは1808年の，現在の福島県の範囲における主な大名を表している。次の①，②の問いに答えなさい。

①　地図Ⅰ，Ⅱにgで示した若松の松平氏や，尾張・紀伊・水戸の「御三家」など，徳川一門の大名を何とよぶか。**漢字2字**で書きなさい。

②　地図Ⅰのhで示した磐城平の内藤氏は九州に移り，地図Ⅱでは，hの磐城平は安藤氏となっている。このように変化したのは，幕藩体制のもとで**何が，どのようなことを行う力を持って**いたからか。書きなさい。

地図Ⅰ　1715年の，現在の福島県の範囲における主な大名

地図Ⅱ　1808年の，現在の福島県の範囲における主な大名

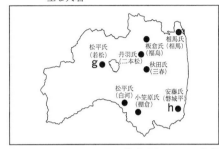

（福島県史などにより作成）

（7）　下線部eについて，次の文は，右の資料Ⅱを説明したものである。資料Ⅱと文中のYに共通してあてはまる語句を**漢字2字**で書きなさい。

資料Ⅱ

Y

資料Ⅱは，土地の所有者と地価などが記されている　Y　である。政府は国民に土地の所有権を認めた上で，地価を基準にして税をかけ，土地の所有者が現金で納める地租改正を実施した。

4　次の年表は「19世紀以降の日本と諸外国とのかかわり」というテーマでまとめたものである。（1）～（8）の問いに答えなさい。

年	おもなできごと
1872	官営模範工場として　A　が設立される
1876	日朝修好条規が結ばれる……………B
1894	日清戦争が起こる………………………C
1904	日露戦争が起こる………………………D
1919	第一次世界大戦の講和条約が結ばれる…E
1933	日本が国際連盟を脱退する……………F
1945	日本が　G　宣言を受諾する
1972	沖縄が日本に返還される……………H
1992	日本が自衛隊をカンボジアに派遣する…Ⅰ

（1）　年表のAについて，次の絵は，Aで働く労働者の様子を描いたものである。Aは生糸の増産を目指し，フランス人技師の指導の下で設立され，現在は世界遺産に登録されている。Aにあてはまる語句を書きなさい。

絵

（2）　年表のBについて，日本はこの条約を結び朝鮮を開国させた。これ以後の朝鮮半島の情勢について述べた次のア～エを，年代の古い順に左から並べて書きなさい。

ア　京城（ソウル）で日本からの独立を求める民衆運動が起き，朝鮮半島全体に広がった。

イ　政治改革や外国の排除を目指し，農民らが蜂起する甲午農民戦争が起こった。

ウ　日本が韓国を併合し，強い権限を持つ朝鮮総督府を設置した。

エ　日本が韓国を保護国とし，伊藤博文が初代統監に就任した。

（3）　年表のCとDについて，次の文のVとWにあてはまる語句の組み合わせとして適当なものを，下のア～エの中から一つ選びなさい。

ア　V　下関　　W　旅順
イ　V　下関　　W　奉天
ウ　V　ポーツマス　W　旅順
エ　V　ポーツマス　W　奉天

八幡製鉄所は，日清戦争後に結んだ　V　条約で得た賠償金をもとに造られ，南満州鉄道株式会社は，日露戦争後にロシアから獲得した遼東半島の　W　や大連の租借権と鉄道利権をもとに発足した。

（4）　年表のEに関連して，次の資料Ⅰは，第一次世界大戦中に日本が中国に示した要求の一部であり，aには国名が入る。このa国について述べた文として最も適当なものを，下のア～エの中から一つ選びなさい。

ア　第一次世界大戦中，英露と三国協商を結んでいた。
イ　レーニンの指導で，社会主義政府が生まれた。
ウ　第一次世界大戦の敗戦後，ワイマール憲法が定められた。
エ　ガンディーの指導で，非暴力・不服従運動が展開された。

資料Ⅰ

中国政府は，　a　が山東省にもっている一切の利権を日本にゆずること。

（5）　年表のFについて，右の資料Ⅱは，日本の国際連盟脱退を報じた新聞と，その見出しを現代の表記に改めたものである。新聞報道の背景を整理した次の文のXとYにあてはまる語句の組み合わせとして適当なものを，下のア～エの中から一つ選びなさい。

国際連盟は中国からの訴えをうけ，日本の行為について調査した。国際連盟総会では，「溥儀を元首とする満州国を　X　」という勧告書を採択し，日本はこれに　Y　した。

ア　X　承認する　　Y　同意
イ　X　承認する　　Y　反発
ウ　X　承認せず　　Y　同意
エ　X　承認せず　　Y　反発

資料Ⅱ

（6）　年表のGについて，右の資料Ⅲは，日本が受諾したG宣言の一部である。Gにあてはまる語句を書きなさい。

資料Ⅲ

日本の主権がおよぶのは，本州，北海道，九州，四国と連合国が決める島に限る。

（7）　年表のHに関して，右の地図は，沖縄県における2017年現在のある施設の一部を表している。ある施設とは何か。書きなさい。

地図

ある施設

（8）　年表のⅠについて，次の資料Ⅳは，国際連合のある活動に参加した自衛隊の活動をまとめたものの一部である。国際連合のある活動とは何か。**アルファベット3字**で書きなさい。

資料Ⅳ

派遣先	派遣期間
カンボジア	1992年9月　～　1993年9月
モザンビーク	1993年5月　～　1995年1月
東ティモール	2002年3月　～　2004年6月
ハイチ	2010年2月　～　2013年2月

（内閣府資料により作成）

5 次の資料は、日本の経済と私たちの暮らしについて、ある班がまとめたものの一部である。（1）〜（6）の問いに答えなさい。

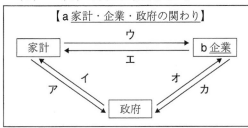

【a家計・企業・政府の関わり】

ウ
家計 ⟷ b企業
エ

ア イ オ カ

政府

【海外との関係】
・経済のグローバル化が進むとともに、c産業の空洞化が進行
・d為替相場の変動が国民経済に影響

【より良い暮らしとは】
・物質的な豊かさ…所得・財産、雇用、住宅など
・暮らしの質…環境、市民参加、暮らしの安全など

（1）下線部aについて、【家計・企業・政府の関わり】のア〜カの矢印は、お金、商品、労働力などのやりとりを表している。また、次の文は、ア〜カのいずれかの例を表したものである。この文にあてはまる最も適当なものを、ア〜カの中から一つ選びなさい。

> 姉がスーパーマーケットで1日3時間働いた。

（2）下線部bに関連して、次の文は、企業の一形態について説明したものである。Xにあてはまる語句をカタカナ5字で書きなさい。

> 新たに起業し、新しい技術を元に革新的な事業を展開する中小企業のことを X 企業という。

（3）市場経済における商品の価格は、需要量と供給量の関係で変化する。右の図は、ある商品の需要量と供給量の関係を表したものである。この商品の価格がPのときの状況とその後の価格の変化について述べた文として適当なものを、次のア〜エの中から一つ選びなさい。
　ア　供給量が需要量よりも多いため、価格は上昇する。
　イ　供給量が需要量よりも多いため、価格は下落する。
　ウ　需要量が供給量よりも多いため、価格は上昇する。
　エ　需要量が供給量よりも多いため、価格は下落する。

図

価格

P

供給曲線　需要曲線

数量

（4）下線部cについて、産業の空洞化とはどのようなことか。「企業が」という書き出しに続けて、次の二つの語句を用いて書きなさい。

> 生産拠点　衰退

（5）下線部dに関連して、次の文は、為替相場の変動に関して述べたものである。AとBにあてはまる語句の組み合わせとして適当なものを、下のア〜エの中から一つ選びなさい。

> 円とドルの為替相場は、2012年には1ドル＝80円前後だったが、2020年には1ドル＝110円前後で推移するようになった。この8年間で A が進み、日本企業が製品を輸出するのに B な状態となった。

　ア　A　円高　B　有利　　　　　イ　A　円高　B　不利
　ウ　A　円安　B　有利　　　　　エ　A　円安　B　不利

（6）次の文は、【より良い暮らしとは】について、授業で話し合った会話の一部である。下の①、②の問いに答えなさい。

> 先生　人々の暮らしを便利で豊かにするのが経済ですが、所得や財産といった物質的な豊かさだけでなく、環境や暮らしの安全など、暮らしの質の面からも豊かさを感じられることが多くあります。
> 生徒C　2000年には Y 型社会形成推進基本法が定められ、私たちは、Y 型社会の実現に向けて日常生活の在り方を見直すことが求められています。
> 生徒D　先日家族と利用したお店に、食べ残しを減らそうというポスターが貼ってありました。e3Rのうち、ごみの発生を減らすことが重要だと思います。
> 生徒E　不要な包装を求めないことや食品ロスを減らすことは、私たちにもできることです。
> 先生　そうですね。社会の一員として持続可能な社会を実現するために、私たち一人一人が主体的に考え、自分たちにもできることから行動していくことが大切ですね。

　①　Yにあてはまる語句を漢字2字で書きなさい。
　②　下線部eについて、このことを何というか。カタカナで書きなさい。

6 次の文は、授業で「政治と民主主義」「人権と日本国憲法」を学習した生徒たちの会話の一部である。（1）〜（6）の問いに答えなさい。

生徒A	クラスの話し合いでいろいろな意見が出たけれど、どのようにまとめればよいかな。
生徒B	社会科の授業で、物事の決定・a採決の仕方について学んだよね。
生徒A	そうだ。みんなの意見を調整して社会を成り立たせていくことが政治の役割だっていうことも授業で学んだね。
生徒C	そういえば、政治参加の仕組みとしてb選挙があるよね。先月、地方議会の選挙があったよ。
生徒B	自分たちが住むc地域の政治について考えることも大事になるね。
生徒C	日本国憲法では政治に参加する権利に加え、d平等権、自由権、e社会権などの基本的人権を保障しているよ。
生徒A	自分たちが暮らす社会を支えるため、f権利だけでなく義務のことを考えることも必要だね。

（1）下線部aについて、下の表Ⅰは、採決の仕方についての説明と特徴を表したものである。次の①、②の問いに答えなさい。
　①　Vにあてはまる語句を漢字3字で書きなさい。
　②　W、Xにあてはまる特徴の組み合わせとして適当なものを、右のア〜エの中から一つ選びなさい。

表Ⅰ　採決の仕方についての説明と特徴

採決の仕方	説明	特徴
全会一致	全員の意見が一致する	W
V	より多くの人が賛成する意見を採用する	X

ア	W	決定に時間がかからない
	X	少数意見が反映される
イ	W	決定に時間がかからない
	X	少数意見が反映されにくい
ウ	W	決定に時間がかかる
	X	少数意見が反映される
エ	W	決定に時間がかかる
	X	少数意見が反映されにくい

（2）下線部bについて、選挙制度の一つとして、得票数に応じて政党の議席数を決める比例代表制がある。右の表Ⅱは、比例代表制におけるドント式の計算方法の例である。表Ⅱの例において、全体の議席数を7議席としたとき、E党に配分される議席数はいくつになるか。書きなさい。

表Ⅱ　比例代表制におけるドント式の計算方法の例

	D党	E党	F党
得票数	1260票	720票	600票
1で割る	1260	720	600
2で割る	630	360	300
3で割る	420	240	200
4で割る	315	180	150

（3）下線部cについて、日本の地方公共団体について述べたⅰ〜ⅲの文の正誤の組み合わせとして適当なものを、右のア〜クの中から一つ選びなさい。
　ⅰ　議会と首長の意見が対立したとき、首長は議会に審議のやり直しを求めたり、議会を解散したりすることができる。
　ⅱ　地方議会は、法律に反する地方公共団体独自の条例を制定する権限をもつ。
　ⅲ　教育や道路の整備といった特定の仕事の費用を国が一部負担する地方交付税交付金が配分される。

	ⅰ	ⅱ	ⅲ
ア	正	誤	誤
イ	正	誤	正
ウ	誤	正	正
エ	誤	誤	誤
オ	正	正	誤
カ	誤	正	誤
キ	誤	誤	正
ク	正	正	正

（4）下線部dについて、日本国憲法では「法の下の平等」を規定している。1999年に国が制定した、男性も女性も対等な立場で活躍できる社会を創ることをめざした法律を何というか。書きなさい。

（5）下線部eに関して、ある生徒が世界の歴史の中で社会権が認められるまでの流れを下のようにまとめた。Yにあてはまることばを、次の二つの語句を用いて書きなさい。

> 賃金　時間

17〜18世紀	19世紀			20世紀
人権思想の発展により、自由権、平等権が保障された。	経済活動が盛んになり、資本主義経済が発展した。	生産力が増し、物が豊かになった一方、労働者は Y ことや、失業、生活環境の悪化などにより生活がおびやかされた。	こうした状況の改善を目指した労働運動や、選挙権の拡大を求めた普通選挙運動が盛んになった。	人間らしい生活を保障しようとする権利として社会権が認められた。

（6）下線部fについて、次の文は、日本国憲法第27条の条文の一部である。Zにあてはまる語句を漢字2字で書きなさい。

> 第27条　①すべて国民は、 Z の権利を有し、義務を負う。

令 和 3 年 度

福島県公立高等学校

$\boxed{\text{I}}$ 　国　　語

（9時00分〜9時50分）

注　　意

○　問題用紙は4枚（4ページ）あります。

○　解答用紙は**この用紙の裏面**です。

○　答えはすべて，解答用紙の所定の欄に，文，文字などで答えるもののほかは，**ア，イ**，……などの符号で記入しなさい。

○　解答用紙の 　　　 の欄には記入してはいけません。

♯教英出版 編集部　注
　編集の都合上、白紙ページは省略しています。

令和3年度入試は、新型コロナウイルス感染症対策に係る
臨時休校の実施等の状況を踏まえ、出題範囲の変更等があり
ました。詳しくは教英出版ホームページをご確認ください。
　　　　　　　　　　　　　　　　　　　　教英出版編集部

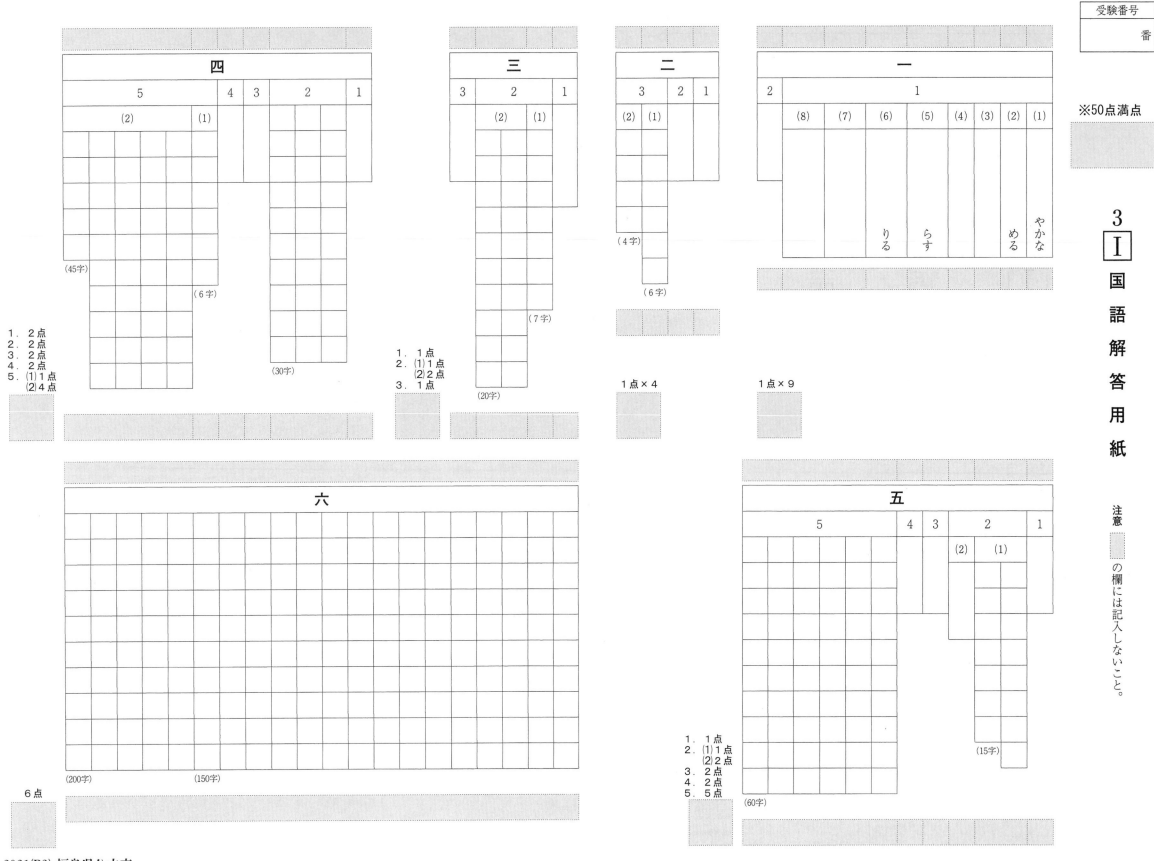

受験番号　　　番

※50点満点

3
Ⅰ
国語解答用紙

注意
　　の欄には記入しないこと。

一

2　　1
(8)(7)(6)(5)(4)(3)(2)(1)

りる　らす　　　　める　　やかな

1点×9

二

3　2　1
(2)(1)

(4字)

(6字)

1点×4

三

3　2　1
(2)(1)

(20字)

(7字)

1. 1点
2. (1)1点
　(2)2点
3. 1点

四

5　　4　3　　2　　1
(2)　(1)

(45字)

(6字)

(30字)

1. 2点
2. 2点
3. 2点
4. 2点
5. (1)1点
　(2)4点

五

5　　4　3　　2　　1
(2)(1)

(15字)

(60字)

1. 1点
2. (1)1点
　(2)2点
3. 2点
4. 2点
5. 5点

六

(200字)　　(150字)

6点

一　次の1、2の問いに答えなさい。

1　次の――線をつけた漢字の読み方を、ひらがなで書きなさい。また、――線をつけたカタカナの部分を、漢字に直して書きなさい。

(1)　穏やかな天気が続く。

(2)　賛成が大半を占める。

(3)　彼は寡黙な人だ。

(4)　詳細な報告を受ける。

(5)　海面に釣り糸を<u>タ</u>らす。

(6)　友人に本を<u>カ</u>りる。

(7)　研究の<u>リョウイキ</u>を広げる。

(8)　予想以上に<u>フクザツ</u>な問題だ。

2　次の各文中の――線をつけた慣用句の中で、使い方が正しくないものを、ア〜オの中から一つ選びなさい。

ア　先輩からかけられた言葉を心に刻む。

イ　現実の厳しさを知り襟を正す。

ウ　彼の日々の努力には頭が下がる。

エ　大切な思い出を棚に上げる。

オ　研究の成果が認められ胸を張る。

二　次の短歌を読んで、あとの問いに答えなさい。

A
とぶ鳥もけものごとく草潜りはしるときあり春のをはりは
前川　佐美雄

B
わたり来てひと夜は遠く啼きし今日青葉木菟二夜のしづけさ
注・あおばずく
馬場　あき子

C
春の谷あかるき雨の中にして鶯なけり山のしづけさ
注・うぐいす
尾上　柴舟

D
二つれて郭公どりの啼く聞けば谿のごとしかはるがはるに
注3・かっこう
前　登志夫

E
つばくらめ飛ぶかと見れば消え去りて空あをあをとはるかなるかな
注4・ツバメ
島木　赤彦

F
※著作権上の都合により省略いたします
教英出版編集部
窪田　空穂

注1　フクロウの一種。
注2　雪がとけかけて雨まじりに降るもの。
注3　カッコウ。
注4　ツバメ。

1　鳥たちが交互に鳴いて声が響きわたる情景を、直喩を用いて表現している短歌はどれか。A〜Fの中から一つ選びなさい。

2　春先の情景を描写した言葉を、鳥の声の位置から捉え、新しい季節の訪れに対する喜びをうたった短歌はどれか。A〜Fの中から一つ選びなさい。

3　次の文章は、A〜Fの中の二つの短歌の鑑賞文である。この鑑賞文を読んで、あとの(1)、(2)の問いに答えなさい。

この短歌は、俊敏に飛ぶ鳥の動きを捉えようとして、ふと、目に映った美しい情景を「　Ⅰ　」という言葉で表現したあとで、どこまでも広がる壮大な空間への印象を率直な言葉で表現している。
また別の短歌は、数詞の使用や同じ言葉の繰り返しによって一首全体にリズムを作り出し、姿の見えない鳥の位置の変化をその声から捉えている。「　Ⅱ　」という言葉が、鳥がどこかへ飛び去ったことを想像させ、作者のしみじみとした思いを印象づけている。

(1)　「　Ⅰ　」にあてはまる最も適当な言葉を、その短歌の中から六字でそのまま書き抜きなさい。

(2)　「　Ⅱ　」にあてはまる最も適当な言葉を、その短歌の中から四字でそのまま書き抜きなさい。

三　次の文章Ⅰ、文章Ⅱを読んで、あとの問いに答えなさい。

文章Ⅰ
注1・ぎょうしゅん
堯舜天下をひきゐるに仁をもつてして、民これに従ひ、
注2・にによって行い
桀紂天下をひきゐるに暴をもつてして、民これに従ふ。
注3・けっちゅう
（「大学」より）

注1　堯と舜。ともに、古代中国の伝説上の王。
注2　仁に対する思いやり。
注3　桀と紂。ともに、古代中国の王。
注4　他者を苦しめるようなひどい扱い。

文章Ⅱ
わがあしきをば桀紂をひきてなだめ、人のよきをば堯舜をひきていでてとがむ。「かれはかかるあしき事
（例にあげ）（あの人）（このような）
なしぬ。」といへば、「げにさあらん。」といふ。「このもの
（いかにも、そうであろう）
かくよきことし侍りぬ。」といへば、「いかがあらん。」「このものあしかし。」
（しました）（どうだろうか）（あやしいものだ）
といふ。「げにも人はあしき心あるものかな。」といへば、
（本当に）
「よき名得まほしと思ふが故に、人のあしきにてわが
（得たい）（起こるのである）
こころをなだめ、人のよきをばねたむよりいでくるなり。」
とはいひし。
（「花月草紙」より）

1　「いへば」の読み方を、現代仮名遣いに直してすべてひらがなで書きなさい。

2　次の会話は、文章Ⅰ、文章Ⅱについて、授業で話し合ったときの内容の一部である。あとの(1)、(2)の問いに答えなさい。

Aさん　「文章Ⅰによると、堯と舜の天下の治め方と、桀と紂の天下の治め方とでは、だいぶ違いがあったようだね。」

Bさん　「桀と紂は、ひどい王だったみたいだね。」

Cさん　「そう考えると、文章Ⅱは、悪いことをしたとしても桀や紂と比べれば十分ではないということをしても堯や舜と比べれば悪いということになるね。」

Aさん　「誰かの悪い行いについて伝えられて、よいことをしても桀や紂と比べられましてさりと認めてしまう場合もあるようだね。」

Bさん　「確かにそうだね。どうしてかな。」

Cさん　「桀や紂と比べる場合と比べない場合では、同じような悪い行いだったという点に違いがあるね。」

Aさん　「なるほど。他者には厳しくなるのか。よい行いの受け止め方が変わるようだよ。」

Cさん　「その点で受け止め方が変わっても、その点で受け止め方が変わるなら、同じことがあてはまるのかもしれないね。」

(1)　　①　　にあてはまる内容を、二十字以内で書きなさい。

(2)　　②　　にあてはまる最も適当な言葉を、文章Ⅱ（文語文）から七字でそのまま書き抜きなさい。

3
(1)　「げにも人はあしき心あるものかな。」とあるが、「あしき心」が生じるのはなぜか。その理由の説明として最も適当なものを、次のア〜オの中から一つ選びなさい。

ア　自分の評判を守ろうとして、他者の悪いところを取り上げて批判し、他者のよいところは羨ましく思うようになるから。

イ　自分の評判を気にするあまり、他者の悪いところに気づかなくなるから。

ウ　他者よりも高い評価を得ようとして、他者のよいところを憎らしく感じるあまり、他者のよいところを見つけて安心し、他者からの評価を得ようとして、他者の悪いところばかりを探して満足し、他者のよいところに気づかなくなるから。

エ　他者からの評価を気にするあまり、他者の悪いところだけを気にするために、他者のよいところは注意せず、他者の悪いところを参考に自分の行動を改め、他者のよいところをまねしようとするから。

オ　自分の評価を高めるために、他者の悪いところをほめようとする。

3国
2021(R3) 福島県公立高
K教英出版
国6の3
― 1 ―

四 次の文章を読んで、あとの問いに答えなさい。

（中学二年生の関口佐紀には、《科学と実験の塾》に通っている小学五年生の弟の朋典がいる。その塾には、塾長の久和先生、助手の百瀬さん、久和先生の甥で佐紀の同級生の奈良くんがいる。ある日、佐紀はいつものように塾へ朋典を迎えに行ったのだが、朋典がふざけた拍子に、百瀬さんがやけどをしたことがわかった。）

著作権に関係する弊社の都合により本文は省略いたします。

教英出版編集部

著作権に関係する弊社の都合により本文は省略いたします。

教英出版編集部

著作権に関係する弊社の都合により本文は省略いたします。

教英出版編集部

（石川 宏千花「青春ノ帝国」より）

注1 声をつまらせて泣くこと。
注2 患者に投与する薬剤についての医師から薬剤師への指示書。

1 「ひざから力がぬけてしまいそうなくらい、ほっとした。」とあるが、佐紀がほっとしたのはなぜか。その理由の説明として最も適当なものを、次のア〜オの中から一つ選びなさい。

ア 朋典だけが悪かったのではないということを聞かされて、姉として弟の代わりに責任を取る必要はないとわかったから。

イ 朋典だけに責任があったわけではないということを理解せずに激しく責めた自分の行動を反省したから。

ウ 朋典だけに非があるのではないとわかって、親が百瀬さんのやけどについて責任を取らずに済みそうだと考えたから。

エ 朋典だけに責任はないと説明されて、痛みをこらえて朋典をかばおうとする百瀬さんに気づいたから。

オ 百瀬さんから朋典をかばおうとする百瀬さんに、厳しく叱られたと教えられて、朋典に対する怒りがおさまり冷静さを取り戻したから。

2 「すっと久和先生がひざを折って、朋典の真正面にしゃがみこんだ。」とあるが、この行動を含めた久和先生の朋典に対する言動には、どのような意図があったと佐紀は受け止めているか。これについて説明した次の文の空欄にあてはまる内容を三十字以内で書きなさい。

目の高さを合わせて語りかけ、朋典に[　　]という意図があった。

3 「朋典が、わたしのシャツの袖をぎゅっとにぎってきた。」とあるが、このときの朋典の心情を考えるとどのように読むのがよいか。次のア〜オの中から一つ選びなさい。

ア 怒りを抑えきれない様子の母の姿を見て、姉が心配しているとおりにひどく怒られてしまうにちがいないとおびえている。

イ 暗く沈んだ様子の母の姿を見て、取り返しのつかない失敗をしたことに気づいて母にどんな言葉で謝ればよいのかと悩んでいる。

ウ 自分の帰りを待ちきれない様子の母の姿を見て、自分のことを許してくれたようだと安心している。

エ まったりが母は自分の母のことを見て、自分のせいで百瀬さんに迷惑をかけたのではないかと不安になっている。

オ 落ち着かない様子の母の姿を見て、自分の行動をどんなに深く反省したとしても母には許してもらえないだろうとあきらめている。

4 本文を朗読する場合、佐紀の母の心情を考えるとどのように読むのがよいか。次のア〜オの中から一つ選びなさい。

ア 佐紀の説明を聞き少し安心したいという思いを踏まえ、本当のことを語らせるように落ち着いた調子で読む。

イ 言葉につまる朋典の様子を踏まえ、本当のことを話させるように厳しく言い聞かせるように語気を強めた調子で読む。

ウ 他人に迷惑をかけた朋典には、同じ失敗を求めるように語気を強めた調子で読む。

エ 朋典は十分に反省しており、早く休ませてやりたいというやわらかい調子で読む。

オ 朋典の思いを踏まえ、成長を実感することに気づいて、話を切り上げるようにきっぱりとした調子で読む。

5 「こっそり目もとをぬぐった。」とあるが、この場面に至るまでの佐紀の心情について次のように説明したい。あとの(1)、(2)の問いに答えなさい。

母には感謝されたが、朋典に久和先生や百瀬さんの真似をしただけで、佐紀は感じていた。しかし、真似をしただけだとしても、久和先生たちの対応は、[I]と自分の行動を考えるようになり、[II]と自分の行動を前向きに受け止めるようになり、胸がいっぱいになり思わず涙が出てしまったが、それを母に知られるのは気恥ずかしいと感じている。

(1) [I]にあてはまる最も適当な言葉を、本文中から六字でそのまま書き抜きなさい。

(2) [II]にあてはまる内容を、四十五字以内で書きなさい。

五

次の文章を読んで、あとの問いに答えなさい。

文章を書くということは文を書くことです。文章を書くことは、一度に文章全体を書くことはできず、地道に一文一文書きつづけることしかできません。段落を作ることにしても、文を書いている合間に、改行一字下げの記号をときどき入れるにしても、一文しか書いていないのです。私たちが文章を書くときには、一冊の本を書き上げる場合でも、何百、何千という文を、文しか継ぎ足していないのです。

その都度その場の文脈を考えながら、その場の文脈に合わせて即興的に考えながら文を継ぐことです。このように、その場の文脈を紡いでいくことを次から次へと継ぎ足しながら、一本の線を紡いでいくこと、これが文章を書くことです。このように、その場の文脈に合わせて書いていくボトムアップ式の活動を「流れ」と呼ぶことにしましょう。（第一段落）

一方、文章を書く人なら誰でも、アウトラインという文章構成の設計図を持っています。用意周到な書き手であれば、かなりしっかりしたアウトラインを作り、それにしたがって書いていこうとするでしょう。そうしたトップダウン式の活動を「構え」と呼ぶことにしましょう。（第二段落）

「流れ」と「構え」とは、文章論の大家である林四郎氏の独創的な考え方を参考にしたものです。林氏は次のように語ります。

ある情報が送りこまれると、それに反応する力がわたくしたちに主に働くが、あることばが呼び起こす次のことばへ移行しようとする力が、わたくしたちに主に働いている。あることばが呼び起こす次のことばは、多くの場合、何か外からの刺激を受けても、余儀なくつぎへつぎへと移っていくのであって、ただ無抵抗に意識表面をすべっていくのとはちがう。そこで、なるべく近接された情報へ安易に移行しようとするのを制して、随時、必要がもたらす近接した情報が飛びこんで来る。近接情報への無抵抗な移行を「流れ」と称したのに対して、このように意図的に離れることは「構え」と呼びたい。むやみに離れるのでなく、構えて離れるからである。

注3 一応離れるが、やがてつながるべく意図されて離れるのが、離れようとする力は、つながろうとする力であり、つながろうとする力が、新情報を迎えようとする力である。

（中略）（第三段落）

「流れ」と「構え」はつねに拮抗する存在です。「流れ」だけにしたがおうとすると、「構え」がそれにストップをかけます。そのまま書きつづけてしまうと、あらぬ方向に文章が展開していってしまうからです。一方、「構え」が「流れ」を無理に押さえつけようとすると、「流れ」がそれに反発します。予定した「構え」のとおりに書けないと、「構え」にそもそも無理があるためであり、自然な流れができなかったからです。このように、文章とは、「流れ」と「構え」の絶え間ない戦いの歴史であり、両者の調整の過程であり、それを読み手が文章として読んで理解していくのです。段落は「流れ」と「構え」が出会い、調整をする場だということになるでしょう。ボトムアップ式の活動とトップダウン式の作業がクロスになる交差点なのです。（第四段落）

「流れ」と「構え」を組み合わせて考えることが大事です。林氏の議論の中心は、文の組み立てに関わる比較的小さい要素が中心ですが、本書では、段落のなかの大きい単位という観点から議論したいと思います。

つまり、先行文脈から自然につながろうとする力を「流れ」、新情報の導入によって意図的に離れようとする力を「構え」と呼びます。文の組み立てに関わる力ですが、林氏の議論を参考に、段落を読んだり書いたりするときにも、段落どうしのつながりや離れ方の特徴を「流れ」と「構え」という観点から議論したいと思います。（第五段落）

文章を書くことを車の運転になぞらえてみましょう。私たちが車を運転するとき、カーナビのディスプレイは、空から見る「鳥の目」で私たちの行くべき道を教えてくれます。しかし、ハンドルを握る私たちは、道路の渋滞状況や工事状況、さらには信号の変わるタイミングなど「魚の目」で周囲の状況を見ながら、その変わるカーナビの選択を尊重し、ときには「魚の目」である自分の選択を優先し、調整しながら運転していくわけです。このように「鳥の目」であるカーナビの言うことに従うとは限りません。カーナビは、空から見る「鳥の目」で私たちの行くべき道を教えてくれます。

「魚の目」と「鳥の目」という比喩があります。「魚の目」というのは、海のなかを泳ぐ魚から見える水中の世界。潮の動きや外敵の存在を感じとりながら泳ぎます。「鳥の目」というのは、はるか上空から見える空中の世界。魚がどの方向に進んでいるのかを、海のなかを泳ぐ魚が目的にむかって適切に進んでいるのかを上空からモニターします。「魚の目」は「流れ」、「鳥の目」は「構え」です。私たちが文章を書くときには、「魚の目」と「鳥の目」を組み合わせて、上空から見える空中の世界を感じとりながら書きます。「魚の目」と「鳥の目」を行ったり来たりすることで、私たちの言語活動はより質の高いものになるのです。（第六段落）

と、「魚の目」、二つの目を調整しながら自らの判断で運転していくさまは、設計図を参考にしながらも、現場の判断で選択を決めていくという文章を書く営みと共通するものです。去年に比べて今年の夏は暑かった、という、執筆過程で次々に思いつく即興との融合と見ることで、文章執筆の考え方は豊かになるでしょう。段落というものを、あらかじめ立てていた計画と、執筆過程で次々に思いつく即興との融合と見る、あらかじめ思いつく即興との融合と見ることで、文章執筆の考え方は豊かになるでしょう。（第七段落）

（石黒 圭「段落論 日本語の『わかりやすさ』の決め手」光文社新書より）

注1 全体のうち下位に位置する側から上位に向かって伝達などを進める方式。
注2 全体のうち上位に位置する側から下位に向かって伝達などを進める方式。
注3 他に方法がなく。やむをえない。
注4 拮抗……力、勢力にほとんど差がなく。互いに張り合うこと。
注5 モニター……機械などが正常に保たれるように監視すること。

1　次の各文中の──線をつけた言葉が、第三段落の「近接した」の「た」と同じ意味・用法のものを、ア〜オの中から一つ選びなさい。
ア　去年に比べて今年の夏は暑かった。
イ　知りたいと思ったらすぐに調べる。
ウ　急いで行ったが間に合わなかった。
エ　明日は十時に出発の予定だったね。
オ　待合室の壁に掛かった絵を眺める。

2　次の図は、「流れ」と「構え」について、第一段落から第三段落までの内容を整理したものである。あとの(1)、(2)の問いに答えなさい。

第三段落		第一・第二段落	
近接情報へ移行しようとする力 ＝ Ⅱ とする力	流れ	ボトムアップ式の活動 ＝ Ⅰ 考えて書く	
新情報を迎えようとする力 ＝ Ⅲ とする力	構え	トップダウン式の活動 ＝ 文章構成の設計図にしたがって計画的に書く	

(1)　Ⅰ にあてはまる言葉を、本文中から十五字でそのまま書き抜きなさい。

(2)　Ⅱ ・ Ⅲ にあてはまる言葉の組み合わせとして最も適当なものを、次のア〜オの中から一つ選びなさい。
ア　Ⅱ 自然と受け流そう　Ⅲ 少しずつ歩み寄ろう
イ　Ⅱ 逆らわずに結び付こう　Ⅲ 目的をもって遠ざかろう
ウ　Ⅱ 意識して選択しよう　Ⅲ 素直に受け入れよう
エ　Ⅱ しっかりと理解しよう　Ⅲ 自分の意志で接近しよう
オ　Ⅱ あきらめずに近づこう　Ⅲ 慎重に距離をとろう

3　本文における第四段落の働きとして最も適当なものを、次のア〜オの中から一つ選びなさい。
ア　第三段落の内容を受け継ぎ、第五段落以降で「流れ」と「構え」のどちらの観点から論じるのかを示す働き。
イ　第三段落の観点を整理して文章の書き方という話題から離れ、文章の読み進め方を論じる第五段落につなげる働き。
ウ　第三段落の内容をまとめ、第五段落以降で「流れ」と「構え」をどのように捉えて論じるのかを示す働き。
エ　第三段落の内容を補足して新たな視点を示し、なぜその視点が必要なのかを論じる第五段落につなぐ働き。
オ　第三段落以降で「流れ」と「構え」以外の観点によって論じることを示す働き。

4　「『魚の目』と『鳥の目』という比喩」とあるが、「魚の目」についての説明として最も適当なものを、次のア〜オの中から一つ選びなさい。
ア　「魚の目」は文と文のつながりを意識し、文章構成の予定に基づいて適切な文を考えることを表している。
イ　「鳥の目」が表す内容はカーナビにもたとえられ、当初の構想にもとづいて、文章の完成形を目指すことを示している。
ウ　「魚の目」が表す内容は運転者の目にもたとえられ、どのような状況であっても正しく判断することを示している。
エ　「鳥の目」が表す内容はカーナビにもたとえられ、当初の構想にもとづいて文章の完成形を目指すことを示している。
オ　「魚の目」は多様な視点から文章を検討し、何度も内容を確認することによって誤りを防ぐことを意味している。

5　「『段落というものを、あらかじめ立てていた計画と、執筆過程で次々に思いつく即興との融合と見る』とあるが、筆者は、段落ではどのようなことが行われると述べているか。六十字以内で書きなさい。

次の資料は、全国の子供や若者を対象に行った意識調査の結果を、二つの年齢層に分けてグラフで表したものである。この資料を見て気づいたことと、「自分自身を変えること」についてのあなたの考えや意見を、あとの条件に従って書きなさい。

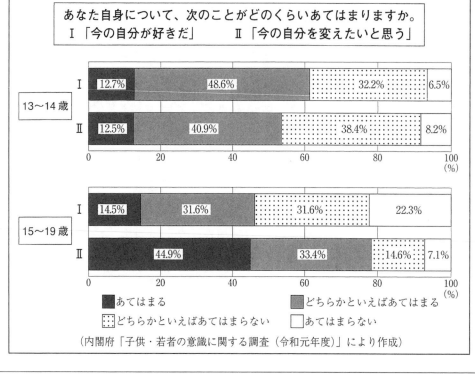

あなた自身について、次のことがどのくらいあてはまりますか。
Ⅰ「今の自分が好きだ」　　Ⅱ「今の自分を変えたいと思う」

13〜14歳
Ⅰ　12.7%　48.6%　32.2%　6.5%
Ⅱ　12.5%　40.9%　38.4%　8.2%
0　20　40　60　80　100
(%)

15〜19歳
Ⅰ　14.5%　31.6%　31.6%　22.3%
Ⅱ　44.9%　33.4%　14.6%　7.1%
0　20　40　60　80　100
(%)

■ あてはまる　　　　　　■ どちらかといえばあてはまる
▨ どちらかといえばあてはまらない　　□ あてはまらない

（内閣府「子供・若者の意識に関する調査（令和元年度）」により作成）

条件

1　二段落構成とすること。

2　前段では、資料を見て気づいたことを書くこと。

3　後段では、前段を踏まえて、「自分自身を変えること」についてのあなたの考えや意見を書くこと。

4　全体を百五十字以上、二百字以内でまとめること。

5　氏名は書かないで、本文から書き始めること。

6　原稿用紙の使い方に従って、文字や仮名遣いなどを正しく書き、漢字を適切に使うこと。

令和 3 年 度

Ⅱ 数 学

（10 時 10 分 〜 11 時 00 分）

注　意

○　問題用紙は 3 枚（ 3 ページ）あります。

○　解答用紙は**この用紙の裏面**です。

○　答えはすべて，解答用紙の所定の欄に記入しなさい。

○　解答用紙の ░░░ の欄には記入してはいけません。

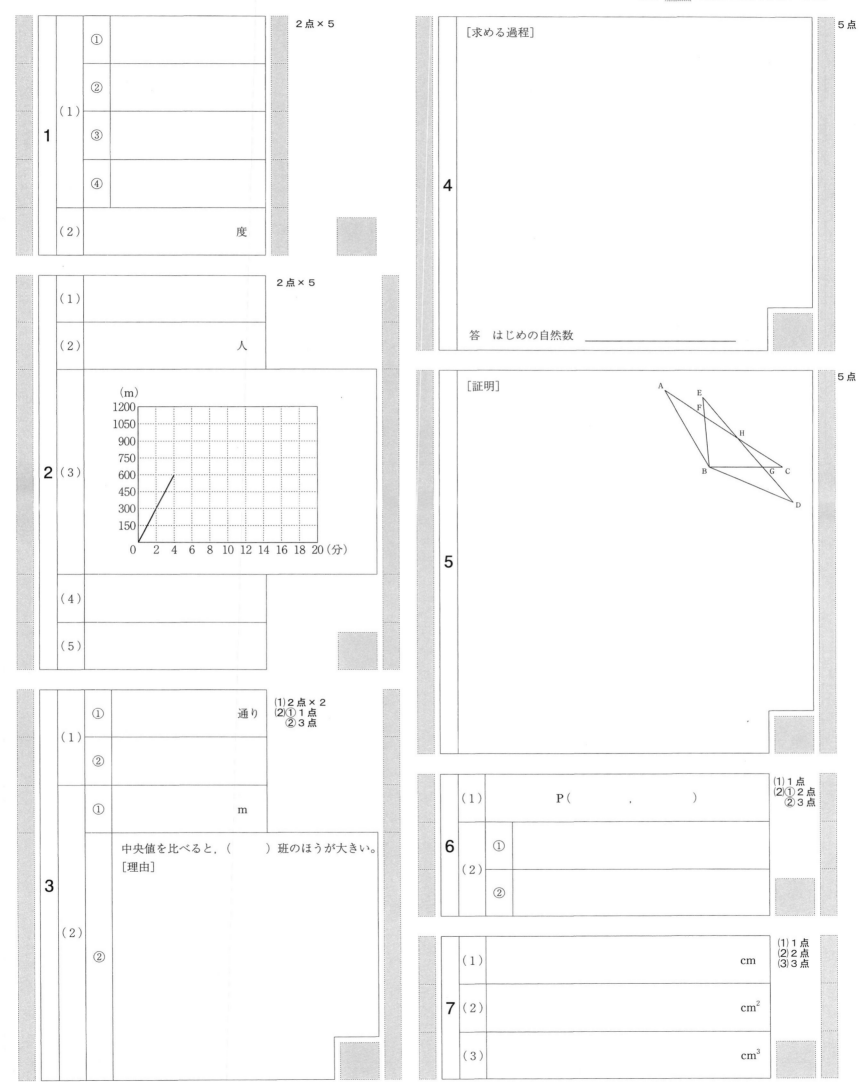

1
2点×5

(1)
①
②
③
④

(2) 　　　　度

2
2点×5

(1)
(2) 　　　　人
(3)

```
(m)
1200
1050
 900
 750
 600
 450
 300
 150
    0  2  4  6  8 10 12 14 16 18 20 (分)
```

(4)
(5)

3
(1)2点×2
(2)①1点
　②3点

(1)
① 　　　　通り
②

(2)
① 　　　　m
② 中央値を比べると，（　　　）班のほうが大きい。
　　[理由]

4
5点

[求める過程]

答　はじめの自然数　_____

5
5点

[証明]

6
(1)1点
(2)①2点
　②3点

(1) 　　　P（　　，　　）
(2)
①
②

7
(1)1点
(2)2点
(3)3点

(1) 　　　　cm
(2) 　　　　cm²
(3) 　　　　cm³

注　意
1 答えに √ が含まれるときは，√ をつけたままで答えなさい。
　ただし，√ の中はできるだけ小さい自然数にしなさい。
2 円周率は π を用いなさい。

1 次の（1），（2）の問いに答えなさい。

（1）　次の計算をしなさい。

① $3 \times (-8)$

② $\dfrac{1}{2} - \dfrac{5}{6}$

③ $-8x^3 \div 4x^2 \times (-x)$

④ $\sqrt{50} + \sqrt{2}$

（2）　六角形の内角の和を求めなさい。

2 次の（1）〜（5）の問いに答えなさい。

（1）　-3 と $-2\sqrt{2}$ の大小を，不等号を使って表しなさい。

（2）　ある中学校の生徒の人数は126人で，126人全員が徒歩通学か自転車通学のいずれか一方で通学しており，徒歩通学をしている生徒と自転車通学をしている生徒の人数の比は5：2である。
　　このとき，自転車通学をしている生徒の人数を求めなさい。

（3）　えりかさんの家から花屋を通って駅に向かう道があり，その道のりは1200mである。また，家から花屋までの道のりは600mである。えりかさんは家から花屋までは毎分150mの速さで走り，花屋に立ち寄った後，花屋から駅までは毎分60mの速さで歩いたところ，家を出発してから駅に着くまで20分かかった。
　　右の図は，えりかさんが家を出発してから駅に着くまでの時間と道のりの関係のグラフを途中まで表したものである。
　　えりかさんが家を出発してから駅に着くまでのグラフを完成させなさい。ただし，花屋の中での移動は考えないものとする。

（4）　関数 $y = ax^2$ について，x の値が2から6まで増加するときの変化の割合が -4 である。
　　このとき，a の値を求めなさい。

（5）　右の**図1**のような立方体があり，この立方体の展開図を**図2**のようにかいた。この立方体において，面**A**と平行になる面を，**ア〜オ**の中から1つ選び，記号で答えなさい。

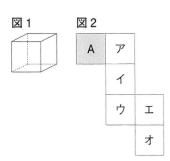

3 次の（1），（2）の問いに答えなさい。

（1）　箱Pには，1，2，3，4の数字が1つずつ書かれた4個の玉が入っており，箱Qには，2，3，4，5の数字が1つずつ書かれた4個の玉が入っている。
　　箱Pの中から玉を1個取り出し，その玉に書かれた数を a とする。箱Qの中から玉を1個取り出し，その玉に書かれた数を b とする。ただし，どの玉を取り出すことも同様に確からしいものとする。
　　次に，図のように円周上に5点A，B，C，D，Eをとり，Aにコインを置いた後，以下の**＜操作＞**を行う。

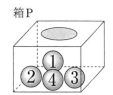

箱P

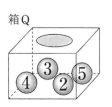

箱Q

＜操作＞
　Aに置いたコインを $2a+b$ の値だけ円周上を反時計回りに動かす。例えば，$2a+b$ の値が7のときは，A→B→C→D→E→A→B→Cと順に動かし，Cでとめる。

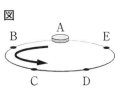

図

① コインが，点Dにとまる場合は何通りあるか求めなさい。

② コインが，点A，B，C，D，Eの各点にとまる確率の中で，もっとも大きいものを求めなさい。

（2）　ある学級のA班とB班がそれぞれのペットボトルロケットを飛ばす実験を25回ずつ行った。実験は，校庭に白線を1m間隔に引いて行い，例えば，17m以上18m未満の間に着地した場合，17mと記録した。
　　下の**表1**は，A班とB班の記録について，25回の平均値，最大値，最小値，範囲をそれぞれまとめたものである。また，下の**表2**は，A班とB班の記録を度数分布表に整理したものである。ただし，**表1**の一部は汚れて読み取れなくなっている。

表1

	A班	B班
平均値	28.6 m	30.8 m
最大値	46 m	42 m
最小値		16 m
範囲	31 m	

表2

記録（m）	A班 度数（回）	B班 度数（回）
以上　未満		
15 〜 20	2	3
20 〜 25	5	3
25 〜 30	7	5
30 〜 35	4	8
35 〜 40	5	5
40 〜 45	1	1
45 〜 50	1	0
合計	25	25

① A班の記録の最小値を求めなさい。

② 右の文は，太郎さんが**表1**と**表2**をもとにして，A班とB班のどちらのペットボトルロケットが遠くまで飛んだかを判断するために考えた内容である。
　　下線部について，（　）に入る適切なものを，A，Bから1つ選び，解答用紙の（　）の中に記号で答えなさい。
　　また，選んだ理由を，**中央値が入る階級**を示して説明しなさい。

・平均値を比べると，B班のほうが大きい。
・最大値を比べると，A班のほうが大きい。
・中央値を比べると，（　）班のほうが大きい。

4 百の位の数が，十の位の数より 2 大きい 3 けたの自然数がある。

　この自然数の各位の数の和は 18 であり，百の位の数字と一の位の数字を入れかえてできる自然数は，はじめの自然数より 99 小さい数である。

　このとき，はじめの自然数を求めなさい。

　求める過程も書きなさい。

5 下の図において，△ABC ≡ △DBE であり，辺 AC と辺 BE との交点を F，辺 BC と辺 DE との交点を G，辺 AC と辺 DE との交点を H とする。

　このとき，AF ＝ DG となることを証明しなさい。

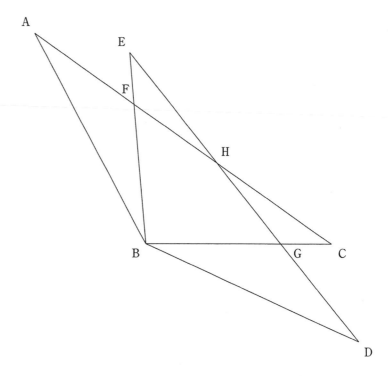

2021(R3) 福島県公立高
K教英出版　数5の4

3数

6　下の図のように，2直線 ℓ，m があり，ℓ，m の式はそれぞれ $y = \frac{1}{2}x + 4$，$y = -\frac{1}{2}x + 2$ である。ℓ と y 軸との交点，m と y 軸との交点をそれぞれA，Bとする。また，ℓ と m との交点をPとする。

　　このとき，次の（1），（2）の問いに答えなさい。

（1）　点Pの座標を求めなさい。

（2）　y 軸上に点Qをとり，Qの y 座標を t とする。ただし，$t > 4$ とする。Qを通り x 軸に平行な直線と ℓ，m との交点をそれぞれR，Sとする。

　　① 　$t = 6$ のとき，△PRS の面積を求めなさい。

　　② 　△PRS の面積が △ABP の面積の5倍になるときの t の値を求めなさい。

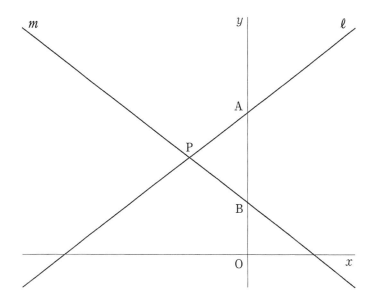

7　下の図のような，底面が1辺2cmの正方形で，他の辺が3cmの正四角錐がある。

　　辺OC上に AC＝AE となるように点Eをとる。

　　このとき，次の（1）～（3）の問いに答えなさい。

（1）　線分 AE の長さを求めなさい。

（2）　△OAC の面積を求めなさい。

（3）　Eを頂点とし，四角形 ABCD を底面とする四角錐の体積を求めなさい。

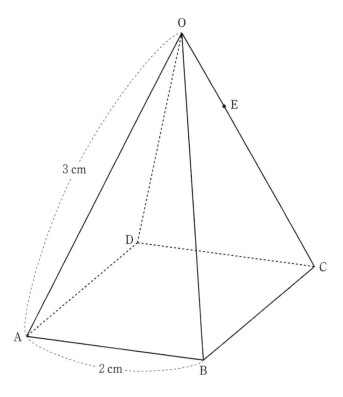

令和 3 年度

III 英 語

（11 時 20 分 〜 12 時 10 分）

注 意

○ 問題用紙は 3 枚（3 ページ）あります。

○ 解答用紙はこの用紙の裏面です。

○ 答えはすべて，解答用紙の所定の欄に，文，文字などで答えるもののほかは，**ア，イ**，……などの符号で記入しなさい。

○ 解答用紙の ▨ の欄には記入してはいけません。

令和 3 年度入試は、新型コロナウイルス感染症対策に係る臨時休校の実施等の状況を踏まえ、出題範囲の変更等がありました。詳しくは教英出版ホームページをご確認ください。

教英出版編集部

注意 　　　 の欄には記入しないこと。

1

放送問題1
No. 1	
No. 2	
No. 3	
No. 4	
No. 5	

放送問題2
| No. 1 | |
| No. 2 | |

放送問題3
①	
②	
③	
④	
⑤	

1点×12

2

(1)
①	
②	
③	

(2) After that, we'll (_____).

(3)
| 1 | | 2 | | 3 | | 4 | |

(1) 1点×3
(2) 2点
(3)完答2点

3

(1)

(2) But _____
_____ .

(1) 2点
(2) 3点

4

(1)
| ① | |
| ② | |

(2)

(3)

(4)

(5)
| A | |
| B | |

(1)① 1点
　 ② 2点
(2) 2点
(3) 2点
(4) 2点
(5) 2点×2

5

(1)

(2)

(3)

(4)

(5)
① Because Yamato likes to eat _____
_____ in *osechi* boxes.

② Yamato's father _____
_____ to his future child.

(6) _____
_____

(1) 2点
(2) 1点
(3) 2点
(4) 2点
(5) 2点×2
(6) 2点

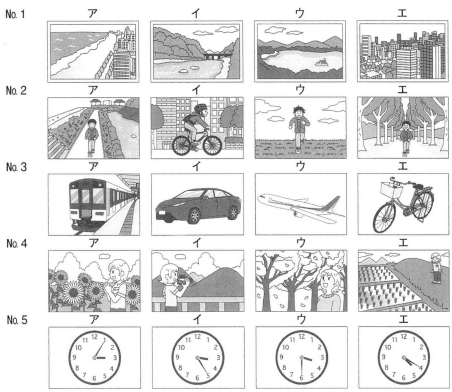

注 意
＊印のついている語（句）には，本文のあとに〔注〕があります。

★教英出版編集部注
問題音声は教英出版ウェブサイトで。
リスニングID番号は解答集の表紙を参照。

1 これは放送による問題です。問題は放送問題1から放送問題3まであります。

放送問題1 翔太（Shota）とジュディ（Judy）の対話を聞いて，質問の答えとして最も適当なものを，ア～エの中からそれぞれ一つずつ選びなさい。

No. 1　ア　イ　ウ　エ
No. 2　ア　イ　ウ　エ
No. 3　ア　イ　ウ　エ
No. 4　ア　イ　ウ　エ
No. 5　ア　イ　ウ　エ

放送問題2 二人の対話の最後の応答部分でチャイムが鳴ります。そのチャイムの部分に入る最も適当なものを，ア～エの中からそれぞれ一つずつ選びなさい。

No. 1　ア　I'm just looking.　　イ　I'll take both.
　　　　ウ　Shall I show you a smaller one?　エ　It looks nice.

No. 2　ア　Sure. Can you teach me math then?　イ　Good idea. But I have other plans.
　　　　ウ　No. Today, I'm going to clean my room.　エ　I'm sorry. I'm busy now.

放送問題3 渉（Wataru）が英語の授業で発表した内容を聞きながら，①～⑤の英文の空欄に入る最も適当な**英語1語**を書きなさい。

① Though Wataru practiced tennis very hard, he couldn't (　　　　) most of his games.
② Wataru (　　　　) thought he didn't want to play anymore.
③ Wataru's teammate said to him with a (　　　　), "You're doing your best."
④ The kind (　　　　) from his teammate helped Wataru to start playing again.
⑤ Wataru was able to make lots of friends and he will (　　　　) them forever.

2 次の（1）～（3）の問いに答えなさい。

（1）次の①～③は，それぞれAとBの対話です。（　　　）に入る最も適当なものを，ア～エの中からそれぞれ一つずつ選びなさい。
　① 〔After school〕
　　A : You started learning the piano, right? When do you have piano lessons?
　　B : Well, I have piano lessons (　　　) weekends.
　　　ア　with　　イ　for　　ウ　on　　エ　under
　② 〔In a classroom〕
　　A : My father will take me to the zoo this Saturday. Would you like to come with us?
　　B : I'd love to, but I can't. I (　　　) my homework.
　　　ア　have to do　イ　have done　ウ　have to play　エ　have played
　③ 〔At lunchtime〕
　　A : Hey, Mike. Our baseball team got the trophy.
　　B : Really? (　　　) Tell me more about it.
　　　ア　Guess what!　　　　　イ　You are welcome.
　　　ウ　I'm sorry to buy that.　エ　What a surprise!

（2）次は，AとBの対話です。（　　　）内の語を正しく並べかえて，文を完成させなさい。
　〔At a teachers' room〕
　A : What is your plan for the farewell party for Alex?
　B : First, we'll sing a song for him. After that, we'll (some / to / give / him / presents).

（3）次は，AとBの対話です。 1 ～ 4 に入る最も適当なものを，ア～エの中からそれぞれ一つずつ選びなさい。
　〔On the phone〕
　A : Have you finished the report for our English class?
　B : Yes, I have. But it was really difficult. 1
　A : Not yet. 2
　B : OK. 3
　A : Well, I can't choose a country to write about.
　B : OK. 4

　ア　How can I help you?
　イ　Can you help me with my report?
　ウ　How about you?
　エ　Let's choose it together.

3 健二（Kenji）は英語の授業で，インターネットを使った買い物について調べて発表するという課題に取り組んでいます。Ⅰは準備のためのメモで，Ⅱはそれをもとに作成した発表原稿の一部です。（1），（2）の問いに答えなさい。

Ⅰ

導入	展開	結論
インターネットを使って買い物をする人の数が増えている。	○お店に行かずに，好きな時に買い物ができる。○価格を比較しやすい。▲家に届くまで商品の実物を見ることができない。	良い点も悪い点もあるが，インターネットを使った買い物は私たちの生活の一部になってきている。

Ⅱ
　　These days, the 　①　 people who use the Internet to buy things is increasing. We can buy things at any time without going to stores. Also, we can compare prices easily. But we can't see our goods until they arrive. There are not only good points but also bad points. But 　②　 .

（1） ① に入る適当な**英語2語**を書きなさい。
（2） ② に入る適当な**英語**を書き，文を完成させなさい。

4 放課後，高校生の健（Ken）と優子（Yuko）が，アメリカ合衆国からの留学生リー（Lee）と話をしています。三人の会話を読んで，（1）〜（5）の問いに答えなさい。

Lee: We had an evacuation drill at our school last week. It was a unique experience for me. But do you think the drill is important?

Ken: Yes. It gives us a chance to learn how to protect *ourselves in an emergency.

Yuko: I agree. It's important to prepare for disasters, right? Lee, why did you ask such a question?

Lee: Well, Japanese students have evacuation drills at school. But have you talked about what to do in an emergency with your family members?

Ken: With my family members? No.

Yuko: Well, a few months ago, I talked with my mother about where to go when a disaster happens. We checked the emergency food at home, too.

Lee: Great! Yuko, Ken, please look at this table. I found this yesterday. It shows *what percentage of Japanese people in each *age group in 2017 said "Yes," "No," or "I don't know" to this question. When I saw this, I thought more Japanese people should talk with their family members or friends to prepare for an emergency.

Did you discuss what to do in an emergency with your family members or friends *in the past one or two years?			
Age Group	Yes (%)	No (%)	I don't know (%)
18 – 29	53.6	45.2	1.2
30 – 39	66.3	33.7	0.0
40 – 49	69.3	29.6	1.1
50 – 59	58.6	40.7	0.8
60 – 69	54.6	45.1	0.3
70 or *above	49.4	50.2	0.4
*Average	57.7	41.7	0.6

（内閣府資料により作成）

Ken: Wow! People in Japan talked a lot with their family members!

Yuko: You think so, Ken? I think people didn't talk much about this.

Lee: I agree with Yuko. Only 57.7 percent of people in Japan discussed this.

Yuko: Ken, look at this group. Many people around my mother's age discussed this.

Ken: How old is your mother?

Yuko: She is 45.

Ken: Oh, my mother is almost the same age!

Lee: I think some people around that age *are raising children. They need to protect not only themselves but also their children in an emergency. I think, *as a result, they have more chances to talk about this with their family members.

Yuko: They may be the people who are the most interested in this.

Ken: You may be right. Now look at this group. The oldest group didn't talk much about what to do with people around them.

Lee: Why? I think they are interested, too.

Yuko: I don't know, but we learned in class that *more and more elderly people in Japan live alone now. *Even if they want to talk, some of them don't have anyone around them. That may be one of the reasons.

Lee: I think they are the people who especially need help in an emergency. But maybe elderly people living alone don't have a chance to learn how to protect themselves or ask someone for help.

Yuko: I think that's a problem. I also think we are missing important chances.

Ken: [   ]

Yuko: Well, elderly people know a lot about the disasters that happened a long time ago in this town. But young people don't have a chance to listen to them. If younger generations hear their stories, they will know that it's important to prepare for disasters.

Lee: Nice idea!

Yuko: My grandmother lives alone in this town. I have never asked her about the disasters in the past. I will visit her tonight and ask her some questions.

Ken: Please *share the story with us and our classmates later.

Yuko: Of course!

注：ourselves 私たち自身　what percentage of 〜　〜の何パーセントが　age 年齢
in the past one or two years 過去1，2年に　above それ以上　Average 平均
are raising 〜　〜を育てている　as a result 結果として
more and more 〜　ますます多くの〜が　Even if 〜　たとえ〜だとしても
share 〜　〜を共有する

（1）本文や表の内容に合うように，次の①と②の英文の [   ] に入る最も適当なものを，ア〜エの中からそれぞれ一つずつ選びなさい。

① The age group of [   ] had the lowest percentage of "Yes" in the table.
　　ア　18 – 29　　イ　30 – 39　　ウ　60 – 69　　エ　70 or above

② [   ] percent of the people around Yuko's mother's age discussed what to do in an emergency.
　　ア　29.6　　イ　57.7　　ウ　66.3　　エ　69.3

（2）本文中の [   ] に入る英文として最も適当なものを，ア〜エの中から一つ選びなさい。
　　ア　What help do you want?
　　イ　What do you mean?
　　ウ　What are you doing here?
　　エ　What do you think about living alone?

（3）次の英文は，本文の内容の一部を示したものです。本文の内容に合うように，[   ] に入る適当な英語4語を書き，文を完成させなさい。
　　Yuko says if younger generations [   ] , they will know that it's important to prepare for disasters.

（4）本文の内容に合っているものを，ア〜エの中から一つ選びなさい。
　　ア　Ken says an evacuation drill is a chance to learn how to protect ourselves in an emergency.
　　イ　Yuko is surprised because Japanese people talked a lot about what to do with their family members.
　　ウ　Lee is surprised because a lot of elderly people in the United States live alone now.
　　エ　Yuko and Ken say that some of their classmates will be happy to hear Lee's story.

（5）次の英文は，優子が祖母を訪ねて話を聞いた後に，健とリーに伝えた内容の一部です。本文の内容に合うように，[A]，[B] に適当な英語1語を入れてそれぞれの文を完成させなさい。

　　I learned from my grandmother that there are many things we can do to [A] for disasters. For example, I learned that I should decide how to keep in touch with my family members in an emergency. Before leaving her house, she said, "In [B] of a disaster, try to protect yourself and your family members first. Then, if you are in a safe place, try to find something you can do for other people."

5 次の英文は，大和（Yamato）が書いたスピーチの原稿です。これを読んで，（1）～（6）の問いに答えなさい。

Do you have anything special? All of you may have your own interesting stories about your own special things. For me, it's about *datemaki*.

Datemaki is a kind of egg dish. Some people say that the name comes from *Date Masamune because he loved it. But I don't know *whether this is true. *Anyway, you may see it with other *osechi dishes, such as *kurikinton. ⬚ A ⬚ For example, people say that *datemaki* is a *symbol of *intelligence because it looks like *a rolled book. To pray for *success in their studies, some students may eat it. You can find *datemaki* in many places, but my *datemaki* is a little different and special to me.

In my home, my mother cooks *osechi* dishes every New Year's Eve. She is a good cook and all her dishes are delicious. But I don't want to eat *osechi* dishes every day during the New Year's holidays. I want to eat other dishes because there are only a few things I like to eat in *osechi* boxes. One of them is *datemaki*. My mother can cook it well, but she doesn't cook it. My father cooks it. Though he is not a good cook, his *datemaki* tastes great! I love it. On my fifth birthday, I ate it for the first time.

My mother bakes a cake on my birthday every year. I always look forward to it. But she couldn't bake it on my fifth birthday. She was not feeling good on that day. I was ⬚ B ⬚ about her and very sad. My father held me tightly and said, "Your mother will get well soon. Don't worry, Yamato. Happy birthday! Let's enjoy your birthday party!" I will never forget this birthday. I couldn't eat my mother's cake, but I could eat my father's *datemaki*. It didn't look good, but it was delicious. I could feel his *love in it. I don't know why he cooked *datemaki* then. But that's not important. He cooked it for me instead of a birthday cake *with all his heart. That was enough. Since then, it has been my favorite. I can always feel his love when I eat it.

On my fifteenth birthday, my father taught me how to cook *datemaki*. He said, "Your grandfather often cooked *datemaki* for me. I loved it. I learned how to cook it from him. He wanted me to pass on the recipe to my future child. I want you to do so, too. To us, *datemaki* is special. Now I will tell you one important thing. Put your *hope into your *datemaki*. When I cook *datemaki* for you, I always hope you will be happy." <u>Now I understand why my father's *datemaki* is special to me.</u>

I will cook *datemaki* and help my mother this New Year's Eve. I want to surprise my father. Now I'm trying to make my *datemaki* *even better. Like my father, I want to cook my *datemaki* for my future family and pass on the recipe!

注：Date Masamune 伊達政宗（戦国武将の一人）　whether ～　～かどうか　Anyway とにかく
osechi dishes おせち料理（正月などに作られる料理）　*kurikinton* 栗きんとん（おせち料理の一品）
symbol 象徴　intelligence 知性　a rolled book 巻物（書画などを軸につけて巻いたもの）
success in their studies 学業成就　love 愛　with all his heart 心をこめて　hope 願い
even さらに

（1） ⬚ A ⬚ に入る英文として最も適当なものを，ア～エの中から一つ選びなさい。
ア Most people buy *osechi* dishes at department stores.
イ Each dish in *osechi* boxes means something to us.
ウ *Osechi* dishes are popular as Japanese traditional food.
エ Everyone knows where *kurikinton* comes from.

（2） ⬚ B ⬚ に入る英語として最も適当なものを，ア～エの中から一つ選びなさい。
ア impressed　　イ worried　　ウ boring　　エ amazing

（3） 下線部の内容を示した英文として最も適当なものを，ア～エの中から一つ選びなさい。
ア Yamato understands that his father's *datemaki* is unique because his father puts his hope into it.
イ Yamato understands that his father should make his *datemaki* better because it doesn't look good.
ウ Yamato understands that his father's *datemaki* is very good because his father is a good cook.
エ Yamato understands that his father wants to cook his own *datemaki* because it looks unique.

（4） 本文の内容に合っているものを，ア～エの中から一つ選びなさい。
ア Yamato's grandfather said that Date Masamune named the egg dish *datemaki* because he loved it.
イ Yamato's mother was so busy that she couldn't bake a cake on Yamato's fifth birthday.
ウ Yamato's father cooked *datemaki* on Yamato's fifth birthday instead of the cake Yamato's mother usually baked.
エ Yamato learned how to cook *datemaki* from his grandfather when Yamato became fifteen years old.

（5） 本文の内容に合うように，次の①と②の Question に答えなさい。ただし，答えは Answer の下線部に適当な**英語**を書きなさい。
① Question: Why does Yamato want to eat other dishes during the New Year's holidays?
　　Answer: Because Yamato likes to eat _____ in *osechi* boxes.
② Question: What does Yamato's father want Yamato to do?
　　Answer: Yamato's father _____ to his future child.

（6） 次は，大和のスピーチを聞いた後の咲良（Sakura）と大和の対話です。下線部に適当な**英語**を1文で書きなさい。
Sakura: Thank you very much, Yamato. Your speech was very good. Can I ask you a question?
Yamato: Of course. What's your question?
Sakura: Your mother can cook *datemaki*, right? _____
Yamato: No, I don't know why. Maybe she knows my father's *datemaki* is special to me. So she doesn't.
Sakura: Oh, I see.

これから，放送によるテストを行います。問題は**放送問題1**から**放送問題3**まであります。放送を聞いている間に，メモを取ってもかまいません。

はじめに，問題用紙の**放送問題1**を見なさい。これは，翔太（ショウタ）と日本に留学しているジュディの対話を聞いて答える問題です。対話が放送されたあとに，クエスチョンと言って質問をします。質問は，**No. 1**から**No. 5**まで五つあります。その質問の答えとして最も適当なものを，**ア，イ，ウ，エ**の中から一つずつ選びなさい。対話，クエスチョンの順に2回読みます。
それでは，始めます。

Shota:　Hi, Judy. We're going to have a Show and Tell activity tomorrow. Do you have a picture with you now?
Judy:　Yes, here's one. Look! You can see a beautiful beach and a lot of buildings along the beach.
Shota:　It's a wonderful view!
Judy:　How about yours?
Shota:　This is a picture of my favorite park. There are a lot of big trees and I like to walk between the trees.
Judy:　It looks beautiful. Is it around here? Can we go there by bike?
Shota:　No, it's too far from here. We always go there by car.
Judy:　I see. I want to go there someday.
Shota:　You should. I think spring is the best season because you can see the cherry trees.
Judy:　Wow! I've wanted to see beautiful cherry trees since I came to Japan.
Shota:　Is that so? Please enjoy them next spring.
Judy:　I will.
Shota:　Oh, it's already 3:25. My club will start in five minutes.
Judy:　Oh, OK. Have fun.
Shota:　Thanks. See you tomorrow.
Judy:　See you.

Question No. 1　What picture does Judy have?
Question No. 2　What does Shota like to do in the park?
Question No. 3　How does Shota go to the park?
Question No. 4　What will Judy enjoy next spring?
Question No. 5　What time will Shota's club start?

放送問題2に移ります。問題用紙の**放送問題2**を見なさい。これは，二人の対話を聞いて，対話の続きを答える問題です。対話は**No. 1**と**No. 2**の二つあります。それぞれの対話の最後の応答部分でチャイムが鳴ります。そのチャイムの部分に入る最も適当なものを，**ア，イ，ウ，エ**の中から一つずつ選びなさい。対話は**No. 1**，**No. 2**の順に2回ずつ読みます。
それでは，始めます。

No. 1　Woman：Hello. May I help you?
　　　　Boy　：Yes, please. I'm looking for a T-shirt.
　　　　Woman：How about this green one?
　　　　Boy　：（チャイム）

No. 2　Boy　：Are you free tomorrow?
　　　　Girl　：Yes. I don't have any plans.
　　　　Boy　：Great! Shall we study at my classroom after school?
　　　　Girl　：（チャイム）

放送問題3に移ります。問題用紙の**放送問題3**を見なさい。これから読む英文は，渉（ワタル）が英語の授業で発表した内容です。英文を聞きながら，①から⑤の英文の空欄に入る最も適当な英語1語を書きなさい。英文は2回読みます。
それでは，始めます。

　　I belonged to the tennis club for three years. Though I practiced tennis very hard, I couldn't win most of my games. I once thought I didn't want to play anymore. At that time, one of my teammates said to me with a smile, "You're doing your best." The kind message from my teammate helped me to start playing again. In my school life, I was able to make lots of friends and I will remember them forever.

　　以上で，放送によるテストを終わります。

令和 3 年 度

Ⅳ　理　科

（13 時 10 分 ～ 14 時 00 分）

注　　意

○　問題用紙は 4 枚（4 ページ）あります。

○　解答用紙は**この用紙の裏面**です。

○　答えはすべて，解答用紙の所定の欄に，文，文字などで答えるもののほかは，**ア**，**イ**，……などの符号で記入しなさい。

○　解答用紙の ▨ の欄には記入してはいけません。

令和 3 年度入試は、新型コロナウイルス感染症対策に係る臨時休校の実施等の状況を踏まえ、出題範囲の変更等がありました。詳しくは教英出版ホームページをご確認ください。

教英出版編集部

3 [IV] 理 科 解 答 用 紙

注意 ▨ の欄には記入しないこと。

1
(1)	
(2)	
(3)	
(4)	①
	② 倍

(1)1点
(2)1点
(3)1点
(4)①1点
②2点

5
(1)	
(2)	
(3)	銅やマグネシウムが
(4)	
(5)	g

(1)1点
(2)1点
(3)1点
(4)1点
(5)2点

2
(1)	
(2)	
(3)	
(4)	
(5)	

(1)1点
(2)1点
(3)1点
(4)2点
(5)1点

6
(1)	
(2)	
(3)	cm³
(4)	
(5)	①
	②

(1)1点
(2)1点
(3)1点
(4)1点
(5)1点×2

3
(1)	
(2)	
(3)	
(4)	
(5)	

(1)1点
(2)1点
(3)1点
(4)1点
(5)2点

7
(1)	
(2)	X
	Y
(3)	
(4)	
(5)	

(1)1点
(2)1点×2
(3)1点
(4)1点
(5)1点

4
(1)	
(2)	
(3)	
(4)	北緯 度
(5)	

(1)1点
(2)1点
(3)1点
(4)2点
(5)2点

8
(1)	水平な床
(2)	
(3)	
(4)	
(5)	J

(1)1点
(2)1点
(3)1点
(4)2点
(5)2点

1 植物の蒸散について調べるために，次の観察と実験を行った。（1）～（4）の問いに答えなさい。

観　察
　ホウセンカの葉の表側と裏側の表皮をはぎとり，顕微鏡で観察した。
　図１は，葉の両側の表皮で観察されたつくりの一部をスケッチしたものである。Ｘは２つの細胞に囲まれたすきまを示している。

図1

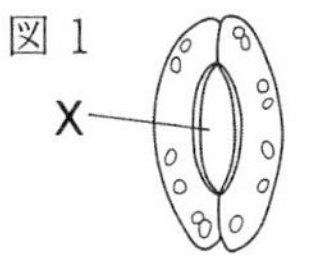

実験１
　図２のように，透明なプラスチックの板と　Ｙ　を両面テープではり合わせたものを用意し，　Ｙ　が内側になるようにして鉢植えのホウセンカの葉をはさんだ。葉の両側に接した　Ｙ　の色を３分おきに調べた。

図2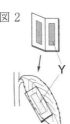

結果１

	はさむ前	3分後	6分後	9分後
葉の表側	青色	うすい青色	うすい桃色	桃色
葉の裏側	青色	桃色	桃色	桃色

実験２
Ⅰ　葉の大きさと枚数をそろえた５本のホウセンカＡ～Ｅに，次の処理をした。
　Ａ　葉の表側にワセリンをぬる。　　Ｂ　葉の裏側にワセリンをぬる。
　Ｃ　葉の両側にワセリンをぬる。　　Ｄ　葉にワセリンをぬらない。
　Ｅ　葉を全てとり除く。

Ⅱ　処理したホウセンカを同じ長さに切り，水が入ったメスシリンダーにさして，図３のように水面を油でおおった。その後，光が当たる風通しのよい場所に５時間置き，水の減少量を調べた。

図3
　油

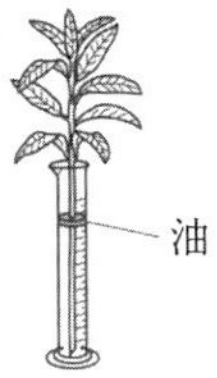

結果２

	Ａ	Ｂ	Ｃ	Ｄ	Ｅ
水の減少量 [cm³]	4.3	2.1	1.0	5.4	1.0

（1）蒸散は主に図１のＸで起こる。Ｘを何というか。書きなさい。

（2）実験１について，Ｙは蒸散によって放出された水にふれると青色から桃色に変化する。Ｙは何か。次のア～エの中から１つ選びなさい。
　ア　塩化コバルト紙　　　　　イ　万能pH試験紙
　ウ　リトマス紙　　　　　　　エ　示温インクをしみこませたろ紙

（3）下線部について，水面を油でおおった理由を書きなさい。

（4）次の文は，実験２について考察したものである。下の①，②の問いに答えなさい。

　この植物では，蒸散を　Ｐ　ときの方が水の減少量が多かった。水の減少量と蒸散量が等しいものとすると，葉の　Ｑ　側の方が蒸散量が多く，この植物の葉の裏側の蒸散量は表側の蒸散量の　Ｒ　倍であると考えられる。また，葉を全てとり除いて切り口がむき出しになっているＥの水の減少量は，Ｃの水の減少量と同じであった。これらのことから，　Ｓ　が主な原動力となって　Ｔ　が起こると考えられる。

①　Ｐ，Ｑ，Ｓ，Ｔにあてはまることばの組み合わせとして最も適切なものを，右のア～クの中から１つ選びなさい。
②　Ｒにあてはまる数値を求めなさい。

	Ｐ	Ｑ	Ｓ	Ｔ
ア	おさえた	表	蒸散	吸水
イ	おさえた	表	吸水	蒸散
ウ	おさえた	裏	蒸散	吸水
エ	おさえた	裏	吸水	蒸散
オ	おさえなかった	表	蒸散	吸水
カ	おさえなかった	表	吸水	蒸散
キ	おさえなかった	裏	蒸散	吸水
ク	おさえなかった	裏	吸水	蒸散

2 次の文は，調理実習での先生と生徒の会話の一部である。（1）～（5）の問いに答えなさい。

先生	今日は肉じゃがを作ります。まず，a手元をよく見て材料を切りましょう。
生徒	はい。先生，切り終わりました。
先生	では，切った材料を鍋に入れていためます。その後，水と調味料を加えましょう。鍋からぐつぐつというb音が聞こえてきたら，弱火にしてください。
生徒	わかりました。あ，熱い！
先生	大丈夫ですか。
生徒	鍋に触ってしまいました。でも，cとっさに手を引っ込めていたので，大丈夫です。
先生	気をつけてくださいね。念のため，手を十分に冷やした後に，d戸棚の奥から器を取り出して盛り付けの準備をしましょう。

（1）感覚器官で受けとられた外界からの刺激は，感覚神経に伝えられる。感覚神経や運動神経のように，中枢神経から枝分かれして全身に広がる神経を何というか。書きなさい。

（2）下線部ａについて，次の文は，ヒトの目のつき方と視覚の特徴について述べたものである。　　にあてはまる適切なことばを，下のア～エの中から１つ選びなさい。

　ヒトの目は前向きについているため，シマウマのように目が横向きについている動物と比べて，　　　　　。

　ア　視野は広いが，立体的に見える範囲はせまい
　イ　視野も，立体的に見える範囲も広い
　ウ　視野はせまいが，立体的に見える範囲は広い
　エ　視野も，立体的に見える範囲もせまい

（3）下線部ｂについて，図１は，耳の構造の模式図である。音の刺激を電気的な信号として感覚神経に伝える部分はどこか。図１のア～エの中から１つ選びなさい。

図1

（4）下線部ｃについて，次の文は，無意識のうちに起こる反応での，信号の伝わり方について述べたものである。　　にあてはまる適切なことばを，**運動神経**，**脳**という２つのことばを用いて書きなさい。

　刺激を受けとると，信号は感覚神経からせきずいに伝わる。無意識のうちに起こる反応では，信号は　　　　　　　運動器官に伝わり，反応が起こる。

（5）下線部ｄについて，図２は，うでをのばす運動に関係する筋肉Ｘ，Ｙとその周辺の骨の模式図である。次の文は，ヒトがうでをのばすしくみについて述べたものである。①，②にあてはまることばの組み合わせとして最も適切なものを，下のア～カの中から１つ選びなさい。

図2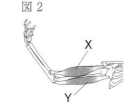

　筋肉は，　　①　　。そのため，うでをのばすときには，図２の　　②　　。

	①	②
ア	縮むことはできるが，自らのびることはできない	Ｘが縮み，Ｙがのばされる
イ	縮むことはできるが，自らのびることはできない	Ｙが縮み，Ｘがのばされる
ウ	のびることはできるが，自ら縮むことはできない	Ｘがのび，Ｙが縮められる
エ	のびることはできるが，自ら縮むことはできない	Ｙがのび，Ｘが縮められる
オ	自らのびることも縮むこともできる	Ｘが縮み，Ｙがのびる
カ	自らのびることも縮むこともできる	Ｙが縮み，Ｘがのびる

3 次の文は，ある地震の観測についてまとめたものである。（1）～（5）の問いに答えなさい。

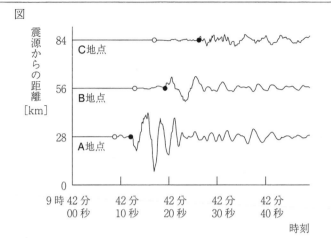

ある場所で発生した地震を，標高が同じA，B，C地点で観測した。

図は，A～C地点の地震計が記録した波形を，震源からの距離を縦軸にとって並べたもので，横軸は地震発生前後の時刻を表している。3地点それぞれの波形に，初期微動が始まった時刻を○，主要動が始まった時刻を●で示し，それらの時刻を表にまとめた。

図

縦軸：震源からの距離〔km〕
横軸：時刻

表

	A地点	B地点	C地点
初期微動が始まった時刻	9時42分09秒	9時42分13秒	9時42分17秒
主要動が始まった時刻	9時42分12秒	9時42分19秒	9時42分26秒

（1）　地震のゆれが発生するときにできる，地下の岩盤に生じるずれを何というか。**漢字2字**で書きなさい。

（2）　震度について述べた文として最も適切なものを，次の**ア～カ**の中から1つ選びなさい。

　　ア　地震のエネルギーの大きさを表し，震源が浅い地震ほど大きくなることが多い。
　　イ　地震のエネルギーの大きさを表し，震源からの距離に比例して小さくなることが多い。
　　ウ　地震によるゆれの大きさを表し，震源が深い地震ほど大きくなることが多い。
　　エ　地震によるゆれの大きさを表し，震央を中心とした同心円状の分布となることが多い。
　　オ　気象庁がまとめた世界共通の階級で，観測点の地震計の記録から計算される。
　　カ　気象庁がまとめた世界共通の階級で，地震による被害の大きさをもとに決められる。

（3）　地震の発生がきっかけとなって起こる現象として**あてはまらないもの**を，次の**ア～オ**の中から1つ選びなさい。

　　ア　地盤の隆起　　イ　高潮　　ウ　がけくずれ　　エ　液状化現象　　オ　津波

（4）　次の文は，図や表からわかることをまとめたものである。　　　にあてはまることばとして最も適切なものを，下の**ア～オ**の中から1つ選びなさい。

　　　震源から観測点までの距離が大きくなると，その観測点における　　　なる。

　　ア　地震計の記録のふれはばの最大値は大きく
　　イ　マグニチュードは大きく
　　ウ　初期微動が始まる時刻は早く
　　エ　主要動が始まる時刻は早く
　　オ　初期微動継続時間は長く

（5）　この地震が発生した時刻として最も適切なものを，次の**ア～カ**の中から1つ選びなさい。ただし，地震の波が伝わる速さは一定であるとする。

　　ア　9時42分04秒　　イ　9時42分05秒　　ウ　9時42分06秒
　　エ　9時42分07秒　　オ　9時42分08秒　　カ　9時42分09秒

---

4 次の文は，生徒と先生の会話の一部である。（1）～（5）の問いに答えなさい。

生徒が撮影した写真

生徒	先生，岩手県の陸前高田市で　X　のようすを撮影しました。
先生	太陽の一部がかくされていることがよくわかる，すばらしい写真ですね。福島市では天気が悪く，見ることができませんでした。どのようにして撮影したのですか。
生徒	太陽の光は非常に強いので，太陽を直接見ないように注意しながら，雲がかかったときに撮影しました。ほかの天体とちがってずいぶん大きく見えるので，デジタルカメラで撮影しました。
先生	確かに太陽は大きく見えますね。実際の太陽の大きさはどれくらいか覚えていますか。
生徒	地球よりずっと大きいですよね。授業で太陽系のスケールモデルをつくったときに，<u>a太陽と地球の大きさ</u>を比べたので覚えています。
先生	ところで，　X　は地球と太陽と月がどのような位置関係のときに起こりますか。
生徒	Y　の順で一直線に並んでいるときに起こると思います。ということは，このときの月は，　Z　だったということになりますか。
先生	そのとおりです。そういえば，この日は夏至の日でもありましたね。実は，<u>b夏至の日の太陽の南中高度</u>から，その場所の緯度を求めることができますよ。
生徒	そうなのですか。緯度によっても太陽の南中高度がちがうのですね。ということは，陸前高田市と福島市では，<u>c昼の長さ</u>もちがうのでしょうか。
先生	どうでしょうか。考えてみましょう。

（1）　文中のXにあてはまることばを**漢字2字**で書きなさい。

（2）　文中のY，Zにあてはまることばの組み合わせとして最も適切なものを，右の**ア～カ**の中から1つ選びなさい。

	Y	Z
ア	地球，太陽，月	満月
イ	地球，太陽，月	新月
ウ	太陽，地球，月	満月
エ	太陽，地球，月	新月
オ	太陽，月，地球	満月
カ	太陽，月，地球	新月

（3）　下線部**a**について，太陽の直径を約2mとしたとき，地球の直径を表すものとして最も適切なものを，次の**ア～カ**の中から1つ選びなさい。

　　ア　バスケットボールの直径（23.2cm）　　イ　野球ボールの直径（7.2cm）
　　ウ　卓球ボールの直径（4.0cm）　　エ　1円玉の直径（2.0cm）
　　オ　5円玉の穴の直径（0.5cm）　　カ　メダカの卵の直径（0.1cm）

（4）　下線部**b**について，生徒が写真を撮影した場所における夏至の日の太陽の南中高度は74.3°であった。撮影した場所の緯度を求めなさい。ただし，地球は公転面に対して垂直な方向から地軸を23.4°傾けて公転しているとする。

（5）　下線部**c**について，次の文は，日本列島付近の緯度の異なる2地点における昼の長さについて述べたものである。①，②にあてはまることばの組み合わせとして最も適切なものを，右の**ア～ク**の中から1つ選びなさい。

　　　緯度の低い場所と比べて，緯度の高い場所における夏至の日の昼の長さは　①　。
　　　また，緯度の低い場所と比べて，緯度の高い場所における秋分の日の昼の長さは　②　。

	①	②
ア	長い	長い
イ	長い	短い
ウ	長い	変わらない
エ	短い	長い
オ	短い	短い
カ	短い	変わらない
キ	変わらない	長い
ク	変わらない	短い

5 次の実験について，（1）〜（5）の問いに答えなさい。

実　験
Ⅰ　図のように，ステンレス皿に，銅の粉末とマグネシウムの粉末をそれぞれ1.80 gはかりとり，うすく広げて別々に3分間加熱した。

ステンレス皿　銅の粉末
マグネシウムの粉末

Ⅱ　十分に冷ました後に，質量をはかったところ，どちらも加熱する前よりも質量が増加していた。

Ⅲ　再び3分間加熱し，十分に冷ました後に質量をはかった。この操作を数回繰り返したところ，どちらも質量が増加しなくなった。このとき，銅の粉末の加熱後の質量は2.25 g，マグネシウムの粉末の加熱後の質量は3.00 gであった。ただし，加熱後の質量は，加熱した金属の酸化物のみの質量であるものとする。

（1）　マグネシウムは，空気中の酸素と化合し，酸化物を生じる。この酸化物の化学式を書きなさい。

（2）　加熱によって生じた，銅の酸化物とマグネシウムの酸化物の色の組み合わせとして正しいものを，右のア〜カの中から1つ選びなさい。

	銅の酸化物	マグネシウムの酸化物
ア	白色	白色
イ	白色	黒色
ウ	赤色	白色
エ	赤色	黒色
オ	黒色	白色
カ	黒色	黒色

（3）　下線部について，質量が増加しなくなった理由を，「銅やマグネシウムが」という書き出しに続けて書きなさい。

（4）　Ⅲについて，同じ質量の酸素と化合する，銅の粉末の質量とマグネシウムの粉末の質量の比はいくらか。最も適切なものを，次のア〜カの中から1つ選びなさい。
　　　ア　3：4　　イ　3：8　　ウ　4：3　　エ　4：5　　オ　5：3　　カ　8：3

（5）　銅の粉末とマグネシウムの粉末の混合物3.00 gを，実験のように，質量が増加しなくなるまで加熱した。このとき，混合物の加熱後の質量が4.10 gであった。加熱する前の混合物の中に含まれる銅の粉末の質量は何gか。求めなさい。ただし，加熱後の質量は，加熱した金属の酸化物のみの質量であるものとする。

6 次の実験について，（1）〜（5）の問いに答えなさい。

実験1
うすい硫酸に，うすい水酸化バリウム水溶液を加えたところ，沈殿ができた。

実験2
Ⅰ　うすい塩酸30.0 cm³に，緑色のBTB溶液を2滴加えたところ，色が変化した。

Ⅱ　Ⅰの水溶液を別のビーカーに15.0 cm³はかりとり，図のように，よくかき混ぜながらうすい水酸化ナトリウム水溶液を少しずつ加え，水溶液全体が緑色になったところで加えるのをやめた。このときまでに加えたうすい水酸化ナトリウム水溶液は21.0 cm³であった。

うすい水酸化ナトリウム水溶液
緑色のBTB溶液を加えたうすい塩酸

Ⅲ　Ⅱでできた水溶液をペトリ皿に少量とり，数日間置いたところ，白い固体が残っていた。この固体を観察したところ，規則正しい形をした結晶が見られた。

（1）　実験1について，このときできた沈殿は何か。物質名を書きなさい。

（2）　実験2のⅠについて，緑色のBTB溶液を加えた後の色として正しいものを，次のア〜オの中から1つ選びなさい。
　　　ア　無色　　イ　黄色　　ウ　青色　　エ　赤色　　オ　紫色

（3）　実験2のⅡについて，実験2のⅠの水溶液を2.0 cm³にしたとき，水溶液全体が緑色になるまでに加えたうすい水酸化ナトリウム水溶液は何cm³か。求めなさい。

（4）　実験2のⅢについて，ペトリ皿に残っていた白い固体をスケッチしたものとして最も適切なものを，次のア〜エの中から1つ選びなさい。

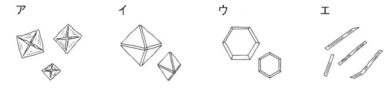
ア　　　　　イ　　　　　ウ　　　　　エ

（5）　次の文は，実験1と実験2のⅡについて述べたものである。下の①，②の問いに答えなさい。

実験1と実験2のⅡでは，酸の水溶液にアルカリの水溶液を加えると，たがいの性質を打ち消し合う　X　が起きた。また，酸の水溶液の　Y　イオンとアルカリの水溶液の　Z　イオンが結びついて，塩ができた。

①　X〜Zにあてはまることばの組み合わせとして最も適切なものを，右のア〜エの中から1つ選びなさい。

	X	Y	Z
ア	還元	陽	陰
イ	還元	陰	陽
ウ	中和	陽	陰
エ	中和	陰	陽

②　下線部について，たがいの性質を打ち消し合ったのは，水溶液中の水素イオンと，水酸化物イオンが結びつく反応が起こったためである。この反応を，イオン式を用いて表しなさい。

7 次の実験について，（1）～（5）の問いに答えなさい。

実　験
　弦の振動による音の大きさと高さを調べるために，次のⅠ～Ⅲを行った。図は，モノコード，マイクロホン，コンピュータを用いた装置であり，AとDは弦の両端を，BとCは駒を置く位置を示している。弦のAと駒の間にある部分の中央をはじくと，その部分が振動した。その振動によって出た音を，マイクロホンを通してコンピュータの画面で観察した。コンピュータの画面の左右方向は時間経過を，上下方向は音による空気の振動のはばを表している。

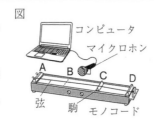
図
コンピュータ
マイクロホン
弦　　駒　モノコード

Ⅰ　駒をCに置き，弦をはじいた。
Ⅱ　駒をBに置き，弦をはじいた。
Ⅲ　駒の位置をCに戻し，弦の張りを強くして弦をはじいた。

結　果

	Ⅰ	Ⅱ	Ⅲ
コンピュータの画面	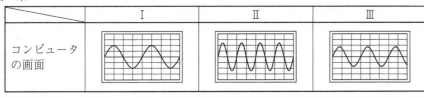		

（1）　次の文は，実験で使用したマイクロホンが，音による空気の振動を電流に変えるしくみについて述べたものである。□□にあてはまることばを書きなさい。

　マイクロホンは，音による空気の振動を磁界の中に置いたコイルの振動に変えることで，コイルに電流を流そうとする電圧を生じさせる□□という現象を起こし，音による空気の振動を電流に変えている。

（2）　次の文は，弦の振動について述べたものである。X，Yにあてはまることばを，Xは**漢字2字**，Yは**漢字3字**でそれぞれ書きなさい。

　弦が振動しているとき，振動している部分の中央において，振動の中心からの振動のはばを X といい，弦が1秒間に振動する回数を Y という。

（3）　弦の張りの強さと駒の位置をⅠと同じにして，弦をⅠよりも弱くはじいた。このときのコンピュータの画面として最も適切なものを，次の**ア～エ**の中から1つ選びなさい。

ア　　　　イ　　　　ウ　　　　エ
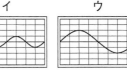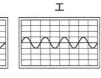

（4）　次の文は，実験からわかったことについて述べたものである。①，②にあてはまることばの組み合わせとして正しいものを，右の**ア～エ**の中から1つ選びなさい。

	①	②
ア	高	高
イ	高	低
ウ	低	高
エ	低	低

　弦の振動する部分の長さを短くすると，弦の振動による音の高さは ① くなる。また，弦の張りを強くすると，弦の振動による音の高さは ② くなる。

（5）　Ⅲの後，弦の張りの強さを変えずに駒を移動させ，弦をはじいたところ，Ⅱの音と同じ高さの音が出た。このときの駒の位置として最も適切なものを，次の**ア～エ**の中から1つ選びなさい。

ア　AとBの間　　イ　B　　ウ　BとCの間　　エ　CとDの間

8 次の実験について，（1）～（5）の問いに答えなさい。ただし，ひも，定滑車，動滑車，ばねばかりの質量，ひものびび，ひもと滑車の間の摩擦は考えないものとする。

実　験
　仕事について調べるために，次のⅠ～Ⅲを行った。水平な床に置いたおもりを真上に引き上げるとき，ばねばかりは常に一定の値を示していた。ただし，Ⅰ～Ⅲは，すべて一定の同じ速さで手を動かしたものとする。
　Ⅰ　図1のように，**a**おもりにはたらく重力に逆らって，**b**おもりを5.0 cm引き上げた。おもりを引き上げるときに手が加えた力の大きさを，ばねばかりを使って調べた。また，おもりが動き始めてから5.0 cm引き上げるまでに手を動かした距離を，ものさしを使って調べた。
　Ⅱ　図2のように，定滑車を2個使って，Ⅰと同じおもりを5.0 cm引き上げた。このとき手が加えた力の大きさと手を動かした距離を，Ⅰと同じように調べた。
　Ⅲ　図3のように，動滑車を使って，Ⅰと同じおもりを5.0 cm引き上げた。このとき手が加えた力の大きさと手を動かした距離を，Ⅰと同じように調べた。

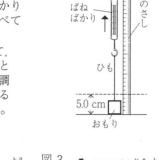
図1
手
ばねばかり
ものさし
ひも
5.0 cm
おもり

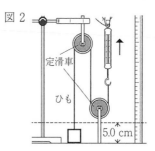
図2
定滑車
ひも
5.0 cm

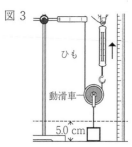
図3
ひも
動滑車
5.0 cm

結　果

	手が加えた力の大きさ [N]	手を動かした距離 [cm]
Ⅰ	3.0	5.0
Ⅱ	3.0	5.0
Ⅲ	1.5	10.0

（1）　下線部**a**について，方眼の1目盛りを1Nとして，おもりにはたらく重力を表す力の矢印をかきなさい。ただし，おもりは立方体で，一様な物質からできているものとする。

（2）　次の文は，下線部**b**について述べたものである。□□にあてはまることばを，**漢字2字**で書きなさい。

　おもりが5.0 cmの高さに引き上げられて静止したとき，おもりがもつ□□エネルギーは，引き上げる前よりも大きくなったといえる。

（3）　次の文は，実験の結果からわかったことについて述べたものである。□□にあてはまる適切なことばを，**仕事**ということばを用いて書きなさい。

　動滑車を使うと，小さい力でおもりを引き上げることができるが，□□□□□□□。

（4）　Ⅰ～Ⅲで，おもりを5.0 cm引き上げたときの仕事率をそれぞれ P_1，P_2，P_3 とすると，これらの関係はどのようになるか。次の**ア～カ**の中から1つ選びなさい。

ア　$P_1 = P_2$，$P_1 > P_3$　　イ　$P_1 > P_2 > P_3$　　ウ　$P_1 = P_2 = P_3$
エ　$P_1 = P_2$，$P_1 < P_3$　　オ　$P_1 < P_2 < P_3$　　カ　$P_2 = P_3$，$P_1 > P_2$

（5）　図4のように定滑車と動滑車を組み合わせて質量15 kgのおもりを引き上げることにした。ひもの端を一定の速さで真下に1.0 m引いたとき，ひもを引く力がした仕事の大きさは何Jか。求めなさい。ただし，質量100 gの物体にはたらく重力の大きさを1Nとする。

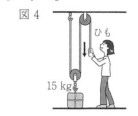
図4
ひも
15 kg

令 和 3 年 度

V 社 会

(14 時 20 分 ～ 15 時 10 分)

注　意

○　問題用紙は 4 枚（4 ページ）あります。

○　解答用紙は**この用紙の裏面**です。

○　答えはすべて，解答用紙の所定の欄に，文，文字などで答えるもののほかは，**ア，イ**，……などの符号で記入しなさい。

○　解答用紙の ▨ の欄には記入してはいけません。

令和 3 年度入試は、新型コロナウイルス感染症対策に係る臨時休校の実施等の状況を踏まえ、出題範囲の変更等がありました。詳しくは教英出版ホームページをご確認ください。

教英出版編集部

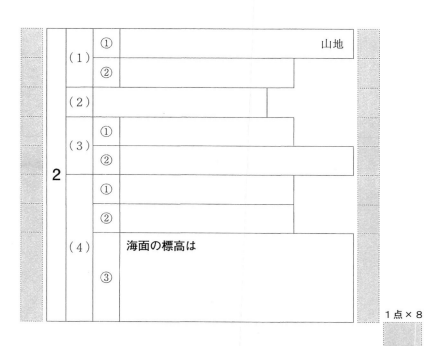

1

(1)

(2) ① S

　　T

　　②

(3)

(4) 符号

　　国名

(5) ① 　　　　半島

　　②

1点×9

2

(1) ① 　　　　山地

　　②

(2)

(3) ①

　　②

(4) ①

　　② 海面の標高は

　　③

1点×8

3

(1) ①

　　②

(2) ①

　　②

　　③ → 　 → 　 →

(3)

(4) ①

　　②

(1) 1点×2
(2) 1点×3
(3) 1点
(4)① 1点
　　② 2点

4

(1)

(2)

(3)

(4) → 　 → 　 →

(5)

(6)

(7)

(1) 1点
(2) 1点
(3) 1点
(4) 1点
(5) 1点
(6) 1点
(7) 2点

5

(1)

(2)

(3)

(4)

(5) ①

　　② 40歳以上の

　　③

(1) 1点
(2) 1点
(3) 1点
(4) 1点
(5)① 1点
　　② 2点
　　③ 1点

6

(1)

(2)

(3)

(4)

(5)

(6)

(1) 1点
(2) 1点
(3) 2点
(4) 2点
(5) 1点
(6) 1点

1 次の地図ⅠのA～Dは国を，直線Xは本初子午線を，直線Yは180度の経線を示している。（1）～（5）の問いに答えなさい。

地図Ⅰ

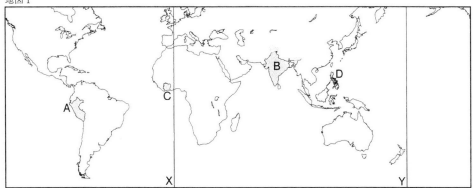

（1） 地図ⅠのA国を通る経度として適当なものを，次のア～エの中から一つ選びなさい。
　　ア　東経75度　　イ　東経135度　　ウ　西経75度　　エ　西経135度

（2） 右の地図Ⅱは，地図ⅠのB国とその周辺の年間降水量を示している。次の①，②の問いに答えなさい。

① 次の文は，B国の気候と農作物の関係について説明したものである。Sにあてはまる語句として適当なものを，下のア～エの中から一つ選びなさい。また，Tにあてはまる農作物の名前を書きなさい。

> B国では，　S　の影響を受けた雨季が見られ，ガンジス川下流域は年間降水量が多く主食となる　T　の栽培が盛んである。

　　ア　海からふく季節風　　　イ　海からふく偏西風
　　ウ　陸からふく季節風　　　エ　陸からふく偏西風

地図Ⅱ

年間降水量
■ 1000mm以上
▨ 500～1000mm
□ 500mm未満

② 右の写真は，ガンジス川で身を清める人々の様子を撮影したものである。B国において，最も多くの人々が信仰している宗教として適当なものを，次のア～エの中から一つ選びなさい。
　　ア　キリスト教　　　イ　ヒンドゥー教
　　ウ　イスラム教　　　エ　仏教

写真

（3） 次の表は，地図ⅠのA～D国の輸出上位5品目と輸出総額に占める割合及び輸出総額を表している。C国にあてはまるものを，表のア～エの中から一つ選びなさい。

表　A～D国の輸出上位5品目と輸出総額に占める割合及び輸出総額（2018年）

	第1位	第2位	第3位	第4位	第5位	輸出総額（百万ドル）
ア	銅鉱 27.2%	金 14.7%	野菜・果実 9.1%	石油製品 6.3%	銅 4.7%	47894
イ	機械類 63.0%	野菜・果実 3.8%	精密機械 3.4%	銅 1.9%	金 1.9%	67488
ウ	石油製品 14.9%	機械類 10.4%	ダイヤモンド 7.9%	繊維品 5.6%	自動車 5.4%	322492
エ	カカオ豆 27.5%	野菜・果実 11.8%	石油製品 8.5%	金 6.8%	天然ゴム 6.4%	11821

（世界国勢図会 2020/21年版により作成）

（4） 次の説明文ⅰ～ⅲのすべてにあてはまる国を，A～Dの中から一つ選びなさい。また，その国名を書きなさい。

> ⅰ　地震や火山活動が活発な造山帯に属する大きな山脈がある。
> ⅱ　様々な種類のじゃがいもが栽培され，この国の人々にとって欠かせない食材となっている。
> ⅲ　かつてインカ帝国が栄え，その遺跡のひとつであるマチュピチュ遺跡がある。

（5） 右の地図Ⅲは，地図ⅠのD国とその周辺を拡大したものである。Zは半島を，▨はある組織の加盟国を示している。次の①，②の問いに答えなさい。
　　① Zの半島名を書きなさい。
　　② ▨で示した国が加盟している組織の略称を，アルファベット5字で書きなさい。

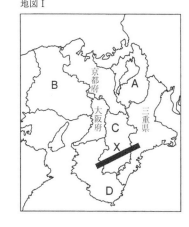
地図Ⅲ

2 右の地図Ⅰは近畿地方を表している。（1）～（4）の問いに答えなさい。ただし，A～Dは県を，Xは山地を示している。

（1） 地図ⅠのXについて，次の①，②の問いに答えなさい。
　　① Xの山地名を書きなさい。
　　② Xの特産物として最も適当なものを，次のア～エの中から一つ選びなさい。
　　　ア　吉野すぎ　　　イ　九条ねぎ
　　　ウ　賀茂なす　　　エ　木曽ひのき

地図Ⅰ

（2） 次のグラフP～Rは，近畿地方の各府県における農業産出額，工業生産額，商品販売額のいずれかを表している。P～Rの組み合わせとして適当なものを，下のア～カの中から一つ選びなさい。

グラフ　近畿地方の各府県における農業産出額，工業生産額，商品販売額（2016年）

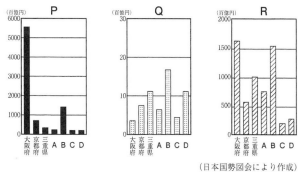

（日本国勢図会により作成）

	P	Q	R
ア	農業産出額	工業生産額	商品販売額
イ	農業産出額	商品販売額	工業生産額
ウ	商品販売額	工業生産額	農業産出額
エ	商品販売額	農業産出額	工業生産額
オ	工業生産額	商品販売額	農業産出額
カ	工業生産額	農業産出額	商品販売額

（3）　次の表は，地図ⅠのA〜D県及び三重県から，他の都道府県へ通勤・通学している人数と，その人数のうち大阪府，京都府へ通勤・通学している人数の占める割合を表している。次の①，②の問いに答えなさい。

①　表のア〜エは，地図ⅠのA〜D県のいずれかを表している。A県にあてはまるものを選びなさい。

②　三重県は，近畿地方以外の地方とのつながりが強いため，大阪府，京都府へ通勤・通学している人数の占める割合が低い。近畿地方に属さず，三重県から他の都道府県へ通勤・通学している人数に占める割合が最も大きい都道府県名を書きなさい。

表　地図ⅠのA〜D県及び三重県から，他の都道府県へ通勤・通学している人数と，その人数のうち大阪府，京都府へ通勤・通学している人数の占める割合（2015年）

	他の都道府県へ通勤・通学している人数（人）	大阪府への割合（%）	京都府への割合（%）
ア	381168	86.8	5.3
イ	192546	79.9	10.7
ウ	36487	79.6	1.9
エ	94956	24.0	63.9
三重県	64787	10.2	1.6

（総務省平成27年国勢調査資料により作成）

（4）　下の地図Ⅱは，近畿地方のある府県における2万5千分の1地形図の一部である。次の①〜③の問いに答えなさい。

①　地図ⅡのEとFを結ぶ線の断面図として最も適当なものを，右のア〜エの中から一つ選びなさい。

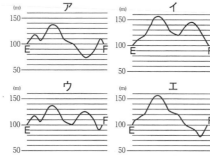

②　地図Ⅱに表されている地図記号として適当なものを，次のア〜エの中から一つ選びなさい。
　ア　老人ホーム
　イ　図書館
　ウ　小・中学校
　エ　高等学校

③　地図Ⅱを読み取ると，▭▭▭で示したGの水域は海ではないと判断できる。そのように判断できる理由を，地図ⅡにおいてGの水域に最も近い三角点に示されている標高を明らかにしながら，「海面の標高は」の書き出しに続けて書きなさい。

地図Ⅱ

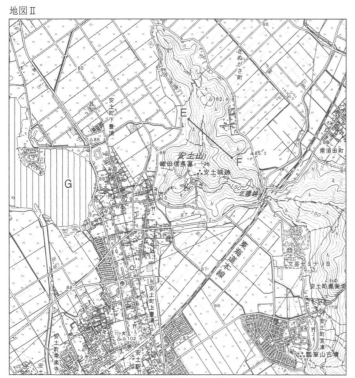

（国土地理院2万5千分の1地形図により作成）

3　次のカードⅠ〜Ⅳは，古代から近世にかけての日本とその周辺の諸地域との関わりについて，ある班が調べた内容の一部である。（1）〜（4）の問いに答えなさい。

カードⅠ
　a平城京を中心に政治が行われた奈良時代には国際的な文化が栄えた。東大寺の正倉院に伝わるb聖武天皇の身のまわりの品々の中には，西アジアなどからもたらされた品々も含まれている。

カードⅡ
　c元の皇帝になったフビライは2度にわたり日本を襲ったが，御家人の抵抗や暴風雨による被害もあり引きあげた。この元軍の襲来は，d鎌倉幕府が衰退する要因のひとつともなった。

カードⅢ
　鉄砲が日本に伝わると，国内の刀鍛冶により複製品がつくられ，戦国時代の戦い方に変化をもたらした。また，eザビエルが日本にキリスト教を伝えると，キリスト教徒になる戦国大名も現れた。

カードⅣ
　江戸幕府成立後，蝦夷地（北海道）の南西部を領地とした松前藩は，蝦夷地に住む　X　の人々との交易の独占権を幕府から与えられた。昆布などの蝦夷地の海産物は，長崎などから海外へ輸出された。

（1）　カードⅠについて，次の①，②の問いに答えなさい。

①　下線部aに関して，次の文は，平城京について述べた文である。Pにあてはまる語句を漢字1字で書きなさい。

平城京は，　P　の都である長安（西安）を手本につくられた。この時代，日本は　P　に使いをたびたび送っており，国際的な文化が平城京を中心に栄えた。

②　下線部bに関して，次の文は，聖武天皇が治めていた時代の法令について述べたものである。QとRにあてはまる語句の組み合わせとして適当なものを，下のア〜エの中から一つ選びなさい。

戸籍に登録された6歳以上のすべての人々には，性別や身分に応じて　Q　が与えられ，その人が死亡すると国に返すことになっていた。しかし，人口増加などにより　Q　が不足してきたため，開墾を奨励するために　R　が定められ，新しく開墾した土地はいつまでも自分のものにしてよいとされた。

　ア　Q　荘園　R　班田収授法
　イ　Q　荘園　R　墾田永年私財法
　ウ　Q　口分田　R　班田収授法
　エ　Q　口分田　R　墾田永年私財法

（2）　カードⅡについて，次の①〜③の問いに答えなさい。

①　右の図は，鎌倉時代の幕府と御家人の主従関係を表したものである。Sにあてはまる語句を書きなさい。

②　下線部cに関して，元軍が2度にわたり日本を襲ったときに，鎌倉幕府の執権であった人物は誰か。書きなさい。

図　鎌倉時代の幕府と御家人の主従関係

③　下線部dに関連して，その後の日本の政治について述べた次のア〜エを，年代の古い順に左から並べて書きなさい。
　ア　足利義満は，二つの朝廷に分かれた60年にわたる内乱をおさめ，南北朝を統一した。
　イ　生活が苦しくなった御家人を救おうとした鎌倉幕府は，徳政令を出した。
　ウ　後醍醐天皇は，建武の新政と呼ばれる天皇中心の新しい政治を始めた。
　エ　足利尊氏が，新しい天皇を立て，征夷大将軍となった。

（3） カードⅢの下線部 e に関して，次の文は，当時のヨーロッパのキリスト教に関するできごとについて述べたものである。T と U にあてはまる語句の組み合わせとして適当なものを，下のア～エの中から一つ選びなさい。

・ルターは，教皇がしょくゆう状（免罪符）を売り出したことを批判し，　T　ではなく聖書が信仰のよりどころであると主張して，宗教改革を始めた。
・　T　でも改革が進められ，その中心になった　U　は，ザビエルなどの宣教師を派遣して海外布教に力を入れた。

ア　T　カトリック教会　U　イエズス会　　イ　T　カトリック教会　U　十字軍
ウ　T　プロテスタント　U　イエズス会　　エ　T　プロテスタント　U　十字軍

（4） カードⅣに関して，次の年表は，この班が蝦夷地（北海道）についてまとめたものの一部である。次の①，②の問いに答えなさい。

年	蝦夷地（北海道）に関するおもなできごと
1669	X　の首長シャクシャインらが松前藩との戦いを起こす
1792	ラクスマンが根室に来航する　……………Y
1802	東蝦夷地を幕府の直接の支配地とする
1806	レザノフの部下が樺太を襲撃する　…………Z
1807	西蝦夷地を幕府の直接の支配地とする
	幕府が会津藩などに蝦夷地への出兵を命じる
1808	会津藩などが蝦夷地へ出兵する

地図

間宮林蔵の探検ルート（1808～09年）

樺太
宗谷

① カードⅣと上の年表の X にあてはまる語句を**カタカナ３字**で書きなさい。
② 上の地図は，19 世紀初めに間宮林蔵が幕府に調査を命じられて探検したルートを示している。年表を参考にして，Y と Z の下線部の人物に共通する国名を明らかにしながら，幕府が調査を命じた理由を書きなさい。

4 次の年表は，「近現代の日本の政治」というテーマで，ある班がまとめたものの一部である。（1）～（7）の問いに答えなさい。

年	おもなできごと
1867	大政奉還が行われる…………A
1890	第一回帝国議会が開かれる……B
1912	第三次桂太郎内閣が成立する…C
1940	大政翼賛会が結成される………D
1945	ポツダム宣言を受け入れる……E
1956	日本が国際連合に加盟する……F

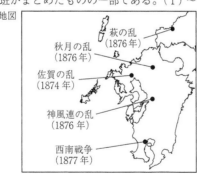

地図

萩の乱（1876 年）
秋月の乱（1876 年）
佐賀の乱（1874 年）
神風連の乱（1876 年）
西南戦争（1877 年）

（1） 年表の A について，この翌年に新政府は，天皇が神々に誓う形で新しい政治の方針を示した。この方針の内容の一部として最も適当なものを，次のア～エの中から一つ選びなさい。

ア
一 文武弓馬の道に，ひたすらはげむようにせよ。
一 幕府の許可なしに，婚姻を結んではならない。

イ
一 広く会議を興し，万機公論に決すべし。
一 上下心を一にして，盛に経綸を行うべし。

ウ
我々は以下のことを自明の真理であると信じる。人間はみな平等に創られ，神よりうばいがたい諸権利を与えられている。

エ
第1条　大日本帝国は万世一系の天皇之を統治す
第3条　天皇は神聖にして侵すべからず

（2） 年表右の地図は，年表の A から B の間に西日本で起きた主な反乱とそれらの起きた年を示している。これらの反乱を起こした人々の身分を何というか。**漢字２字**で書きなさい。

（3） 年表の C について，右の写真は，この内閣の退陣をせまる民衆の様子を撮影したものである。また，次の文は，この内閣が退陣に追いこまれるまでの過程を説明したものである。X と Y にあてはまる語句の組み合わせとして適当なものを，下のア～エの中から一つ選びなさい。

写真

1912 年に　X　に支持された桂太郎内閣が成立した。これに対して憲法に基づく政治を守ろうという　Y　運動が起こり，民衆もこれを支持して運動が盛り上がったため，桂内閣は退陣に追いこまれた。

ア　X　藩閥　Y　自由民権　　イ　X　政党　Y　自由民権
ウ　X　藩閥　Y　護憲　　　　エ　X　政党　Y　護憲

（4） 年表の C から D の間の日本経済に関わる内容について述べた次のア～エを，年代の古い順に左から並べて書きなさい。
ア　長引く戦後不況に苦しむ日本の経済に大きな打撃を与える，関東大震災が起きた。
イ　第一次世界大戦によって，輸出額が輸入額を上回り，大戦景気となった。
ウ　世界恐慌の影響で，昭和恐慌と呼ばれる深刻な不況が発生した。
エ　議会の承認なしに労働力や物資を動員できる，国家総動員法が定められた。

（5） 年表の D に関して，この年に東京でオリンピックが開催される予定であったが，日本政府はその2 年前に開催権を返上した。この背景として考えられるできごととして適当なものを，次のア～エの中から一つ選びなさい。
ア　真珠湾のアメリカ海軍基地への攻撃をきっかけに，太平洋戦争が始まった。
イ　盧溝橋事件をきっかけに，日中戦争が始まった。
ウ　シベリア出兵を見こした米の買い占めに対して，米の安売りを求める騒動が全国に広がった。
エ　日米安全保障条約改定をめぐり，激しい安保闘争が起きた。

（6） 年表の E に関して，右の資料は，福島県の自作地・小作地別耕地面積の割合の変化を表したものである。戦後の民主化政策のうち，この変化に大きく関わる政策を何というか。**漢字４字**で書きなさい。

資料　福島県の自作地・小作地別耕地面積の割合の変化

41.2%
58.8%
8.5%
91.5%
自作地
小作地
1945 年8 月　1950 年8 月
（福島県史により作成）

（7） 年表の F について，この班は，日本が国際連合に加盟するまでの流れを下のようにまとめた。Z にあてはまることばを，このできごとに影響を与えた**宣言名**を明らかにしながら，次の**二つの語句**を用いて書きなさい。

調印　　国交

1951 年サンフランシスコ平和条約に調印した。	1952 年日本の国際連合加盟に関する安全保障理事会における審議の結果	1956 年鳩山一郎内閣が　Z　。	1956 年日本の国際連合加盟に関する安全保障理事会における審議の結果	1956 年日本の国際連合への加盟が国際連合の総会で可決された。

日本は独立を回復した。

賛成	アメリカなど10 か国
※反対	ソ連
棄権	なし

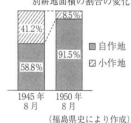

賛成	アメリカソ連など11 か国
反対	なし
棄権	なし

日本は国際社会に復帰した。

※安全保障理事会では，常任理事国が１か国でも反対すると決議できない。
（1952 年，1956 年時点での常任理事国はアメリカ・ソ連・イギリス・フランス・中国の５か国）

（国際連合資料などにより作成）

5 次の先生と生徒との対話を読み、（1）〜（5）の問いに答えなさい。

先生	前回の授業で、労働三法について学びましたが、覚えていますか。
生徒	a労働基準法、　X　法、労働関係調整法という三つの法律のことです。
先生	正解です。労働三法で労働者の権利を保障していましたね。b働くことは、収入を得て生活を安定させるだけでなく、人間らしい豊かな生活を送るためにとても大切です。そして、近年は、c多様な生き方が選択できる社会の実現も求められています。
生徒	働くことといえば、新聞で、日本では少子化が進んで人口の減少が始まり、それにともなって働く人の数も減少しているという記事を読みました。
先生	少子高齢化や人口減少にともない、働く人の数の減少が進む中で、誰もが安心して暮らせる社会を実現するために、d社会保障と財政の在り方について考えていかなければなりません。

（1）下線部aに関して、この法律の内容について述べた文として適当なものを、次のア〜エの中から一つ選びなさい。

ア 使用者は、労働者に対して、毎週少なくとも2回の休日を与えなければならない。
イ 労働条件は、労働者と使用者が対等な立場で決定すべきものである。
ウ 労働者の賃金は、職種に応じて男女の差を設けることができる。
エ 使用者は、労働者に1週間に40時間よりも少なく労働させてはならない。

（2）Xにあてはまる語句を書きなさい。

（3）下線部bに関して、次の表は、内閣府の国民生活に関する調査における、「働く目的は何か」という質問についての年齢層別回答割合を表している。A〜Dの文の中で、表から読み取ることができる内容として適当なものの組み合わせを、下のア〜キの中から一つ選びなさい。

表「働く目的は何か」という質問についての年齢層別回答割合（％）（2019年）

	お金を得るため	社会の一員として務めを果たすため	自分の才能や能力を発揮するため	生きがいをみつけるため	わからない
18〜29歳	65.1	10.8	13.0	10.6	0.5
30〜39歳	72.2	10.8	8.0	8.7	0.3
40〜49歳	70.6	12.9	6.6	9.5	0.4
50〜59歳	62.9	14.6	6.1	14.5	1.9
60〜69歳	52.0	16.4	8.9	19.2	3.5
70歳以上	37.3	16.7	7.6	27.2	11.2

（内閣府資料により作成）

A 「お金を得るため」と回答した割合は、どの年齢層においても最も高い。
B 「社会の一員として務めを果たすため」と回答した割合は、年齢が低いほど高い。
C 「自分の才能や能力を発揮するため」と回答した割合は、「わからない」を除いた回答の中で、すべての年齢層において最も低い。
D 70歳以上で「生きがいをみつけるため」と回答した割合は、30〜39歳の3倍以上である。

ア AとB　　　イ AとCとD　　　ウ BとC　　　エ BとCとD
オ AとD　　　カ BとD　　　キ CとD

（4）下線部cに関して、次の文は、これから求められる社会について述べたものである。この文と最も関係の深い語句を、下のア〜エの中から一つ選びなさい。

誰もがやりがいや充実感を感じながら働き、仕事の責任を果たす一方で、子育て・介護の時間や、家族、地域、自己啓発にかける個人の時間を持ち、健康で豊かな生活ができるよう、多様な生き方が選択・実現できる社会をめざすことが大切である。

ア ワーク・ライフ・バランス　　　イ バリアフリー
ウ インフォームド・コンセント　　　エ オンブズパーソン

（5）下線部dに関して、次の①〜③の問いに答えなさい。
① 日本の社会保障制度の四つの柱のうち、公害対策や感染症の予防などにより、人々が健康で安全な生活を送るようにすることを何というか書きなさい。
② 高齢化の進展などに対応して、2000年から導入された介護保険制度について、「40歳以上の」の書き出しに続けて、次の二つのことばを用いて書きなさい。

介護が必要になったとき　　加入

③ 右の図は、社会保障の在り方について、社会保障給付費を横軸にとり、税などの国民負担を縦軸にとって、図式化したものである。現在の状況を図中の●の位置としたとき、次の文に書かれていることを行うと、●はア〜エのどこに移動するか。適当なものを一つ選びなさい。

医療保険の保険料を引き下げて、医療機関で支払う医療費の自己負担の割合を大きくする。

図

税などの国民負担が大きい
少社会保障給付費が ← → 多社会保障給付費が
ア　イ
ウ　エ
税などの国民負担が小さい

6 次の文は、人権の保障についてまとめたものである。（1）〜（6）の問いに答えなさい。

私たち国民の人権は、国の権力のはたらきが民主的に定められた法によって制限されるという法の支配の原則によって守られている。法のうち、国の在り方の根本を定めたものがa憲法で、日本国憲法ではb三権分立を採り、国の権力をc立法権、行政権、d司法権に分けることで、権力の集中を防ぎ、国民の権利を守っている。また、日本国憲法では、国の政治において人権を最大限尊重することが必要とされている。そして、私たち国民は、e政治に対して一人一人が意見を持ち、主権者として積極的に政治に参加するとともに、f他人の人権を侵害しないように努めなければならない。

（1）下線部aに関して、次の文は、憲法による人権の保障について説明したものである。Xにあてはまる語句を、漢字4字で書きなさい。

国の政治権力から人権を守り、保障していくために、憲法によって政治権力を制限するという考えを　X　という。

（2）下線部bについて、権力の濫用を防ぐために権力の分立が必要だと主張し、『法の精神』を著したフランスの思想家は誰か。書きなさい。

（3）下線部cに関して、日本では国会と内閣の間で議院内閣制が採られている。議院内閣制とはどのような制度か。次の二つの語句を用いて書きなさい。

信任　　連帯

（4）下線部dに関して、次のA〜Dは、日本の刑事裁判に関わる役割について説明した文である。A〜Dを担う人の組み合わせとして適当なものを、下のア〜クの中から一つ選びなさい。

A 法律に違反する罪を犯したと思われる被疑者を、被告人として裁判所に訴える。警察とは独立した立場から犯罪の捜査を補充し、立証を行う。
B 殺人や強盗致死傷などの重大な犯罪について、くじで選ばれた国民が、裁判官と一緒に被告人の有罪・無罪や刑罰の内容を決める。
C 被告人の利益を守るために活動する。被告人の経済的な理由により依頼できないときは、その費用を国が負担する。
D 当事者の主張を判断し、法律を適用して判決を下す。司法権の独立を保つために、身分の保障がある。

ア A裁判員 B弁護士 C裁判官 D検察官
イ A裁判官 B検察官 C弁護士 D裁判員
ウ A弁護士 B裁判員 C検察官 D裁判官
エ A裁判官 B弁護士 C裁判員 D検察官
オ A弁護士 B検察官 C裁判員 D裁判官
カ A検察官 B裁判員 C弁護士 D裁判官
キ A検察官 B弁護士 C裁判員 D裁判官
ク A検察官 B裁判員 C裁判官 D弁護士

（5）下線部eに関連して、私たち国民には、「新聞やテレビなどが伝える情報の中から、信頼できる情報は何かを冷静に判断して読み取る力」が求められる。この力を何というか。カタカナで書きなさい。

（6）下線部fに関連して、次の文は、インターネット上での人権侵害について、授業で話し合った会話の一部である。YとZにあてはまる語句の組み合わせとして適当なものを、下のア〜カの中から一つ選びなさい。

先生	インターネット上で他人のプライバシーを侵害したり、名誉を傷つけたりする事件が増加しています。こうした行為は名誉毀損の罪に問われることがあります。
えいた	私たちには情報を発信するという　Y　が保障されています。人権は本来、法律によって制限されないものですよね。
ももか	でも、法律による人権の制限が、憲法に照らして認められる場合もありますよね。
先生	その通り。憲法は、自由や権利の濫用を認めず、それらを社会全体の利益のために利用する責任があると定めています。人権には、他人の人権を侵害してはならないという限界があるので、こうした事件のように　Y　が制限されなければならないこともあるのです。
ももか	憲法において「公共の福祉」という言葉で示されているものですね。
えいた	たしかに、名誉を傷つける情報発信は、他人の人権や利益を不当に侵害していないかといった　Z　の観点で考えても、認められるものではないですね。

ア Y知る権利 Z公正　　　イ Y黙秘権 Z公正　　　ウ Y表現の自由 Z公正
エ Y知る権利 Z効率　　　オ Y黙秘権 Z効率　　　カ Y表現の自由 Z効率

3社

令 和 2 年 度

福島県公立高等学校

Ⅰ 国 語

（9時00分〜9時50分）

注 意

○ 問題用紙は4枚（4ページ）あります。

○ 解答用紙は**この用紙の裏面**です。

○ 答えはすべて，解答用紙の所定の欄に，文，文字などで答えるもののほかは，**ア，イ**，……などの符号で記入しなさい。

○ 解答用紙の ⬚ の欄には記入してはいけません。

＃教英出版 編集部　注
編集の都合上、白紙ページは省略しています。

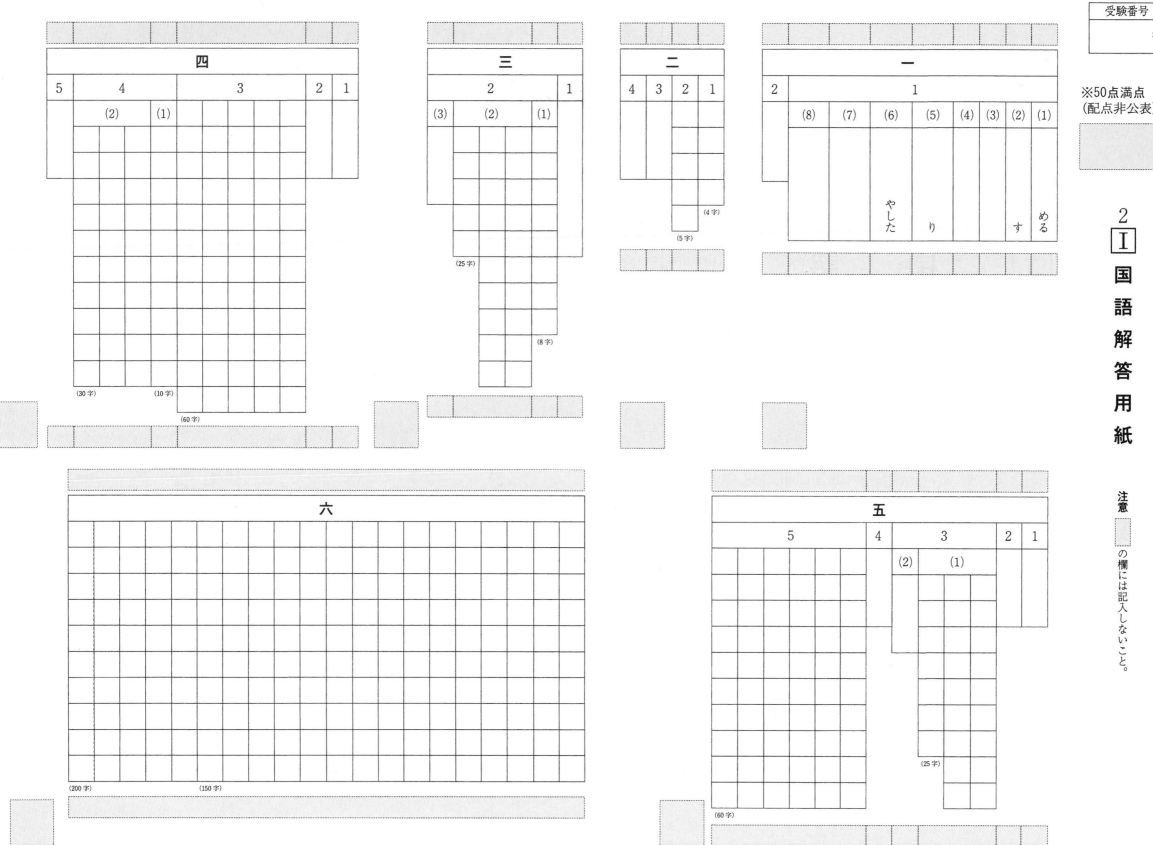

受験番号

番

一

2	1							
	(8)	(7)	(6)	(5)	(4)	(3)	(2)	(1)
			やした	り			す	める

二

4	3	2	1

(5字)

(4字)

三

2			1
(3)	(2)	(1)	

(25字)

(8字)

四

5	4		3	2	1
	(2)	(1)			

(30字)　(10字)

(60字)

五

5	4	3		2	1
		(2)	(1)		

(25字)

(60字)

六

(200字)　(150字)

注意
字数指定のある問題の解答については、句読点も字数に含めること。

一 次の1、2の問いに答えなさい。

1 次の各文中の——線をつけた漢字の読み方を、ひらがなで書きなさい。また、——線をつけたカタカナの部分を、漢字に直して書きなさい。

(1) 努力の末に成功を収める。
(2) 新入生の歓迎会を催す。
(3) 投書が新聞に掲載される。
(4) 論理の矛盾に気づく。

(5) 春の日差しがフり注ぐ。
(6) 完成までに十年をツイやした。
(7) 腕のキンニクを鍛える。
(8) 歴史をセンモンに研究する。

2 次の行書で書かれた漢字について、楷書で書く場合と比べて、点画の省略が見られる漢字はどれか。ア～オの中から一つ選びなさい。

ア 府 イ 秒 ウ 労 エ 探 オ 貯

二 次の詩と鑑賞文を読んで、あとの問いに答えなさい。

若竹が無い
下田 喜久美（しもだ きくみ）

あ 若竹が無い！

ただ ひたすらに
かけのぼり いや かけぬけ

空のむこうに
何があるのか……

若い新芽たちは
蒼い肌から
若者の香りを
あたり一面に 匂いたち
ちりばめながら

グンと 青空に
かけ昇る

いきおいよく はがし
きっぱりと ぬぎすて

自分を大切に守っていた
表皮を

竹の表皮は、成長していく過程で自然とはがれていきますが、この詩では、その様子を「 Ⅰ 」という言葉を用いて表現し、若竹が自らの意志で、自分を守る表皮と別れて、成長しようとしているかのように描いています。また、この視覚以外の感覚で捉えた言葉からは、生命力に満ちあふれる若竹の姿を想像することができます。
そして、作者は、若竹が向かう「空」へと思いをめぐらせます。若竹が、「空」に向かって、無限に広がる「空」に向かって、 Ⅱ と表現され、 Ⅲ 姿がいきいきと表現され、若竹の成長の勢いが伝わってきます。

1 Ⅰ にあてはまる最も適当な言葉を、右の詩の中から四字でそのまま書き抜きなさい。

2 Ⅱ にあてはまる最も適当な言葉を、右の詩の中から五字でそのまま書き抜きなさい。

3 Ⅲ にあてはまる最も適当な言葉を、次のア～オの中から一つ選びなさい。
ア あきらめず、ゆっくりと近づいていく
イ 強引に、周りの木を押しのけ進んでいく
ウ 若竹の成長に気づいたうれしさを、目では確認しないでいく
エ いちずに、とどまることなく伸びていく
オ 怖さがらず、何度も繰り返し挑んでいく

4 この詩の第五連「あ／若竹が／無い！」について説明したものとして最も適当なものを、次のア～オの中から一つ選びなさい。
ア しっかりと、不安を乗り越えていく若竹の姿に対する安心感を表現し、若竹の成長を印象づけている。
イ 若竹の成長を超えて成長する竹の姿を表現し、自然の力を借りながら人間の予測を超えて成長する竹の姿を印象づけている。
ウ 若竹の成長に気づいた安心感を表現し、厳しい自然の中でもたくましく成長していく竹の姿を印象づけている。
エ 若竹の成長を続けていく竹の姿を表現し、もはや若竹と呼ぶことはできないほど立派に成長した竹の姿を印象づけている。
オ 若竹の成長に気づいた寂しさを表現し、周囲の植物に入りまじって見分けがつかなくなった竹の姿を印象づけている。

三 次の文章と資料を読んで、あとの問いに答えなさい。

昔、林の中にして定を修する者ありけり。心を静めて修せ（精神を集中して修行する者がいた）
んとするに、林に鳥集まりて、かまびすしかりければ、仏に（騒々しかったので）
この事を歎き申すに、「その鳥に、羽一羽づつ乞へ。」と
宣ふ（おっしゃる）。さて帰りて乞ひければ、一羽づつ食ひ抜きて、（口にくわえて抜き取って）
取らせけり。また次の日乞ひける時、鳥共のいはく、「我等（われら）
は羽をもちてこそ、空を翔りて、食をも求め、命をも助くる
に、日々に乞はれんには、みな翼欠けて、この林に（なくなってしまう）
住めばこそ、かかる事もあれ。」とて、飛び去りぬ。（このようなこともあるのだ）

（「沙石集」（しゃせきしゅう）より）

○資料（本文の前に書かれている内容をまとめたもの）
ある僧が僧坊（寺院に置かれる僧のすまい）を造ろうとして、あらゆる人に資金や資材の提供を求めたため、人々はこれを嫌がった。仏はその様子を伝え聞き、弟子たちを戒めた。

1 「食ひ抜きて」の読み方を、現代仮名遣いに直してすべてひらがなで書きなさい。

2 次の会話は、本文と資料について授業で話し合ったときの内容の一部である。あとの(1)～(3)の問いに答えなさい。

Aさん「修行する人が仏の助言で鳥たちを追い払うことができたという話だね。」
Bさん「うん、鳥は二日続けて林から飛び去ったんだよ。このままで 1 と考えて、本文に出てくる鳥と、資料に書かれている人々は、どちらも自分のものを差し出すように求められているという共通点があるね。」
Cさん「私は、資料にある、本文の前に書かれている内容との関連を考えてみたんだけど、本文に出てくる鳥と、資料に書かれている人々は、どちらも自分のものを差し出すように求められているという共通点があるね。」
Aさん「そうか、羽をねだられた鳥の気持ちは、人々の気持ちを表していると考えることができるんじゃないかな。」
Bさん「なるほど。そうすると、単に『鳥を追い払う』というだけではなく、本文に対する違った理解ができそうだね。」
Cさん「そうだね。資料の内容との関連を考えることで、最初に読んだときとは異なる理解ができたよ。」

(1) 1 にあてはまる内容を、二十五字以内で書きなさい。

(2) 「仏の助言」とあるが、仏の助言の具体的内容を、本文（文語文）中から八字でそのまま書き抜きなさい。

(3) 「違った理解」とあるが、その内容の説明として最も適当なものを、次のア～オの中から一つ選びなさい。
ア 他者に援助や協力を求める場合には相手の力で負担を求めることは慎むべきであり、あらゆる要求は自分の力で解決するべきであることを伝えている。
イ あらゆる困難は自分の力で乗り越えるべきことが重要であり、他者の力に頼らずに修行することが重要であり、自分の利益を優先する者は厳しく指導するべきことを伝えている。
ウ すべての人を犠牲にして修行に励むことが重要であり、自分の利益を優先する者は厳しく指導するべきことを伝えている。
エ 他者に負担を求めるときには相手の反発を覚悟し、粘り強く説得を続けることは相手が感じる負担を理解し、むやみにものを要求することは慎むべきであることを伝えている。
オ 動物は本能によって行動するため要求を拒否するが、人間は厳しい要求も我慢して受け入れるべきであることを伝えている。

次の文章を読んで、あとの問いに答えなさい。

（中学二年生の佐古葉子は、小学四年生のとき、同じ趣味をもつ瀬川しおりと親友になった。しかし、中学校入学後、宮永朱里を中心とするグループに葉子が入ったことで、しおりとの関係が変化し、話をする機会が減ってしまった。そんな中、春の体育祭に向けて、葉子はしおりたちと一緒にクラス応援旗を制作する係になる。）

午後四時。外は、まだずいぶん明るくて、グラウンドからは野球部の掛け声が、中庭からはトランペットの音色が響いていた。作業を開始するには十分しか経っていないこともあったが、その時教室にはまだ、朱里も含めた応援旗係全員が顔をそろえていた。

そんな時、それは起こった。

赤い絵の具が点々と散っていた。赤い絵の具はずっと吸いこまれるようにシミになっていく。目の前に、青ざめた顔をした松村さんの姿があった。

「ごめん！」

一瞬、しんと静まり返った教室の中で、だれよりも先に声を上げたのは、松村さん本人だった。今にも泣きだしそうな顔で、「どうしようどうしよう。」という言葉を口にしていた。

「えー、その時だった。」

「……何ソレ。なんであたしが悪者みたいになってんの？」

朱里が、すぐそばに立っていた。

「あ、でも、百井くんが言いかけると、朱里はもう他人事みたいにつまらなそうに向いていた。

「思わず隣をふりあおぐと、朱里は小さく震えている。

朱里は、もう他人事みたいにつまらなそうに向いていた。」

「……ソレ。なんであたしが悪者みたいになってんの？」
とあっさり一蹴した。その一言に、松村さんはさらに首をもたげて私を見る。たけれど、私は、おくわそうに口を開く。「……もういい、帰る。」ふり向きもせず、私の前に、完全に引いた、朱里は足早に歩いていった。

「朱里。」私の中で、何かが弾けた。

「朱里。口を開くと、注6」とつむいていた。泣きだす寸前のように。

朱里！」と笑いかけてくれないのは、勝ちみたいな思いになって、

「ごめんね。」と赤く染まった筆をすっと塗り直していた。

背景の空の上に、赤い絵の具がしぶきのように散ったのと、松村さんが短い悲鳴を上げたのは、どっちが先だったんだろう。

ぽつ、と目の前で鮮やかな赤色の絵の具を吸い上げた。

午後四時。

百井くんと松村さんは、細かい作業がものすごく苦手っぽくて、全部それが、心にあったたもやもやを、全部吐いて筆先を持ち上げる瞬間は、急に視界が広くなっていく。それは清々しい気持ちになれる。

作業を終えて、片付けをしている時に、「だいぶ、進んだね。」と松村さんが言った。「頑張れば、明日か明後日には完成するんじゃないかなあ。」と松村さんが言った。

「シルエットがくっきりと浮かび上がっていた。

「絵を描くことは、やっぱり楽しかった。

応援旗を見下ろせば、パステルカラーの空の中に、まだ白いままのクジラのシルエットがくっきりと浮かび上がっていた。

1 「絵を描くことは、やっぱり葉子が感じている「絵を描くこと」の楽しさの説明として最も適当なものを、次のア〜オの中から一つ選びなさい。
 ア 大きな面を一気に塗るときと、細部を丁寧に描くときは、どちら も同じくらいの緊張感があること。
 イ 使い慣れない刷毛で塗るときと、得意な細筆で描くときでは、刷毛の方が繊細な感覚を求められること。
 ウ 大胆に刷毛で塗るときと、意識を集中して細筆で描くときでは、それぞれ異なる満足感を得られること。
 エ 刷毛で大きな面を塗るときと、細筆で描くときとでは、細筆の細やかな作業の方が達成感を得られること。
 オ 視界が大きく広がる感覚があること。

2 「おずおずと、百井くんが言いかける。」とあるが、このときの百井の心情の説明として最も適当なものを、次のア〜オの中から一つ選びなさい。
 ア 朱里が強く怒りをぶつけてきたので、反論する怖さはあるが、もう応援旗の修復はしたくないという思いを伝えようとしている。
 イ 朱里があからさまに失敗を非難したので、発言をためらいながらも、まだ応援旗の修復は修復できるという思いを投げ出そうとしている。
 ウ 朱里が簡単に作業を投げ出したので、仲間に作業が減る寂しさはあるが、きっと応援旗を修復できるという思いを伝えようとしている。
 エ 朱里が応援旗の修復を迫ったので、返答をあせりながらも、誰かに応援旗の修復をしてもらいたいという思いを伝えようとしている。
 オ 朱里が率直に感想を述べたので、普段との違いにとまどいながらも、すぐに応援旗を修復したいという思いを伝えようとしている。

3 「泣きたくても泣かないと思った。」とあるが、葉子が泣きたくなかった。だけど、泣かない、と思った。」とあるが、このときの葉子の心情について次のように説明したい。あとの(1)、(2)の問いに答えなさい。

4 「まばたきをする私」とあるが、このときの葉子の心情について次のように説明したい。あとの(1)、(2)の問いに答えなさい。
 葉子は、旗を眺めているうちに、初めてしおりと出会った日のことを思い出し、そのときに見た情景から、飛び散ったシミを自分のアイデアを夢中になって話している途中で、三人の視線に気づいた葉子は、　Ⅱ　を感じ、不安になっていた。このとき、しおりが自分の提案を評価する発言をしたため、驚きを感じている。
 (1) 　Ⅰ　にあてはまる言葉を、本文中から十字でそのまま書き抜きなさい。
 (2) 　Ⅱ　にあてはまる内容を、三十字以内で書きなさい。

5 本文の表現の特色を説明した文として最も適当なものを、次のア〜オの中から一つ選びなさい。
 ア 会話の中に含まれる心情を表現しているため、発言の重みを実感することや、言葉に表れない心情を想像することができる。
 イ 全員の一人一人の心情を細やかに表現しているため、発言の意図を確認することができる。
 ウ 複数の色彩に関する語を用いて表現しているため、状況を自由に思い描くことや、隠された心情を推測することができる。
 エ 過去の体験を繰り返し回想しながら表現しているため、人間関係の変化や、葉子の成長を実感することができる。
 オ 一人称で葉子の視点から表現しているため、葉子の心情を想像することや、多様な角度から心情を表現することができる。

（水野 瑠見「十四歳日和」より）

注1 応援旗を制作する係のメンバー。
注2 明るく柔らかい感じの色。
注3 輪郭。
注4 「露骨」と書き、感情などを隠さずに表すこと。
注5 はねつけること。
注6 めんどうで気が進まないこと。
注7 怠けていた。
注8 長い髪を後頭部で束ねた髪型。

次の文章を読んで、あとの問いに答えなさい。

「人として生きる」ということが、それぞれの個人がお互いを尊重しつつ、その人らしく生きていくということであるならば、その人らしく生きていくのでしょうか。その人らしく生きていくということは、言い換えれば、あなたが自分らしく生きるということです。この場合の「自由」とは、勝手気ままや好き放題という意味のことではありません。自分の何かを実現するために、自由でなければならないとも言えるでしょう。あるいは、自分の何かを実現するためには、自由でなければならないとも言えるでしょう。やや回りくどい説明になりますが、自由とは何かということについて少し考えてみることにしましょう。(第一段落)

まず、自由になるための自分自身の中にある何かとは、それぞれの個人がもっている願望や欲望と言い換えることができるものです。個人のそれぞれがもっている願望や欲望ではないでしょうか。すべての人が自分の思い通りに、つまりそれぞれの願望や欲望のままに振る舞うことができるとしたら、ただちにものの奪い合いや暴力沙汰になってしまう危険があります。だとすると、それぞれの願望や欲望のかなうことを望んでいるわけではなく、同時に、それを理性とか倫理というものによってブレーキをかけているということになります。まっすぐな一本道で思い切りスピードを出している人と押さえ込む人がいて当然ということになるわけです。そこで、個人の願望や欲望をすべて押さえ込むことはできません。（第二段落）

ところが、この理性や倫理というのは、個人のそれぞれがもっているものであると同時に、それぞれ異なるものです。個人のそれぞれがもっている理性や倫理の形や中身は違うと考えることができるものなのだ。すべての人が自分以外の他者や倫理の力だけでは、それぞれの願望や欲望をすべて押さえ込むことはできません。というよりも、それぞれの願望や欲望を押さえ込む人がいて当然ということになるのでコントロールされているわけです。（第三段落）

では、この社会秩序とは、だれがどのようにしてつくったものなのでしょうか。とても簡単に言うと、社会秩序とは、自分以外の他者との約束あるいは取り決めのようなものなのだと考えることができます。この社会秩序とは、他者と相談しながら自分で決めたルールだということです。つまり、欲望のままに行動したいという存在があるからです。だからこそ、自分と相手が互いに牽制しあっているというわけです。そのような社会秩序のもとで、それぞれが生きるためのルールを、さまざまなものがありますが、国における法律や、自治体の条例は、この個人の生活を支えている社会秩序の具体例ということになります。（第四段落）

ただ、個人がお互いに守るべきルールとは、自分と相手とが安心して暮らすために、本来わたしたち自身につくってつくったものなのという認識を多くの人がもってしまっています。このことが実は、わたしたちの自由のあり方にとって、とても大きな危機だといえるのです。（第五段落）

このようにして、他者とともに、この社会で、自分らしく生きていくこと、これが自由のための入り口にあるということができます。なぜなら、この真の自由だというならば、対話は、対話のための同時に、自分の思いをそのまま実現すればいいという考えにも気づきます。こんなとき、泣き叫んだり怒鳴ったりして自分の思いを相手にぶつけたり、暴力的に怒鳴ったりしたところで、何の解決にもならないのです。その結果、相手もそれぞれの思いを果たすことができるようになります。（第六段落）

いずれにしても、そのような社会秩序のもとで、それぞれが生きていくこと、これが自由であるということ、自分自身が自分らしく生きていくということになります。当然のことですから、この自由以外の他者もそれぞれ自分らしく生きようとしているわけです。（第六段落）

このように、対話という活動は、自分の思いの実現、つまり、自分らしく生きるということになるための入り口に立つことができるということになるのです。（第七段落）

このように、対話という活動は、自分の思いの実現、つまり、自分らしく生きることは何かということです。自分にとっての自由、つまり、自分自身に考えさせるような環境をつくりだすといえるのは、それによってのみ真になることになるのでしょう。（第七段落）

（細川英雄「対話をデザインする──伝わるとはどういうことか」ちくま新書より）（第八段落）

注1 政治目的のために、暴力や行いのよりどころとなる傾向。また、その行為。
注2 人として求められる考え方や行いの順序やきまり。
注3 物事が正しく行われるための順序やきまり。
注4 相手の注意を引きつけるなどして、自由に行動させないようにすること。
注5 過程。

1 次の各文中の──線をつけた言葉が、第二段落の「欲望の」の「の」と同じ意味・用法のものを、次のア〜オの中から一つ選びなさい。

ア 大きな声で歌うのは気持ちがよい。
イ 花の名前を祖母から教わる。
ウ ここにある白い自転車は兄のだ。
エ 明日は何時から練習するの。
オ 父の訪れた旅館が雑誌で紹介された。

2 「押さえ込む人と押さえ込まない人がいて当然ということになる」とあるが、それはなぜか。最も適当なものを、次のア〜オの中から一つ選びなさい。

ア 理性や倫理は願望や欲望の実現に伴う危険に働き、危険がない場合は行動を押さえ込もうとすることはないから。
イ 理性や倫理の働きは誰もが同じだが、複数の願望や欲望を抱いたときは一度にすべてを押さえ込むことができないから。
ウ 理性や倫理はすべての人が同じであったとしても、どのように願望や欲望を押さえ込むかは人それぞれに適しているから。
エ 誰もが同じ理性や倫理をもっているわけではなく、どのような願望や欲望を押さえ込むかは人によって異なるから。
オ 自分の理性や倫理だけでは願望や欲望を押さえ込むことはできず、他者による手助けが必要となるから。

3 「社会秩序としてのルール」について、あとの(1)、(2)の問いに答えなさい。

(1) 「社会秩序としてのルール」がつくられた経緯について、次のように説明したい。文中の [   ] に適する内容を二十五字以内で書きなさい。

欲望のままに行動すると、他者とぶつかったり、互いに不快な思いをしたりすることがある。私たちは、自分以外の数多くの他者が存在する社会において、誰もが安全に暮らすためには、より多くの人が納得する基準の設定が必要となり、社会秩序としてのルールが生み出されていったのである。

(2) 次の会話は、「社会秩序としてのルール」について授業で話し合ったときの内容の一部である。──線をつけた部分が、本文から読み取れる内容と異なっているものを、次のア〜オの中から一つ選びなさい。

Aさん「本文によると、ア社会秩序をつくるのは、その社会に生きる人々自身だということだね。確かに、法律で決まっていることを少しずつ、イルールをつくりあげていったということなんだろうね。」

Bさん「そうだね。ウつくりあげたルールの例として法律や条例を挙げているものね。」

Aさん「スピードを出すことを思いとどまった例も、法律を守ることの重要性を示していると言えるね。」

Bさん「でも今、エルールは自分が関わらないところで決まったものだと、多くの人が考えているんだって。これは誤解だと、筆者は指摘しているね。」

Aさん「そうだね。オ社会秩序の成立の経緯を誤解してしまうことには問題があると、筆者は言いたいのだろうけれど。」

4 本文における第六段落の働きとして最も適当なものを、次のア〜オの中から一つ選びなさい。

ア 第五段落までの内容を踏まえて社会秩序につなぐ働き。
イ 第五段落までの内容を主張する第七段落につなぐ働き。
ウ 第五段落で生じる経緯を考察する第七段落につなぐ働き。
エ 第五段落の意味を捉え直す第七段落につなぐ働き。
オ 第五段落までの内容から視点を変えて自由につなぐ働き。

5 第一段落に「人として生きる」とあるが、「人として生きる」ことを実現するためには、どのようなことが必要だと考えているか。六十字以内で書きなさい。

六　次の【資料Ⅰ】は、外来語や外国語などのカタカナ語（以下「カタカナ語」とする）を使用した文章の例であり、【資料Ⅱ】はカタカナ語の使用に関する意識を調査した結果である。【資料Ⅰ】と【資料Ⅱ】を読み、あとの条件に従ってカタカナ語の使用についてのあなたの考えや意見を書きなさい。

【資料Ⅰ】

　私は、スポーツを通して、コミュニケーションの重要性と、明確なビジョン(注1)をもって練習を継続することの大切さを学んだ。また、困難なシチュエーション(注2)でも粘り強く取り組むことで、記録や勝敗以外の部分でも、自分がレベルアップしたという実感を得ることができた。

注1　将来の見通し。展望。　注2　状況。局面。

【資料Ⅱ】

外来語や外国語などのカタカナ語の
使用についてどう思うか

13.7%　　35.6%　　49.2%　　1.5%

0　20　40　60　80　100
(%)

▨ どちらかと言うと好ましいと感じる
▨ どちらかと言うと好ましくないと感じる
□ 別に何も感じない
■ 分からない

（文化庁「平成29年度　国語に関する世論調査」により作成）

条件
1　二段落構成とすること。
2　前段では【資料Ⅰ】と【資料Ⅱ】を読み、カタカナ語の使用という観点から気づいたことをそれぞれ書くこと。
3　後段では前段を踏まえて、カタカナ語の使用についてのあなたの考えや意見を書くこと。
4　全体を百五十字以上、二百字以内でまとめること。
5　氏名は書かないで、本文から書き始めること。
6　原稿用紙の使い方に従って、文字や仮名遣いなどを正しく書き、漢字を適切に使うこと。

令 和 2 年 度

Ⅱ 数 学

（10時10分〜11時00分）

注 意

○ 問題用紙は3枚（3ページ）あります。

○ 解答用紙は**この用紙の裏面**です。

○ 答えはすべて，解答用紙の所定の欄に記入しなさい。

○ 解答用紙の ☐ の欄には記入してはいけません。

1

(1) ①
②
③
④

(2)

2

(1)
(2) 個
(3) 回
(4) cm²

(5)

A ——————— B

3

(1) ① 通り
②

(2) ① 個

（ ）
[理由]

②

4

(1) [求める過程]

答 { 50円硬貨の枚数 ＿＿＿＿＿ 枚
10円硬貨の枚数 ＿＿＿＿＿ 枚

(2) 円

5

[証明]

6

(1)
(2) ①
②

7

(1) cm
(2) cm²
(3) cm³

注 意
1 答えに √ が含まれるときは，√ をつけたままで答えなさい。
　ただし，√ の中はできるだけ小さい自然数にしなさい。
2 円周率は π を用いなさい。

1 次の（1），（2）の問いに答えなさい。

（1）次の計算をしなさい。

① $-1-5$

② $(-12) \div \dfrac{4}{3}$

③ $3(2x-y)-(x-5y)$

④ $\sqrt{20}+\sqrt{5}$

（2）y は x に比例し，$x=3$ のとき $y=-15$ である。このとき，y を x の式で表しなさい。

2 次の（1）～（5）の問いに答えなさい。

（1）次の**ア〜エ**のうち，「等式の両辺から同じ数や式をひいても，等式は成り立つ。」という等式の性質だけを使って，方程式を変形しているものを1つ選び，記号で答えなさい。

ア	イ	ウ	エ
$1-2(x+3)=5$	$3x+4=10$	$(x-2)^2=36$	$2x=4$
$-2x-5=5$	$3x=6$	$x-2=\pm6$	$x=2$

（2）ある工場で今月作られた製品の個数は a 個で，先月作られた製品の個数より 25 %増えた。このとき，先月作られた製品の個数を a を使った式で表しなさい。

（3）まっすぐな道路上の2地点 P，Q 間を，A さんと B さんは同時に地点 P を出発し，休まずに一定の速さでくり返し往復する。右のグラフは，A さんと B さんが地点 P を出発してからの時間と地点 P からの距離の関係を，それぞれ表したものである。2人が出発してから5分後までの間に，A さんが B さんを追いこした回数は何回か，答えなさい。ただし，出発時は数えないものとする。

（4）右の図のような，底面の半径が 2 cm，母線が 8 cm の円錐の側面積を求めなさい。

8 cm

2 cm

（5）右の図のような，線分 AB がある。
線分 AB を斜辺とする直角二等辺三角形 PAB の辺 PA，PB を定規とコンパスを用いて1つずつ作図しなさい。また，点 P の位置を示す文字 P も書きなさい。
ただし，作図に用いた線は消さないでおきなさい。

A　　　　　　　　　B

3 次の（1），（2）の問いに答えなさい。

（1）右の図のように，A の箱の中には 0，1，2，3，4，5 の数字が1つずつ書かれた6枚のカードが，B の箱の中には 1，2，3，4，5，6 の数字が1つずつ書かれた6枚のカードが入っている。
A の箱の中からカードを1枚取り出し，そのカードに書かれた数を a とし，B の箱の中からカードを1枚取り出し，そのカードに書かれた数を b とする。
ただし，どのカードを取り出すことも同様に確からしいものとする。

A の箱

B の箱

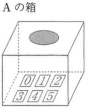

① 積 ab が 0 となる場合は何通りあるか求めなさい。

② $\sqrt{ab}$ の値が整数とならない確率を求めなさい。

（2）袋の中に同じ大きさの赤球だけがたくさん入っている。標本調査を利用して袋の中の赤球の個数を調べるため，赤球だけが入っている袋の中に，赤球と同じ大きさの白球を 400 個入れ，次の**＜実験＞**を行った。

＜実験＞
袋の中をよくかき混ぜた後，その中から 60 個の球を無作為に抽出し，赤球と白球の個数を数えて袋の中にもどす。

この＜実験＞を5回行い，はじめに袋の中に入っていた赤球の個数を，＜実験＞を5回行った結果の赤球と白球それぞれの個数の平均値をもとに推測することにした。
下の**表**は，この＜実験＞を5回行った結果をまとめたものである。

表

	1回目	2回目	3回目	4回目	5回目
赤球の個数	38	43	42	37	40
白球の個数	22	17	18	23	20

① ＜実験＞を5回行った結果の白球の個数の平均値を求めなさい。

② はじめに袋の中に入っていた赤球の個数を推測すると，どのようなことがいえるか。
次の**ア，イ**のうち，適切なものを1つ選び，解答用紙の（　　）の中に記号で答えなさい。
また，選んだ理由を，**根拠となる数値を示して**説明しなさい。

ア 袋の中の赤球の個数は 640 個**以上**であると考えられる。

イ 袋の中の赤球の個数は 640 個**未満**であると考えられる。

4 ゆうとさんは，家族へのプレゼントを購入するため，100 円硬貨，50 円硬貨，10 円硬貨で毎週 1 回同じ額を貯金することにした。12 回目の貯金をしたときにこの貯金でたまった硬貨の枚数を調べたところ，全部で 80 枚あり，その中に 100 円硬貨が 8 枚含まれていた。また，10 円硬貨の枚数は 50 円硬貨の枚数の 2 倍より 6 枚多かった。

このとき，次の（1），（2）の問いに答えなさい。

（1） 12 回目の貯金をしたときまでにこの貯金でたまった 50 円硬貨と 10 円硬貨の枚数は，それぞれ何枚か，求めなさい。

求める過程も書きなさい。

（2） 12 回目の貯金をしたときにゆうとさんがプレゼントの値段を調べると 8000 円だった。ゆうとさんは，姉に相談し，2 人で半額ずつ出しあい，姉にも次回から毎週 1 回ゆうとさんと同じ日に貯金してもらうことになった。ゆうとさんがこれまでの貯金を続け，それぞれの貯金総額が同じ日に 4000 円となるように，姉も毎回同じ額を貯金することにした。

下の**グラフ**は，ゆうとさんが姉と相談したときに作成したもので，ゆうとさんの貯金する回数と貯金総額の関係を表したものに，姉の貯金総額の変化のようすをかき入れたものである。

このとき，姉が 1 回につき貯金する額はいくらか，求めなさい。

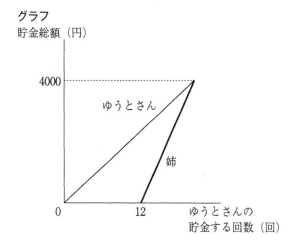

5 下の図のように，△ABC の辺 BC 上に，BD ＝ DE ＝ EC となる 2 点 D，E をとる。E を通り辺 AB に平行な直線と辺 AC との交点を F とする。また，直線 EF 上に，EG ＝ 3EF となる点 G を直線 AC に対して E と反対側にとる。

このとき，四角形 ADCG は平行四辺形であることを証明しなさい。

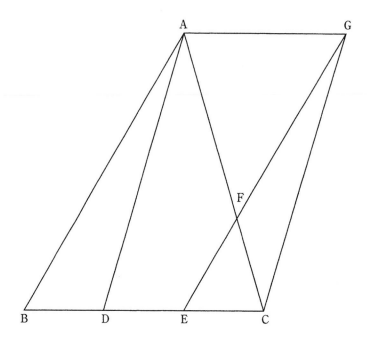

6 下の図のように，関数 $y=ax^2$ のグラフと直線 ℓ があり，2 点 A，B で交わっている。

ℓ の式は $y=2x+3$ であり，A，B の x 座標はそれぞれ -1，3 である。

このとき，次の（1），（2）の問いに答えなさい。

（1）　a の値を求めなさい。

（2）　直線 ℓ 上に点 P をとり，P の x 座標を t とする。ただし，$0<t<3$ とする。

また，P を通り y 軸に平行な直線を m とし，m と関数 $y=ax^2$ のグラフ，x 軸との交点をそれぞれ Q，R とする。

さらに，P を通り x 軸に平行な直線と y 軸との交点を S，Q を通り x 軸に平行な直線と y 軸との交点を T とする。

① 　$t=1$ のとき，長方形 STQP の周の長さを求めなさい。

② 　長方形 STQP の周の長さが，線分 QR を 1 辺とする正方形の周の長さと等しいとき，t の値を求めなさい。

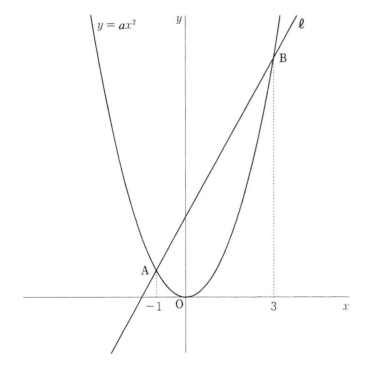

7 下の図のような，底面が 1 辺 $4\sqrt{2}$ cm の正方形で，高さが 6 cm の直方体がある。

辺 AB，AD の中点をそれぞれ P，Q とする。

このとき，次の（1）〜（3）の問いに答えなさい。

（1）　線分 PQ の長さを求めなさい。

（2）　四角形 PFHQ の面積を求めなさい。

（3）　線分 FH と線分 EG の交点を R とする。また，線分 CR の中点を S とする。

このとき，S を頂点とし，四角形 PFHQ を底面とする四角錐の体積を求めなさい。

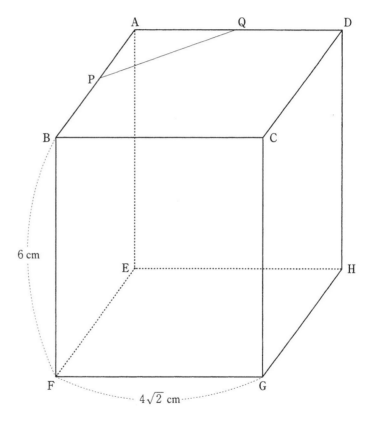

令 和 2 年 度

Ⅲ 英 語

（11時20分〜12時10分）

注　　意

○　問題用紙は3枚（3ページ）あります。

○　解答用紙は**この用紙の裏面**です。

○　答えはすべて，解答用紙の所定の欄に，文，文字などで答えるもののほかは，**ア**，**イ**，……などの符号で記入しなさい。

○　解答用紙の 　　 の欄には記入してはいけません。

注意 □ の欄には記入しないこと。

1

放送問題1	No. 1	
	No. 2	
	No. 3	
	No. 4	
	No. 5	
放送問題2	No. 1	
	No. 2	
放送問題3	①	
	②	
	③	
	④	
	⑤	

2

(1)	①	
	②	
	③	
(2)	But we still have enough (_____).	
(3)	1	2	3	4

3

| (1) | |
| (2) | Second, _____ _____ . |

4

(1)	①	
	②	
(2)		
(3)		
(4)		
(5)	A	
	B	

5

(1)	
(2)	
(3)	
(4)	
(5)	①	They gave them to the shops and the restaurants _____ _____ .
	②	Emi thinks we can do it by _____ _____ .
(6)	_____ _____

注意
*印のついている語(句)には，本文のあとに〔注〕があります。

★教英出版編集部注
問題音声は教英出版ウェブサイトで。
リスニングID番号はご利用の手引き
&解答・解説の書籍ID番号欄を参照。

1 これは放送による問題です。問題は**放送問題1**から**放送問題3**まであります。

放送問題1 明子（Akiko）とラリー（Larry）の対話を聞いて，質問の答えとして最も適当なものを，ア～エの中からそれぞれ一つずつ選びなさい。

No.1 ア イ ウ エ

No.2 ア イ ウ エ

No.3 ア 3月21 イ 3月31 ウ 5月21 エ 5月31

No.4 ア イ ウ エ

No.5 ア イ ウ エ

放送問題2 二人の対話の最後の応答部分でチャイムが鳴ります。そのチャイムの部分に入る最も適当なものを，ア～エの中からそれぞれ一つずつ選びなさい。

No.1 ア For five days.　イ Every summer.
　　　ウ On a sunny day.　エ Sightseeing.

No.2 ア OK. I went to school yesterday.　イ Sure. Let's go together.
　　　ウ Of course. I go to the park every day.　エ Yes. I will play tennis tomorrow.

放送問題3 ひかり（Hikari）が英語の授業で話した内容を聞きながら，①～⑤の英文の空欄に入る最も適当な**英語1語**を書きなさい。

① Hikari's grandmother made a cushion and it is Hikari's (　　　) cushion.
② Hikari has used her cushion since she was (　　　) years old.
③ Hikari always (　　　) the cushion in her arms when she feels sad.
④ Hikari's grandmother says to Hikari, "Just be (　　　)."
⑤ Hikari will give her grandmother a cushion as a (　　　) present.

2 次の（1）～（3）の問いに答えなさい。

（1） 次の①～③は，それぞれAとBの対話です。（　　）に入る最も適当なものを，ア～エの中からそれぞれ一つずつ選びなさい。
① 〔*On the way to school*〕
A : It's warm today, too.
B : The weather (　　) warm since Monday.
ア will be　イ has been　ウ are　エ was
② 〔*On a sports day*〕
A : Our class won first place in the relay.
B : Wow! I'm glad (　　) the news.
ア to hear　イ to lose　ウ hearing　エ losing
③ 〔*In a classroom*〕
A : This is a nice picture! There are beautiful mountains in it. (　　)
B : Maybe Ms. Baker did. She likes to climb mountains.
ア Who brought it here?　イ When was it taken?
ウ Do you like mountains?　エ What is it like?

（2） 次は，AとBの対話です。（　　）内の語を正しく並べかえて，文を完成させなさい。
〔*After school*〕
A : We'll have tests next Friday. I'm worried about math.
B : Me, too. But we still have enough (for / time / it / prepare / to).

（3） 次は，AとBの対話です。□1□～□4□に入る最も適当なものを，ア～エの中からそれぞれ一つずつ選びなさい。
〔*At home*〕
A : You look tired. □1□
B : I did a lot of homework. □2□
A : It seems hard. □3□
B : No, not yet.
A : □4□
B : Yes, please.

ア Would you like some sweets to relax?
イ And it took lots of time.
ウ Have you finished all of it?
エ What's wrong?

3 佳奈（Kana）は英語の授業で「身近なものの魅力」をテーマにレポートを書くことになりました。Ⅰはレポートを書くためのメモで，Ⅱはそれをもとにまとめたレポートです。（1），（2）の問いに答えなさい。

Ⅰ
| 今，自転車が人々の注目を集めている | → | ・自転車を使えば，訪れたい場所まで早く到着できる ・自転車に乗ることは，エネルギーを節約する1つの方法だ | → | 危険もあるが役に立つ乗り物なので，もっと多くの人が使うべきだ |

Ⅱ In Japan, bikes are now attracting people's attention. There are two reasons. First, if you use bikes, you can □①□ the places you want to visit quickly. Second, □②□. Bikes are sometimes dangerous, but if you ride them carefully, they are helpful. I think more people should use bikes.

（1） □①□に入る適当な**英語2語**を書きなさい。
（2） □②□にメモの内容を表す英語を書き，文を完成させなさい。

4 聡（Satoshi）と広子（Hiroko）が，「私たちの町のためにできること」について留学生のベン（Ben）と一緒に，学校のパソコン室で話し合いをしています。三人の会話を読んで，（1）～（5）の問いに答えなさい。

Satoshi: I found an interesting *article on the Internet.
Hiroko: What is that about?
Satoshi: There are a lot of *foreigners living in the Tohoku *region, and the number of such people is increasing.
Hiroko: Really? I didn't know that.
Ben: Well, I lived in Akita Prefecture for one year. And last year, in 2019, I came to Fukushima Prefecture. I guess there are more foreigners here. Is that right?
Satoshi: Right. Look at this table in the article.

The Number of Foreigners in the Tohoku Region in 2018 and 2019		
The Prefectures	2018	2019
Aomori	5,039	5,680
Iwate	6,550	7,130
Miyagi	20,099	21,183
Akita	3,760	3,931
Yamagata	6,646	7,258
Fukushima	12,784	14,047
Total	54,878	59,229

(総務省資料により作成)

Hiroko: Is this about the number of foreigners?
Satoshi: Yes. In 2019, the number of foreigners who lived in the six prefectures in the Tohoku region was 59,229. There were 3,931 foreigners in Akita Prefecture, and there were 14,047 here. The number of foreigners is increasing in all six prefectures. I'm surprised because I know the population of the Tohoku region is *decreasing.
Ben: I guess there are a lot of foreigners living in this town, too. Some tourists visit this town every year, too. Hiroko, Satoshi, why don't you talk about what you can do for foreigners in your town in your presentation?
Hiroko: Sounds nice! Then, what can we do for them? Satoshi, do you have any ideas?
Satoshi: I think foreigners may have some problems in Japan, especially when they first come here.
Hiroko: Ben, did you or your family have any problems?
Ben: Of course, yes. We had some problems about language and culture. My father also said that some map *symbols in Japan *confused him.
Hiroko: Map symbols? What do you mean?
Ben: For example, the Japanese symbol for a hotel confused him. The symbol usually means a bus stop in my country, *Germany. If some people who speak English see the symbol or the *letter "H," they may believe it means a hospital because the word *starts with the same letter, too.
(He looked for the symbol on the Internet.)
Look. This is <u>the symbol</u>.
Hiroko: Oh, I see! Even some Japanese people may believe it means a hospital, too.
Satoshi: I agree. We should have a new symbol foreigners can understand more easily.
Ben: You already have! I'll show it now.
(He looked for the new symbol on the Internet.)
This is the symbol for a hotel, especially for foreigners.
Hiroko: This shows that a man is sleeping on a bed. I'm sure people can understand this symbol more easily.
Ben: Right. We have a lot of problems in Japan because our Japanese is not good. Symbols that we can easily understand help us a lot.

Hiroko: I understand even map symbols can help them. Satoshi, is there anything we can do with such symbols?
Satoshi: Let's see. Why don't we make a tourist map of our town with the map symbols? If we can make a good one, our town will be friendly to foreigners! This is one of the things we can do for our town.
Ben: I think this is a good idea because I've never seen such a map of this town before. I'm sure it will help both foreigners living here and tourists coming here! Of course, it will help me, too!
Satoshi: Hiroko, let's talk about this idea in our presentation!
Hiroko: Great!

注：article 記事　　foreigners 外国人　　region 地方　　decreasing 減少している
symbols 記号　　confused～　～を混乱させた　　Germany ドイツ　　letter 文字
starts with～　～から始まる

（1）　本文や表の内容に合うように，次の①と②の英文の □ に入る最も適当なものを，ア～エの中からそれぞれ一つずつ選びなさい。

① □ had more foreigners than Fukushima Prefecture in 2019.
ア Aomori Prefecture　　　　イ Iwate Prefecture
ウ Miyagi Prefecture　　　　エ Akita Prefecture

② Ben lived for one year in the prefecture that had □ foreigners in 2018.
ア 12,784　　　イ 6,646　　　ウ 6,550　　　エ 3,760

（2）　下線部の内容を表しているものを，ア～エの中から一つ選びなさい。

ア	イ	ウ	エ
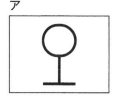	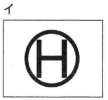		

（3）　次の英文は，本文の内容の一部を示したものです。本文の内容に合うように，□ に入る適当な英語5語を書き，文を完成させなさい。
When Ben's family began to live in Japan, they had some □ .

（4）　本文の内容に合っているものを，ア～エの中から一つ選びなさい。
ア Hiroko found something interesting in a newspaper and shared it with Satoshi.
イ Satoshi did not know that the number of people in the Tohoku region was decreasing.
ウ Ben's father found it was difficult to understand a map symbol used in Japan.
エ Ben wants to make a new symbol for foreigners who will visit Akita Prefecture.

（5）　次の英文は，聡と広子の発表を聞いたある生徒が書いた感想の一部です。本文の内容に合うように，□ A ，□ B に適当な英語1語を入れてそれぞれの文を完成させなさい。

I didn't know that □ A than 14,000 foreigners lived in Fukushima Prefecture in 2019. I want to do something for them because I want them to love Fukushima Prefecture and my town. Satoshi said in the presentation, "Good tourist maps will make our town □ B to foreigners." I thought that was a great message.

5 次の英文は，絵美（Emi）が書いたスピーチの原稿です。これを読んで，（1）～（6）の問いに答えなさい。

"Can we make a better world?" If we hear this question, some of us may say, "No." Today, I'm going to tell you, "Yes, we can."

Last summer, I went to *Bali to see Becky, my friend living there. One day, Becky and I went shopping at a supermarket. There I found the supermarket didn't give us any plastic bags. Customers were using their own *reusable bags. I asked Becky about that. She told me about "*Bye Bye Plastic Bags." It is a movement that two young sisters living in Bali started in 2013.

At that time in Bali, a lot of plastic bags were thrown away, and *polluted the beaches. The sisters wanted to see the beautiful beaches again. They asked themselves, "What can we do now to make a difference?" First, they made a small team. They asked other children on the *island to [A] their team. They thought it was important to make their team bigger and do something together. Then, they started cleaning some beaches with the team members. When their movement started like this, they were only 10 and 12 years old!

Can you imagine what happened after that? Soon their movement started to spread all over the island. Not only children but also *adults started helping the team. The team members made special reusable bags and gave them to people on the island. They also made special *stickers to give the shops and the restaurants that decided to stop giving plastic bags. They went to the *airport to get a lot of *signatures from people who were there. Their movement got bigger and bigger. Finally, they had a chance to meet the *governor. He *promised to make a rule to stop using plastic bags in Bali *by 2018. I was impressed because [B]. I was also impressed because such young sisters could do that.

My school life started again in Japan. One morning, when I was walking to school with my friend, Mari, there were two paper cups thrown away on the street. At first, I thought, "If I don't pick them up, someone else will do it." But then I remembered the two sisters. So I picked one up. When I did that, Mari picked the other one up. I was happy about that and said, "Thanks, Mari!" Mari said, "I wanted to *look away from them, but you picked one up. I thought I should do it, too. Thanks, Emi." I was happy because I could make a little difference.

You may think these *actions are too small to change the world for the better. But if we work together for the same goal, I believe we can make a difference in the end. You may think we are still too young. But we can learn from the two sisters that <u>it's not a big problem</u>. Make a small team and do something small now!

注：Bali （インドネシアの）バリ島　reusable bags　エコバッグ
Bye Bye Plastic Bags　（バリ島の）レジ袋廃止運動　polluted ～　～を汚染した
island 島　adults 大人　stickers シール　airport 空港
signatures 署名　governor 知事　promised to ～　～することを約束した
by ～　～までに　look away from ～　～から目をそらす　actions 行動

（1）　[A] に入る英語として最も適当なものを，ア～エの中から一つ選びなさい。
　ア　look　　　イ　join　　　ウ　go　　　エ　think

（2）　[B] に入る英文として最も適当なものを，ア～エの中から一つ選びなさい。
　ア　their classmates went shopping with Emi
　イ　their reusable bags and stickers were very cheap
　ウ　their movement was not spreading to other countries
　エ　their small actions made a big difference

（3）　下線部の内容を示した英文として最も適当なものを，ア～エの中から一つ選びなさい。
　ア　Young people should make a big team to do something.
　イ　Young people are too busy to do something for Bye Bye Plastic Bags.
　ウ　It is difficult for young people to solve problems around them.
　エ　Even young people can make a better world.

（4）　本文の内容に合っているものを，ア～エの中から一つ選びなさい。
　ア　Becky didn't know much about Bye Bye Plastic Bags, so Emi told her about it.
　イ　Only children in Bali were interested in the movement Becky's two sisters started.
　ウ　Emi was happy when Mari picked up one of the paper cups thrown away on the street.
　エ　People in Bali learned how to make Bali beautiful from the efforts of Emi and Becky.

（5）　本文の内容に合うように，次の①と②のQuestionに答えなさい。ただし，答えはAnswerの下線部に適当な英語を書きなさい。
　①　Question:　What shops and restaurants did the sisters and their team give stickers to?
　　　Answer:　They gave them to the shops and the restaurants ＿＿＿＿＿＿＿＿＿＿＿＿．
　②　Question:　How can we change the world for the better?
　　　Answer:　Emi thinks we can do it by ＿＿＿＿＿＿＿＿＿＿＿＿＿＿＿．

（6）　次は，絵美のスピーチを聞いた後の次郎（Jiro）と絵美の対話です。下線部に適当な英語を1文で書きなさい。
　Jiro:　Thank you for your great speech, Emi. Can I ask you one question about the sisters?
　Emi:　Sure. What is that?
　Jiro:　＿＿＿＿＿＿＿＿＿＿＿＿＿
　Emi:　Well, almost 1,000 signatures.
　Jiro:　1,000! A lot of people visit the airport every day. So it was a great idea to do that there!

令和2年度　英語放送台本

　これから，放送によるテストを行います。問題は**放送問題1**から**放送問題3**まであります。放送を聞いている間に，メモを取ってもかまいません。

　はじめに，問題用紙の**放送問題1**を見なさい。これは，明子（アキコ）と日本に留学しているラリーの対話を聞いて答える問題です。対話が放送されたあとに，クエスチョンと言って質問をします。質問は，No.1からNo.5まで五つあります。その質問の答えとして最も適当なものを，ア，イ，ウ，エの中から一つずつ選びなさい。対話，クエスチョンの順に2回読みます。
　それでは，始めます。

Akiko: Hi, Larry.
Larry: Hi, Akiko.　How did you come to this public library?
Akiko: By bus.
Larry: Thank you for coming.　I really need your help.　I want to borrow some books about cooking today, but I don't know how to do it in Japan.
Akiko: OK, but do you cook?
Larry: I often cooked for my family in my country.　Now I want to learn how to cook Japanese food because my father will come to see me on May 21.　I want to cook a Japanese dish for him.
Akiko: My mother can teach you how to cook Japanese food.　Would you like to cook together in my house?
Larry: Sounds good!
Akiko: Do you have any plans for this Sunday?
Larry: I will go to the baseball stadium with my host family.　How about next Sunday?
Akiko: OK.　Let's meet in front of our school at ten.　Then we can start cooking at ten thirty.
Larry: All right.

Question No. 1 :　How did Akiko come to the public library?
Question No. 2 :　What did Larry often do in his country?
Question No. 3 :　When will Larry's father come to see him?
Question No. 4 :　Where will Larry go this Sunday?
Question No. 5 :　What time will Akiko and Larry meet?

　放送問題2に移ります。問題用紙の**放送問題2**を見なさい。これは，二人の対話を聞いて，対話の続きを答える問題です。対話はNo.1とNo.2の二つあります。それぞれの対話の最後の応答部分でチャイムが鳴ります。そのチャイムの部分に入る最も適当なものを，ア，イ，ウ，エの中から一つずつ選びなさい。対話はNo.1，No.2の順に2回ずつ読みます。
　それでは，始めます。

No. 1　Man : Show me your passport, please.
　　　　Girl : OK.
　　　　Man : What's the purpose of your visit?
　　　　Girl : （チャイム）

No. 2　Girl : Please tell me the way to the station.
　　　　Boy : Oh, I'm going there, too.
　　　　Girl : Really?　Can I go with you?
　　　　Boy : （チャイム）

　放送問題3に移ります。問題用紙の**放送問題3**を見なさい。これから読む英文は，ひかりが英語の授業で話した内容です。英文を聞きながら，①から⑤の英文の空欄に入る最も適当な英語1語を書きなさい。英文は2回読みます。
　それでは，始めます。

　　My grandmother made a cushion for me and it is my favorite cushion.　I have used it since I was eight years old.　When I feel sad, I always hold it in my arms.　I can relax and hear her tender voice.　She often says, "We are all different.　Just be yourself."　She will become sixty years old this spring.　I'm making a cushion for her now.　I will give it to her as a birthday present.

　以上で，放送によるテストを終わります。

令 和 2 年 度

Ⅳ　理　科

（13時10分～14時00分）

注　意

○　問題用紙は4枚（4ページ）あります。

○　解答用紙は**この用紙の裏面**です。

○　答えはすべて，解答用紙の所定の欄に，文，文字などで答えるもののほかは，**ア**，**イ**，……などの符号で記入しなさい。

○　解答用紙の ☐ の欄には記入してはいけません。

1

(1)	A	
	B	
(2)		
(3)	①	
	②	
(4)		

2

(1)	
(2)	ひだや柔毛があることで，
(3)	
(4)	
(5)	

3

(1)	
(2)	
(3)	
(4)	
(5)	

4

(1)	
(2)	
(3)	
(4)	
(5)	

5

(1)	→ →
(2)	
(3)	発生した気体の質量 [g] / 加えた炭酸水素ナトリウムの質量 [g]
(4)	g
(5)	g

6

(1)	
(2)	
(3)	①	
	②	
(4)	

7

(1)	
(2)	cm
(3)	
(4)	N
(5)	

8

(1)	
(2)	
(3)	cm/s
(4)	
(5)	①	
	②	

1 次の観察について、（1）～（4）の問いに答えなさい。

観　察
Ⅰ　図1のように、水を満たしたビーカーの上にタマネギを置いて発根させ、根のようすを観察した。

Ⅱ　図2のように、1本の根について、根が約2cmの長さにのびたところで、根もと、根もとから1cm、根もとから2cmの3つの場所にペンで印をつけ、それぞれa、b、cとした。

印をつけた根が約4cmの長さにのびたところで、再び各部分の長さを調べると、aとbの間は1cm、aとcの間は4cmになっていた。

Ⅲ　Ⅱの根を切り取り、塩酸処理を行った後、a、b、cそれぞれについて、印をつけた部分を含むように2mmの長さに輪切りにし、別々のスライドガラスにのせて染色液をたらした。数分後、カバーガラスをかけ、ろ紙をのせて押しつぶし、プレパラートを作成した。それぞれのプレパラートを、顕微鏡を用いて400倍で観察したところ、視野全体にすき間なく細胞が広がっていた。視野の中の細胞の数を数えたところ、表のようになった。

また、cの部分を含んだプレパラートでのみ、ひものような染色体が観察された。

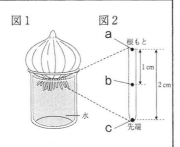
図1　図2

表

	a	b	c
細胞の数	13	15	63

（1）　次の文は、Ⅰについて述べたものである。A、Bにあてはまることばを、それぞれ書きなさい。

図1のように、タマネギからはたくさんの細い根が出ていた。このような根を　A　といい、この根の特徴から、タマネギは被子植物の　B　類に分類される。

（2）　顕微鏡の使い方について述べた文として正しいものを、次のア～エの中から1つ選びなさい。

ア　観察するときには、顕微鏡をできるだけ直射日光のあたる明るいところに置く。

イ　観察したいものをさがすときには、視野のせまい高倍率の対物レンズを使う。

ウ　視野の右上にある細胞を視野の中央に移動させるときには、プレパラートを右上方向に移動させる。

エ　ピントを合わせるときには、接眼レンズをのぞきながらプレパラートと対物レンズを近づけていく。

（3）　下線部について、図3は細胞分裂の過程のさまざまな細胞のようすを模式的に示したものである。次の①、②の問いに答えなさい。

図3　P　Q　R　S　T

①　図3のP～Tを、Pを1番目として細胞分裂の順に並べ替えたとき、3番目となるものはどれか。Q～Tの中から1つ選びなさい。

②　染色体の複製が行われているのはどの細胞か。P～Tの中から1つ選びなさい。

（4）　次の文は、観察からわかったことについて述べたものである。X～Zにあてはまることばの組み合わせとして最も適切なものを、次のア～クの中から1つ選びなさい。

印をつけた根は　X　の間がのびていた。aとbの部分の細胞の大きさはほとんど同じだが、aとbの部分の細胞に比べてcの部分の細胞は　Y　ことがわかった。また、cの部分では、ひものような染色体が観察された。

以上のことから、根は、　Z　に近い部分で細胞分裂が起こり、その細胞が大きくなっていくことで、根が長くなることがわかった。

	X	Y	Z
ア	aとb	大きい	根もと
イ	aとb	大きい	先端
ウ	aとb	小さい	根もと
エ	aとb	小さい	先端
オ	bとc	大きい	根もと
カ	bとc	大きい	先端
キ	bとc	小さい	根もと
ク	bとc	小さい	先端

2 次の文は、ヒトのからだのはたらきについて述べたものである。（1）～（5）の問いに答えなさい。

筋肉による運動や**a体温の維持**など、からだのさまざまなはたらきにはエネルギーが必要であり、そのエネルギーを得るためヒトは食物をとっている。

食物は、消化管の運動や消化酵素のはたらきによって吸収されやすい物質になり、養分として**b小腸のかべから吸収**される。養分は、**c血液**によって全身の細胞に運ばれ、**d細胞の活動**に使われる。

細胞の活動によって、二酸化炭素やアンモニアなどの物質ができる。これらの**e排出**には、さまざまな器官が関わっている。

（1）　下線部aについて、グラフは、気温とセキツイ動物の体温との関係を表したものである。これについて述べた次の文の　□　にあてはまることばを書きなさい。

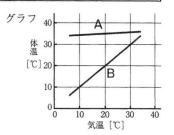
グラフ

生物が生息している環境の温度は、昼と夜、季節などによって、大きく変化する。セキツイ動物には、気温に対してAのような体温を表す動物と、Bのような体温を表す動物がいる。Aのような動物は、　□　動物とよばれる。

（2）　下線部bについて、図は、小腸のかべの断面の模式図である。小腸のかべが、効率よく養分を吸収することができる理由を、「**ひだや柔毛があることで、**」という書き出しに続けて書きなさい。

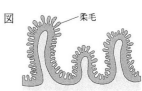
図　柔毛

（3）　下線部cについて、ヒトの血液の成分について述べた文として正しいものを、次のア～エの中から1つ選びなさい。

ア　赤血球は、毛細血管のかべを通りぬけられない。

イ　白血球は、中央がくぼんだ円盤形をしている。

ウ　血小板は、赤血球よりも大きい。

エ　血しょうは、ヘモグロビンをふくんでいる。

（4）　下線部dについて、次の文は、細胞による呼吸について述べたものである。　□　にあてはまる適切なことばを、**エネルギー、酸素、養分**という3つのことばを用いて書きなさい。

ひとつひとつの細胞では、　□　。このとき、二酸化炭素と水ができる。細胞のこのような活動を、細胞による呼吸という。

（5）　下線部eについて、次の文は、アンモニアが体外へ排出される過程について述べたものである。①、②にあてはまることばの組み合わせとして正しいものを、次のア～カの中から1つ選びなさい。

蓄積すると細胞のはたらきにとって有害なアンモニアは、血液によって運ばれ、　①　で無害な尿素に変えられる。血液中の尿素は、　②　でとり除かれ、尿の一部として体外へ排出される。

	①	②
ア	じん臓	ぼうこう
イ	じん臓	肝臓
ウ	ぼうこう	じん臓
エ	ぼうこう	肝臓
オ	肝臓	じん臓
カ	肝臓	ぼうこう

3 次の文は，生徒と先生の会話の一部である。（1）〜（5）の問いに答えなさい。

生徒 海岸付近の風のふき方について調べるため，夏休みに気象観測を行いました。気象観測は，よく晴れたおだやかな日に，東に海が広がる海岸で行い，観測データを表にまとめました。表から，この日の風向は6時から8時の間と， X の間に大きく変化したことがわかりました。

先生 よいところに気がつきましたね。海の近くでは1日のうちで海風と陸風が入れかわる現象が起こることが知られています。風向きはなぜ変化するのでしょう。太陽の光が当たる日中には，陸上と海上では，どのようなちがいが生じると思いますか。

生徒 はい。水には岩石と比べて Y 性質があります。そのため，太陽の光が当たる日中には，陸と海には温度の差ができるので，陸上と海上にも気温の差ができると思います。

先生 そうです。それぞれの気温を比べてみると，日中には ① の気温の方が高くなりますね。気温の変化は，空気の動きや気圧にどう影響すると思いますか。

生徒 ええと，空気があたためられると膨張して密度が小さくなり， ② 気流が発生するので，その場所の気圧は低くなっていると思います。反対に，空気が冷やされると収縮して密度が大きくなり， ③ 気流が発生するので，気圧は高くなっていると思います。あ，そうか。日中に私が観測した東寄りの風は，気圧が高くなった海から気圧が低くなった陸上へ向かってふいた風だったのですね。

先生 そのとおりです。気圧の差が生じて風がふくということをよくとらえましたね。では，夜にふく風についてはどのように考えられますか。

生徒 はい。夜には水の Y 性質によって， ④ の気温の方が高くなるので，日中とは反対に，陸から海へ向かって風がふくと思います。

先生 そうです。これらの風を海陸風といいます。実は，同じような現象は，より広範囲の大陸と海洋の間でも起こることが知られています。

表

時	天気	風向	風力
6	快晴	北北西	1
8	快晴	東	1
10	晴れ	東	2
12	晴れ	東南東	2
14	晴れ	東南東	1
16	晴れ	東南東	1
18	曇り	西南西	1
20	晴れ	南西	1

（1） 表の10時の観測データを天気図記号で表したものを，次のア〜クの中から1つ選びなさい。

ア 北　イ 北　ウ 北　エ 北　オ 北　カ 北　キ 北　ク 北

（2） 文中のXにあてはまるものを，次のア〜ウの中から1つ選びなさい。
　　　ア　10時から12時　　イ　16時から18時　　ウ　18時から20時

（3） 文中のYにあてはまることばを，次のア〜エの中から1つ選びなさい。
　　　ア　あたたまりやすく冷えやすい　　イ　あたたまりやすく冷えにくい
　　　ウ　あたたまりにくく冷えやすい　　エ　あたたまりにくく冷えにくい

（4） 文中の①〜④にあてはまることばの組み合わせとして正しいものを，次のア〜エの中から1つ選びなさい。

	①	②	③	④
ア	陸上	上昇	下降	海上
イ	陸上	下降	上昇	海上
ウ	海上	上昇	下降	陸上
エ	海上	下降	上昇	陸上

（5） 下線部について，次の文は，日本付近で，冬に北西の季節風がふくしくみを説明したものである。 にあてはまる適切なことばを，気温，気圧という2つのことばを用いて書きなさい。

冬になると，ユーラシア大陸上では太平洋上と比べて 。その結果，ユーラシア大陸から太平洋へ向かって北西の季節風がふく。

---

4 福島県のある場所で，日の出前に南東の空を観察した。（1）〜（5）の問いに答えなさい。

午前6時に南東の空を観察すると，明るくかがやく天体A，天体B，天体Cが見えた。図は，このときのそれぞれの天体の位置をスケッチしたものである。
また，天体Aを天体望遠鏡で観察すると，aちょうど半分が欠けて見えた。
その後も，b空が明るくなるまで観察を続けた。
それぞれの天体についてコンピュータソフトで調べると，天体Aは金星，天体Bは木星であり，天体Cはアンタレスと呼ばれる恒星であることがわかった。

図

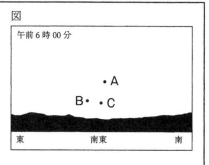

午前6時00分

（1） 金星や木星は，恒星のまわりを回っていて，自ら光を出さず，ある程度の質量と大きさをもった天体である。このような天体を何というか。書きなさい。

（2） 次の表は，金星，火星，木星，土星の特徴をまとめたものである。木星の特徴を表したものとして最も適切なものを，次のア〜エの中から1つ選びなさい。

表

	密度 [g/cm³]	主な成分	公転の周期 [年]	環の有無
ア	0.7	水素とヘリウム	29.5	有
イ	1.3	水素とヘリウム	11.9	有
ウ	3.9	岩石と金属	1.9	無
エ	5.2	岩石と金属	0.6	無

（3） 下線部aについて，このときの天体Aの見え方の模式図として最も適切なものを，次のア〜オの中から1つ選びなさい。ただし，ア〜オは，肉眼で観察したときの向きで表したものである。

ア　イ　ウ　エ　オ

（4） 下線部bについて，観察を続けると天体Cはどの方向に移動して見えるか。最も適切なものを，次のア〜エの中から1つ選びなさい。

南東

（5） 次の文は，観察した日以降の金星の見え方について述べたものである。①，②にあてはまることばの組み合わせとして最も適切なものを，次のア〜カの中から1つ選びなさい。

15日おきに，天体望遠鏡を使って日の出前に見える金星を観察すると，見える金星の形は ① いき，見かけの金星の大きさは ② 。

	①	②
ア	欠けて	大きくなっていく
イ	欠けて	変わらない
ウ	欠けて	小さくなっていく
エ	満ちて	大きくなっていく
オ	満ちて	変わらない
カ	満ちて	小さくなっていく

5 うすい塩酸と炭酸水素ナトリウムを用いて，次の実験を行った。（1）～（5）の問いに答えなさい。

実験1
Ⅰ 図のように，うすい塩酸30cm³を入れたビーカーと a 炭酸水素ナトリウム1.0gを入れた容器Xを電子てんびんにのせ，反応前の全体の質量として測定した。
Ⅱ うすい塩酸に容器Xに入った炭酸水素ナトリウムをすべて加えたところ，気体が発生した。
Ⅲ 気体が発生し終わったビーカーと，容器Xを電子てんびんに一緒にのせ，反応後の全体の質量として測定した。
Ⅳ うすい塩酸30cm³を入れたビーカーを他に4つ用意し，それぞれに加える炭酸水素ナトリウムの質量を2.0g，3.0g，4.0g，5.0gに変えて，実験1のⅠ～Ⅲと同じ操作を行った。

図
うすい塩酸
炭酸水素ナトリウム
容器X
電子てんびん

実験1の結果

炭酸水素ナトリウムの質量〔g〕	1.0	2.0	3.0	4.0	5.0
反応前の全体の質量〔g〕	96.2	94.5	97.9	96.2	99.7
反応後の全体の質量〔g〕	95.7	93.5	96.4	94.7	98.2

実験2
Ⅰ 炭酸水素ナトリウム4.0gを入れた容器Xと，実験1で使用したものと同じ濃度のうすい塩酸10cm³を入れたビーカーを電子てんびんにのせ，反応前の全体の質量として測定した。
Ⅱ うすい塩酸に容器Xに入った炭酸水素ナトリウムをすべて加えたところ，気体が発生した。
Ⅲ 気体が発生し終わったビーカーと容器Xを電子てんびんに一緒にのせ，反応後の全体の質量として測定した。
Ⅳ うすい塩酸20cm³，30cm³，40cm³，50cm³を入れたビーカーを用意し，それぞれに加える炭酸水素ナトリウムの質量をすべて4.0gとして，実験2のⅠ～Ⅲと同じ操作を行った。

実験2の結果

うすい塩酸の体積〔cm³〕	10	20	30	40	50
反応前の全体の質量〔g〕	78.6	86.4	96.3	107.0	116.2
反応後の全体の質量〔g〕	78.1	85.4	94.8	105.0	114.2

実験終了後
実験1，2で使用した10個のビーカーの中身すべてを，1つの大きな容器に入れた。その際，b 反応せずに残っていたうすい塩酸と炭酸水素ナトリウムが反応し，気体が発生した。

（1）下線部 a について，電子てんびんを水平におき，電源を入れた後，容器Xに炭酸水素ナトリウム1.0gをはかりとる手順となるように，次のア～ウを並べて書きなさい。
　　　ア　表示を0.0gにする。
　　　イ　容器Xをのせる。
　　　ウ　炭酸水素ナトリウムを少量ずつのせ，表示が1.0gになったらのせるのをやめる。
（2）うすい塩酸と炭酸水素ナトリウムが反応して発生した気体は何か。名称を書きなさい。
（3）実験1の結果をもとに，加えた炭酸水素ナトリウムの質量と発生した気体の質量の関係を表すグラフをかきなさい。
（4）実験2で使用したものと同じ濃度のうすい塩酸24cm³に炭酸水素ナトリウム4.0gを加えたとすると，発生する気体の質量は何gになるか。求めなさい。
（5）下線部 b について，発生した気体の質量は何gになるか。求めなさい。

6 次の文は，ある生徒が，授業から興味をもったことについてまとめたレポートの一部である。（1）～（4）の問いに答えなさい。

授業で行った実験で，ビーカーに水酸化バリウムと塩化アンモニウムを入れてガラス棒でかき混ぜたところ，a ビーカーが冷たくなった。このことに興味をもち，温度の変化を利用した製品について調べることにした。

温度の変化を利用した製品について

製品	主な材料	温度変化のしくみ
冷却パック（瞬間冷却パック）	硝酸アンモニウム・水	パックをたたくことで硝酸アンモニウムが水と混ざり，水に溶ける際に，温度が下がる。
加熱式容器（弁当）	酸化カルシウム・水	容器側面のひもを引くと，容器の中にある酸化カルシウムと水が反応する。その際，b 水酸化カルシウムが生じ，熱が発生し，温度が上がる。
化学かいろ（あったかカイロ）	鉄粉・水・活性炭・塩化ナトリウム	X　は空気中の酸素を集めるはたらきがあり，　Y　が酸素により酸化する際に，温度が上がる。

（1）次の文は，下線部 a について，その理由を述べたものである。　　　にあてはまる適切なことばを書きなさい。

　　ビーカーが冷たくなったのは，ビーカー内の物質が化学変化したときに，その周囲から　　　ためである。

（2）冷却パックに含まれる硝酸アンモニウム，化学かいろに含まれる塩化ナトリウムはともに，酸とアルカリが反応したときに，酸の陰イオンとアルカリの陽イオンが結びつくことによってできる物質である。このようにしてできる物質の総称を何というか。書きなさい。
（3）下線部 b について，次の①，②の問いに答えなさい。
　①　水酸化カルシウムの化学式を書きなさい。
　②　水酸化カルシウムが示す性質について述べた文として適切なものを，次のア～エの中から1つ選びなさい。
　　　ア　水酸化カルシウムの水溶液に緑色のBTB溶液を加えると，黄色に変化する。
　　　イ　水酸化カルシウムと塩化アンモニウムを混ぜ合わせて加熱すると，塩素が発生する。
　　　ウ　水酸化カルシウムの水溶液にフェノールフタレイン溶液を加えると，赤色に変化する。
　　　エ　水酸化カルシウムの水溶液にマグネシウムリボンを加えると，水素が発生する。
（4）化学かいろの温度変化のしくみについて，上の文のX，Yにあてはまることばの組み合わせとして正しいものを，次のア～カの中から1つ選びなさい。

	X	Y
ア	鉄粉	塩化ナトリウム
イ	鉄粉	活性炭
ウ	活性炭	塩化ナトリウム
エ	活性炭	鉄粉
オ	塩化ナトリウム	鉄粉
カ	塩化ナトリウム	活性炭

7 次の実験について，（1）～（5）の問いに答えなさい。ただし，ばねと糸の質量や体積は考えないものとする。また，質量100ｇの物体にはたらく重力の大きさを１Nとする。

実　験
　　ばねとてんびんを用い，物体の質量や物体にはたらく力を測定する実験を行った。
　　グラフは，実験で用いたばねを引く力の大きさとばねののびの関係を表している。
　　実験で用いたてんびんは，支点から糸をつるすところまでの長さが左右で等しい。

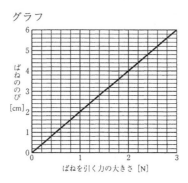

グラフ

Ⅰ　図1のように，てんびんの左側にばねと物体Ａをつるし，右側に質量270ｇのおもりＸをつるしたところ，てんびんは水平につりあった。

Ⅱ　Ⅰの状態から，図2のように，水の入った水槽を用い，物体Ａをすべて水中に入れ，てんびんの右側につるされたおもりＸを，質量170ｇのおもりＹにつけかえたところ，てんびんは水平につりあった。このとき，物体Ａは水槽の底から離れていた。

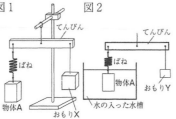

Ⅲ　物体Ａを水槽から出し，おもりＹを物体Ａと同じ質量で，体積が物体Ａより小さい物体Ｂにつけかえ，Ⅱで用いた水槽よりも大きな水槽を用い，物体ＡとＢ両方をすべて水中に入れた。すると，図3のように，てんびんは物体Ｂの方に傾いた。このとき，物体Ｂは水槽の底につき，物体Ａは水槽の底から離れていた。

（1）　次の文は，ばねを引く力の大きさとばねののびの関係について述べたものである。□にあてはまることばを書きなさい。

　　ばねを引く力の大きさとばねののびの間には比例関係がある。このことは，発表したイギリスの科学者の名から，□の法則と呼ばれている。

（2）　Ⅰについて，このときばねののびは何cmか。求めなさい。

（3）　月面上で下線部の操作を行うことを考える。このとき，ばねののびとてんびんのようすを示したものの組み合わせとして適切なものを，次のア～カの中から１つ選びなさい。ただし，月面上で物体にはたらく重力の大きさは地球上の６分の１であるとする。

	ばねののび	てんびんのようす
ア	地球上の６分の１	物体Ａの方に傾いている
イ	地球上の６分の１	おもりＸの方に傾いている
ウ	地球上の６分の１	水平につりあっている
エ	地球上と同じ	物体Ａの方に傾いている
オ	地球上と同じ	おもりＸの方に傾いている
カ	地球上と同じ	水平につりあっている

（4）　Ⅱについて，このとき物体Ａにはたらく浮力の大きさは何Nか。求めなさい。

（5）　Ⅲについて，てんびんが物体Ｂの方に傾いた理由を，**体積，浮力**という２つのことばを用いて書きなさい。

---

8 水平面上および斜面上での，台車にはたらく力と台車の運動について調べるため，台車と記録タイマー，記録テープを用いて，次の実験を行った。（1）～（5）の問いに答えなさい。

実験１
　　図1のように，水平面上に記録テープをつけた台車を置き，手で押すと，台車は図1の右向きに進み，その後，車止めに衝突しはねかえった。図2は，台車が手から離れたあとから車止めに衝突する直前までの運動について，記録テープを0.1秒間の運動の記録ごとに切り，左から順番にはりつけたものである。図2から，下線部台車は等速直線運動をしていなかったという結果が得られた。

実験２
　　実験１と同じ台車と，実験１の水平面と材質や表面の状態が同じである斜面Ａ，斜面Ｂを用意し，図3のように，斜面Ａの傾きをＢよりも大きくして実験を行った。斜面Ａ上に記録テープをつけた台車を置き，手で支え静止させた。その後，手を離すと台車は斜面Ａ，Ｂ上を下った。図4は，台車が動き出した直後からの運動について，記録テープを0.1秒間の運動の記録ごとに切り，左から順番にはりつけたものである。図4のＸで示した範囲の記録テープ４枚は台車が斜面Ｂ上を運動しているときのものであり，同じ長さであった。

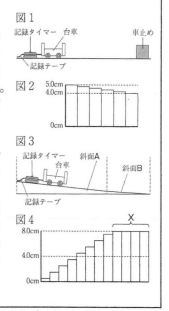

（1）　実験１について，台車が車止めと衝突したときに，車止めが台車から受ける力の大きさをF_1，台車が車止めから受ける力の大きさをF_2とする。F_1，F_2の関係について述べた文として正しいものを，次のア～ウの中から１つ選びなさい。

　　ア　F_1よりF_2の方が大きい。　　イ　F_1よりF_2の方が小さい。　　ウ　F_1とF_2は同じである。

（2）　下線部について，車止めに衝突する直前までの間の台車にはたらく力の合力について述べた文として正しいものを，次のア～エの中から１つ選びなさい。

　　ア　右向きに進んでいるので，合力は運動の向きと同じ向きである。
　　イ　速さがだんだんおそくなっているので，合力は運動の向きと逆向きである。
　　ウ　水平面上を運動しているので，合力は０Nである。
　　エ　摩擦力と重力がはたらいているので，合力は左下を向いている。

（3）　実験２について，台車が斜面Ｂ上を運動しているときの速さは何cm/sか。求めなさい。

（4）　図5は斜面Ａ上で台車が運動しているときの台車にかかる重力Ｗと，重力Ｗを斜面方向に分解した力Ｐと斜面と垂直な方向に分解した力Ｑを矢印で表したものである。台車が斜面Ａ上から斜面Ｂ上へ移ったとき，Ｐ，Ｑの大きさがそれぞれどのようになるかを示した組み合わせとして正しいものを，次のア～カの中から１つ選びなさい。

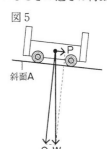

	Ｐの大きさ	Ｑの大きさ
ア	小さくなる	大きくなる
イ	小さくなる	小さくなる
ウ	小さくなる	変化しない
エ	変化しない	大きくなる
オ	変化しない	小さくなる
カ	変化しない	変化しない

（5）　次の文は，物体にはたらく力と運動の関係について説明したものである。①，②にあてはまることばを，それぞれ書きなさい。

　　物体にはたらいている力が　①　とき，動いている物体は等速直線運動をし，静止している物体は静止し続ける。これを　②　の法則という。
　　実験２においては，図4のＸが示すように，台車は斜面Ｂ上を同じ速さで下っている。このとき，運動の向きにはたらいている力と，それと逆向きにはたらいている力が　①　。

令 和 2 年 度

Ⅴ 社 会

（14時20分～15時10分）

注　意

○　問題用紙は4枚（4ページ）あります。

○　解答用紙は**この用紙の裏面**です。

○　答えはすべて，解答用紙の所定の欄に，文，文字などで答えるもののほかは，**ア，イ**，……などの符号で記入しなさい。

○　解答用紙の　　　　　の欄には記入してはいけません。

※50点満点
（配点非公表）

2 Ⅴ 社 会 解 答 用 紙

1
- （1）
- （2）
- （3）
  - ①
  - ② Ｐグループに比べ，Ｑグループは，
- （4）
- （5）
- （6）
  - 符号
  - 国名

2
- （1）
  - ①
  - ②
- （2）
- （3）
  - ① → →
  - ②
- （4）
  - ①（凡例：10%以上／5〜10%／5％未満）
  - ②

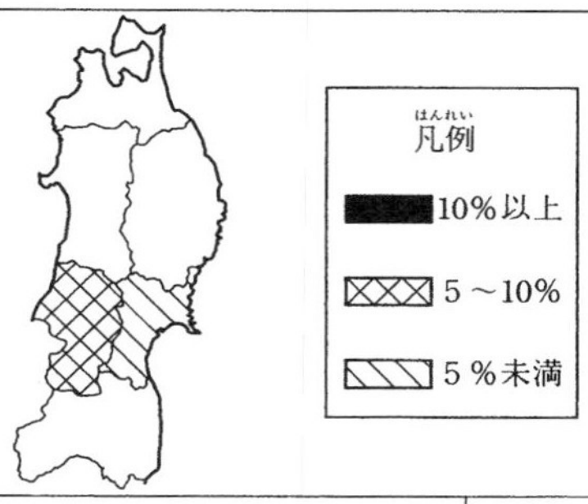

3
- （1）
- （2）
  - ①
  - ②
- （3）
- （4）
- （5）
- （6）→ → →
- （7）
  - ①
  - ②

4
- （1）
  - ①
  - ② → → →
- （2）
  - ①
  - ②
- （3）
  - ①
  - ②
- （4）

5
- （1）
- （2）
  - ①
  - ② Ｄ／Ｅ
- （3）Ｆ／Ｉ
- （4）
- （5）

6
- （1）
- （2）
- （3）
  - ①
  - ②
- （4）
- （5）

1 右の地図ⅠのXは海洋を，A～Dは
国を示している。（1）～（6）の問い
に答えなさい。

（1） 地図ⅠのXの海洋名を**漢字3字**で
書きなさい。

（2） 次の雨温図は，地図Ⅰのロンドン，
モスクワ，トンブクトゥ，ケープタ
ウンのいずれかの都市の気温と降水
量を表している。ロンドンにあては
まるものを，ア～エの中から一つ選
びなさい。

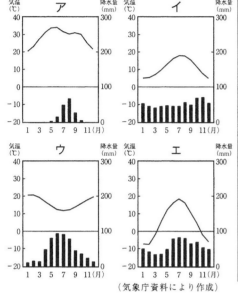

地図Ⅰ

（気象庁資料により作成）

（3） 1993年に発足したEUに関して，次の①，②の問いに答えなさい。
① 地図ⅠのA国，B国では，EUの共通通貨が導入されている。この通貨を何とい
うか。書きなさい。
② 次の地図Ⅱは，地図Ⅰの一部であり，バルト海沿岸のEU加盟国を 　　　 で表
したものである。また表Ⅰは，これらの国の一人あたりの国民総所得の変化を表し
ており，2000年以前からの加盟国をPグループ，2001年以降に加盟した国をQグル
ープとしている。Qグループの2017年の一人あたりの国民総所得と，Qグループの
2005年からのその増加率について，「Pグループに比べ，Qグループは，」の書き
出しに続けて書きなさい。

地図Ⅱ

表Ⅰ　バルト海沿岸のEU加盟国の一人あたりの国民総所得
の変化

グループ	国名	一人あたりの国民総所得	
		2005年（ドル）	2017年（ドル）
P	デンマーク	48650	57963
	B国	34980	45923
	スウェーデン	42060	54810
	フィンランド	38550	46210
Q	エストニア	9700	19390
	ラトビア	6760	15517
	リトアニア	7250	15791
	ポーランド	7270	13226

（世界国勢図会2019/20年版などにより作成）

（4） アフリカ州の国や地域が，紛争や貧困問題の解決策を協力して考えるために，2002
年に発足させた地域機構を何というか。書きなさい。

（5） 地図ⅠのC国，D国において，最も多くの人々が信仰している宗教として適当なも
のを，次のア～エの中から一つ選びなさい。
ア　イスラム教　　イ　キリスト教　　ウ　ヒンドゥー教　　エ　仏教

（6） 次の表Ⅱは，地図ⅠのA～D国の輸出総額，輸出上位3品目と輸出総額に占める割
合および輸出相手国上位5か国を表している。D国にあてはまるものを，表Ⅱのア～エ
の中から一つ選びなさい。また，その国名を書きなさい。

表Ⅱ　A～D国の輸出総額，輸出上位3品目と輸出総額に占める割合および輸出相手国
上位5か国（2017年）

	輸出総額（百万ドル）	輸出上位3品目と輸出総額に占める割合(%)	輸出相手国上位5か国				
			第1位	第2位	第3位	第4位	第5位
ア	35191	原油(36.1)，天然ガス(20.3)，石油製品(19.9)	イタリア	A国	スペイン	アメリカ	ブラジル
イ	157055	自動車(14.9)，機械類(13.9)，衣類(9.6)	B国	イギリス	アラブ首長国連邦	イラク	アメリカ
ウ	523385	機械類(19.8)，航空機(9.8)，自動車(9.5)	B国	スペイン	イタリア	アメリカ	ベルギー
エ	1450215	機械類(27.3)，自動車(17.4)，医薬品(5.9)	アメリカ	A国	中国	イギリス	オランダ

（世界国勢図会2019/20年版などにより作成）

2 東北地方に関して，（1）～（4）の問いに答えなさい。

（1） 右の地図Ⅰは，東北地方とその周辺の地域における，緯線と気候の特徴を表したもので
ある。次の①，②の問いに答えなさい。
① a，bは緯線を示している。a，bの緯度の組み
合わせとして適当なものを，次のア～エの中から一
つ選びなさい。

	a	b
ア	北緯38度	北緯40度
イ	北緯40度	北緯38度
ウ	北緯40度	北緯42度
エ	北緯42度	北緯40度

地図Ⅰ

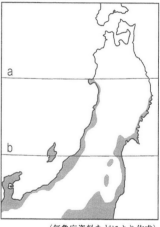

（気象庁資料などにより作成）

② 　　　 で示した地域の気候の特徴として適当な
ものを，次のア～エの中から一つ選びなさい。
ア　1月の平均気温が0℃以上である。
イ　8月の平均気温が24℃未満である。
ウ　1月の降水量が100mm以上である。
エ　8月の降水量が100mm未満である。

（2） 次のグラフは，日本の人口・面積に占める各地方の割合を表しており，グラフのア～オは
北海道，東北，中部，近畿，九州のいずれかである。東北にあてはまるものを，ア～オの中
から一つ選びなさい。

グラフ　日本の人口・面積に占める各地方の割合（2015年）

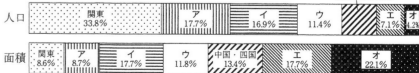

（総務省国勢調査資料により作成）

（3）　下の地図Ⅱは，東北地方の2万5千分の1地形図の一部である。次の①，②の問いに答えなさい。
　　① 地図Ⅱの三つの地点Q，R，Sを，**標高の低い順**に左から並べて書きなさい。
　　② 次の文は，地図Ⅱの北上南部工業団地の立地について述べたものである。Xにあてはまることばを，「原料や製品」という語句を用いて書きなさい。

> 北上南部工業団地は，北上金ヶ崎ICという高速道路のインターチェンジ付近にあり，東側には国道も通っている。このことから，北上南部工業団地が立地する利点として，　X　ことがあげられる。

地図Ⅱ

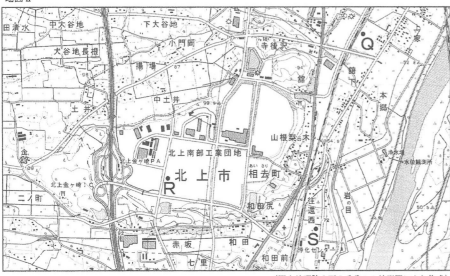

（国土地理院2万5千分の1地形図により作成）

（4）　次の表は，東北地方における県別の農産物栽培面積に占める農産物Yの割合を表している。下の①，②の問いに答えなさい。

地図Ⅲ

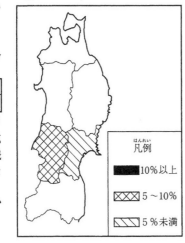

凡例
■ 10％以上
▨ 5～10％
▧ 5％未満

表　東北地方における県別の農産物栽培面積に占める農産物Yの割合（2016年）

青森県	岩手県	宮城県	秋田県	山形県	福島県
18.1％	2.9％	1.4％	2.1％	9.6％	6.2％

（日本の統計2019年版により作成）

　　① 右の地図Ⅲは，上の表を参考にして主題図を作成している途中のものである。凡例にしたがって，残りの4県を塗り分け，解答欄の主題図を完成させなさい。
　　② 農産物Yにあてはまるものを，次のア～エの中から一つ選びなさい。
　　　ア　稲　　イ　麦類　　ウ　野菜　　エ　果樹

3　次の年表は，日本の文化に関連するできごとについてまとめたものの一部である。（1）～（7）の問いに答えなさい。

年	おもなできごと
607	聖徳太子が隋に使いを送る…………… A
1053	藤原頼通が　X　を建てる…………… B
1401	足利義満が明に使いを送る…………… C
1637	天草四郎を中心に島原・天草一揆が起こる… D
1859	幕府が神奈川（横浜）を開港する……… E

資料

可良己呂武　須宗等里都伎
奈苦古良乎　意伎弖曽伎怒也
意母奈之尓志弖
（から衣　すそに取りつき　泣く子らを
置きてぞ来ぬや　母なしにして）

（1）　年表のAに関して，聖徳太子が，仏教や儒教の考え方を取り入れ，大王（天皇）の命令に従うことなどを定めた，役人の心構えを何というか。書きなさい。
（2）　上の資料は，年表のAからBの間によまれた和歌を表している。資料に関して，次の①，②の問いに答えなさい。
　　① この和歌では，漢字を使って一字一音で日本語を書き表している。このような表記方法が多く使用され，奈良時代に大伴家持によってまとめられたといわれる，現存する日本最古の和歌集は何か。書きなさい。
　　② この和歌は，唐や新羅からの攻撃に備えて九州北部に送られた兵士がよんだものである。このような九州地方の防備の目的で派遣された兵士のことを何というか。書きなさい。
（3）　年表のBについて，このころ浄土信仰がさかんになり，藤原頼通は，阿弥陀仏の住む極楽浄土をこの世に再現しようとしてXを建てた。Xにあてはまる建物の名称として適当なものを，次のア～エの中から一つ選びなさい。
　　ア　平等院鳳凰堂　　イ　慈照寺銀閣　　ウ　姫路城天守　　エ　法隆寺金堂
（4）　年表のCに関して，次の文は，明との貿易について説明したものである。Yにあてはまる語句を書きなさい。

> 1404年，足利義満は，日本側の正式な貿易船に，明から与えられた　Y　という通交証明書を持たせて，朝貢のかたちでの貿易を始めた。そのため，この貿易は，　Y　貿易といわれる。

（5）　年表のDに関して，幕府がこの一揆を鎮圧したあとの1639年に出した法令の内容として適当なものを，次のア～エの中から一つ選びなさい。

> ア　安土の町は楽市としたので，いろいろな座は廃止し，さまざまな税や労役は免除する。

> イ　本拠である朝倉館のほか，国内に城を構えてはならない。領地のある者は全て一乗谷に移住し，村には代官を置くようにせよ。

> ウ　宣教師は今後，日本にいることはできないが，ポルトガルの貿易船は，商売のために来ているので，特別に許可せよ。

> エ　今後ポルトガル船が日本に渡ってくることを禁止する。今後渡ってきた時はその船を壊し，乗員は即座に死罪にせよ。

（6）　年表のDからEの間に幕府が行ったことについて述べた次のア～エを，年代の古い順に左から並べて書きなさい。
　　ア　浦賀に来航したアメリカの東インド艦隊司令長官ペリーから，開国を求める大統領の国書を受け取った。
　　イ　外国船を打ちはらうとする幕府の方針を批判した，蘭学者の渡辺崋山らを処罰した。
　　ウ　享保の改革を進める中で，天文学や医学など日常生活に役立つ学問を奨励し，それまで禁止していた漢文に翻訳されたヨーロッパの書物の輸入を認めた。
　　エ　アヘン戦争で清がイギリスに敗れたことを知ると，外国船に燃料や水を与えて退去させる法令を出した。

（7）　年表の E に関して，次の①，②の問いに答えなさい。
　　①　E の前年に結ばれた条約によって，神奈川（横浜）など 5 港の開港と開港地に設けた居留地においてアメリカ人が自由な貿易を行うことが認められた。幕府がアメリカとの間で結んだこの条約は何か。書きなさい。
　　②　明治時代には，居留地や都市を中心にそれまでの伝統的な生活が欧米風に変化し始めた。これを文明開化と呼ぶ。この文明開化の様子が描かれたものとして適当なものを，次のア〜エの中から一つ選びなさい。

ア
イ
ウ
エ

4　次の I 〜 IV のカードは，近代から現代までの日本の歴史を，ある班がまとめたものの一部である。なお，カードは年代の古い順に左から並べてある。（1）〜（4）の問いに答えなさい。

カード I	カード II	カード III	カード IV

これは，日清戦争の賠償金をもとに建設された a 官営工場の写真である。明治時代となり，欧米諸国にならって b 近代的な国のしくみが整えられ，日本の産業はめざましく発展していった。	これは，少年が差別とのたたかいを訴えている演説会の写真である。当時は大正デモクラシーの風潮があり，さまざまな c 差別からの解放を求める運動や，d 普通選挙の実現を求める運動が広がっていった。	これは，e 世界恐慌の影響による不況で仕事を失い，食事の提供を受ける人々の写真である。当時の日本では，経済の混乱や外交の困難に直面し，f 政党政治が行きづまっていった。	これは，東京オリンピックの開会式の写真である。このころの日本経済は g 高度経済成長期にあたり，1968 年には国民総生産が，資本主義国の中でアメリカに次ぐ第 2 位となった。

（1）　カード I に関して，次の①，②の問いに答えなさい。
　　①　下線部 a について，1901 年に鉄鋼の生産を開始したこの官営工場の名称を書きなさい。

②　下線部 b に関して，近代的な国のしくみが整えられていく過程で起きたできごとについて述べた次のア〜エを，年代の古い順に左から並べて書きなさい。
　　ア　板垣退助らは，民撰議院設立建白書を政府に提出した。
　　イ　内閣制度がつくられ，初代の内閣総理大臣に伊藤博文が就任した。
　　ウ　政府は，国会開設の勅諭を出して，10 年後に国会を開設することを約束した。
　　エ　天皇が国民に与えるというかたちで，大日本帝国憲法が発布された。

（2）　カード II に関して，次の①，②の問いに答えなさい。
　　①　下線部 c に関して，部落解放をめざして 1922 年に結成された団体は何か。**漢字 5 字**で書きなさい。
　　②　下線部 d について，右の表は，衆議院議員選挙における，日本の人口に占める有権者の割合の変化を表している。1920 年から 1928 年の間に有権者の割合が大きく変化したのは，選挙権をもつための資格に設けられていた，ある制限が廃止されたためである。廃止されたのは，どのような制限か。書きなさい。

表　衆議院議員選挙における，日本の人口に占める有権者の割合の変化

衆議院議員選挙の実施年	1920 年	1928 年
日本の人口に占める有権者の割合	5.5%	19.8%

（日本長期統計総覧により作成）

（3）　カード III に関して，次の①，②の問いに答えなさい。
　　①　下線部 e に関して，右のグラフは，世界恐慌が起きたころの日本，アメリカ，イギリス，ソ連のいずれかの鉱工業生産指数の推移を表している。グラフで示した時期に，X 国が進めた政策として適当なものを，次のア〜エの中から一つ選びなさい。
　　ア　社会主義のもとで五か年計画と呼ばれる経済政策を進めた。
　　イ　実権をにぎった満州国へ移民を送る政策を進めた。
　　ウ　積極的に経済を調整するニューディール政策を進めた。
　　エ　オーストラリアやインドなどの国や地域との間でブロック経済を進めた。

グラフ　日本，アメリカ，イギリス，ソ連の鉱工業生産指数の推移

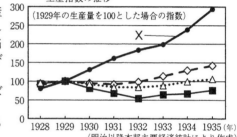

（1929 年の生産量を 100 とした場合の指数）

（明治以降本邦主要経済統計により作成）

②　下線部 f に関して，右の資料は，1932 年に起きたあるできごとについて書かれた新聞記事の内容の一部を表している。この資料について述べた次の文を読んで，Y にあてはまる語句を，下のア〜エの中から一つ選びなさい。

この新聞記事は，軍の将校などが首相官邸をおそい，当時の内閣総理大臣を暗殺した　Y　を報じたものである。

　ア　二・二六事件　　イ　日比谷焼き打ち事件
　ウ　五・一五事件　　エ　生麦事件

資料
未曾有の帝都大不穏事件
狙撃されて重傷の
犬養総理大臣遂に逝去

（4）　カード IV の下線部 g に関して，この時期における日本の外交について述べた文として最も適当なものを，次のア〜エの中から一つ選びなさい。
　　ア　世界平和と国際協調を目的とする国際連盟に加盟した。
　　イ　カンボジアの復興支援を行う国連平和維持活動に参加した。
　　ウ　韓国との国交正常化を実現する日韓基本条約を結んだ。
　　エ　アメリカなど 48 か国とサンフランシスコ平和条約を結んだ。

5 次のⅠ～Ⅲのカードは，経済活動と政府の役割について，ある班がまとめたものの一部である。（1）～（5）の問いに答えなさい。

Ⅰ 私たちの消費生活	Ⅱ 景気の安定	Ⅲ 政府の役割
私たちは，さまざまな財（モノ）やサービスを a 消費することで豊かな生活を送ることができます。b 企業は，これらの財（モノ）やサービスを生産し，提供しています。	私たちの生活は，景気の変動に大きな影響を受けます。日本銀行が国民が安心して経済活動を行うことができるように，c 景気を安定させるための政策を行っています。	政府は，d 税金などによって収入を得ています。この収入をもとに，経済活動を円滑にするとともに，e 環境保全に力を入れるなど，政府は，私たちの豊かな生活を支えています。

（1）下線部 a に関して，経済主体の一つであり，家族や個人など消費生活を営む経済活動の単位を何というか。**漢字2字**で書きなさい。

（2）下線部 b に関して，次の①，②の問いに答えなさい。

① 右のグラフは，日本の製造業の大企業と中小企業の構成比を表しており，グラフの A～C には，事業所数，従業者数，製品出荷額のいずれかがあてはまる。A～C の組み合わせとして適当なものを，次のア～カの中から一つ選びなさい。

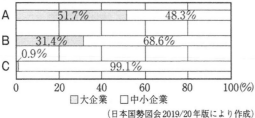
グラフ 日本の製造業の大企業と中小企業の構成比（2016年）
A 51.7% 48.3%
B 31.4% 68.6%
C 0.9% 99.1%
0 20 40 60 80 100(%)
□大企業 □中小企業
（日本国勢図会 2019/20年版により作成）

	ア	イ	ウ	エ	オ	カ
A	事業所数	事業所数	従業者数	従業者数	製品出荷額	製品出荷額
B	従業者数	製品出荷額	事業所数	製品出荷額	事業所数	従業者数
C	製品出荷額	従業者数	製品出荷額	事業所数	従業者数	事業所数

② 次の文は，株式会社における株主について説明したものである。D にあてはまる語句を，下のア～エの中から一つ選びなさい。また，E にあてはまる語句を**漢字4字**で書きなさい。

> 株主は，株式を保有している株式会社の利潤の一部を ☐ D ☐ 金として受け取ることができる。また，株式会社の最高意思決定機関である ☐ E ☐ と呼ばれる議決機関に出席し，会社の経営方針や役員を決定することができる。

ア 公債　イ 契約　ウ 配当　エ 資本

（3）下線部 c に関して，右の表は，好景気と不景気のときに日本銀行や政府が行う政策について表している。表の F と I にあてはまる政策として最も適当なものを，次のア～エの中からそれぞれ一つずつ選びなさい。

ア 増税を行い，公共事業への支出を減らす。
イ 減税を行い，公共事業への支出を増やす。
ウ 国債などを銀行から買う。
エ 国債などを銀行へ売る。

表 好景気と不景気のときに日本銀行や政府が行う政策

	金融政策	財政政策
好景気のとき	F	G
不景気のとき	H	I

（4）下線部 d に関して，次の文は，消費税について述べたものである。正誤の組み合わせとして適当なものを，下のア～エの中から一つ選びなさい。

> J　消費税は，税金を納めなければならない人と実際に税金を負担する人が一致する。
> K　消費税は，所得税に比べて，所得の低い人ほど所得に対する税負担の割合が高くなる傾向がある。

ア J－正 K－正　イ J－正 K－誤　ウ J－誤 K－正　エ J－誤 K－誤

（5）下線部 e に関して，1993年に国が制定した，公害対策基本法を発展させ，環境保全に対する社会全体の責務を明らかにした法律を何というか。書きなさい。

6 次の文は，「民主主義のあり方」というテーマで，ある班がまとめたレポートの一部である。（1）～（5）の問いに答えなさい。

> 民主主義の政治が行われるためには，私たち一人一人が自由に意見を述べる権利や，話し合いに参加する機会が平等に認められていることが大切です。つまり，a 自由権や平等権などの基本的人権が保障されていなければなりません。また，民主主義では，b 地方の政治，c 国の政治，d 国際機関における意思決定，さらには私たちが行う e 選挙など，多数決で物事を決定することが多くあります。多くの人々の権利を尊重し，幸福を実現するため，多数決を公正に行うとともに，さまざまな立場の人たちが十分に話し合い，合意をつくり出せるような工夫が必要です。

（1）下線部 a に関して，次の条文は，1789年に出された宣言の一部である。この条文を含む宣言として適当なものを，下のア～エの中から一つ選びなさい。

> 第1条　人は，自由，かつ，権利において平等なものとして生まれ，生存する。社会的差別は，共同の利益に基づくのでなければ，設けられない。

ア アメリカ独立宣言　イ フランス人権宣言　ウ ポツダム宣言　エ マグナ＝カルタ

（2）下線部 b に関して，次の文は，地域の重要な課題について，住民全体の意見をくみ取るため，条例にもとづいて行われた住民参加の例を表している。この住民参加の方法を何というか。**漢字4字**で書きなさい。

> ・原子力発電所の建設について，新潟県巻町（現 新潟市）で 1996 年に全国で初めて行われた。
> ・吉野川可動堰の建設について，徳島県徳島市で 2000 年に行われた。
> ・市町村合併について，長野県平谷村で 2003 年に行われた。
> ・米軍基地建設のための埋立てについて，沖縄県で 2019 年に行われた。

（3）下線部 c に関して，次の①，②の問いに答えなさい。

① 政党政治において，内閣を組織して政権を担当する政党のことを何というか。**漢字2字**で書きなさい。

② 日本の国会における議決について説明した文として適当なものを，次のア～エの中から一つ選びなさい。

ア 予算の議決は，参議院が，衆議院と異なった議決をした場合，両院協議会でも意見が一致しないときには，参議院の議決が国会の議決となる。
イ 法律案の議決は，参議院が，衆議院と異なった議決をした場合，参議院が出席議員の3分の2以上の多数で再可決したときには，参議院の議決が国会の議決となる。
ウ 内閣総理大臣の指名は，衆議院の議決後，10日以内に参議院が議決しない場合，衆議院の議決が国会の議決となる。
エ 条約の承認は，衆議院が先に審議しなければならず，衆議院の議決後，30日以内に参議院が議決しない場合，衆議院の議決が国会の議決となる。

（4）下線部 d に関して，右の表Ⅰは，国際連合の安全保障理事会におけるある重要な決議案の投票結果を表している。投票の結果，この決議案は採択されたか，それとも採択されなかったか。**理由を明らかにしながら**，「**常任理事国**」という語句を用いて書きなさい。

表Ⅰ 安全保障理事会におけるある重要な決議案の投票結果

投票	国 名
賛成	コートジボワール，赤道ギニア，エチオピア，フランス，カザフスタン，クウェート，オランダ，ペルー，ポーランド，スウェーデン，イギリス，アメリカ
反対	ボリビア，ロシア
棄権	中国

（国際連合資料により作成）

（5）下線部 e に関して，右の表Ⅱは，参議院議員選挙の選挙区における議員一人あたりの有権者数を表している。2016 年の参議院議員選挙では，鳥取県および島根県と，徳島県および高知県の二つの合同選挙区が設けられた。この合同選挙区が設けられた目的について，表Ⅱを参考にしながら，次の**二つの語句**を用いて書きなさい。

表Ⅱ 参議院議員選挙の選挙区における議員一人あたりの有権者数

選挙区	2013 年参議院議員選挙	2016 年参議院議員選挙
北海道	（全国最多）1149739	768896
埼玉県	980428	（全国最多）1011503
福井県	324371	（全国最少）328722
鳥取県	（全国最少）241096	合同選挙区 535029
島根県	293905	
徳島県	325559	合同選挙区 639950
高知県	313961	

＊各選挙において，議員一人あたりの有権者数が全国で最も多い選挙区を（全国最多），最も少ない選挙区を（全国最少）と示している。

（総務省資料により作成）

議員一人あたりの有権者数	一票の価値